Udo Rettberg
Unter Mitwirkung von Martin Blum

Alles, was Sie über Rohstoffe wissen müssen

Erfolgreich mit Kaffee, Gold & Co.

Udo Rettberg
Unter Mitwirkung von Martin Blum

ALLES, WAS SIE ÜBER ROHSTOFFE WISSEN MÜSSEN

Erfolgreich mit Kaffee, Gold & Co.

FinanzBuch Verlag

Bibliografische Information der Deutschen Bibliothek:
Die Deutsche Bibliothek verzeichnet diese Publikation in der Deutschen Nationalbibliografie; detaillierte bibliografische Daten sind im Internet über **http://dnb.ddb.de** abrufbar.

Gesamtbearbeitung: Druckerei Joh. Walch
Lektorat: Herbert H. Koethe
Druck: Druckerei Joh. Walch, Augsburg

Frundsbergstraße 23
80634 München
Tel.: 089 651285-0
Fax: 089 652096

Den Autor erreichen Sie unter:
rettberg@finanzbuchverlag.de

ISBN 978-3-89879-309-4

Inhalt

Vorwort Udo Rettberg

Die Welt der Rohstoffe und Urstoffe ist nicht nur so alt wie die Erde, sondern auch ebenso spannend wie deren Geschichte. Von der »Faszination Rohstoffe« wurde ich vor 25 Jahren zum ersten Mal 4.000 Meter unter der Erde in südafrikanischen Goldbergwerken erfasst. In der Folgezeit habe ich bei meinen Reisen in mehr als 80 Länder auf allen fünf Kontinenten die Suche und Exploration nach Commodities aufmerksam verfolgt.

Als der FinanzBuch Verlag Ende 2005 den Vorschlag unterbreitete, ein grundlegendes Buch über die Rohstoffmärkte unter dem Titel »Commodities Simplified« zu schreiben, stimmte ich zu. Doch rasch machte ich die Erfahrung, dass das Thema Rohstoffe gar nicht so »simpel« darzustellen ist. Die Recherche über die vergleichsweise komplexe Materie erforderte mehr Zeit als zunächst gedacht. Mein Dank geht an alle, die mir bei der Umsetzung der Idee hilfreich zur Seite standen.

Mein besonderer Dank gilt Martin Blum, der an der Universität in Kassel forscht und sich für dieses Buch der wichtigen Zukunftsthemen »Erneuerbare Energien« und »Methanhydrat« angenommen hat. Darüber hinaus danke ich Franziska Blum von der tkMedia AG für die Übernahme zeitaufwendiger Recherche-Arbeiten und für die Erstellung von Tabellen und Grafiken.

Udo Rettberg, im Januar 2007

Vorwort Philip Holzer

Wenn Anleger heute über Investmentmöglichkeiten nachdenken, landen sie immer öfter beim Thema Rohstoffe. In den vergangenen fünf Jahren haben Energieträger, Metalle und auch Agrarprodukte einen festen Platz in den Anlegerdepots erobert. Der Hauptgrund hierfür war die überzeugende Kursentwicklung vieler Commodities in diesem Zeitraum. Vor allem die Preise von Industriemetallen wie Kupfer oder Zink stiegen um ein Vielfaches.

Diese außergewöhnliche Performance ruft natürlich auch Kritiker auf den Plan. Rohstoffe, so die warnenden Stimmen, könnten nur eine neue Modeerscheinung sein und ähnliche Kursverluste verursachen wie die Hightech-Blase zur Jahrtausendwende. Schließlich ist nicht einmal ein Jahrzehnt vergangen, als Themen wie der Neue Markt oder TMT (Technologie, Medien und Telekommunikation) die Investmentlandschaft bestimmten. Heute ist der Neue Markt längst Geschichte. Viele Dot.com-Firmen sind von der Bildfläche verschwunden. Nur wenige Unternehmen mit nachhaltigen Geschäftsmodellen existieren weiterhin.

Nach hohen Kursgewinnen sind kritische Fragen sicherlich berechtigt. Doch zwischen Rohstoffen und Hightech-Unternehmen gibt es feine Unterschiede. Die Geschäftsmodelle vieler Internetfirmen waren so undurchsichtig, dass sie ein Großteil der Bevölkerung nicht nachvollziehen konnte. Dagegen sind Rohstoffe etwas, mit dem Menschen täglich in Berührung kommen – beispielsweise auf dem

Frühstückstisch, in der Wohnung oder im Auto. Commodities bilden schon seit vielen Generationen die Basis für den Handel, das Funktionieren und das Wachstum einer jeden Volkswirtschaft.

Dass der Bedarf an Rohstoffen in den vergangenen Jahren zunahm, lag vor allem an den Schwellenländern, die als neue Nachfrager auf den Plan traten. Die Emerging Markets haben einen großen Nachholbedarf an Infrastrukturprojekten. Es fehlt beispielsweise an Straßen, Autobahnen, Brücken, Energieversorgung und funktionsfähigen Telekommunikationsnetzen. Der Aufbau dieser Strukturen erfordert riesige Mengen an Öl und Gas, Industriemetallen und Zement. Wenn die Bevölkerung in diesen Regionen weiter wächst und der Wohlstand zunimmt, dürfte auch der Nahrungsmittelbedarf und damit die Nachfrage nach Agrargütern wachsen.

Unter den neuen Nachfragern nimmt China aufgrund seiner Größe eine Sonderstellung ein. Das Reich der Mitte hat sich bereits als »Werkbank der Welt« etabliert. Der permanente Bedarf an Arbeitskräften zieht Jahr für Jahr etwa 25 Millionen Menschen von den ländlichen Regionen in die Städte. An der Küste entsteht so eine Metropole nach der anderen. Durchschnittlich bauen die Chinesen jede Woche das Äquivalent der Stadt Frankfurt mit rund 500.000 Einwohnern neu. Alle Neuankömmlinge benötigen eine Wohnung. Sie nutzen Verkehrsmittel, gehen einkaufen und wollen telefonieren. Indirekt fragen die neuen Stadtbewohner Rohstoffe nach.

Die Nachfrage ist aber nur eine Seite der Medaille. Um eine Aussage über mögliche Preisentwicklungen zu treffen, ist auch ein Blick auf die Angebotsseite nötig. Es ist bekannt, dass viele Rohstoffe in politisch instabilen Regionen lagern. So befinden sich gerade im Nahen Osten, in Afrika oder in Lateinamerika große Ölvorräte. Politische Unruhen, Streiks, Bürgerkriege, gezielte Sabotageaktionen auf Raffinerien und Pipelines können jederzeit zu Förderungs- oder Lieferausfällen führen – und damit zu einer Verknappung des Angebots.

Unter den Commodities gibt es allerdings feine Unterschiede. Öl ist nicht gleich Öl. Metall ist nicht gleich Metall. Und auch Weizen ist nicht gleich Weizen. Um sich eine Meinung über mögliche Kursentwicklungen zu bilden, ist daher viel Detailarbeit gefragt. Udo Rettberg gibt in seinen Buch »Rohstoffe« einen tiefen Einblick in diese umfangreiche Materie. In zahlreichen Portraits stellt er nicht nur bekannte Commodities vor, sondern auch weniger beachtete. So beleuchtet Rettberg, der die Rohstoffmärkte schon seit mehr als zwei Jahrzehnten verfolgt, bei den fossilen Energieträgern nicht nur Erdöl und Erdgas, sondern auch Kohle. Innerhalb der Metalle stellt er nicht nur bekannte Edel- und Buntmetalle wie Gold und Silber bzw. Kupfer und Zink vor, sondern auch sogenannte strategische Metalle wie Chrom, Molybdän, Quecksilber oder Wolfram. Neben geschichtlichen Aspekten und der jeweiligen Analyse der Angebots- und Nachfragesituation lockert Rettberg die Materie mit interessanten Exkursen auf, beispielsweise über die Wetterphänomene »El Niño« und »La Niña«.

Während sich die ersten Kapitel des Buches der detaillierten Vorstellung der verschiedenen Rohstoffe widmen, zielt der spätere Teil auf die Rolle der Commodities als Investmentmöglichkeiten ab. Mittlerweile haben Anleger vielfältige Möglichkeiten, um an der Preisentwicklung von Rohstoffen teilzunehmen. Hervorzuheben sind hierbei verbriefte Derivate, wie Anlagezertifikate und Hebelprodukte. Da das Gros der Commodities an Terminbörsen wie der London Metal Exchange oder der Chicago Board of Trade gehandelt wird, waren diese Investments für viele Privatanleger nicht zugänglich. Die meisten Depotbanken verlangten bei Investments in Futures-Kontrakte hohe Mindestanlagesummen und schufen damit hohe Zugangsbarrieren. So waren Rohstoff-Aktien bzw. Fonds, die in Rohstoff-Aktien anlegen, lange Zeit die einzige Investmentmöglichkeit für Privatinvestoren.

Das hat sich geändert. Derivate bieten den Zugang zu verschiedenen Energieträgern, Industrie- und Edelmetallen sowie Agrarprodukten. Aufgrund der Vielseitigkeit der Derivate können Investoren unterschiedliche Strategien an den Rohstoffmärkten umsetzen. Sie können beispielsweise mit Open-End-Zertifikaten eins zu eins an der Kursentwicklung von Rohstoffen oder Rohstoffindizes teilnehmen.

Garantie-Zertifikate bieten konservativen Anlegern einen Komplettschutz gegen Verluste, Airbag- oder Bonus-Zertifikate eine Teilabsicherung. Mit Discount- oder Express-Zertifikaten lassen sich Renditen in Seitwärts- oder moderat steigenden Märkten optimieren. Dagegen kommen spekulative Anleger mit Hebelprodukten wie etwa Mini-Futures auf ihre Kosten.

Dass Rohstoff-Zertifikate bei Anlegern beliebt sind, beweist die jüngste Statistik des Derivate-Forums. Ende 2006 entfiel auf die Anlageklasse »Währungen/Rohstoffe« immerhin ein Anteil von nahezu 1,8 Prozent des Open Interests – also der Summe, die hiesige Anleger in Derivaten angelegt haben. Ende 2004 lag dieser Anteil noch bei 0,2 Prozent. Bei einem geschätzten Marktvolumen von 110 Milliarden Euro haben deutsche Investoren also schon fast zwei Milliarden Euro in Rohstoff-Derivaten angelegt.

Goldman Sachs blickt bis hin zu den Wurzeln unserer Tochterfirma J Aron & Company auf fast elf Jahrzehnte Erfahrung im Rohstoffhandel zurück. Heute haben wir das größte Angebot an Zertifikaten auf Rohstoffe. Die breite Palette mit unterschiedlichen Strukturen und vielfältigen Basiswerten ist das Ergebnis von langjährigem Know-how in diesem Segment. Der Goldman Sachs Commodity Index (GSCI), der die Preisentwicklung von 24 verschiedenen Rohstoffen abbildet, ist heute der wichtigste Rohstoffindex. Er wurde bereits 1991 eingeführt – lange bevor die jüngste Rohstoff-Hausse ihren Anfang nahm.

Frankfurt, im Januar 2007

Philip Holzer,
Managing Director und
Global Head of Securitised
Derivatives bei Goldman Sachs

Grundlagen

Vorbemerkung

»Die Welt wird auf den Kopf gestellt.« So oder so ähnlich ist die aktuelle Lage an den internationalen Rohstoffmärkten zu beschreiben. Doch eine solche Beschreibung verdeutlicht noch nicht einmal annähernd die kritische Situation, in der sich die Welt kurz nach dem Übergang ins dritte Jahrtausend befindet. An einigen wichtigen Märkten werden die Versorgungslücken auf Grund einer völlig veränderten Nachfragesituation und einer ständig vor bisher unbekannte Herausforderungen gestellten Angebotsseite laufend größer.

Was in diesem Kontext besonders besorgniserregend ist, ist der folgende Fakt: Die Erde befindet sich in einem Zustand der Degradation. Für die Weltwirtschaft und damit für die Kapitalmärkte resultieren hieraus bislang noch nicht genau absehbare Risiken. Rund 60 Prozent oder 15 von 24 untersuchten Ökosystemen befinden sich in einem Zustand fortgeschrittener und/oder anhaltender Zerstörung. Zum Teil liegen als Folge dieser Degradation der Welt bereits ernsthafte Schädigungen der Systeme vor. Das ist das Ergebnis der von UN-Generalsekretär Kofi Annan im Jahr 2001 in Auftrag gegebenen Studie mit dem Titel »Millennium Ecosystem Assessment«. Dadurch wird nicht nur das Umweltbewusstsein jedes einzelnen Akteurs an den Kapitalmärkten angesprochen, sondern auch das

Verständnis für die Risiken der Globalökonomie geschärft, die aus der »Herabwürdigung der Erde« resultieren.

Aus den in die oben genannte Studie einfließenden Erkenntnissen von 1.300 Experten aus 95 Ländern ist zu ersehen, dass die Ökosysteme während der vergangenen 50 Jahre größeren Gefahren und Belastungen ausgesetzt waren als jemals zuvor in der Geschichte der Menschheit. Die Fachleute kommen zu dem Schluss, dass sich dieser Prozess nicht zuletzt wegen der Folgen der Globalisierung mit fortschreitender Zeit beschleunigen wird, da die menschlichen Bedürfnisse nach Ressourcen exponentiell steigen dürften.

Die Politik ist insofern erschrocken, als sie ihre Ziele gefährdet sieht. Die Degradation der Ökosysteme könnte in der Tat die Einhaltung der von der UN ausgegebenen sogenannten »Millennium-Entwicklungsziele« – nämlich den Sieg über Hunger und Seuchen – gefährden. Dass Mutter Erde unter den ihr von der Menschheit aufgebürdeten immensen Belastungen stöhnt, macht sich gerade auch in einem seit Jahrzehnten anhaltenden Klimawandel bemerkbar, der als eine der ernsthaftesten Bedrohungen für das Leben auf diesem Planeten überhaupt gilt.

Nicht nur bei Politikern und Wissenschaftlern, sondern auch in der Finanzwelt sind die Signale inzwischen vernommen worden. Die Finanzwelt bangt um den Wert ihres Vermögens, wie die Initiative des Carbon Disclosure Project zeigt. Die Fachleute dieses Zusammenschlusses von derzeit 225 institutionellen Finanzinvestoren mit einem verwalteten Vermögen von mehr als 31 Milliarden Dollar – also rund 30 Prozent des weltweiten Anlagekapitals –, sehen den Klimawandel und seine Implikationen als Gefahr für ihre Investments.

Die Gefahren, die mit der Schröpfung von Mutter Erde ausgehen, werden von den meisten Wissenschaftlern inzwischen nicht mehr geleugnet. Dies gilt gerade auch im Hinblick auf den Klimawandel. »Keine ernsthafte wissenschaftliche Arbeit bestreitet inzwischen die Bedrohung, die für das Klima durch aus der Verbrennung fossiler Brennstoffe entstehende Treibhausgase ausgeht«, sagt Professor

Mojib Latif vom Leibniz-Institut für Meereswissenschaften an der Universität in Kiel.

Klimawandel ist auf vielen Ebenen spür- und sichtbar und schlägt sich längst nicht nur in einer Verschlechterung der Luftqualität nieder, sondern auch in der Erderwärmung. Mindestens ebenso kritisch und alarmierend ist in diesem Kontext die hierdurch bestehende Gefahr eines Anstiegs des Meeresspiegels durch das Abschmelzen von Gletschern und Eisbergen in Grönland oder der Antarktis zu sehen. Die Belege für eine radikale Destabilisierung der Eismassen auf Grönland sind eindeutig«, sagt der ehemalige US-Vizepräsident Al Gore, der derzeit mit seinem Film »Eine unbequeme Wahrheit« auf die Versäumnisse in der Klimapolitik hinweist.

Die »American Association for the Advancement of Science« hat kürzlich das Schreckensszenarios eines in diesem Jahrhundert um vier Meter ansteigenden Meeresspiegels aufgezeigt. »In diesem Fall wäre zum Beispiel Manhattan überflutet – große Teile Hollands ebenfalls«, sagt Gore. Die Realität ist: Alle 24 Stunden werden rund 70 Millionen Tonnen Schmutz in die Erdatmosphäre gepumpt, die dort zu einer Erhitzung führen. Diese Emissionen – allen voran Kohlendioxid (CO_2) – sind für den weltweiten Treibhauseffekt verantwortlich. Wird ihr Anstieg nicht aufgehalten, werden sie sich nach Prognosen von Klimaexperten bis zum Jahr 2100 verdreifachen. Die Folge wären katastrophale Veränderungen des Klimas. »Wir erleben eine Erderwärmung, wie sie vermutlich seit 1.000 Jahren nicht mehr so stattgefunden hat. Die Temperatur ist heute viel höher als zur mittelalterlichen Warmzeit«, sagt Latif.

Wer glaubt, das Risiko des Klimawandels sei mit diesen bisher aufgezeigten Gefahren beschrieben, der irrt gewaltig. Die Erderwärmung birgt darüber hinaus die Gefahr einer zunehmenden Zahl verheerender Wirbelstürme sowie von Überschwemmungen und Dürrekatastrophen auf dem Globus. Unter dem Dach der UN hat die internationale Staatengemeinschaft zwar marktwirtschaftliche Wege gesucht, die Risiken für die gesamte Menschheit und in diesem Kontext auch für die Entwicklung der Weltwirtschaft mit marktwirtschaftlichen

Instrumenten und nicht mit dem Diktat von Vorschriften und Gesetzen in den Griff zu bekommen. Doch die Risiken sind nicht nur geblieben, sondern haben sich sogar noch erhöht. Grund: Die Welt hat viel zu spät das Ausmaß der existierenden Risiken erkannt. »Eine frühere Reaktion der Welt wäre zweifellos besser gewesen«, sagt Latif. Rick Samans vom Weltwirtschaftsforum wird konkreter: »Wir hätten zehn bis 15 Jahre früher beginnen müssen.«

Mit der Klimarahmenkonvention der UN und dem daraus erarbeiteten Kyoto-Protokoll ist eine völkerrechtlich verbindliche marktwirtschaftliche Regelung zur Reduzierung schädlicher Treibhausgase entstanden, die im Handel von Emissionsrechten mündet. Die Idee des Emissionshandels ist denkbar einfach: Für den weltweiten Klimaschutz ist es unerheblich, wo Emissionen abgebaut werden. Entscheidend ist, dass sie abgebaut werden. Der Emissionshandel, der seit 2005 in Europa stattfindet, ermöglicht das. Es erscheint sinnvoll, bei der Lösung des Klimaproblems auf die Kräfte des Marktes zu setzen. Denn mit dem Handel von Emissionsrechten wurde der Umwelt erstmals ein Preis gegeben und so das Bewusstsein geschaffen, dass das »Gut Umwelt« nicht umsonst zu haben ist.

Klimaschutz kostet nicht nur Geld. Und zwar vor allem jene Firmen, die in großem Ausmaß zum Beispiel Kohlendioxid in die Atmosphäre abgeben wie die Energieversorger oder energieintensive Branchen wie die Zement-, Stahl- und Aluminiumindustrie. Man dürfe heute die nicht unbeträchtlichen Kosten für Maßnahmen gegen die globale Erwärmung in den Mittelpunkt der Diskussion stellen, sondern müsse sich nach den Alternativen fragen. »Wenn wir heute nichts tun, sind die langfristigen Kosten ungleich höher«, sagt Latif. Jede Investition rechne sich.

Darüber hinaus sei festzuhalten, dass die Maßnahmen des Klimaschutzes auch als eine Art globales Konjunkturprogramm wirken. »Klimaschutz ist auch eine Chance für die Wirtschaft«, sagen Experten wie Latif und Richard Sandor, Chairman der Chicago Climate Exchange, der ersten Klimabörse der Welt. Beide erwarten einen massiven Investitionsschub. Da fossile Energien immer teurer würden, führe zum Beispiel kein Weg an erneuerbaren Energien vorbei. »Ein Land, was bei der Ökologie vorne ist, wird langfristig auch bei der Ökonomie auf der Gewinnerseite stehen«, sagt Latif.

»Den Risiken des Klimawandels stehen auf der anderen Seite auch entsprechende Chancen gegenüber«, sagt Sandor. Er hat sich durch die Erfindung von Financial Futures vor vielen Jahren einen Namen gemacht und sein diesbezügliches Derivatefachwissen zur Gründung der ersten Klimabörse genutzt, um dort Zertifikate handeln zu lassen, die zum Ausstoß von Treibhausgasen berechtigen.

Für Unternehmen lauern im Klimawandel und in den Anforderungen des Kyoto-Protokolls große finanzielle Risiken. »Die Steuerung von Klimawandelrisiken entscheidet auch über den finanziellen Wert eines Unternehmens«, sagt Sandor über die physikalischen, politischen, rechtlichen und Reputationsrisiken. Der Wirtschaft sei inzwischen bewusst, dass immer mehr Aktionäre und Analysten die Unternehmen auch unter diesem Aspekt sehr aufmerksam beobachten.

Positive ökonomische Auswirkungen des Kyoto-Protokolls zeigt Yvo de Boer, Generalsekretär des Klimawandels-Sekretariats der UN, auf. »Wir sehen allein für die Entwicklungsländer ein Potenzial an Investitionen in den Klimaschutz von bis zu 100 Milliarden Dollar pro Jahr«, sagt de Boer. Vorausgesetzt allerdings, die Gespräche über eine Verlängerung des Kyoto-Protokolls über 2012 hinaus kommen zu einem erfolgreichen Abschluss. Das Kyoto-Protokoll verpflichtet 35 Industrieländer, ihre Treibhausgasemissionen bis 2012 um 5,2 Prozent unter das Niveau von 1990 zu drücken. Die USA haben sich dieser Vereinbarung indes nicht angeschlossen. Für die meisten Betrachter und auch für Al Gore ist es jedoch nur eine Frage der Zeit, bis auch die US-Regierung ihre Zurückhaltung aufgeben wird.

Wenn aus diesen Erkenntnissen für die verschiedenen Ökosysteme – und damit für die Urstoffe – nicht zu unterschätzende Risiken abzuleiten sind, so erstrecken sich diese Gefahren erst recht auf die Rohstoffmärkte. Die Globalisierung und Internationalisierung der

Abbildung 1: Stadtbevölkerung in % der Gesamtbevölkerung

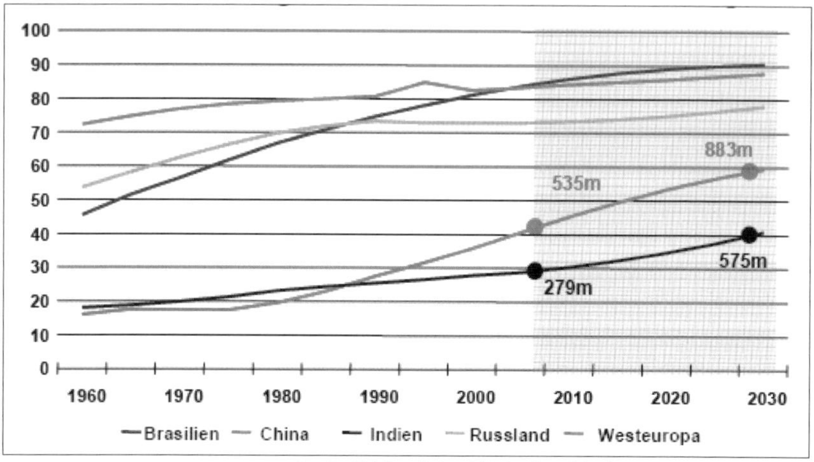

Quelle: UN Population Division (World Urbanization Prospects 2001)

Weltwirtschaft und die in diesem Kontext zu beobachtende ökonomische und gesellschaftspolitische Revolution in der VR China sind gemeinsam mit dem ökonomischen Boom in Indien – dem zweiten Milliardenvolk im Fernen Osten – die Eckpfeiler des Aufschwungs der Rohstoffe (Commodities). Dabei gilt die dynamische Stadtflucht in der VR China als einer der größten Katalysatoren für den Aufschwung der Rohstoffpreise.

Dieses Buch berührt diese veränderten Grundströmungen, die in ihrem wirklichen Ausmaß von den meisten Politikern noch immer unterschätzt werden, nur am Rande. Dies vor allem deshalb, weil das den Rahmen eines grundlegenden Werks über die Rohstoffmärkte sprengen würde. Das Buch soll vielmehr einen Abriss über die Vielfalt der Rohstoffmärkte geben und deutlich machen, dass die immense Bedeutung von Rohstoffen in der virtuellen Welt des Internets, der Bio- und Nanotechnologie in Vergessenheit geraten war.

Daher kann dieses Buch als eine Art Weckruf verstanden werden, weil es zum einen die Bedeutung von Rohstoffen für die Menschheit aufzeigt und diese zum anderen gleichzeitig zu einem schonenden und sinnvollen Umgang mit Rohstoffen aufruft. Die Rohstoffwirtschaft ist für die Welt wesentlich wichtiger als die vergangene Dekade der neuen virtuellen Technologien, Wissenschaften und Industrien, die das Denken und Handeln von Politikern, Banken und Anlegern über einen langen Zeitraum bestimmt haben. Manche mögen es für übertrieben halten – die nachfolgend genannten Tatsachen belegen dies allerdings eindrucksvoll

So bedeutungsvoll das Internet auch sein mag, so spannend und »lebenserleichternd« die Informations- und Medienbranche anmutet, so gering ist deren Bedeutung im Vergleich zu Rohstoffen. Jeder Mensch braucht energetische, metallische und agrarische Rohstoffe. Denn ohne Energie stehen die Räder in der Wirtschaft still, und ohne Metalle würde es diese Räder überhaupt nicht geben. Noch wichtiger für jedes einzelne Individuum sind agrarische Rohstoffe, die seinen Hunger stillen und das Leben überhaupt ermöglichen.

Wer von Rohstoffen und über Rohstoffe spricht, muss im gleichen Atemzug die über all dem stehenden Urstoffe erwähnen. Ohne Luft, Wasser und Erde kann der Mensch nicht existieren. Es verwundert daher überhaupt nicht, dass »Mutter Erde« auch als Anlagethema – erfreulicherweise mit dem Ansatz einer Verflechtung ökologischer und marktwirtschaftlicher Elemente – an den Finanzmärkten zum Mega-Trend wird. Das zeigt: Die Modethemen des TMT-Zeitalters (Technologie, Medien, Telekommunikation) verblassen gegenüber der Bedeutung von Urstoffen und Rohstoffen.

Einführung

Rohstoffe erleben eine Renaissance – sowohl als physische Ware als auch als Anlageform. Der Beginn dieser neuen Ära eines über Jahrzehnte hinweg in Vergessenheit geratenen ungeheuer wichtigen Bereichs der Weltwirtschaft fällt in die Zeit der politischen und ökonomischen Revolution in der VR China. Und dies ist kein Zufall. Die im Jahr 1985 einsetzende Talfahrt der Rohstoffpreise ging im Jahr 2001 nicht zuletzt deshalb abrupt zu Ende, weil das bevölkerungsreichste Land der Welt zum wichtigsten Faktor auf der Nachfrageseite wurde.

Jahrelang hatten es sowohl die meist in den ärmeren Regionen der Welt liegenden rohstoffreichen Länder als auch die Industrieländer nicht nur versäumt, die Kapazitäten der vorhandenen Rohstoffvorkommen zu erhöhen. Sie schlampten auch bei der Suche und Exploration nach neuen Ressourcen sowie beim Aufbau der für die Aufbereitung und Verarbeitung von Rohstoffen notwendigen Infrastruktur. Heute werden sie für diese Versäumnisse bitter abgestraft. Nachdem Banken und auch institutionelle sowie private Risikokapitalgeber beim Platzen der größten Blase der Neuzeit durch letztlich fehlgeschlagene Finanzierungen von Technologie-, Medien- und Telekommunikationsunternehmen – den gescheiterten Wunderkindern der »New Economy« also – rund um den Globus Hunderte von Milliarden Dollar eingebüßt hatten, war in der Finanzwelt zunächst einmal Ernüchterung angesagt.

Inzwischen ist die Weltwirtschaft von der Vergangenheit und – was noch wichtiger ist – von ihren Fehlern und Versäumnissen eingeholt worden. Mit Fug und Recht ist festzustellen, dass die »Old Economy« zurückgeschlagen und Revanche genommen hat. Spät – viel zu spät, wie rückblickend festzustellen ist – war erstmals im Jahr 2003 sowohl bei den unter Liquiditätsmangel leidenden Rohstoffunternehmen als vor allem auch bei den institutionellen und privaten Kapitalgebern der erste Hauch von Bereitschaft zur Finanzierung der Rohstoff-Zukunft zu spüren.

Rohstoffe, so die allgemeine Auffassung, hatten in den vergangenen 20 Jahren nicht nur in stets ausreichender Menge, sondern aus Sicht der Verbraucherländer auch immer zu »vernünftigen« Preisen zur Verfügung gestanden. Dass die reichen Industrienationen in der nördlichen Hemisphäre über mehrere Jahrzehnte hinweg die ärmeren Rohstoffproduzentenländer in der südlichen Hemisphäre mehr oder minder »ausgenutzt« haben, wollte niemand so recht wahrhaben. Die beinahe 30 Jahre alten Warnungen der Experten des »Club of Rome« über die »Erschöpflichkeit« der Rohstoffreserven auf dem

Tabelle 1: Die Rohstoffzyklen des vergangenen Jahrhunderts

Anfang	Ende	Art des Zyklus	Dauer	Veränderung in Prozent
1919	1925	Aufwärts	6 Jahre	48 %
1925	1932	Abwärts	7 Jahre	51 %
1932	1937	Aufwärts	5 Jahre	69 %
1937	1939	Abwärts	2 Jahre	25 %
1939	1954	Aufwärts	15 Jahre	100 %
1954	1970	Abwärts	16 Jahre	40 %
1970	1981	Aufwärts	11 Jahre	105 %
1981	2000	Abwärts	19 Jahre	70 %
2000		Aufwärts		

Quelle: tkMedia AG und eigene Recherchen

Globus waren bis vor vier Jahren nur wenigen Entscheidungsträgern nicht nur in der Wirtschaft und Finanzwelt, sondern gerade auch auf politischer Ebene bekannt.

Eine neue, jüngere Generation von Entscheidungsträgern hatte sich gerade mühsam in das Zeitalter der Bits and Bytes eingearbeitet und versucht, die durchaus verlockend und reizvoll erscheinenden Möglichkeiten der TMT-Ära (Telekommunikation, Medien und Technologien) zu erkunden.

Fortschritte wurden für die Menschheit nur dort gesehen, wo Neues das Leben erleichtern sollte. Und in diesen fortschrittlichen Technologien der Informations-, Biotech- und Nanotech-Branche sahen die Entscheidungsträger der Wirtschaftsunternehmen ihre Zukunft. Die reizvolle Zukunft mit den globalen Kommunikationsmethoden vor Augen, fragten sich viele Beteiligte des Wirtschaftslebens, warum sie sich überhaupt noch mit der Vergangenheit beschäftigen sollte – mit Rohstoffen also. Hier witterte nicht nur eine neue Unternehmergeneration fette Beute, sondern auch die über Jahre hinweg mit schrumpfenden Margen kämpfenden Banken.

Und so war es nur eine logische Folge, dass auch das Interesse der Anleger schnell wuchs. Immer mehr Privatanleger richteten ihr Augenmerk fast ausschließlich auf die vermeintliche Zukunft. Beinahe fahrlässig vergaßen sie dabei, dass die wirkliche Zukunft nicht hier, sondern in der Vergangenheit lag – in Urstoffen und Rohstoffen nämlich.

Wenn man zum Beispiel in Deutschland über Rohstoffe sinnierte, kam den Menschen vor allem die mühsame und »schmutzige« Arbeit der Landwirtschaft in den Sinn. Oder aber jene Bergleute, die mit geschwärzten Gesichtern unter Tage im subventionierten Kohlebergbau tätig waren. All diese Wirtschaftszweige galten für die meisten Menschen in Deutschland – vor allem auch für die Entscheidungsträger in der Wirtschaft und in der Finanzwelt – als das »Gestrige«. Nein, man wollte heute leben, und das möglichst sorgenfrei. Nicht nur mal rasch übers Wochenende nach Mallorca jetten, sondern zuvor auch die Buchung für Flug oder Hotel mal so eben unkompliziert übers Internet vornehmen.

Und wenn man dann mit Hilfe der TUI – dem einst unter dem Namen Preussag bekannten und durchaus erfolgreichen deutschen Rohstoff-Riesen – auf der Trauminsel der Deutschen angekommen war, konnte man ja die Freunde daheim mit der MMS-Bilder-Botschaft über den sonnigen Strand oder über das wilde Leben am Ballermann informieren. Dass für den Bau des Flugzeugs Aluminium, Titan und andere wichtige strategische Rohstoffe, für den Betrieb des Jets Kerosin-Treibstoff und für Essen und Strandbekleidung auf der Insel »Malle« Rohstoffe unverzichtbar sind, ging vielen Menschen nicht ein. In der Vergangenheit hatten sie hierüber nicht nachdenken müssen. Und die meisten taten es auch Anfang dieses Jahrtausends noch nicht. Vergessen hatten dies offensichtlich auch die Top-Manager der TUI, die ihr einstiges Rohstoffunternehmen zu einem Touristikdienstleister umbauten, der sich heute in einem hart umkämpften Markt mehr schlecht als recht am Leben zu halten versucht.

Warum sollte man auch in Deutschland und in anderen Industrieländern über Rohstoffe sinnieren? Die Weltwirtschaft lief auf Hochtouren – weshalb also sollten sich die Menschen in den Industrieländer durch als unnötig erachtete Problemstellungen aus dieser »heilen Welt« reißen lassen? Doch als die Versäumnisse erkannt wurden und die Nachfrage ausuferte, war der Hebel nicht mehr rasch genug umzulegen. Nachhaltige Störungen und Ungleichgewichte in der Weltwirtschaft waren nicht mehr zu vermeiden.

Die eigentliche Initialzündung in der Weltwirtschaft kam dann, als der Preis für Rohöl nicht – wie von vielen Fachleuten lange Zeit prognostiziert – wieder unter die Marke von 30 Dollar je Barrel zurückfielen, sondern in der Spitze sogar auf beinahe 76 Dollar je Barrel. Damit dieser »Kick« ausgelöst werden konnte, war es entscheidend, dass damit zugleich auch die Preise in den der Produktion und Förderung von energetischen Rohstoffen folgenden Stufen der Wertschöpfungskette – nämlich die Benzin- und Strompreise – in bislang nicht bekannte Höhen schossen.

Denn nur dort, wo steigende Preise alle Marktteilnehmer gleichmäßig treffen, ist die Bereitschaft zu Veränderungen vorhanden. Diese Bereitschaft wird regelmäßig über die Kräfte des Marktes erzwungen. So geschehen auch im laufenden Hausse-Zyklus an den Energiemärkten.

Die Menschheit muss begreifen, dass auch die nachfolgenden Generationen ein »Recht auf Rohstoffe« haben. Wenn an dieser Stelle von Rohstoffen die Rede ist, dann gelten die Forderungen für einen schonenden und verantwortungsvollen Umgang mit diesen Basismaterialien zuallererst auch für die »wirklichen Rohstoffe« – nämlich für Erde, Luft und Wasser. Wir müssen davon ausgehen, dass sich die Menschheit selbst bestraft, wenn sie nichts gegen die Sünden der Vergangenheit tut.

Einer Vergangenheit, in der Erde, Luft und Wasser als die Grundlagen des menschlichen Seins oft in unverantwortlicher Art und Weise zwar nicht – wie traditionelle Rohstoffe – verbraucht, aber »benutzt«, »abgenutzt« oder verschmutzt wurden. Und so werden die richtig liegen, die davon ausgehen, dass Erde, Luft und Wasser schon bald über die Instrumente der Marktwirtschaft einen Preis erhalten werden. Nur so wird auch die »Verknappung der wahren Rohstoffe« – in der Form von sauberer Erde, Wasser und Luft –

immer stärker sichtbar werden und in das Bewusstsein der Menschheit rücken. Mit dem CO2-Emissionshandel wurde ein erster Anlauf in diese Richtung gemacht.

Zur Rohstoffversorgung in Deutschland

Man erinnert sich der Zeiten sehr wohl. Die Schlagzeilen stimmten die Menschen in Deutschland freudig. Sie trafen einfach den Zeitgeist: »Das Internet revolutioniert die Kommunikation und führt uns in die nächste Ära – die Wissensgesellschaft«. Eine andere Überschrift lautete: »Bits statt Atome«. Und wenn der Begriff Rohstoffe fiel, dann wurde das in Zusammenhang gesehen mit dem einzigen Rohstoff, der in den 90er-Jahren zu zählen schien – nämlich unserer menschlichen Kreativität und der Genialität. Aber der »virtuelle Rohstoff« Kreativität und Genialität hatte Schwächen – große Schwächen.

Man hatte offensichtlich vergessen, dass die Entwicklung der Welt über Jahrtausende hinweg immer auf zwei Rohstoffkomponenten beruhte. Zum einem den virtuellen – also dem nicht sicht-, tast- und fühlbaren Rohstoff menschlicher Geist – und zum anderen den zahlreichen physischen Rohstoffen. Diese waren in der Spätzeit des Industriezeitalters halt »einfach so da«. Deutschland kaufte sie irgendwo auf der Welt einfach ein, jedenfalls die, die man nicht selbst hatte.

Die Denkweise von Seiten einiger Verbraucher in den Industrieländern war erschreckend. Nicht selten waren Kommentare zu hören, wonach die ärmsten Leute in den Rohstoffländern ja eigentlich noch dankbar sein mussten, dass ihnen Amerikaner oder Europäer ein sicheres Einkommen boten. Was also konnte dem Westen denn eigentlich passieren? Es war ja bekannt, dass der Strom aus der Steckdose kam, dass man Gips im Baumarkt um die Ecke kaufte und es Kartoffeln nicht nur beim Bauern auf dem Lande, sondern halt auch bei Aldi gab.

Und wenn der Mensch Benzin brauchte, fuhr man eben zur nächsten Tankstelle. Sicher, man regte sich in den 90er-Jahren hin und wieder über die gestiegenen Preise auf und schimpfte auf die Scheichs der Opec, die unserer Meinung nach ihre Paläste noch prunkvoller gestalten wollten. Und das mit unserem ach so sauer verdienten Geld. So waren wir, die meisten jedenfalls. So oder ähnlich war für mehr als ein Jahrzehnt die gängige Meinung in Europa. Wir ruhten uns auf den Leistungen der Vergangenheit aus, dachten an den nächsten Urlaub, aber kaum darüber hinaus.

Doch diese Idylle wurde jäh zerstört. Plötzlich waren Schlagzeilen in allen Tageszeitungen zu finden: »Der Ölpreis klettert auf nie da gewesene Höhen«. Das schmerzte – über die Benzinquittung und die Heizkostenabrechnung. Auch Kokskohle – unersetzlich für die Stahlerzeugung – wurde plötzlich knapp, und damit wurde auch der Stahlmarkt an einer empfindlichen Stelle getroffen. Der normale Bürger merkte völlig überrascht: Physische Rohstoffe sind wichtig. Nicht nur die Baurohstoffe für Häuser und Infrastruktur, Energie für Wärme und Fortbewegung, sondern auch Metalle für unser Auto, für die Waschmaschine oder das Fahrrad. Und plötzlich interessieren uns auch die Meldungen, dass selbst im PC – dem Symbol unserer Internetgesellschaft schlechthin – 31 Bunt-, Edel- und Halbmetalle stecken. Ohne diese würde der PC nicht funktionieren, wir müssten weiter zur Schreibmaschine greifen, den Brief tippen, eintüten und zur Post bringen. Nichts wäre es mit einer raschen E-Mail.

Der »Durchschnitts-Deutsche« – als statistische Größe genau definiert – verbraucht in seinen 78 Lebensjahren rund 1.000 Tonnen Rohstoffe. In diese Rechnung sind die agrarischen Rohstoffe und die Urstoffe Wasser und Luft nicht einmal einbezogen. Den größten Anteil nehmen die von der Bauindustrie genutzten Massenrohstoffe, gefolgt von den Energierohstoffen, Braun- und Steinkohle, Erdöl und Erdgas ein. Rund 80 Prozent der Rohstoffe, die wir in Deutschland benötigen, werden immer noch im Lande gewonnen, sodass man auf den ersten Blick durchaus noch immer von Deutschland als einem Rohstoffland sprechen kann. Das meiste sind Baurohstoffe, die oft lokale Märkte bedienen, rund 500 Tonnen Sande, Kiese, Hartsteine, Kalke und Dolomite pro Jahr.

Tabelle 2: Versorgungssituation ausgewählter mineralischer Rohstoffe (2002/3)

	Einfuhr	Inlandsproduktion	Ausfuhr
Braunkohle	-	180 Mio. t	-
Kalisalz	2,4 Mio.t	3,47 Mio. t K_2O	5,3 Mio. t Düngemittel auf Kalibasis
Salz	2,4 Mio. t	14,3 Mio. t	3,34 Mio. t
Kaolin	750.621 t	740.821 t	334.000 t
Sand, Kies, Hartgestein	13,3 Mio. t	434,0 Mio.t	19,7 Mio. t
Steinkohle	41,5 Mio. t	28,3 Mio. t	-
Erze	43,2 Mio. t	0,45 Mio. t	-

Quelle: Wirtschaftsvereinigung Metalle e.V.

Aber wir sind auch der weltgrößte Produzent von Braunkohle, mit der rund 27 Prozent unserer Elektrizität erzeugt werden. Bei Kalisalzen – dem Ausgangsprodukt für lebenswichtige Düngemittel – und bei Steinsalzen steht Deutschland auf Platz vier in der Welt und ist ein wichtiger Exporteur. Die häufig geäußerte Meinung, wonach Deutschland oder die Industrieländer generell von den Rohstoffen der Dritten Welt abhängig sind, gilt sicherlich für eine ganze Reihe von Rohstoffen – so zum Beispiel für Kupfer-, Aluminium- oder auch Eisenerze – kann aber nicht wirklich generalisiert werden. Gerade Kali ist für Deutschland eine ganz wichtige Ausnahme.

Bei den Industriemineralien Kaolin, Bentonit und Feldspat steht Deutschland auf Platz sechs, bei Gips und Anhydrit auf Platz neun, bei Schwerspat auf Platz elf. Bei diesen Industriemineralien findet häufig eine spezielle Aufbereitung – eine Hightech-Aufbereitung – statt. Bei den Industriemineralen gibt es sogenannte »Designer-Minerale«, die auf den Kundenwunsch zugeschnitten aufbereitet werden, Spezialprodukte, die Deutschland weltweit exportiert.

Die folgende Betrachtung bezieht sich ausschließlich auf die in Deutschland jährlich benötigten Energie- und Metallrohstoffe und lässt die Massenrohstoffe für die Bauindustrie außer Acht. Konstruiert man aus diesen Materialien gedanklich eine Rohstoffpyramide, so stehen Energie-Rohstoffe an deren Basis ganz unten: Den breitesten statistischen Balken nehmen die 180 Millionen Tonnen deutscher Braunkohle ein, dann folgt Erdöl mit rund 115 Millionen Tonnen, wovon nur rund drei Prozent in Deutschland produziert werden und der Rest aus Importen stammt.

Erdöl, Erdölprodukte und Erdgas machen 70 Prozent unserer Rohstoffimportrechnung aus, die im Jahr 2003 rund 52 Milliarden Euro betrugen. Im deutschen Energie-Mix spielt Steinkohle mit 69 Milliarden Tonnen eine große Rolle, hiervon werden rund 40 Prozent in Deutschland gefördert. Doch seit 2001 übersteigen die Importe die eigene Produktion. In der virtuell gebauten Rohstoffpyramide folgen die Metalle, zuerst Rohstahl mit knapp 40 Millionen Tonnen, gefolgt von Aluminium mit 2,1 Millionen Tonnen, Kupfer mit 1,0 Millionen Tonnen und den anderen bekannten Industriemetalle Zink, Blei, Nickel und Zinn.

In den oberen Bereichen der Pyramide stehen Nebenmetalle, die in der Stahlveredlung wichtig sind, wie Chrom, Molybdän oder Niob. An der Spitze schließlich in einer mengenmäßig viel geringeren Größenordnung die sogenannten »Hightech-Metalle« wie Tantal, Germanium oder Indium. Auch die Edelmetalle Gold, Platin und Palladium finden starke Hightech-Anwendung in der deutschen Elektronikbranche.

Alle Primärmetalle müssen importiert werden. Lediglich Materialien aus Schrotten sind eine Art inländische Ressource. Die Importstatistik zeigt: Deutschland ist Kunde in der ganzen Welt; denn wir kaufen Bleierze aus Großbritannien, Polen und Schweden, Chromerze aus Südafrika und der Türkei oder Kupfererze aus Chile, Argentinien, Portugal, Peru, Indonesien und Papua-Neuguinea. Für ein Industrieland wie Deutschland sind weltweit freie und nach marktwirtschaftlichen Prinzipien funktionierende Rohstoffmärkte daher von elementarer Bedeutung für die störungsfreie Versorgung mit Commodities.

Die Politik erwacht – aus dem Tiefschlaf!

Die angespannte Versorgungslage hat bei den Politikern das Bewusstsein für die Situation an den Rohstoffmärkten geschaffen. Das, was die VR China mit Nachdruck vorantreibt – nämlich der Kauf von oder die Beteiligung an Rohstoffvorkommen in aller Welt –, sollte auch für die Politik in Berlin eine längerfristige politische Alternative darstellen. Einiges wird bereits getan: Die im Besitz der Bundesrepublik Deutschland befindliche Bundesanstalt für Geowissenschaften und Rohstoffe (BGR) bemüht sich zum Beispiel darum, eine Konzession bei der Internationalen Meeresbodenbehörde zu erwerben, durch die die Exploration von Manganknollen im Pazifik ermöglicht werden soll.

So soll Deutschland Zugriff auf bisher nur wenig bekannte und bisher nicht erschlossene Lagerstätten für metallische Rohstoffe gewinnen. Wenn es notwendig werden sollte, könnte Bergbau also auf dem Meeresboden betrieben werden. Dass das möglich ist, zeigen die zahlreichen »Offshore-Aktivitäten« der Energiebranche in aller Welt. Doch auch hier kommen marktwirtschaftliche Argumente zum Tragen: Der Abbau von Bodenschätzen auf dem Meeresgrund wird nur dann möglich sein, wenn die Minengesellschaften ein entsprechend hohes Preisniveau vorfinden werden – und zwar dauerhaft.

In diesem Zusammenhang ist zu konstatieren, dass es Überlegungen zur Nutzung des Meeresbodens als Quelle metallischer Rohstoffe bereits vor mehr als 25 Jahren gab. Wegen der seinerzeitigen Entspannung in der Versorgung und Preisentwicklung auf den internationalen Rohstoffmärkten wurden sie allerdings weder von der Politik noch von den Minenfirmen weiter verfolgt. Doch nicht nur dies – die zwischenzeitlich scheinbar hinreichende Verfügbarkeit von Rohstoffen auf den Weltmärkten führte über viele Jahre hinweg dazu, dass die ohnehin nur wenigen Unternehmen der deutschen Rohstoffwirtschaft ehemalige Bergbau-Aktivitäten im Ausland abgestoßen haben.

Dies nicht zuletzt auch deshalb, weil Rohstoffe üppig und vor allem auch zu niedrigen Preisen zur Verfügung standen. Die Suche nach und die Exploration von Rohstoffen waren vor allem im Bergbau (weniger stark ausgeprägt dagegen im Energiesektor) über einen Zeitraum von fast 25 Jahren hinweg nicht mehr lohnend, sodass sich ehemalige Rohstoffunternehmen in Kanada und Australien, aber auch in Deutschland der »New Economy« zuwandten und ihren Fokus auf dieses Gebiet ausrichteten.

Die bekanntesten Beispiele in Deutschland lieferten TUI und ThyssenKrupp ab. Die einst unter Preussag firmierende TUI – heute Europas größtes Tourismusunternehmen – verfügte noch bis vor wenigen Jahren weltweit über zahlreiche Rohstoffinteressen. Der Stahl-Riese ThyssenKrupp verkaufte seine riesigen Eisenerzvorkommen in Lateinamerika vor vielen Jahren an den heute weltgrößten Eisenerzproduzenten CVRD aus Brasilien – zu einem »Spottpreis«, wie Kenner der Szene berichten. Heute kauft der Stahlproduzent den Rohstoff Eisenerz zu einem Vielfachen des seinerzeitigen Verkaufspreises.

Der Preis für Eisenerz ist allein von Ende des Jahres 2003 bis Ende des Jahres 2005 um beinahe 200 Prozent gestiegen. Sowohl die Unternehmen der deutschen Wirtschaft als auch die für rohstoffpolitische Fragen zuständigen Stellen in den Schaltzentralen der Politik in Berlin werden seit geraumer Zeit für ihre Versäumnisse der Vergangenheit über eine höhere Einfuhrrechnung abgestraft. Heute rächt sich die mangelnde Weitsicht deutscher Wirtschaftsmanager.

Dabei waren die grundlegenden Veränderungen schon vor mehr als 15 Jahren absehbar. Sowohl die Politiker als auch die Unternehmen der Wirtschaft in Deutschland müssen sich den Vorwurf gefallen lassen, bei der lange Zeit erkennbaren »Renaissance der Rohstoffe« kläglich versagt zu haben. Denn die Gründe für die Hausse sind allgemein bekannt: Das starke Wirtschaftswachstum in aufstrebenden bevölkerungsreichen Industrieländern wie China und Indien hat die Rohstoffmärkte innerhalb weniger Jahre auf den Kopf gestellt.

Das über Jahre hinweg stagnierende oder gar schrumpfende Angebot sowohl an Primär- als auch an Sekundärrohstoffen wurde von den »neuen Nachfragekräften«, zu denen sich auch Staaten wie Brasilien gesellten, sehr rasch absorbiert. Und so kam es, dass sich der über viele Jahre hinweg etablierte Nachfragemarkt – zunächst fast unbemerkt von der Öffentlichkeit – zu einem Anbietermarkt entwickelt hat. Und dies wiederum hatte nachhaltige Auswirkungen auf die Preisgestaltung, da die Anbieterseite jetzt stärker in der Lage war, in die Preisgestaltung einzugreifen.

Wo geht die Reise hin?

Obwohl die industriellen Nachfrager im System der Marktwirtschaft für ihre reibungslose Rohstoffversorgung und Rohstoffsicherung grundsätzlich selbst verantwortlich sind, muss deutschen Politikern – allen voran den Bundesregierungen der letzten Jahre – vorgeworfen werden, in den vergangenen Jahrzehnten auf rohstoffpolitischem Gebiet völlig versagt zu haben.

Weder Unions-geführte noch SPD-geführte Regierungen können sich von Fehlern freisprechen. Wenn sich Politiker heute zu Wort melden und erklären, die Rohstoffpolitik der Bundesregierung sei vor allem darauf gerichtet, die Maßnahmen der Wirtschaft zur Versorgung mit mineralischen Rohstoffen zu unterstützen.

Spät, viel zu spät hat zum Beispiel die inzwischen abgewählte Regierung von Gerhard Schröder auf dem BDI-Rohstoffkongress am 8. März 2005 erklärt, sie wolle in den internationalen Gremien weiterhin alles tun, um deutsche Interessen an offenen und transparenten Rohstoffmärkten durchzusetzen. Dass Schröder geraume Zeit zuvor ein Angebot der russischen Regierung zum Aufbau einer gemeinsamen Energiebörse mit dem Hinweis auf eventuelle Geldwäscheprobleme ignoriert hatte, sei hier nur am Rande erwähnt. Es zeigt jedoch die seinerzeit fehlende Sensibilisierung für das Thema Rohstoffe.

Bei der seit dem Jahr 2005 im Amt befindlichen neuen Regierung – gebildet als große Koalition aus Vertretern der beiden großen

Volksparteien SPD und CDU – hat Bundeskanzlerin Angela Merkel die Rohstoffpolitik – zumindest gilt dies für die Energiefrage – zur Chefsache erklärt. Die Kanzlerin wird sich in Zukunft daran messen lassen müssen, ob sie die Dringlichkeit einer global ausgerichteten Rohstoffpolitik wirklich verstanden hat.

Deutschland ist wie kaum ein anderes Industrieland auf Rohstoffimporte angewiesen und braucht wesentlich mehr Sicherheit und mehr Versorgungssicherheit als bisher. Die lange Zeit unterschätzten Risiken an den Rohstoffmärkten bedrohen die wirtschaftliche Entwicklung Deutschlands. Sowohl in der Politik als auch in der Wirtschaft und der gesamten Finanzszene müssen nun Weitsicht und Unternehmergeist bewiesen werden, um der Wirtschaft das für ein gezieltes Risikomanagement notwendige Instrumentarium zur Verfügung zu stellen. Dass Deutschland neben der Strom- und Kohlebörse in Leipzig noch immer keine funktionierende Rohstoffbörse besitzt, an der zum Beispiel die Risiken von Erdöl und Benzin abgesichert werden können, ist ein Zeichen für das Versagen in der deutschen Börsenlandschaft.

Wie ernst andere Staaten ihre Rohstoffpolitik nehmen, wird an verschiedenen Stellen dieses Buches dargelegt. Was auf diesem Gebiet noch getan werden kann, ist eine stärkere Nutzung von Sekundärrohstoffen. Da jede Verteuerung von Rohstoffen mit Wohlstandseinbußen einhergeht, müssen Anreize für mehr Effizienz beim Einsatz von Rohstoffen geschaffen werden und darüber hinaus Maßnahmen eingeleitet werden, die Chance des Recyclings stärker zu nutzen. In zahlreichen Rohstoffbranchen – hier sei namentlich die Papierbranche erwähnt – hat der Einsatz von Sekundärrohstoffen eine lange Tradition. Das Institut der deutschen Wirtschaft hat errechnet, dass im Jahr 2005 durch die Erzeugung von Sekundärrohstoffen in Deutschland ein zusätzliches Bruttoinlandsprodukt von 3,7 Milliarden Euro entstanden ist und rund 60 000 Arbeitsplätze damit gesichert werden konnten.

Energie-Rohstoffe

Für die Menschheit ist Energie lebensnotwendig. Ohne Energie ist Leben nicht denkbar. Energieträger wie Erdöl, Erdgas oder Kohle sind Rohstoffe, die gemeinsam mit den Urstoffen Wasser, Erde und Luft auch das ökonomische und gesundheitliche Wohl und Wehe der Menschen bestimmen. Als Energie wird allgemein die Möglichkeit oder Fähigkeit eines Systems bezeichnet, Arbeit zu verrichten. Energie wird in der Einheit Joule als Produkt von Zeit und Leistung gemessen. Ein Joule entspricht dabei einer Wattsekunde. Nach der Reihenfolge ihres Einsatzes lässt sich Energie in vier Stufen einteilen:

1. Primärenergieträger kommen in der Natur direkt vor.
2. Diese Primärenergie wird (in Kraftwerken oder Raffinerien) dann in Sekundärenergie umgewandelt.
3. Als Endenergie wird die Energie am Ort des Verbrauchs bezeichnet.
4. Diese Endenergie wird dann in Nutzenergie (Heizwärme, Licht) umgewandelt.

Die Märkte für energetische Rohstoffe bestimmen maßgeblich die Entwicklung der Weltwirtschaft. Wirtschaftliches Wachstum in der Welt ist ohne einen erhöhten Energieeinsatz nicht möglich. Für die meisten multinationalen Forschungsinstitute steht fest: Der Welt-Energieverbrauch wird im Jahr 2030 – ungeachtet der zu erwartenden Forschritte bei der Energie-Effizienz – um mehr als 60 Prozent über dem Niveau des Jahres 2005 liegen.

Abbildung 2: Globaler Verbrauch von Primärenergie

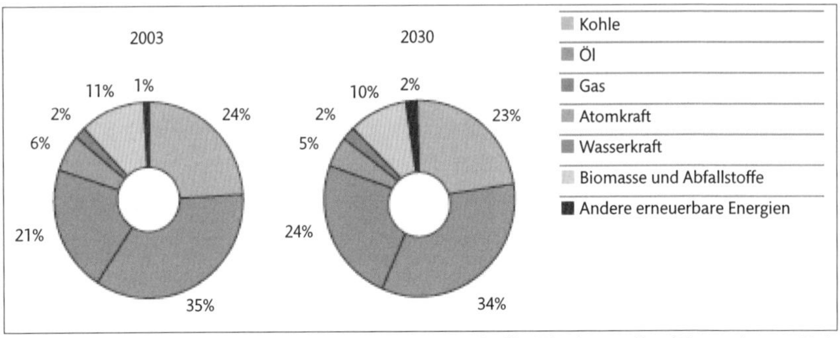

In Prozent Quelle: IEA – International Energy Agency, Paris

Wie die Primärenergieträger Erdöl, Erdgas, Kohle und Uran derzeit eingesetzt werden und welche Erwartungen die Internationale Energie Agentur (IEA) in Paris für die nächsten 25 Jahre hegt, ist aus Abb. 2 abzulesen. Daraus ist zu ersehen, dass fossile Primärenergieträger noch für lange Zeit den Schwerpunkt der Energieversorgung bilden. In diesem Zusammenhang ist auch anzumerken, dass die Reserven an fossilen Energieträgern nicht so rasch zur Neige gehen, wie viele Experten dies verkünden. Berücksichtigt man zum Beispiel den – allerdings »ungeliebten« – Energieträger Kohle in einer Welt-Energiebilanz, so ist festzustellen, dass die bekannten Vorräte noch für lange Zeit ausreichen werden (siehe Abb. 3).

Hieraus ist ersichtlich, dass fossile Energie-Rohstoffe noch für viele Jahrzehnte in ausreichender Menge zur Verfügung stehen. Daraus ist abzuleiten: Noch besteht nicht die Chance (unter Klimaschutz-Aspekten allerdings die Notwendigkeit), den globalen Energieverbrauch in einer wirklich beachtlichen Größenordnung durch nicht fossile Energieträgern zu decken. Aus einer anhaltend hohen Nutzung fossiler Energieträger resultieren allerdings erhebliche Umweltprobleme. Wohl in keinem Land der Erde kann Energiepolitik heute völlig losgelöst von der Umweltpolitik umgesetzt werden.

Denn der durch die Steigerung schädlicher Treibhausgase verursachte Klimawandel verlangt energiepolitisch ein Umdenken, da

Abbildung 3: Wer besitzt die größten Reserven an fossilen Energie-Rohstoffen?

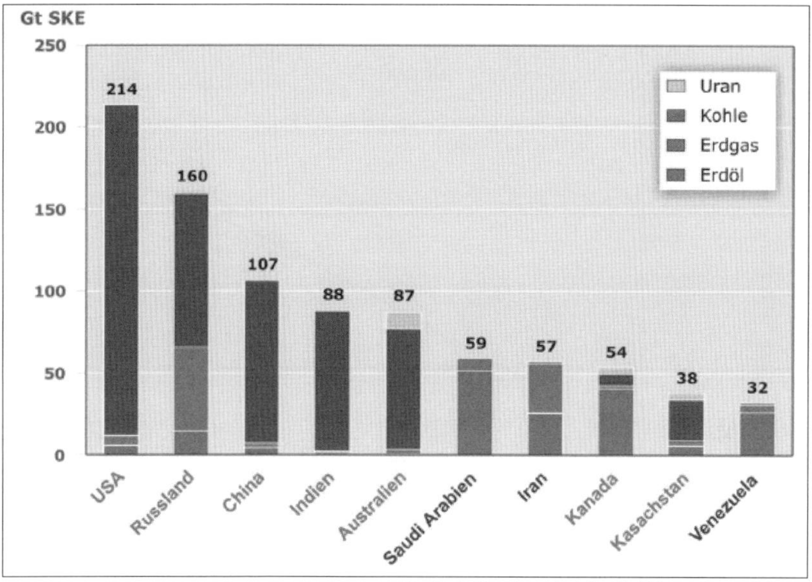

Quelle: BGR – Opec-Länder sind blau gekennzeichnet.

jede Umwandlung und Nutzung von Energie Rückwirkungen auf die Natur und auf das menschliche Leben hat. Aus diesem Grunde muss die Politik zwischen den drei zentralen Zielen der Energiepolitik – nämlich Wirtschaftlichkeit, Versorgungssicherheit und Umweltverträglichkeit – ein ausgewogenes Verhältnis finden.

Der globale Energiemarkt steht daher in den kommenden Jahren vor allem vor vier riesig erscheinenden Herausforderungen. Erstens ist das Ende des Ölzeitalters absehbar. Zweitens wird ein stärkerer Einsatz erneuerbarer Energien notwendig. Drittens dürfte die in vielen Ländern der Welt gehegte Zurückhaltung gegenüber der Atomenergie (und damit dem Rohstoff Uran) immer stärker weichen. Und viertens wird es in den kommenden Jahren zu einem Quantensprung bei der Entwicklung neuer Energietechnologien mit dem Ziel einer erhöhten Energieeffizienz kommen müssen. Ein fünfter – wichtiger Punkt – wird in den Diskussionen oft unterschlagen. Die Weltbevölkerung wird nach den Prognosen des Earth Policy Institute (siehe Abb. 4) in den nächsten Jahren weiter kräftig wachsen.

Abbildung 4: Welt-Bevölkerung 1950–2000, Prognose bis 2050

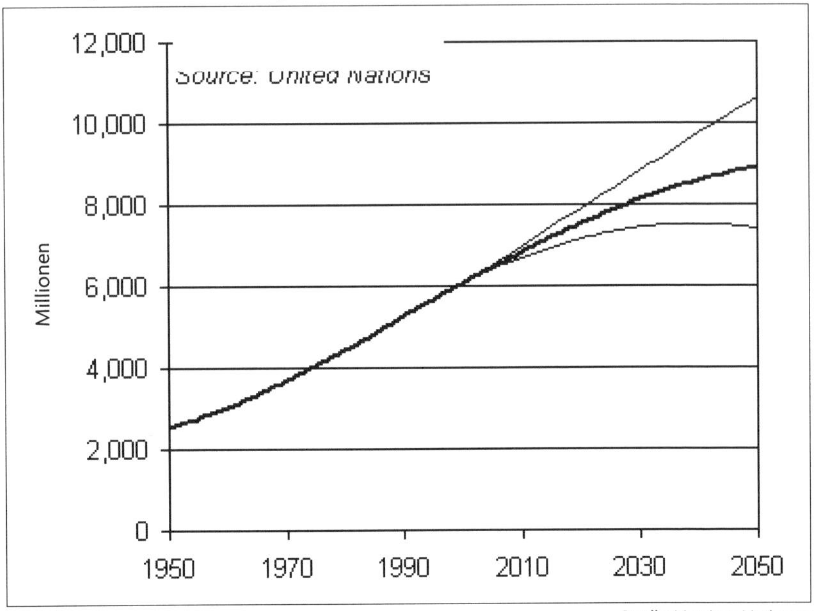

Quelle: Vereinte Nationen

All dies bedeutet konkret: Auf dem globalen Energiemarkt sind im Zieldreieck Versorgungssicherheit, Klimaschutz und Wohlstand für die nächsten Jahrzehnte erhebliche Umbrüche vorgezeichnet. Vor diesem Hintergrund überrascht es nicht, dass die Energiepolitik bei zahlreichen Regierungen in der westlichen Welt inzwischen zur Chefsache erklärt worden ist. Das gilt auch für Bundeskanzlerin Angela Merkel, die im Jahr 2006 – also mit reichlicher Verspätung – zu mehreren Energiegipfeln einlud. Ein Blick auf die Abhängigkeit Deutschlands von Importen energetischer Rohstoffe zeigt zum einen die Sensibilität der Energieversorgung, zum anderen sind dies keine neuen Erkenntnisse, sodass den Politikern in Berlin gerade aus diesem Grund Leichtfertigkeit, vielleicht sogar Fahrlässigkeit bei der Suche nach Antworten auf diese Frage vorzuwerfen ist (siehe Abb. 5).

Viele Anzeichen sprechen dafür, dass sich die Lage für Industrieländer wie Deutschland in den kommenden Jahren nicht verbes-

Abbildung 5: Importabhängigkeit und Selbstversorgungsgrad bei Primärenergie-Rohstoffen

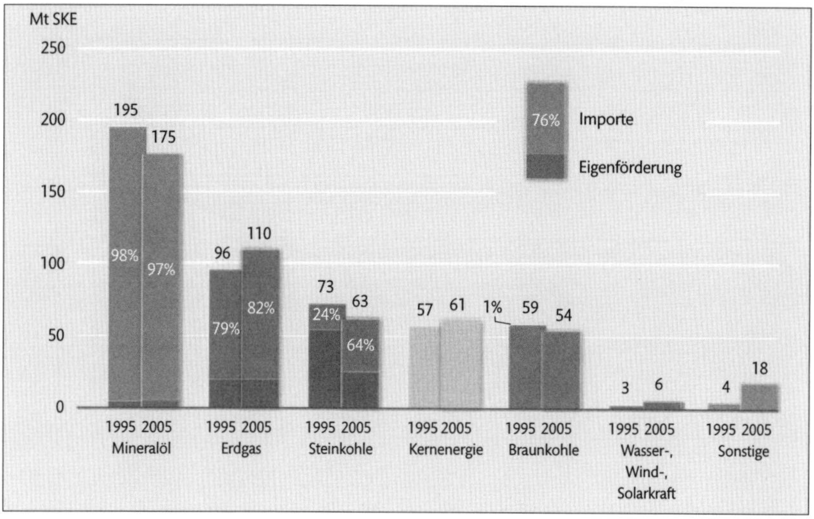

Quelle: BGR

sern, sondern eher verschlechtern wird. Denn der Energieverbrauch wird weltweit weiter zunehmen. Einige Experten sprechen sogar davon, dass der von der Regierung Bush geführte Krieg im Irak erst der Anfang eines in den kommenden Jahren an mehreren Fronten geführten »Kriegs um Energie« sein wird (siehe Abb. 6).

Als energetische Rohstoffe gelten im Prinzip alle **Primärenergieträger**; denn die sogenannten **Sekundärenergieträger** wie zum Beispiel Wasserstoff müssen mit Hilfe der Elektrolyse unter dem Einsatz von Primärenergieträgern erst aus ihrer jeweiligen Verbindung gelöst werden (siehe Abb. 7).

Der Begriff *Primärenergieträger* umfasst

1. Fossile Energieträger
1.1 Erdöl
1.2 Erdgas
1.3 Kohle

Abbildung 6: Langfristige Trendentwicklung des Welt-Primärenergieverbrauchs (1860 = 100)

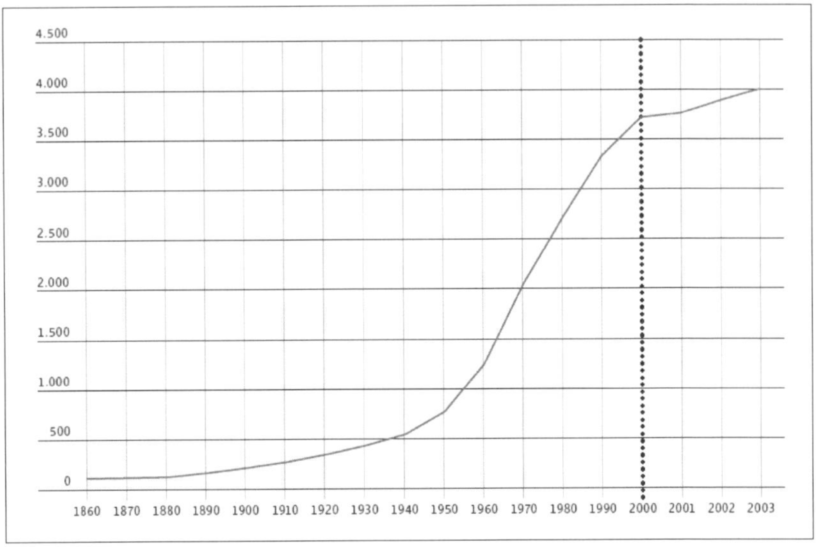

Quellen: OECD Developement Centre, BP und RWE-Berechnungen

1.4 Uran (Kernbrennstoff)
1.5 Sonstige wie Methanhydrat

2. Erneuerbare Energien
2.1 Biomasse und ihre Produkte wie Biogas, Ethanol, Biodiesel
2.2 Sonnenenergie
2.3 Wasserkraft
2.4 Windenergie
2.5 Erdwärme (Geothermie)
2.6 Gezeitenkraft
2.7 Wasserstoff

Fossile Energieträger

Erdöl

Erdöl ist in der heutigen modernen Industriegesellschaft einer der wichtigsten Rohstoffe überhaupt. Wegen seines flüssigen Aggregat-

Abbildung 7: Der Energie-Mix im Jahr 2004

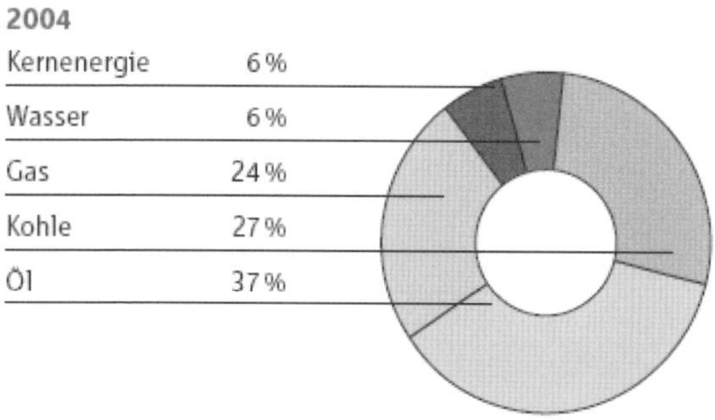

Quelle: RWE

zustandes ist Erdöl relativ einfach und kostengünstig zu fördern, zu transportieren und zu lagern. Es wird in Raffinerien verarbeitet und kann ohne größeren Aufwand an Energie und Kosten in verschiedene Produkte zerlegt und in unterschiedlichen Bereichen zielgerichtet eingesetzt werden. Die Favoritenrolle von Rohöl als Energieträger hat ihre Ursachen auch darin, dass es über eine höhere Energiedichte (Energieinhalt, bezogen auf Volumen oder Gewicht) als alle anderen konkurrierenden Primärenergieträger verfügt. Dass der Preis für Erdöl sowohl ein politischer Preis als auch ein Knappheitspreis ist, kann daraus ersehen werden, dass die langfristigen Grenzkosten der Ölgewinnung außerhalb der Opec-Länder zwischen sechs und 15 US-Dollar je Barrel liegen.

Das hauptsächlich aus Kohlenwasserstoffen in Form von lipophilen Stoffgemischen bestehende Naturprodukt Erdöl kommt in den Gesteinen der Erdkruste vor. Es beschränkt sich dabei weitgehend auf jene Gesteine, die aus Meeresalgenablagerungen entstanden sind und die in der Fachsprache als Sedimentgesteine bezeichnet werden. Daneben kommen in der Natur jedoch auch Erdölfelder in Gesteinen von kontinentalem oder aber von Süßwasserursprung vor. In anderen Gesteinen der Erdkruste – den sogenannten Tiefen- oder Ergussgesteinen – sind Erdölvorkommen dagegen außerordentlich selten beziehungsweise nur dort möglich, wo ein enger Kontakt mit Sedimentgesteinen besteht.

Auf Grund dieser Tatsache erfordern die erfolgreiche Suche nach und die Exploration von möglichen Erdölvorkommen ein fundiertes geologisches Fachwissen. Die große Bedeutung dieses Rohstoffs ist nicht zuletzt daran zu erkennen, dass die Preistrends keines anderen Rohstoffs weltweit in der breiten Öffentlichkeit so große Beachtung finden wie die des Erdöls und der aus ihm abgeleiteten Produkte, der Öl-Derivate wie Heizöl, Benzin oder Kerosin. Die Preise dieses fossilen Energieträgers sind auch für die Notenbanken und die führenden Wirtschaftsorganisationen in der Welt eine wichtige Orientierungsgröße für die Prognose des Wachstums der Weltwirtschaft oder der Inflationstendenzen.

Weil Erdöl unter anderem zur Produktion von Treib- und Heizstoffen eingesetzt wird und es darüber hinaus für die seit Jahrzehnten boomende chemische Industrie unverzichtbar ist, besitzt es eine herausragende wirtschaftliche Bedeutung. Eigentlich – und da sind sich die meisten Wissenschaftler einig – ist Erdöl viel zu wertvoll, um es lediglich als Energieträger einzusetzen und schlichtweg zu verbrennen. Der enorme ökonomische Nutzen von Erdöl kommt vor allem darin zum Ausdruck, dass für die Öffentlichkeit die Entwicklung des Preises für Benzin und andere Treibstoffe – also von aus Erdöl hergestellten Produkten – eine große Rolle spielt, weil steigende Benzin- und Kerosinpreise zum Beispiel einen erheblichen Einfluss auf das verfügbare Einkommen der Verbraucher oder für die Erträge der Fluggesellschaften haben.

Es gibt verschiedene Theorien zur Entstehung des Erdöls. Die Erde ist wahrscheinlich aus einer riesigen Kugel heißer Gase entstanden, die sich traditionellen Theorien zufolge dann verdichtet und abgekühlt haben. Der flüssige Erdball teilte sich im Zuge seiner schrittweisen Abkühlung in drei Zonen, den Erdkern, den Erdmantel und die Erdkruste. Zwischen Mantel und Kruste liegt als das tiefste Krustengestein eine Basaltschicht – und zwar sowohl unter den Kontinenten als auch unter den Ozeanen. Diese basaltischen Gesteine werden nach den Anfangsbuchstaben ihrer Hauptbestandteile Silicium, Eisen, Magnesium und Aluminium als »Sima« bezeichnet. An der Oberfläche des Erdmantels sind mächtige Materialblöcke zu riesigen Schollen erstarrt, aus denen die heute bekannten Kontinente entstanden sind. Die Kontinente enthalten nur wenig Magnesium und werden deshalb in der Abkürzung für Silicium, Eisen und Aluminium als »Sial« bezeichnet.

Die Wissenschaft spricht davon, dass vor etwa 500 bis 600 Millionen Jahren – also vor einem Zeitraum, der die Dimensionen zeitlichen Denkens von heute im Durchschnitt gerade einmal 75 bis 80 Jahre alt werdenden Menschen nicht selten weit übersteigt – durch besondere klimatische Bedingungen eine Verteilung von Land und Wasser stattgefunden hat. Alle Wahrscheinlichkeit spricht dafür, dass es tierisches Leben auf der Erde und damit auch im Meer seit dem Präkambrium gibt. Über einen langen Zeitraum hinweg hat ein ständiger »Regen« abgestorbener Organismen zu Ablagerungen organischer Materialien geführt.

Das Meerwasser enthält in der Regel größere Mengen Sauerstoff in gelöster Form, sodass ein großer Teil des abgestorbenen organischen Materials oxidierte, bevor es den Meeresboden erreichte. Fällt eine zu große Menge dieses Materials an, ohne dass das Meerwasser im Fluss ist und entsprechend gut durchlüftet wird, kann es zu einer unzureichenden Zufuhr von Sauerstoff kommen. Bestimmte Bakterien, die für ihren Stoffwechsel keinen Sauerstoff benötigen, sind in diesem Fall in der Lage, die organische Materie so weit umzuwandeln, dass daraus Erdöl entsteht.

An den Stellen des Meeresbodens, bei denen sich feinkörnige tonige Sedimente abgelagert haben, entwickelten sich meist sauerstoffarme oder sauerstofffreie Verhältnisse. Entfallen auf ein solches Gebiet darüber hinaus größere Mengen organischer Materie, so spricht dies für ein Erdölvorkommen. Dieses Öl kann dann zusammen mit dem bei der Verfestigung ausgepressten Wasser in Sandstein einwandern. Im Lauf der Zeit wurde aus einer Vielzahl winziger Öltröpfchen im Porenraum des Sandsteins dann ein Gebilde längerer Tröpfchen und Ölfäden. Je größer die Ansammlungen wurden, umso höher wurde die Wahrscheinlichkeit, dass sie durch die geringen Druckdifferenzen beziehungsweise Fließgeschwindigkeiten des Wassers in Bewegung gerieten.

Die »biogenetische Theorie« geht davon aus, dass Erdöl aus Meeresorganismen (Plankton) entstanden ist, die abstarben, absanken und auf dem Meeresboden von Sedimenten bedeckt wurden. Durch das Absinken der Sedimente wurde die organische Materie hohem Druck und hoher Temperatur ausgesetzt. Unter diesen Bedingungen wandelten sie sich in Kerogene um, organische Stoffe, die vorwiegend aus Kohlenstoff und Wasserstoff bestehen. Im Verlauf der weiteren Diagenese wurden die Kerogene bituminös. Sedimentgestein, das solche Kerogene enthält, wird allgemein als Erdölmuttergestein bezeichnet. Fein verteilte Kerogene können bei hohen Temperaturen wandern. Bei dieser »Migration des Erdöls« vereinigen sich die Kerogene zu kompakteren Massen, zu Erdöl.

Gefunden wurde Erdöl schon vor einigen tausend Jahren, weil es eine deutlich niedrigere Dichte als Wasser hat, deshalb in den Hohlräumen der Schieferton-, Sand- und Karbonatsedimente nach oben steigt und daher an die Erdoberfläche gelangen kann. Die Kraft des fließenden Wassers bewegt das Erdöl durch die Porenräume des Gesteins, weil das Öl auch den Gesetzen der Schwerkraft unterliegt. Da es leichter ist als Wasser, hat Erdöl auf seinem gemeinsamen Weg mit dem Wasser eine nach oben gerichtete Tendenz.

Dieser Aufwärtsdruck wird gebremst, wenn Öl auf Gestein stößt, dessen zu geringe Porenräume einen Aufstieg des Öls nicht mehr zulassen. In diesem Fall hat das Erdöl eine abdeckende Schicht – den sogenannten »cap rock« – erreicht. In zahlreichen Gebieten der Erde ist das Öl vom Ort seiner Entstehung bis zur Lagerstätte viele Kilometer geflossen. Wenn Öl also an undurchlässigem Schieferton oder einer anderen dichten Gesteinsschicht nicht weiter aufsteigen kann und in nicht zu großer Tiefe stecken bleibt, ist Erdöl schon durch oberflächennahe Bohrungen aufzufinden.

Bis an die Erdoberfläche hervorquellendes Erdöl, das durch die Aufnahme von Sauerstoff asphaltartige Stoffe bildete, wurde schon vor

12.000 Jahren im Vorderen Orient, vor allem in Mesopotamien, entdeckt. Die Menschen lernten die Eigenschaften dieses Naturprodukts zu nutzen: So erhielt man durch das Vermischen von Erdöl mit Sand, Schilf und anderen Materialien ein Produkt zur Abdichtung von Schiffsplanken.

Von den Babyloniern stammt das Wort »naptu« (abgeleitet von nabatu = leuchten) für Erdöl. Dieser Begriff kommt in der Bezeichnung »Naphtha« zum Ausdruck. Hieraus schließen Historiker, dass Öl schon sehr früh Beleuchtungszwecken diente. Die Babylonier waren es auch, die stark genutzte Wege zu Kultstätten mit einer dünnen Asphaltschicht – seinerzeit als »Erdpech« bezeichnet – bedeckten. Belege hierfür sind in einem Gesetz von Hammurabi aus dem Jahr 1875 vor Christi zu finden, der dem »Erdpech« einige Kapitel in diesem Werk widmete. Der in Deutschland noch heute verwendete Begriff »Petroleum« geht auf die römische Sprache zurück. Dies ist aus »oleum petrae« abzuleiten, was ins Deutsche mit Stein- oder Felsöl übertragbar ist.

Erdöl fand in früheren Zeiten auch als angebliches Heilmittel Anwendung. Während des Ölbooms rund um das Jahr 1860 gab es zahlreiche Quacksalber, die das vermeintliche Wundermittel gegen allerlei Gebrechen verkauften. Schon bald erkannte man jedoch, dass es sich hier lediglich um betrügerische Geschäftemacher handelte. Die eigentliche Ausbeutung der großen Erdöllagerstätten in der Welt begann allerdings erst im 19. Jahrhundert. Liest man aufmerksam in alten Aufzeichnungen, so erscheint einem der Grund für die erste systematische Ausbeutung der Vorkommen heute beinahe banal.

Denn als Grund wird der seinerzeit bestehende Bedarf an einem geeigneten Brennstoff für die zu dieser Zeit genutzten Lampen angeführt. Bekanntlich wurde als Lampenbrennstoff vor allem Walöl eingesetzt, doch war dieses lediglich für die Reichen erschwinglich. Darüber hinaus verwendeten die Bürger noch Talgkerzen, die zu dieser Zeit jedoch noch nicht so weit entwickelt waren, dass der unangenehme Geruch vermieden werden konnte. Und die ersten

Gaslampen gab es zu diesem Zeitpunkt lediglich in einigen wenigen, modernen und hochherrschaftlichen Häusern.

Nicht zuletzt aus diesen Gründen entwickelte die Wissenschaft Mitte des 19. Jahrhunderts Verfahren zur kommerziellen Nutzung der entdeckten Erdölvorkommen. So ist bekannt, dass sich der kanadische Arzt und Geologe Abraham Gesner im Jahr 1852 ein Patent auf die Herstellung eines relativ sauber brennenden, preisgünstigen Lampenbrennstoffs aus Petroleum (also Erdöl) sicherte. Im Jahr 1855 schlug der US-Chemiker Benjamin Silliman vor, Erdöl mit Hilfe von Schwefelsäure zu reinigen, um es dann als Brennstoff zu verwenden.

Der Boom beginnt

Vor diesem Hintergrund begann die Suche nach größeren Lagerstätten des Rohstoffs. Bohrungen werden niedergebracht, um nutzbare Mineralien, Gase oder Flüssigkeiten (wie Wasser) zu finden. Erste maschinell abgeteufte Bohrlöcher entstanden den Aufzeichnungen zufolge bereits vor mehr als 170 Jahren.

In Fachbüchern wird berichtet, das im Jahr 1833 in den USA bereits ein Bohrloch mit einer Teufe von 1.011 Feet (also etwas mehr als 300 Meter) entstanden war. Der Begriff »Teufe« ist ein im Bergbau angewandter Begriff, der im weiteren Sinne auch als Synonym für »Tiefe« angewandt wird. Als »Teufe« bezeichnet man fachsprachlich den vertikalen Abstand von der Oberfläche zu einem bestimmten Punkt untertage. Als »ewige Teufe« werden im Bergbau nicht mehr erreichbare Teile der Erdkruste bezeichnet. Den Experten war zur damaligen Zeit aufgefallen, dass bei im Zusammenhang mit der Suche nach Wasser und Salz durchgeführten Bohrungen gelegentlich Erdöl in die gebohrten Löcher sickerte. Als Verrohrung hatte man seinerzeit bei der Suche nach Wasser Teile ausgehöhlter Baumstämme eingesetzt. Das brachte einige findige Köpfe auf die Idee, anstatt nach Wasser direkt nach Erdöl zu bohren. So wurden die ersten Bohrungen im Jahr 1856 in Dithmarschen und im Jahr 1858 bei Wietze in Niedersachsen (heute Standort des Deutschen Erdölmuseums) durchgeführt.

In aller Welt berühmt wurde jene Bohrung, die Edwin L. (»Colonel«) Drake am 27. August 1859 am Oil Creek in Titusville im US-Bundesstaat Pennsylvania auf Geheiß des US-Industriemagnaten George H. Bissell durchführte. Drake stieß unter Einsatz von Dampfmaschinen mit seiner Bohrung in einer Tiefe von etwas mehr als 21,2 Metern auf die erste größere Öllagerstätte.

Doch brachte der technische Fortschritt die Entwicklung rund um den Rohstoff Erdöl zunächst ins Stocken. Grund: Die Entdeckung und Einführung des elektrischen Lichts war die Ursache dafür, dass Erdöl für geraume Zeit nicht mehr die große Bedeutung erlangte – bis es zur Entwicklung des Automobils kam. Wer in dieser Zeit die Chancen auf den Siegeszug des Erdöls erkannte, waren die Top-Manager des Rockefeller-Imperiums, die die seinerzeit größte Ölgesellschaft der Welt, die Standard Oil Company, gründeten. Die Rockefellers propagierten die Verwendung des aus Erdöl hergestellten Produkts Benzin und setzten sich gegen den »Autokönig« Henry Ford durch, der sich für Ethanol als Automobiltreibstoff ausgesprochen hatte.

Heute ist Erdöl als der wichtigste Rohstoff aus den modernen Industriegesellschaften nicht mehr wegzudenken. Aus diesem Grund wird Erdöl – auch in Anlehnung an den theoretischen Wertansatz des populärsten Edelmetalls als ein Quasi-Zahlungsmittel – als das »schwarze Gold« bezeichnet. Ungeachtet der Bedeutung von Erdöl muss sich die Welt schon heute auf die Zeit nach dem Ende des Ölzeitalters einstellen. Worin aber liegt die ökonomische Bedeutung von Erdöl? Der Rohstoff genießt eine hohe Anerkennung als Mittel zur Erzeugung von Strom und Treibstoff. Daneben – und das wird zu oft vergessen – wird Erdöl auch in der chemischen Industrie zur Herstellung von Kunststoffen und anderen Chemieprodukten eingesetzt. Eigentlich ist Erdöl viel zu wertvoll, um es einfach zu verbrennen.

Seit Beginn der kommerziellen Förderung im vergangenen Jahrhundert wurden bis dato rund 140 Milliarden toe (tons of oil equivalents – Tonnen von Öl-Äquivalenten) gefördert. Als zentraler Rohstoff ist Erdöl auch Gegenstand der Spekulation. Öl wird in Warentermingeschäften (Ölkontrakten) gehandelt; der Ölpreis beeinflusst zudem die allgemeinen Börsenkurse, weil in vielen Branchen eine Abhängigkeit vom Ölpreis besteht oder gesehen wird.

Die Peak-Oil-Theorie

Schätzungen unabhängiger Experten zufolge dürfte im ersten oder zweiten Jahrzehnt des 21. Jahrhunderts die als Peak-Oil bekannte Spitze der sogenannten Hubbert-Kurve erreicht werden. Das Erreichen des Maximums – der Spitze (»peak«) – in der globalen Ölförderung bedeutet, dass die Produktion von Erdöl ab diesem Zeitpunkt nicht mehr erhöht werden kann. Die Folge der Peak-Oil-Spitze könnte ein kräftiger Anstieg des Ölpreises sein.

Das Horrorszenario explodierender Ölpreise ist jedoch nur dann wahrscheinlich, wenn es der Menschheit im nächsten Jahrzehnt nicht gelingen sollte, in der Energiepolitik neue Wege zu gehen und einen großen Quantensprung, zum Beispiel beim Einsatz von Wasserstoff und/oder Brennstoffzellen, zu machen. Noch sind entsprechende Lösungsansätze nicht zu erkennen, doch ist der Glaube an die Fähigkeit des Menschen zur Lösung bedrohlicher Entwicklungen nach wie vor vorhanden.

Bislang wurden in der Geschichte der Menschheit rund 900 Milliarden Barrel Erdöl gefördert. Die meisten Reserven wurden in den 1960er-Jahren entdeckt. Seit Beginn der 1980er-Jahre liegt die jährliche Förderung (2005) bei 30,4 Milliarden Barrel (83,3 Millionen Barrel pro Tag) über der Kapazität der neu entdeckten Reserven, sodass seit dieser Zeit die vorhandenen Reserven abnehmen.

Deshalb wird von den meisten Experten mit einem Fördermaximum, dem Peak Oil, zwischen 2010 und 2020 gerechnet. Das wirtschaftliche Problem besteht darin, dass bei Erreichen dieses weltweiten Fördermaximums Erdöl immer knapper und teurer werden wird, weil dann der tägliche Erdölbedarf die tägliche Erdölfördermenge übersteigt.

Da seit den 80er-Jahren des 20. Jahrhunderts weltweit mehr Öl verbraucht als gefunden wird, sind auch die Zeitangaben problema-

Tabelle 3: Pro-Kopf-Verbrauch von Rohöl

Land	Jahr 1995	Jahr 2000	Jahr 2005
Kuwait	37,0	39,8	45,6
Saudi Arabien	26,4	27,8	30,8
VAE	52,3	37,7	29,8
USA	24,6	25,9	26,0
Kanada	22,6	24,0	25,8
Niederlande	18,1	19,6	22,8
Libyen	16,0	16,7	17,5
Südkorea	16,3	16,6	16,3
Taiwan	12,7	13,6	15,7
Japan	16,2	16,0	15,4
Spanien	11,1	12,9	14,1
Frankreich	12,1	12,4	11,9
Deutschland	12,9	12,3	11,5
Russland	6,7	6,6	6,6
Brasilien	4,1	4,7	4,4
China	1,0	1,3	1,4
Indien	0,7	0,8	0,9

Angaben pro Barrel im Jahr

Quellen: BP, ENI, EIA, tkMedia AG - Statistiken der einzelnen Länder

tisch, die besagen, dass unter den derzeitigen Voraussetzungen – das heißt bei gleichem Verbrauch – die Erdölreserven noch bis zum Jahr 2048/49 reichen werden. Zudem ist dies irreführend, da der tägliche Erdölverbrauch im Laufe der letzten Jahrzehnte immer gestiegen ist und sich dieser Trend durch das große Wirtschaftswachstum vor allem Chinas und Indiens verstärkt hat. Des Weiteren ist es nach Ansicht von Experten unwahrscheinlich, dass in Zukunft größere Ölfelder gefunden werden, die den Bedarf decken könnten. Andere Erdölvorkommen wie Ölsand würden zwar noch länger reichen, erfordern aber einen viel höheren Energieaufwand beim Abbau.

Wegen seiner wirtschaftlichen Bedeutung ist Erdöl auch Gegenstand politischer Auseinandersetzungen. Der Gewinn aus der Ölförderung besteht in der Differenz des Förderpreises von rund fünf US-Dollar pro Barrel in den Opec-Ländern (1 Barrel entspricht rund 159 Liter Öl) zum Beispiel zu einem Weltpreis von rund 75 Dollar je Barrel – insgesamt also ein jährlicher Reingewinn von mehr als 1,5 Billionen

Dollar. Während der verschiedenen Ölkrisen hat die Opec versucht, ihre Macht auszuspielen. Es spricht vieles dafür, dass auch die derzeit angespannte geopolitische Lage rund um den Irak und Iran ein Krieg um die Rohstoffreserven in der Welt – in diesem Fall also um Erdöl – ist.

Nicht zuletzt deshalb ist davon auszugehen, dass die Ölpreise auf absehbare Zeit auf hohem Niveau verharren und wahrscheinlich sogar weiter steigen werden. Selbst Preise von über 100 Dollar je Barrel – die selbst bei den meisten Fachleuten noch vor geraumer Zeit für unmöglich gehalten wurden – sind denkbar geworden. Denn neben der geringen Verfügbarkeit von Rohöl und dem absehbaren Ende des Ölzeitalters (siehe Peak-Oil-Theorie) sind vor allem die starken Kräfte auf der Nachfrageseite ins Kalkül zu ziehen. So ist davon auszugehen, dass der Pro-Kopf-Verbrauch in der Volksrepublik (VR) China in den nächsten Jahren überdurchschnittlich in Richtung des europäischen Durchschnittsniveaus steigen wird. Tabelle 3 gibt einen Überblick über den statistischen Pro-Kopf-Verbrauch an Rohöl. Daraus ist ersichtlich, dass die VR China einen erheblichen Nachholbedarf hat.

Erdöl und daraus herstellbare Grundprodukte

1 Rohöl – Die Dichte des völlig stabilisierten Rohöls gibt für gewöhnlich einen ersten Hinweis auf die wahrscheinlich daraus zu gewinnenden Mengen leichter Destillationsprodukte. Der Schwefelgehalt von Rohöl lässt darüber hinaus auch auf den voraussichtlichen Schwefelgehalt der Produkte schließen.

2 Flüssiggas (LPG – Liquified Petroleum Gas) – Flüssiggas wird durch Destillation vom Rohöl abgetrennt. Es besteht aus den Kohlenwasserstoffen Propan, Iso-Butan und Normal-Butan. Seine Eigenschaften gleichen somit denen der entsprechenden Mischungen aus den reinen Kohlenwasserstoffen.

3 Leichtbenzin – Die Qualität des Leichtbenzins kann je nach

Herkunftsregion des Rohöls unterschiedlich sein. Sie reicht von geringen Schwefelgehalten, sehr geringen Merkaptangehalten und hoher Oktanzahl naphthenischer Benzine (Westafrika-Qualitäten) bis hin zu mehr paraffinischen Benzinen mit niedrigerer Oktanzahl und höherem Schwefelgehalt (Mittelost-Qualitäten).

4 Schwerbenzin – Solche Naphtha-Fraktionen dienen hauptsächlich als Einsatzprodukte für die Herstellung hochwertiger Kraftstoff-Mischkomponenten durch katalytisches Reformieren. Überschüsse können zusammen mit Leichtbenzin auch als Ausgangsstoff für petrochemische Grundprodukte dienen.

5 Naphtha – Zwischen den Siedepunkten von Schwerbenzin und Petroleum gibt es ein weiteres Produkt, nämlich Naphtha. Dieses Produkt stellt den Grenzbereich zwischen Benzinen und Mitteldestillaten dar. Es kann sowohl in der Petrochemie als auch zur Erzeugung von Dieseltreibstoffen dienen. Mit anderen Worten: Naphtha erhöht die Flexibilität der Raffinerien.

6 Petroleum – Fraktionen von Petroleum werden in der Regel als Flugturbinen-Kraftstoff (also »jet fuel«) eingesetzt. Darüber hinaus findet dieses Produkt Anwendung als Leuchtstoff und als Bestandteil von Diesel und Heizöl.

7 Gasöle – Diese dienen zur Herstellung von leichtem Heizöl und von Dieselkraftstoffen. Um den verschiedenen Anforderungen, die nicht zuletzt ein Resultat der saisonalen Schwankungen sein können, zu entsprechen, werden diese Produkte aus Petroleum und Gasölen aufgemischt.

8 Die Petrochemie – In der chemischen Industrie nimmt das Erdöl eine bedeutende Stellung ein. Die meisten chemischen Erzeugnisse lassen sich aus rund 300 Grundchemikalien aufbauen. Diese Molekülverbindungen werden zu rund 90 Prozent aus Erdöl und Erdgas gewonnen. Zu diesen gehören

Ethen, Propen, Butadien, Benzol, Toluol, o-Xylol und p-Xylol (diese stellen den größten Anteil dar). Aus der weltweiten Fördermenge des Erdöls wurden in den vergangenen Jahren jeweils rund sechs bis sieben Prozent für die chemischen Produktstammbäume verwendet. Die Wichtigkeit dieser Erdölerzeugnisse liegt auf der Hand: Gibt es kein Erdöl mehr, müssen diese Grundchemikalien über komplizierte und kostenintensive Verfahren mit hohem Energieverbrauch hergestellt werden. Der chemische Baukasten des Erdöls wird verwendet, um fast jedes chemische Erzeugnis zu produzieren. Dazu gehören Farben und Lacke, Arzneimittel sowie Wasch- und Reinigungsmittel, um nur einige zu nennen.

Up and Down

Die Dichte von Erdöl (besonders Rohöl) wird in API-Grad, dem Raummaß in Barrel, gemessen. Die Verarbeitungsketten in der Ölindustrie werden durch die Begriffe Upstream und Downstream charakterisiert. Als Downstream werden all jene Aktivitäten von Energieunternehmen bezeichnet, die sich nach der Förderung und dem Verkauf des Rohstoffs Erdöl abspielen. So wird die Verarbeitung und Verfeinerung von Erdöl in Raffinerien als ein Downstream-Prozess bezeichnet. Im Gegensatz dazu wird der Begriff Upstream dafür verwendet, alle Aktivitäten um die Suche, Exploration und Förderung von Erdöl zu beschreiben. Die meisten Energieunternehmen sind als »integrierte« Gesellschaften aufgestellt, weil sie sowohl Upstream als auch Downstream aktiv sind.

Im globalen Energiehandel und auch an den Rohstoffbörsen wird unter anderem differenziert zwischen »saurem« (sour) und »süßem« (sweet) Rohöl. Darüber hinaus wird dann zusätzlich unterschieden in schweres (heavy) und leichtes (light) Erdöl. Als »sauer« wird ein Erdöl klassifiziert, das einen höheren Schwefelgehalt aufweist, was einen aufwendigeren Raffinierungsprozess erfordert. Als wichtigste Qualitätsmerkmale gelten die Dichte (Schwere) und der Schwefelgehalt. Öl mit niedriger Dichte und einem geringen Schwefelgehalt (als Bezugsgröße gelten an den Ölmärkten die

Sorte WTI und danach die Nordseequalität Brent) ist gut zu verarbeiten und weist daher einen höheren Preis auf. Der weitaus größte Anteil an der weltweiten Erdölproduktion (nämlich etwa 40 Prozent) entfällt auf Qualitäten, die als »Medium & Sour« einzuschätzen sind und daher einen arbeits- und damit kostenaufwendigen Verarbeitungsprozess in Raffinerien erfordern.

Lediglich rund 16 Prozent des weltweit geförderten Rohöls können der Qualität »Light & Sweet« zugeordnet werden und erfüllen damit die Kontraktspezifikationen des weltweit meistgehandelten Rohöl-Terminkontrakts für West Texas Intermediate (WTI), der unter anderem an der New York Mercantile Exchange (Nymex) und der Intercontinental Exchange (ICE) notiert wird. Auf Grund der geschilderten Qualitätsunterschiede und der dadurch bedingten unterschiedlichen Verarbeitungsprozesse weisen die verschiedenen internationalen »sauren und schweren« Ölqualitäten wie Venezuela- oder Mexiko-Öl in der Regel Preisabschläge zur populärsten börsengehandelten Rohöl-Richtqualität WTI auf. Selbst das saure mittelschwere Dubai-Öl – Benchmark für den Ölhandel am Persischen Golf – wird mit Preisabschlägen zu WTI und Brent gehandelt.

In der Energiewelt werden unter diesem Aspekt die unterschiedlichen Güteklassen unterschieden in:

AE	Arab Extra Light	AH	Arab Heavy
AL	Arab Light	AN	Alaskan North
BB	Brent Blend	BC	BCF 17
BL	Basrah Light	BN	Bonny Light
DB	Dubai Crude	DQ	Daquing
EK	Ekofisk	FT	Forties
IH	Iran Heavy	IL	Iran Light
IS	Isthmus	KW	Kuwait
ML	Marlim	MR	Murban
MY	Maya	OM	Oman
OS	Oseberg	SH	Sarahan Blend
TP	Tapis	UR	Urals
WTI	West Texas Intermediate		

Die Frage der Verfügbarkeit

In den vergangenen Jahrzehnten sind die auf dem Globus nachgewiesenen Ölreserven immer stärker nach oben korrigiert worden. Ging man im Jahr 1985 noch von weltweiten Ölreserven in Höhe von 770 Milliarden Barrel aus, so war diese Zahl durch neue moderne Explorationstechnologien bereits auf 1.027 Milliarden Barrel gestiegen. Aus »World Energy 2006«, der von BP jährlich publizierten »Bibel der Energiebranche«, ist zu ersehen, dass die nachgewiesenen Erdölreserven im vergangenen Jahr 1.200,7 Milliarden Barrel ausmachten.

Bei der Betrachtung der Öl-Zukunft ist unter anderem auf Begrifflichkeiten zu achten, die zu oft durcheinandergewirbelt werden und dann ein falsches Bild vermitteln – die Rede ist von den Begriffen Reserven und Ressourcen.

> **Reserven** – Als Reserven (»proved reserves«) werden die sicher nachgewiesenen und mit bekannten Technologien wirtschaftlich förderbaren Vorkommen bezeichnet.
>
> **Ressourcen** – Unter dem Begriff Ressourcen werden jene Vorkommen zusammengefasst, die entweder zwar nachgewiesen, aber noch nicht wirtschaftlich förderbar oder aber noch nicht sicher nachgewiesen sind, auf Grund bestimmter geologischer Indikatoren jedoch als vorhanden gelten können.

Im Vordergrund der öffentlichen Diskussion stehen meist die Reserven, die dann als Maßstab genutzt werden, wenn über Verfügbarkeiten und Reichweiten von Energieträgern gesprochen wird. Dabei wird auf die »statische Reichweite« Bezug genommen, die die aktuelle Jahresförderung in Relation zu den Reserven setzt. Für Erdöl errechnet sich anhand dieses Verfahrens eine Reichweite von nur noch 42 Jahren.

Als aufschlussreich bei der Diskussion über die vorhandenen Reserven und Ressourcen und über das absehbare Ende des Ölzeitalters ist auch eine Untersuchung darüber, welcher Teil des Gesamtpoten-

Tabelle 4: Weltweite nachgewiesene Erdölreserven

Land/Region	Ende 1985	Ende 1995	Ende 2004	Ende 2005
USA	36,4	29,8	29,3	29,3
Kanada	9,6	10,5	16,5	16,5
Mexiko	55,6	48,8	14,8	13,7
Nordamerika	101,5	89,0	60,6	59,5
Venezuela	54,5	66,3	79,7	79,7
Brasilien	2,2	6,2	11,2	11,8
Ecuador	1,1	3,4	5,1	5,1
Süd-/ Lateinamerika	62,9	83,8	103,0	103,5
Russland	n.a.	n.a.	72,4	74,4
Norwegen	5,6	10,8	9,7	9,7
Aserbaidschan	n.a.	n.a.	7,0	7,0
UK	5,6	4,5	4,0	4,0
Europa/Eurasien	78,6	81,5	138,7	140,5
Saudi-Arabien	171,5	261,5	264,3	264,2
Iran	59,0	93,7	132,7	137,5
Irak	65,0	100,0	115,0	115,0
Kuwait	92,5	96,5	101,5	101,5
VAE	33,0	98,1	97,8	97,8
Katar	4,5	3,7	15,2	15,2
Mittlerer Osten	431,3	661,5	738,2	742,7
Libyen	21,3	29,5	39,1	39,1
Nigeria	16,6	20,8	35,9	35,9
Algerien	8,8	10,0	11,8	12,2
Angola	2,0	3,1	9,0	9,0
Sudan	0,3	0,3	6,4	6,4
Afrika	57,0	72,0	113,8	114,3
China	17,1	16,3	16,0	16,0
Indien	3,8	5,5	5,6	5,9
Indonesien	9,2	5,0	4,3	4,3
Malaysia	3,5	5,2	4,3	4,2
Asien/Pazifik	39,1	39,2	39,8	40,2
Total weltweit	770,4	1027,0	1194,1	1200,7

in Milliarden Barrel

Quelle: BP World Energy Review 2006

zials bereits gefördert wurde. Überschreitet dieser Anteil die Marke von 50 Prozent – den »Depletion Midpoint« –, ist die Beibehaltung oder die Steigerung der Förderung schwierig.

Tabelle 5: Die größten Besitzer von Ölreserven

Rang	Unternehmen	Land	Staats-anteil	Ölreserven Mrd. Barrel*
1	Aramco	Saudi-Arabien	100 %	262,700
2	NIOC	Iran	100 %	132,500
3	INOC	Irak	100 %	115,000
4	KPC	Kuwait	100 %	89,397
5	PDVSA	Venezuela	100 %	77,140
6	Adnoc	VAE	100 %	52,616
7	Libya NOC	Libyen	100 %	28,778
8	NNPC	Nigeria	100 %	21,180
9	Gazprom	Russland	Über 50 %	19,000
10	Lukoil	Russland	-	16,155
11	Rosneft	Russland	100 %	14,877
12	Pemex	Mexiko	100 %	14,803
13	Exxon Mobil	USA	-	11,229
14	PetroChina	China	90 %	11,019
15	Sonatrach	Algerien	100 %	10,986
16	Qatar Petroleum	Qatar	100 %	10,944
17	BP British Petroleum	England	-	10,407
18	Chevron	USA	-	9,990
19	Petrobras	Brasilien	Über 50 %	9,716
20	TNK - BP	Russland/ England	-	9,230
21	Petronas	Malaysia	100 %	7,446
22	Total	Frankreich	-	7,003
23	Surgutneftegas	Russland	-	6,592
24	Tatneft	Russland	100 %	5,850
25	ConocoPhillips	USA	-	5,766
26	Royal Dutch Shell	Holland/ England	-	4,636
27	Pertamina	Indonesien	100 %	3,995
28	ENI	Italien	-	3,773
29	PDO	Oman	Über 50 %	3,360
30	Sinopec	China	Über 50 %	3,294

*Die Reservedaten beinhalten die nachgewiesenen Erdöl- und die in Rohöl-Äquivalente umgerechneten Naturgasreserven in Millionen Barrel Quellen: Energy Intelligence Research, tkMedia AG

Die nachgewiesenen globalen Ölreserven – in der Fachsprache als »proved reserves of oil« bezeichnet – werden aus jenen geologischen und technischen Informationen zusammengesetzt, die die Ausbeute bekannter Vorkommen unter realistischen Annahmen und unter Berücksichtigung der aktuellen wirtschaftlichen und produktionstechnischen Bedingungen als sicher erscheinen lassen (siehe Tabelle 4).

Staatliche Ölgesellschaften sind im Besitz von rund 90 Prozent der weltweit nachgewiesenen Erdölreserven (siehe Tabelle 5). Auf den Mittleren Osten entfallen dabei rund 60 Prozent der Erdölreserven. Führend ist mit einem Anteil von rund 25 Prozent dabei eindeutig Saudi-Arabien. Der hohe Anteil staatlicher Erdölvorkommen ist damit zu erklären, dass die großen Ölproduzentenländer der Opec (wie Saudi-Arabien, Kuwait, Iran und Irak und auch Mexiko und Venezuela) alles tun, um ausländischen Ölkonzernen den Zugang zu den Reserven zu verwehren. Auch Russland vertritt seine nationalen Interessen in der Energiepolitik sehr stark und erschwert ausländischen Energiefirmen den Zugang. Die großen Ölmultis sind daher gezwungen, in jenen Ländern auf die Suche nach Ölvorkommen zu gehen, die nicht der Opec angehören. So überraschen die starken Explorationsaktivitäten der Ölmultis in Afrika und Zentralasien (und teils auch in Russland) nicht.

Erdgas

Der Rohstoff Erdgas gewinnt in der Energieversorgung immer stärker an Bedeutung. Es mag angesichts der prekären energiepolitischen Großwetterlage der heutigen Zeit befremden, dass das gemeinsam mit dem Erdöl geförderte Erdgas in der Frühzeit der Ölindustrie als »lästige Nebenerscheinung« angesehen und lange Zeit ungenutzt abgefackelt wurde. Nur in einigen Fällen – nämlich dort, wo es an Ort und Stelle umgehend für Heizzwecke oder direkt zum Betrieb von mechanischen Anlagen eingesetzt wurde – nutzte man Erdgas in den Anfängen der Ölwirtschaft als energetischer Rohstoff. Doch die Zeiten haben sich geändert: Heute ist der Wert von Erdgas als Energiequelle und als Ausgangsstoff für Produkte der petrochemischen Energie voll erkannt worden.

Bei Erdgas handelt es sich um ein ungiftiges, brennbares, farb- und in der Regel auch geruchloses Gas. Erdgas ist leichter als Luft. Konkret bedeutet das: Zur Verbrennung von einem Kubikmeter Erdgas werden bis zu zehn Kubikmeter Luft benötigt. Da Erdgas – wie bereits dargestellt – in der Regel geruchlos ist, werden bei der Exploration zur besseren Ortung des Rohstoffs nicht selten Duftstoffe (in der Regel sind das kleine Einheiten von Tetrahydrothiophen) zugegeben. In der Fachsprache heißt dieses Verfahren Odorierung.

Die Entstehung des Rohstoffs Erdgas oder Naturgas geht zum Teil um bis zu 600 Millionen Jahre zurück. Erdgas hat sich durch die fehlende Verbindung mit Luft und unter hohem Druck aus abgestorbenen und abgesunkenen Kleinstlebewesen (Mikroorganismen, Algen, Plankton) gebildet. Diese sind auf den Grund der Ozeane gesunken und wurden von luftundurchlässigen Schichten überdeckt. Durch den in der Folge einsetzenden chemischen Prozess ist Erdgas entstanden. Geschichtliche Aufzeichnungen erwähnen die Entdeckung von Erdgas erstmals im Jahr 1844 im Gebiet des Wiener Ostbahnhofs.

Erdgas kommt in unterirdischen Lagerstätten – nicht selten in Verbindung mit anderen Energie-Rohstoffen wie Öl und Kohle – vor. Erdgas steht im Erdinnern in der Regel unter sehr hohem Druck, was die Förderung im Vergleich zu anderen energetischen Rohstoffen einfach macht. Der Rohstoff Erdgas fördert sich im Prinzip in dem Moment von selbst, indem das Reservoir einmal geöffnet ist.

Erdgas lagert in Gaslagerstätten in einer Tiefe von 1.000 Metern und mehr. Die Ausbeute aus den einzelnen Förderhorizonten findet je nach der geografischen Lage unter sehr schwierigen Bedingungen statt. Erdölgas lagert entweder in gasförmigem Zustand über dem Erdöl oder ist als Bestandteil im Erdöl gelöst. Es wirkt als Kraftquelle, mit der das Erdöl aus der Lagestätte getrieben wird. Erdölgas entweicht beim Austritt des Erdöls aus seiner Quelle. Um den Druck der Lagerstätte zu erhalten, wird es oft wieder auf den Ölförderhorizont zurückgepresst – es wird also nur zum Teil kommerziell genutzt. Bei einigen Anlagen werden zumeist noch am Bohrloch Beimischungen wie Wasserdampf und Schwefelwasserstoff entfernt (in diesem Kontext spricht man von der »Aufbereitung« von Erdgas).

In den Verbrauchsregionen wird Erdgas nicht selten im Untergrund – in Salzkavernen oder Porenspeichern – oder aber oberirdisch zwischengespeichert, bevor es über Rohrleitungssysteme direkt zum Endverbraucher gelangt. Die USA haben beim Aufbau der Erdgaswirtschaft nach dem Zweiten Weltkrieg Pionierarbeit geleistet. In Westeuropa entwickelte sich eine blühende Erdgaswirtschaft in den 1960er-Jahren mit der Entdeckung eines Gasfeldes im holländischen Groningen. Nach der Schaffung einer funktionierenden Energie-Infrastruktur in den westlichen Industrieländern ist Erdgas heute der fossile Energieträger mit dem weltweit stärksten Verbrauchswachstum. Die IEA erwartet, dass der weltweite Gasverbrauch bis zum Jahr 2010 um jährlich drei Prozent steigen wird. Prognosen anderer Experten sprechen bis 2010 und für die Folgejahre von einem deutlich höheren Wachstumstempo (siehe Abb. 8).

Zwar unterscheiden sich Erdgase örtlich in ihrer Zusammensetzung, doch ist der Hauptbestandteil bei allen Erdgasen stets Methan. Nicht

Abbildung 8: Welt-Energieverbrauch, 1980–2030

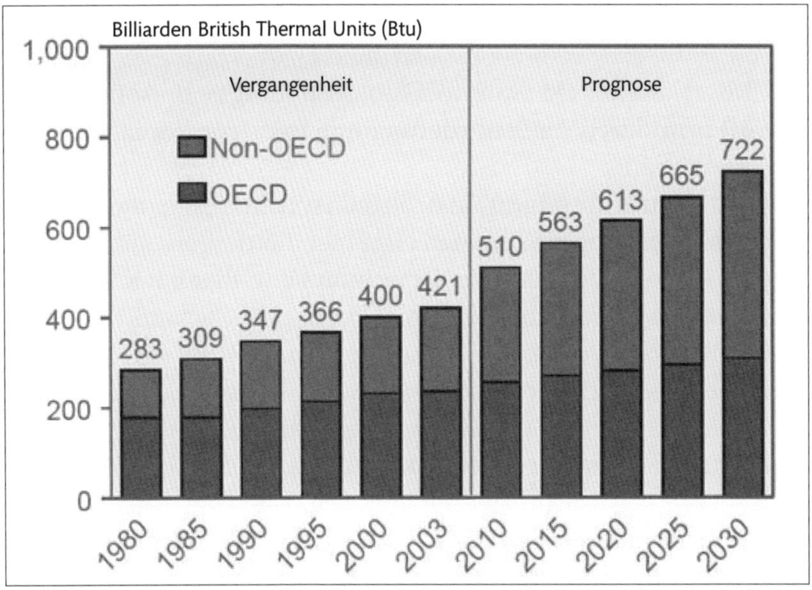

Quelle: History: Energy Information Administration (EIA). International Energy Annual 2003 (May-July 2005), web site www.eia.doe.gov/iea/. Projections: EIA, System for the Analysis of Global Energy Markets (2006)

selten enthält Erdgas auch Anteile von Kohlenwasserstoffen wie Äthan, Propan, Butan und Ethen. Weitere Bestandteile sind Stickstoff und Kohlendioxid (CO_2) sowie teilweise auch einige Schwefelverbindungen wie Schwefelwasserstoff. Diese werden durch Entschwefelung entfernt. Große Beachtung finden in der Energiewirtschaft solche Erdgase, die einen hohen Anteil (von bis zu sieben Prozent) Helium aufweisen; denn diese Erdgase gelten als eine wichtige Quelle für die Gewinnung von Helium. Erdgas und Erdölgas werden allgemein unter dem Begriff Naturgas zusammengefasst.

In der Fachwelt wird zwischen den Erdgasqualitäten L (low) und H (high) unterschieden. Erdgas H weist einen höheren Methangehalt (von 87 bis 99 Vol. Prozent) auf, während Erdgas L bei Methananteilen von 80 bis 87 Vol. Prozent auf der anderen Seite größere Mengen an Stickstoff und Kohlendioxid enthält.

Mittels moderner technischer Verfahren kann Erdgas auch in andere Aggregatszustände versetzt werden. Auf diese Weise ist zum Beispiel der Transport des Gases außerhalb von Pipelines möglich. Alle bekannten Verfahren haben eine Verringerung des Volumens zur Folge. Die Produkte dieser Verfahren sind:

- CNG (Compressed Natural Gas), also Erdgas in komprimierter Form durch die Reduzierung mit Hilfe der Verdichtung im Druckbehälter
- LNG (Liquified Natural Gas), also Gasverflüssigung durch Kompression und/oder Kühlung
- GTL (Gas-to-Liquids), also Umwandlung in flüssige Kohlenwasserstoffe

Exkurs: LNG – Liquified Natural Gas

Die Verflüssigung von Erdgas – in seiner Produktform dann als LNG oder Liquified Natural Gas bezeichnet – gewinnt in der globalen Energieversorgung immer stärker an Bedeutung. LNG ist besonders deshalb von Bedeutung, weil es eine interessante Alternative zum Transport von Erdgas über die traditionellen Pipelinesysteme in der Welt darstellt. Der globale Handel mit LNG hat im Jahr 1964 begonnen, als zwischen Algerien und Großbritannien entsprechende Verträge unterzeichnet wurden. Derzeit werden am Weltmarkt – mit steigender Tendenz – pro Jahr rund 190 Milliarden Kubikmeter (m^3) LNG pro Jahr gehandelt. Dies entspricht einem Anteil von knapp 25 Prozent am grenzüberschreitenden Erdgashandel.

Die Transportkette von LNG umfasst, nach ihrem zeitlichen Ablauf gegliedert, das folgende mehrstufige System:

- Aufbereitung des Gases in der Nähe der Förderfelder
- Transport zur Küste
- Verflüssigung von Erdgas
- Speicherung des LNG am Exportterminal
- Beladung der LNG-Tanker (Ladekapazität bis zu 135.000 m^3)
- Transport des Erdgases mit LNG-Tankern
- Entladen der LNG-Tanker am Ankunftsort
- Speicherung des LNG in Terminals am Ankunftsort
- Verdampfung des LNG

In den Verflüssigungsanlagen wird Erdgas auf –161,5 °C gekühlt. Grund: Wie bereits dargestellt, erreicht Methan – Hauptbestandteil von Erdgas – unter Atmosphärendruck bei dieser Temperatur den Siedepunkt. In verflüssigter Form nimmt Erdgas daher nur noch rund 1/600 jenes Raumes ein, das es in seinem ursprünglichen Zustand – nämlich als Gas – hat. Durch die Verflüssigung wird der Transport von Erdgas in größeren Mengen wirtschaftlich sinnvoll.

Die eigentliche Verflüssigung von Erdgas erfolgt unter anderem durch das sogenannte konventionelle Kaskadenverfahren, bei dem die Temperaturabsenkung in mehreren Stufen erfolgt. Dieses Verfahren gilt als zeitaufwendig und komplex. Bei anderen Verfahren mit thermodynamischer Effizienz wird die Anzahl der Kühlkreisläufe reduziert, indem spezielle Kühlmittel zur Senkung der Temperatur beigefügt werden.

Mitte 2006 lag die Produktionskapazität von Anlagen zur Verflüssigung von Erdgas – in der Fachsprache als LNG-Züge oder LNG-Produktionsstraßen bezeichnet – bei rund 3,3 Millionen Tonnen pro Jahr. Experten rechnen damit, dass die Kapazität zum einen wegen des Baus neuer Anlagen und zum anderen wegen der zu erwartenden technischen Fortschritte in der LNG-Wertschöpfungskette auf 5,5 bis 6,0 Millionen Tonnen im Jahr steigen wird. Auch bei den Kapazitäten der LNG-Tanker wird von Fachleuten eine kräftige Steigerung prognostiziert.

Fazit: Bei LNG handelt es sich um ein Erdgas, das durch Abkühlung auf –167 °C verflüssigt und dadurch in seinem Volumen auf ein Sechshundertstel reduziert wird. Bei der IEA wird davon ausgegangen, dass im Jahr 2030 rund 50 Prozent des globalen Gashandels auf verflüssigtes Erdgas entfallen werden. Heute liegt dieser Anteil bei rund 26 Prozent.

Die Bedeutung von Erdgas

Erdgas deckt etwa ein Viertel des weltweiten Energieverbrauchs ab. Nach Berechnungen der EIA (Energy Information Administration/US-Deportment of Energy) wird der Verbrauch von Erdgas in den kommenden 25 Jahren in etwa im gleichen Tempo wachsen wie Kohle und stärker als Erdöl. Die EIA in Washington hat in einer im Juli 2006 veröffentlichten Studie für die Jahre 2005 bis 2030 einen um durchschnittlich 2,4 Prozent jährlich steigenden globalen Erdgasverbrauch prognostiziert (siehe Abb. 9).

Erdgas wird überwiegend in Gasturbinenkraftwerken eingesetzt. Diese Anlagen werden in Deutschland in erster Linie zur Deckung von Spitzenlast verwendet, da die dort genutzten Gasturbinen eine hohe Schnellstartfähigkeit besitzen und daher als Betriebsreserve für die weniger schnell ersetzbaren Dampfkraftwerke dienen.

Abbildung 9: Welt-Energieverbrauch, aufgeteilt nach Energieart, 1980-2030

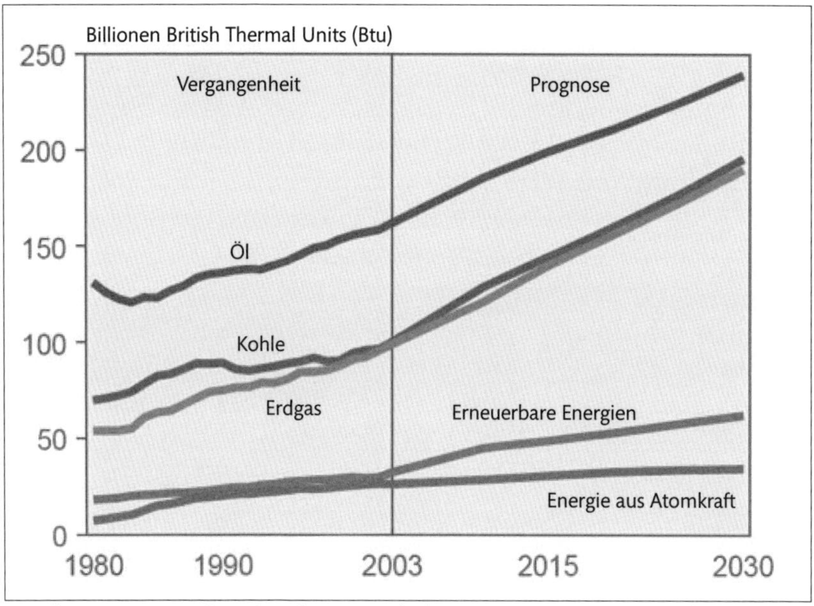

Quelle: History: Energy Information Administration (EIA). International Energy Annual 2003 (May-July 2005), web site www.eia.doe.gov/iea/. Projections: EIA, System for the Analysis of Global Energy Markets (2006)

Immer stärker findet dieser Rohstoff in der Form von CNG oder LNG auch als Treibstoff in Kraftfahrzeugen Anwendung.

Nach Untersuchungen der Internationalen Energieagentur (IEA) befinden sich von den weltweit derzeit sicheren Gasreserven in Höhe von 173.000 Milliarden Kubikmetern je ein Drittel auf dem Gebiet der früheren Sowjetunion sowie in den politisch instabilen Ländern des Nahen Ostens (siehe Tabelle 6). Die IEA-Prognose kommt zu dem Ergebnis, dass der Weltenergiebedarf bis zum Jahr 2030 um mehr als 50 Prozent steigen wird. Für Erdgas erwartet die Organisation eine darüber hinausgehende Steigerung.

Dies lässt den Schluss zu, dass nur über den Einsatz von LNG diese starke Gasnachfrage befriedigt werden kann. Damit ist die Transportfrage von erheblicher Bedeutung. Mit Tankschiffen kann verflüssigtes Gas auch von entfernten Regionen – wie zum Beispiel von

Tabelle 6: Weltweite Naturgasreserven

Land/Region	Ende 1985	Ende 1995	Ende 2004	Ende 2005
USA	5,41	4,62	5,45	5,45
Kanada	2,78	1,93	1,59	1,59
Mexiko	2,17	1,92	0,42	0,41
Nordamerika	10,37	8,47	7,46	7,46
Venezuela	1,73	4,06	4,29	4,32
Süd-/ Lateinamerika	3,32	5,96	7,07	7,02
Russland	n.a.	n.a.	47,80	47,82
Norwegen	0,57	1,81	2,39	2,41
Niederlande	1,86	1,82	1,45	1,41
Deutschland	0,30	0,22	0,20	0,19
UK	0,65	0,70	0,53	0,53
Europa/Eurasien	44,45	63,16	63,73	64,01
Iran	13,99	19,35	26,74	26,74
Katar	4,44	8,50	25,78	25,78
Saudi Arabien	3,69	5,54	6,83	6,90
VAE	3,15	5,86	6,06	6,04
Irak	0,82	3,36	3,17	3,17
Mittlerer Osten	27,67	45,37	72,09	72,13
Nigeria	1,34	3,47	5,23	5,23
Algerien	3,35	3,69	4,55	4,58
Afrika	6,16	9,93	14,30	14,39
Indonesien	1,98	1,95	2,77	2,76
Australien	0,77	1,28	2,52	2,52
VR China	0,87	1,67	2,20	2,35
Asien/Pazifik	7,57	10,54	14,35	14,84
Total weltweit	99,54	143,42	179,00	179,83

in Billionen Kubikmeter

Quelle: BP World Energy Review 2006

den riesigen Vorkommen in der Barentssee – direkt in die Verbraucherzentren befördert werden. Wichtig zu wissen ist, dass die Ausschöpfung der Gasvorkommen im Nahen Osten ohne die LNG-Technologie überhaupt nicht möglich erscheint.

Von den weltweit nachgewiesenen Erdgasreserven ist der weitaus größte Anteil in den Staaten der ehemaligen Sowjetunion zu finden. Die Bundesanstalt für Geowissenschaften und Rohstoffe (BGR)

Tabelle 7: Die größten Besitzer von Erdgasreserven

Rang	Unternehmen	Land	Staatsanteil	Gasreserven in Mrd. Kubikfuß*
1	Gazprom	Russland	Über 50 %	1.140.700
2	NIOC	Iran	100 %	970.800
3	Qatar Petroleum	Qatar	100 %	655.272
4	Aramco	Saudi-Arabien	100 %	238.440
5	PDVSA	Venezuela	100 %	150.043
6	Sonatrach	Algerien	100 %	149.332
7	INOC	Irak	100 %	111.900
8	NNPC	Nigeria	100 %	105.600
9	Adnos	VAE	100 %	105.502
10	Petronas	Malaysia	100 %	100.795
11	Pertamina	Indonesien	100 %	76.755
12	ExxonMobil	USA	-	66.907
13	Rosneft	Russland	-	66.460
14	KPC	Kuwait	100 %	55.500
15	British Petroleum	England	-	45.609

Quellen: Energy Intelligence Research, tkMedia AG

geht von weltweit verfügbaren Gasreserven von 176.000 Milliarden Kubikmetern aus. Die Zahlen von BP liegen leicht höher, wie Tabelle 5 ausweist. Zu den Reserven addiert die BGR noch einmal wahrscheinliche und potenzielle Ressourcen von rund 216.000 Milliarden Kubikmetern, sodass sich ein verbleibendes globales Nutzungspotenzial von etwa 392.000 Milliarden Kubikmetern ergibt.

Die größten Erdgasreserven befinden sich meist in der Hand von staatlich kontrollierten Energieunternehmen (siehe Tabelle 7). Die Regierungen dieser Länder sehen ihre Energiereserven in der Regel als ein strategisch wichtiges und daher nicht zuletzt als ein ausgesprochen werthaltiges Asset. Nur selten wird ausländischen Unternehmen daher erlaubt, Anteile an den Gasvorkommen in einem größeren Ausmaß zu erwerben. Diese kritische Gemengelage bringt so manches Industrieland in eine starke Abhängigkeit von als unsicher und instabil geltenden Bezugsquellen. Dies gilt nicht zuletzt auch für Deutschland.

Tabelle 8: Preisentwicklung an den Erdgasmärkten

Jahr	LNG Japan cif	Naturgas EU cif	US-Naturgas Henry Hub
1989	3,28	2,09	1,70
1990	3,64	2,82	1,64
1991	3,99	3,17	1,49
1992	3,62	2,76	1,77
1993	3,52	2,53	2,12
1994	3,18	2,24	1,92
1995	3,46	2,37	1,69
1996	3,66	2,43	2,76
1997	3,91	2,65	2,53
1998	3,05	2,26	2,08
1999	3,14	1,80	2,27
2000	4,72	3,25	4,23
2001	4,64	4,15	4,07
2002	4,27	3,46	3,33
2003	4,77	4,40	5,63
2004	5,18	4,56	5,85
2005	6,05	6,28	8,79

Jahresdurchschnittspreise in US-Dollar per MMBtu Quelle: O & G 2006 - ENI

Die Preissituation

Tabelle 8 zeigt, dass bei Erdgas – im Gegensatz zu Rohöl – nicht von einem globalen Markt gesprochen werden. Der Erdgasmarkt ist vielmehr in zahlreiche einzelne regionale Märkte aufgegliedert; seine Preise reflektieren die unterschiedlichen Strukturen in den jeweiligen Regionen (Vorkommen, Größe der Absatzmärkte, Transport und Verarbeitung). So kommt zum Beispiel im überdurchschnittlichen Anstieg der Erdgaspreise in den USA zum Ausdruck, dass die dortige Nachfrage in den vergangenen Jahren exorbitant gestiegen ist (siehe Abb. 10). Gleichzeitig hat sich die Situation der Reserven und Ressourcen deutlich verschlechtert. Wie prekär die Situation für die US-Wirtschaft ist, kann auch daraus ersehen werden, dass sich der ehemalige US-Notenbankchef Alan Greenspan dieser Situation in mehreren Reden angenommen hat und vor den sich abzeichnenden Verknappungen am nordamerikanischen Erdgasmarkt warnte.

Abbildung 10: Naturgaspreise an der Nymex

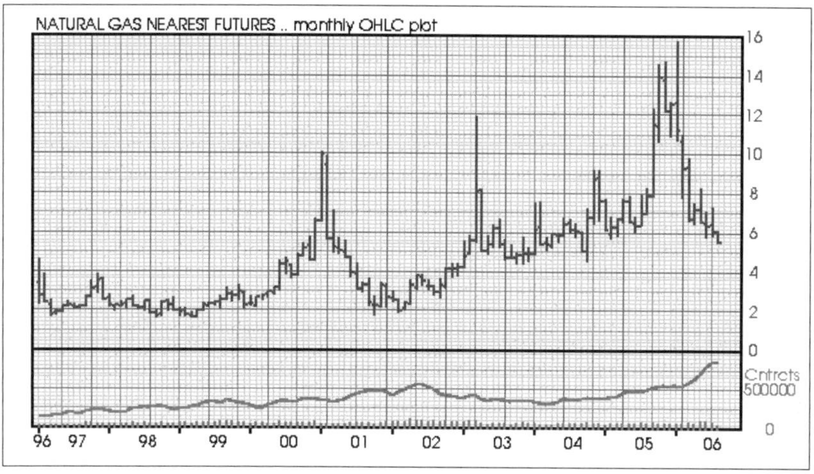

Quelle: Barchart.com

Kohle

Kohle wird in der Energie- und Finanzwirtschaft sowie in der breiten Öffentlichkeit nicht selten leicht abfällig als »schmutziger« Rohstoff bezeichnet. Doch diese abschätzige Wertung wird der Bedeutung dieses Energieträgers nicht gerecht. Die Analysten von Credit Suisse haben dies Mitte 2006 in einer Studie noch einmal betont, indem sie mit Hinweis auf neue Methoden in der Kohleverflüssigung und der Umwandlung von Kohle in Öl ihre langfristige Preisprognose von bislang 38 US-Dollar je Tonne auf 45 Dollar je Tonne angehoben haben (siehe Abb. 11).

Von den Anfängen des Industriezeitalters bis weit in das vergangene Jahrhundert hinein war die Kohle für die Wirtschaft der wichtigste Primärenergieträger. Erst der Siegeszug des Erdöls und des Erdgases ließ die Bedeutung der Kohle schrumpfen. Dieser fossile Energieträger genießt mit einem Anteil von mehr als 25 Prozent am weltweiten Primärenergieverbrauch auch heute noch eine große Bedeutung. In China ist Kohle aber heute – mit großem Abstand – der am meisten genutzte Energieträger.

Wie Kohle entstanden ist

Urstoff von Kohle sind vor allem pflanzliche Elemente wie Farne. Im Karbon – also in der erdgeschichtlichen Entstehungszeit der Steinkohle – herrschte ein feuchtes und warmes Klima, das eine sehr gute Vegetation ermöglichte. Starben die Pflanzen ab, versanken sie im Sumpf und wurden dem normalen aeroben Zersetzungsprozess entzogen. Auf diese Art und Weise entstand Torf, wie er heute noch in manchen Feuchtgebieten existiert.

Diese Feuchtgebiete (Sümpfe und Moore) wurden durch den Einbruch des Meeres mit Sedimenten bedeckt, sodass mit wachsendem Druck und steigender Temperatur der Prozess der Inkohlung einsetzte. Durch den immens hohen Druck wurde Wasser mit Torf zusammengepresst, sodass Braunkohle entstand. Die Braunkohle stammt also aus der versunkenen Pflanzenwelt und den Mooren des Tertiärs vor etwa zwölf bis 35 Millionen Jahren. Auf dem Gebiet des heutigen Norddeutschlands existierte damals eine annähernd tropisch-subtropische Pflanzen- und Tierwelt. In unseren Breiten war seinerzeit eine als geradezu paradiesisch zu bezeichnende naturelle Üppigkeit entstanden, wie sie heute etwa in Florida und Georgia zu finden ist.

Durch das ständige Absinken der Erdoberfläche und das Ansteigen des Grundwasserspiegels entstanden ausgedehnte Torfmoore und Moorwälder. Abgestorbene Pflanzen wurden von (Meer-)Wasser überdeckt und so der Zersetzung an der Luft entzogen. Die Absenkungsgeschwindigkeit des Untergrunds stand dabei mit der Wachstumsgeschwindigkeit der Moore im Einklang. Sank die Erdoberfläche schneller, drang oft Meerwasser ein, und es lagerten sich Sand und Ton über dem Moor ab. Dieser Vorgang wiederholte sich im Laufe von Millionen von Jahren mehrmals, wobei die Vorformen der Braunkohlenflöze entstanden. Durch den Druck der Überlagerungen verdichtete sich die pflanzliche Substanz, und es bildete sich zunächst Torf, der durch einen langzeitigen biochemischen Prozess – die Inkohlung – schließlich zu Braunkohle wurde.

Die Ablagerung weiterer Schichten erhöhte den Druck, was zur Folge hatte, dass immer mehr Wasser aus der Kohle gepresst wurde

Abbildung 11: Kohle-Future an der Nymex

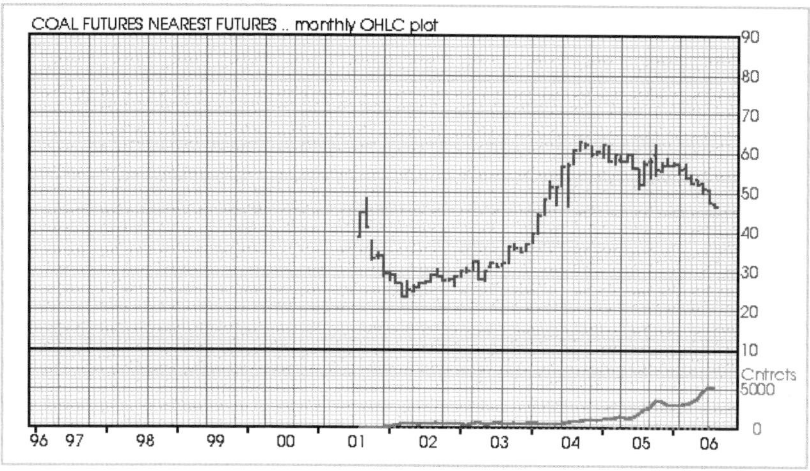

Quelle: Barchart.com

und aus Braunkohle dann Steinkohle und mit weiter erhöhtem Druck auch Anthrazit entstand. Konkret bedeutet das: Die tief im Inneren der Erde lagernde und ältere Kohle weist eine bessere Qualität (unter anderem einen höheren Heizwert) und damit in der Regel auch einen höheren Preis auf. Vor etwa 300 bis 345 Millionen Jahren entstanden während des Karbons gigantische Lagerstätten an Steinkohle, die heute als wichtige Energiereserve zur Verfügung stehen.

Wie Kohle verwendet wird

Kohle wird überwiegend als fester Brennstoff benutzt, um Wärme durch Verbrennung zu erzeugen. Dabei entstehen Kohlendioxid, Wasserdampf und andere Gase wie Schwefeldioxid. Um elektrische Energie zu erzeugen, wird mittels der Wärme Wasserdampf erzeugt, der wiederum Turbinen antreibt. Um zu vergleichen, welche Energiemenge mit wie viel Kohle gewonnen werden kann, bedient man sich der Bezugsgröße SKE (Steinkohleeinheit).

Nach Angaben des World Coal Instituts (WCI) wird Kohle heute weltweit zur Produktion von rund 40 Prozent aller Elektrizität eingesetzt.

Bei der Stahlproduktion liegt ihr Anteil sogar bei fast zwei Dritteln. Die Prognose des WCI lässt im Hinblick auf die Bedeutung dieses Energieträgers keinerlei Zweifel zu: Die Kohle wird auch künftig einen bedeutenden Anteil zur Deckung des Weltenergiebedarfs leisten. Kohle hat dabei einen entscheidenden Vorteil: Anders als das Erdöl stammt sie nicht aus dem politisch instabilen Nahen Osten, sondern aus Ländern wie Australien, Indonesien und Südafrika, die allgemein als sicher eingestuft werden (siehe Tabelle 9).

Durch die mit der Peak-Oil-Theorie verbundene Diskussion um das Ende des Ölzeitalters hat Kohle auch in den zuvor stark auf Rohöl und Naturgas setzenden westlichen Industrieländern wieder an Akzeptanz gewonnen. Dies umso mehr, als neue Technologien die Umweltnachteile der Kohle reduzieren, sodass Kohle möglicherweise die mit hohen Anforderungen in der Klimapolitik verbundenen Herausforderungen immer besser bestehen kann.

Von nicht unerheblicher Bedeutung in der internationalen Energiediskussion ist die Tatsache, dass die weltweiten Kohlevorräte noch reichlich sind. Die multinationalen Energie-Institute sprechen davon, dass die globalen Reserven an Kohle bei rund 1.000 Milliarden Tonnen liegen. Hiervon entfallen etwa 36 Prozent auf die asiatisch-ozeanische Region, 29 Prozent auf Nordamerika und etwa 21 Prozent auf die ehemaligen Sowjet-Staaten. Legt man das derzeitige Förder- und Konsumverhalten zugrunde, so liegt die statistische Reichweite der nachgewiesenen Reserven bei Steinkohle bei knapp 170 Jahren und bei Braunkohle bei 227 Jahren.

Wenn Kohle dennoch aller Voraussicht nicht eine dominierende Rolle bei der globalen Energieversorgung wird einnehmen können, so vor allem deshalb, weil die Umwandlung von Kohle in umwelttechnisch weniger bedenkliche Energie zum einen noch nicht wirklich ausgereift und zum anderen noch immer zu teuer ist, weil mit der Umwandlung – zum Beispiel der Hydrierung und Vergasung von Kohle – nicht selten hohe Energieverluste einhergehen. Zum anderen ist Kohle wegen seines hohen Gehalts an CO_2 umweltpolitisch nicht besonders gut angesehen.

Das Umweltproblem kommt daher, dass bei der Kohleverfeuerung klimaschädliches CO_2 (Kohlendioxid) entsteht, das als eine der Ursachen für die Erwärmung der Erdatmosphäre und für den sogenannten Treibhauseffekt gilt. Insbesondere Braunkohlekraftwerke mit ihrem vergleichsweise niedrigen Wirkungsgrad stoßen sehr viel Kohlendioxid aus. Die CO_2-Freisetzung ist prinzipbedingt und kann nur mit aufwendigen Methoden verhindert werden.

Doch es gibt Hoffnung. Seit geraumer Zeit bereits ist die Energiewirtschaft auf der Suche nach entsprechenden Lösungen. Richtig ist, dass CO_2 in einem recht aufwendigen Prozess grundsätzlich von der Kohle abgeschieden und etwa auf dem Meeresboden oder aber in leeren Erdgasspeichern deponiert werden kann. Dieses Verfahren ist bislang jedoch noch nicht ausgereift und aus diesem Grund noch viel zu teuer. Es bedarf daher noch weiterer, ausgedehnter Forschungsarbeiten.

Grundlagen der Kohle

Was aber ist eigentlich Kohle? Es handelt sich hierbei um schwarzes oder bräunlich-schwarzes, festes Sedimentgestein, das durch die Karbonisierung – in der Fachsprache als »Inkohlung« bezeichnet – entstanden ist. Kohle ist ein Energieträger und wird vom Menschen als fossiler Brennstoff verwendet. Dieser Primärenergieträger besteht zu mehr als 50 Prozent seines Gewichts und zu mehr als 70 Prozent seines Volumens aus Kohlenstoff.

Kohle (im Englischen »coal«) ist ein recht heterogenes Produkt. Man unterscheidet die einzelnen Kohlearten nach dem Grad ihrer Inkohlung wie folgt (jeweils englischer Fachbegriff zur Ergänzung):

- Torf *Peat*
- Weichbraunkohle *Lignite*
- Hartbraunkohle *Subbituminous Coal*
- Steinkohle *Bituminous Coal*
- Anthrazit *Anthracite*

Tabelle 9: Weltweite Kohleproduktion

Land/Region	Ende 1995	Ende 2000	Ende 2004	Ende 2005
USA	550,7	565,6	567,9	576,2
Kanada	40,8	37,1	34,9	34,4
Mexiko	4,1	5,4	4,7	4,8
Nordamerika - 21,3 %	595,7	608,1	607,4	615,3
Kolumbien	16,7	24,9	34,9	38,4
Venezuela	3,2	5,8	5,9	6,2
Brasilien	2,0	2,9	2,0	2,2
Lateinamerika - 1,6 %	23,1	34,0	43,0	47,3
Russland	119,5	115,6.	128,6	137,0
Polen	91,1	71,3	70,5	68,7
Deutschland	74,6	56,5	54,7	53,2
Kasachstan	42,6	38,5	44,4	44,0
Ukraine	44,2	42,2	41,9	40,7
UK	31,8	19,0	15,3	12,5
Europa/Eurasien - 15,1%	496,4	428,6	435,2	436,2
Südafrika	116,9	126,6	136,9	138,9
Zimbabwe	3,6	2,8	2,4	2,6
Afrika - 4,9 %	121,9	130,7	140,6	142,8
China	686,3	656,7	1007,3	1107,7
Australien	129,5	166,2	197,0	202,4
Indien	135,2	157,0	191,0	199,6
Indonesien	25,7	47,4	81,4	83,2
Asien/Pazifik - 57,0 %	1015,9	1065,5	1524,2	1644,9
Total weltweit	2253,6	2267,4	2751,0	2887,2

in Milliarden Tonnen Öl-Äquivalent — Quelle: BP World Energy Review 2006

Steinkohle

Steinkohle ist der Sammelbegriff für alle höherwertigen Kohlearten. Steinkohle zeichnet sich durch eine schwarze, feste Grundmasse aus, in der mitunter Einschlüsse und Abdrücke prähistorischer Pflanzen zu finden sind. Steinkohle ist auch zur Erzeugung von unkonventionellem Erdöl geeignet. Werden die Erdölreserven knapp, kann auf Steinkohle mittels des Verfahrens der Kohleverflüssigung zurückgegriffen werden (siehe Tabelle 10).

Tabelle 10: Fakten rund um Steinkohle und Braunkohle

Kohle-Art	Entstehungs-zeitraum	Wassergehalt	Aschegehalt	Kohlenstoff	Wasserstoff	Sauerstoff	Schwefel	Heizwert in MJ/kg
Stein-kohle	im Karbon	1-4 %	1-30 %	75-92 %	4-6 %	2-10 %	0,5-1,5 %	ca. 30
Braun-kohle	im Tertiär	15-65 %	1-15 %	60-75 %	5-9 %	15-25 %	0,23 %	ca. 8-9

Quelle: RWE

Braunkohle

Braunkohle wird heute – gemahlen und getrocknet – fast ausschließlich als Brennstoff für die Stromerzeugung genutzt. Der Anteil der Förderung, der zu Briketts gepresst wird, ist erheblich zurückgegangen. Braunkohle ist bräunlich bis schwarz und hat einen hohen Feuchtigkeitsanteil, teilweise bis zu 50 Prozent (siehe Tabelle 10).

Fettkohle

Fettkohle ist eine dichte Kohle, für gewöhnlich schwarz, manchmal dunkelbraun, oft mit gut erkennbaren hellen und matten Streifen und wird überwiegend als Brennstoff in der Energieerzeugung genutzt. Ein großer Teil wird auch zur Erzeugung von Wärme in der Industrie oder zur Gewinnung von Koks eingesetzt. Fettkohle ist die häufigste Kohleart im Ruhrgebiet. Ein weiteres Kennzeichen der Fettkohle ist ihr hoher Anteil an flüchtigen Bestandteilen.

Anthrazitkohle

Anthrazit ist die hochwertigste Kohlesorte, die meist zur Raumheizung genutzt wird. Diese Kohlesorte besitzt eine ungewöhnlich große Härte. Der Feuchtigkeitsgehalt von frisch abgebautem Anthrazit ist gewöhnlich unter 15 Prozent. Im Anthrazit sind nur wenig flüchtige Bestandteile gebunden. Die Farbe von Anthrazit ist ein metallisch glänzendes, dunkles Grau, woher dieser Brennstoff auch seinen Namen hat (Anthrazit, griechisch: Glanzkohle).

Koks

Koks ist ein fester, kohlenstoffhaltiger Rückstand, der aus asche- und schwefelarmer Fettkohle gewonnen wird. Dabei werden flüchtige Bestandteile in Kokereien bei Luftausschluss und einer Temperatur von 1.400 °C entfernt. Dieser Prozess – als »Verkokung« bezeichnet – gehört zu den Verfahren der Kohleveredlung. Koks brennt mit nahezu unsichtbarer blauer Flamme. Die stumpf-graue Kokskohle wird in Hochöfen als Brennstoff bei der Stahl- und Eisenproduktion eingesetzt. Bei der Koksherstellung fällt Steinkohlenteer als Nebenprodukt an.

Wichtig für die qualitative Einstufung von Kohle sind auch Qualitätsparameter, wie der Heizwert, der Schwefelgehalt und die Anteile flüchtiger sowie nicht brennbarer mineralischer Bestandteile. Zur Herstellung von Koks wird zum Beispiel nur eine besonders hochwertige Qualität von Steinkohle – nämlich die Kokskohle (Coking Coal oder Metallurgical Coal) – genommen. Alle anderen Kohlequalitäten werden als Kesselkohle (Steam Coal) bezeichnet.

Vereinfacht dargestellt, besteht der internationale Kohlemarkt heute aus zwei klar voneinander abgetrennten Segmenten – nämlich dem Markt für Kokskohle und dem Markt für Kesselkohle. In diesem Zusammenhang ist zu beachten, dass Kohle – im Gegensatz zu Erdöl – im Grundsatz überwiegend dort genutzt wird, wo die großen Förderstätten zu finden sind. Es kommt nicht von ungefähr, dass die großen Stahlwerke in den vergangenen Jahrzehnten dort gebaut wurden, wo in der Nähe größere Kohlevorkommen entdeckt worden waren.

Diese Wertung muss heute allerdings insofern leicht eingeschränkt werden, da nicht an allen Standorten der Stahlindustrie Kokskohle (der wichtigste Primärenergieträger für diese seit Mitte der 90er-Jahre wieder boomende Branche) in unmittelbarer Nähe und schon gar nicht in ausreichenden Mengen zur Verfügung steht. Konkret heißt das: Der Handel mit Kokskohle hat sich viel früher entwickelt als das grenzüberschreitende Geschäft mit Kesselkohle, das erst nach den Ölpreiskrisen an Schwung gewonnen hat.

Abbildung 12: Entwicklung der Preise für Kesselkohle auf dem Weltmarkt

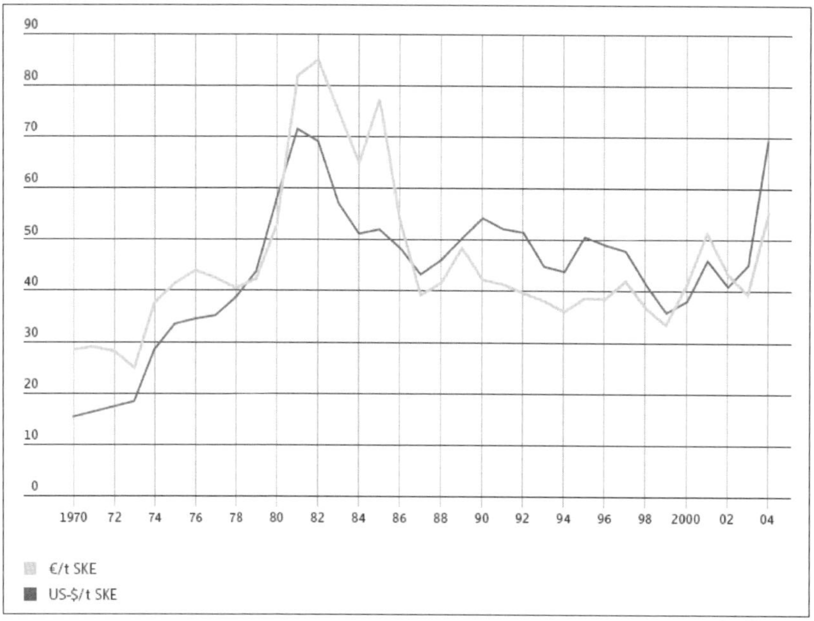

Quelle: RWE

Als internationale Maßeinheit hat sich am globalen Kohlemarkt die in Tonnen ausgedrückte Kohlemasse herauskristallisiert. Wegen unterschiedlicher Heizwerte ist eine reine Massenangabe – zum Beispiel mit dem Ziel eines Preisvergleichs – jedoch wenig geeignet. Die Kohleindustrie und der Energiehandel haben sich daher bei der Fixierung von Qualitäten auf eine Normierung verständigt. Die längste Tradition hat die sogenannte SKE (Steinkohleneinheit). Diese »Coal Equivalent« (CE) bezieht sich auf Steinkohle mit einem Heizwert von 7.000 kcal/kg. Auch andere Normierungen sind möglich. Die aus Südafrika exportierte Kesselkohle hat wegen ihres höheren Anteils an unverbrennbaren Bestandteilen (nämlich Asche) einen deutlich niedrigeren Heizwert, sodass auf dieser Basis im globalen Handel auch die Bezugsgröße 6.000 kcal/kg Anwendung findet.

Kohle und China

Der Hauptgrund für den Aufschwung am Kohlemarkt findet sich im Rohstoffhunger des bislang weltweit größten Kohleproduzenten –

Tabelle 11: Preisentwicklung an den Kohlemärkten

Jahr	Nordwesteuropa cif	US-Kohleindex Appalachian Coal	Japan Kesselkohle Importpreise cif
1991	42,80	29,00	50,30
1992	38,53	28,54	48,45
1993	33,68	29,85	45,71
1994	37,18	31,71	43,66
1995	44,50	26,98	47,58
1996	41,25	29,87	49,54
1997	38,92	29,76	45,53
1998	32,00	31,01	40,51
1999	28,79	31,28	35,74
2000	35,99	29,91	34,58
2001	39,29	49,75	37,96
2002	31,65	32,96	36,90
2003	42,52	38,49	34,74
2004	71,90	64,36	51,34
2005	61,07	70,82	62,91

Jahresdurchschnittspreise in US-Dollar pro Tonne — Quelle: McCloskey Coal Information Service – Platts

nämlich der Volksrepublik China. Das Reich der Mitte ist angesichts der hohen Nachfrage seiner Stahlhersteller und Kraftwerke gerade dabei, von einem Kohleexporteur zu einem Kohleimporteur zu werden. Zudem wird Chinas Kohle in immer größeren Tiefen abgebaut, was ihre Produktion markant verteuert. Der defizitäre Steinkohlebergbau in Deutschland liefert ein Anschauungsbeispiel dafür.

Noch schwerer wiegt in diesem Kontext, dass der Rohstoff Kohle, der bislang rund zwei Drittel des Energiebedarfs der VR China abdeckt, dort allmählich zur Neige geht. Immer wieder wird von den Energiepolitikern in Peking davor gewarnt, dass die drohende Verknappung der Kohle eine der größten Unwägbarkeiten für die wirtschaftliche Zukunft des Landes sei.

Doch nicht nur in China, sondern auch in den USA geht der Trend in Richtung Kohle: Die US-Regierung prophezeit, dass sich der Kohleanteil am Weltenergieverbrauch bis zum Jahr 2015 fast verdoppeln könnte. Die geringen Betriebskosten vieler Kraftwerke und der teure

Umstieg auf alternative Energieträger dürften der Kohle dabei zugute kommen.

Die EIA in Washington prognostiziert für die Jahre 2003 bis 2015 einen Anstieg des Weltkohleverbrauchs von 5,44 Milliarden shorttons auf 7,792 Milliarden shorttons, was einer jährlichen Steigerung um durchschnittlich 3,0 Prozent entspricht. Nach dem Jahr 2015 werde das Tempo des Nachfrageanstiegs dann auf zwei Prozent jährlich schrumpfen, sodass im Jahr 2030 weltweit rund 10,561 Milliarden shorttons nachgefragt werden dürften. Der größte Anteil soll den EIA-Prognosen zufolge dabei auf die VR China entfallen, deren Kraftwerke überwiegend mit Kohle betrieben werden.

Die gesamte Energienachfrage Chinas dürfte sich, den Prognosen der EIA zufolge, zwischen 2003 und 2030 – nicht zuletzt wegen der globalen Führungsrolle Beijings bei der Stahlherstellung – mehr als verdreifachen. Wegen der nur geringen chinesischen Erdöl- und Erdgasvorkommen wird China wohl vor allem auf die noch immer beachtlichen – jedoch schrumpfenden – eigenen Kohlevorkommen zugreifen. In diesem Zusammenhang ist zu erwähnen, dass China die führende Rolle auf dem Welt-Stahlmarkt einnimmt.

Die Zukunft der Kohle

Da fossile Brennstoffe noch heute 60 Prozent der weltweiten Stromerzeugung abdecken, sind nach Auffassung des Bundesministeriums für Wirtschaft und Arbeit (BMWA) hocheffiziente Kohle- und Gaskraftwerke wünschenswert, die bei der Verbrennung deutlich weniger klimaschädliches Kohlendioxid freisetzen als die heutigen Anlagen. Die Regierung hat daher ein Entwicklungskonzept in Auftrag gegeben. Eine im Jahr 2006 von rund 100 Experten aus Forschung, Industrie und Energiewirtschaft verfasste Studie zu »CO_2-Reduktions-Technologien« umreißt das Ziel, langfristig alle Emissionen einschließlich Kohlendioxid nahezu auf null zu senken.

Die dafür notwendigen Technologien lassen sich nach Meinung des BMWA in den nächsten 15 bis 20 Jahre bereitstellen. In diesem Zeitraum müssten in Deutschland wie auch in ganz Europa zahlreiche Kraftwerke der 60er- und 70er-Jahre ersetzt und Kraftwerke mit einer Gesamtleistung von mehr als 40 Gigawatt in Deutschland und über 200 Gigawatt in Europa zur Verfügung gestellt werden. Angesichts dieser gewaltigen Größenordnung kommen – trotz aller Bemühungen um die erneuerbaren Energien – vor allem fossil gefeuerte Kraftwerke in Frage: Kohle bleibt daher auf absehbare Zeit sowohl in Deutschland und Europa als auch weltweit die wichtigste Stütze einer nachhaltigen Stromversorgung, heißt es beim BMWA. Die neuen Kraftwerke müssen sowohl wirtschaftlich als auch klima- und umweltverträglich arbeiten. Eine merkliche Senkung der Kohlendioxidemissionen bei vergleichsweise niedrigen Kosten lässt sich am schnellsten durch die Fortentwicklung bekannter Kraftwerkskonzepte hin zu höheren Wirkungsgraden erreichen. So soll aus der gleichen Menge an Brennstoff mehr Energie gewonnen werden.

Dabei entspricht jedes Prozent, um das der Wirkungsgrad des deutschen Kraftwerksparks steigt, der Stromproduktion eines konventionellen Großkraftwerks oder von mehr als 1.000 Windrädern. Heute am weitesten verbreitet sind Dampfkraftwerke sowie mit Erdgas befeuerte kombinierte Gas- und Dampfprozesse, sogenannte GuD-Kraftwerke. Letztere liefern die höchsten Wirkungsgrade beim geringsten Kohlendioxidausstoß. Bereits heute kostengünstig und zuverlässig, legen sie auch langfristig die Messlatte hoch. Dampfkraftwerke könnten, so die Studie, ihren heutigen Wirkungsgrad von rund 45 Prozent durch konsequente Weiterentwicklung bis 2010 auf rund 51 Prozent steigern. Noch besser sind die kombinierten Gas-Dampfturbinen-Kraftwerke: Von heute um die 58 Prozent könnte der elektrische Wirkungsgrad bis 2010 auf 62 Prozent wachsen. Mittelfristig könnten auch neue Kraftwerkstechnologien – Prozesse mit Kohlevergasung, Kohlenstaubverfeuerung unter hohem Druck oder Druckwirbelschichtfeuerung – einsatzreif werden, die Wirkungsgrade von mehr als 55 Prozent erwarten lassen.

Die Verfahren werden bereits heute in vielen Anlagen erprobt, haben sich bisher kommerziell jedoch noch nicht durchsetzen können. Langfristig aussichtsreich könnten vor allem sogenannte Hybridprozesse sein – Gasturbinen-Kombi-Kraftwerke mit vorgeschalteten

Hochdruck-Hochtemperatur-Brennstoffzellen, auch in Kombination mit Kohlevergasung und GuD-Prozess. Derartige Anlagen kommen rein rechnerisch auf einen sehr hohen Wirkungsgrad von rund 70 Prozent. Bei Nutzung aller Entwicklungsmöglichkeiten können diese Techniken den heutigen Ausstoß an Kohlendioxid um rund 30 Prozent senken – eine beachtliche Zahl angesichts der Tatsache, dass die Stromerzeugung in Deutschland für gut ein Drittel der Kohlendioxidemissionen verantwortlich ist.

Als noch wesentlich ehrgeiziger ist die Langfristperspektive des BMWA, nämlich ein völlig kohlendioxidfreies Kraftwerk. Dabei muss das entstehende Gas aufgefangen und anschließend deponiert werden. Bereits heute sind zwar Abscheideprozesse bekannt, doch müssen diese weiter erforscht und vor allem auf ihre Wirkung unter Kraftwerksbedingungen untersucht werden. »Allerdings sind – je nach Abscheideverfahren und Kraftwerkskonzept – wohl erhebliche Wirkungsgradeinbußen von sechs bis 14 Prozent zu erwarten«, heißt es in der Studie. Bei gleicher Nennleistung des Kraftwerks werden also zehn bis 35 Prozent mehr Brennstoff benötigt sowie 30 bis 150 Prozent an zusätzlichen Investitionen.

Speichermöglichkeiten für das abgetrennte Kohlendioxid könnten erschöpfte Gasfelder bieten, tiefe, Salzwasser führende Grundwasserleiter, sogenannte Aquifere oder wirtschaftlich nicht abbaubare Kohleflöze. Kohle- und Salzbergwerke kommen daher nach Meinung der Politik nicht in Frage – aus Sicherheitsgründen, wie es heißt. Ungelöste Probleme zur Speicherung von abgetrenntem und eingefangenem CO_2 gibt es auch bei der Deponierung als Trockeneis, der Speicherung im Meer oder der Umwandlung von Magnesiumsilikaten zu Karbonaten. Die Kosten für Transport und Speicherung des komprimierten und verflüssigten Gases werden in der Studie auf etwa zehn bis 24 Euro pro Tonne Kohlendioxid geschätzt.

Uran

Uran ist ein chemisches Element mit dem Symbol U und der Ordnungszahl 92. Es gehört zu den Actinoiden. Das Uranisotop ^{235}U

gilt als das einzige, natürlich vorkommende, spaltbare Material. Es wird in Kernkraftwerken zur Energiegewinnung genutzt. Auf Grund der aus der Radioaktivität bestehenden Gesundheitsgefahren ist der ökonomische Einsatz von Uran in aller Welt politisch stark umstritten. Dies nicht zuletzt auch deshalb, weil Uran für den Bau von Atomwaffen eingesetzt werden kann. In natürlichem Uran finden sich verschiedene Isotope. Natürliches Uran beziehungsweise das am häufigsten vorkommende Isotop ^{238}U hat eine Halbwertszeit von 4,47 Milliarden Jahren.

Das absehbare Ende des Ölzeitalters hat dazu geführt, dass im Zusammenhang mit der Nutzung von Atomenergie in der Vergangenheit geäußerten Sicherheitsbedenken in der öffentlichen Diskussion inzwischen längst nicht mehr das Gewicht früherer Jahre beigemessen wird und der Rohstoff Uran in diesem Zusammenhang eine Renaissance erfuhr. Der Schock der Katastrophe von Tschernobyl, bei dem größere Mengen Radioaktivität austraten und zahlreiche Menschen Schäden erlitten hatten, scheint beinahe vergessen. Dort, wo es für die Menschen aber heute darum geht, den Komfort der modernen Industriegesellschaft zu genießen, treten gesundheitliche und ökologische Bedenken ganz offensichtlich in den Hintergrund.

Noch im Jahr 2000 sah die Stimmungslage in der deutschen Bevölkerung vollkommen anders aus, als dies heute der Fall zu sein scheint, wo hohe Benzinpreise, zum Teil horrende Nachzahlungen bei der Stromrechnung und Energiezuschläge in Hotels und bei Flugzeugtickets das Portemonnaie der Bürger schmälern. Im Juni des Jahres 2000 ergab eine Studie des Instituts für Erziehungswissenschaften der Philipps-Universität Marburg in Kooperation mit dem Emnid-Institut, dass 85 Prozent der Bevölkerung die Atomtechnologie für eine gefährliche Technik hielten und 76 Prozent der Befragten sich dafür aussprachen, die Bundesregierung solle so schnell wie möglich aus der Atomenergie aussteigen. Seinerzeit waren nur sieben Prozent der Befragten strikt gegen einen schnellen Ausstieg. Man darf gespannt sein, welche Resultate eine solche Umfrage heute bringen würde.

Abbildung 13: Atomstromanteil an der Elektrizität

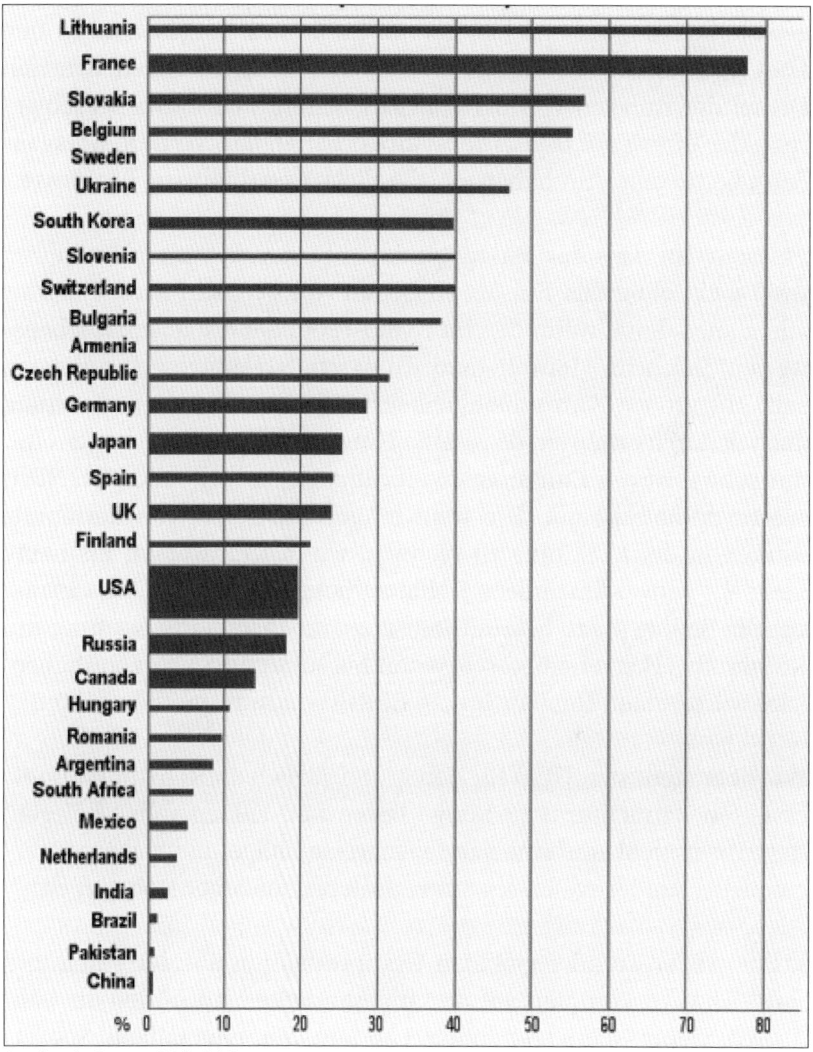

Angaben in Prozent; Welt: 16 Prozent

Es darf in der öffentlichen Diskussion nicht unterschlagen werden, dass in der Kraftwerkstechnologie gerade bei Atomkraftwerken in den vergangenen Jahren erhebliche Fortschritte gemacht wurden, sodass moderne Anlagen heute über einen höheren Sicherheitsstandard verfügen. Für ältere Kernkraftwerke gilt diese Aussage indes nur bedingt. Durch gezieltes Nachrüsten werden Atomkraftwerke gewöhnlich länger betrieben als mit 40 Jahren vorgesehen. In den USA wird von dieser Möglichkeit Gebrauch gemacht, indem rund ein Drittel der Anlagen von der Aufsichtsbehörde NRC eine Verlängerung der Lizenz auf 60 Betriebsjahre erhalten hat. Weitere Anlagenbetreiber in den USA haben eine ähnliche Genehmigung beantragt.

Tatsache ist, dass das Energieproblem in den kommenden Jahren wohl nicht ohne den Einsatz von Uran zu lösen sein wird. Dies vor allem auch dann, wenn den im Kyoto-Protokoll festgelegten lobenswerten Zielen im Umwelt- und Klimaschutz Genüge getan werden soll. Mit großer Wahrscheinlichkeit wird Uran eine Neubewertung auch dadurch erfahren, dass seine Nutzung in Atomkraftwerken mit nur sehr geringen Emissionen von Klimagasen verbunden ist. Nicht zuletzt deshalb ist mit dem weltweit größten Zubau von Kernkraftwerken in der VR China zu rechnen, wo in Kraftwerken bis heute noch auf den »Klimakiller« Kohle zurückgegriffen wird. Die Regierung in Beijing plant, bis zum Jahr 2020 die installierte Leistung von Kernkraftwerken von 6.500 MW auf bis zu 40.000 MW zu erhöhen. Dies würde einen Neubau von 25 EPR-Kernkraftwerken bedeuten.

Wie aber stellt sich Uran für den grundsätzlich an Rohstoffen interessierten Betrachter dar? Einige Daten und Fakten sollen belegen, dass Uran nicht nur eine vergleichsweise billige und sichere Energiequelle, sondern auch ein strategisch bedeutsamer Rohstoff ist:

1. Ein großer Teil der globalen Uranproduktion auf der einen und der Uranvorkommen auf der anderen Seite sind in den als politisch wenig stabil geltenden Ländern der ehemaligen Sowjetunion (Kasachstan mit 9,2 Prozent der Weltproduktion, Russland 8,0 Prozent, Usbekistan 5,0 Prozent und Ukraine rund zwei Prozent) zu finden. Weitere acht Prozent befinden sich in der Republik Niger, einem Land, das in der Vergangenheit politische Stabilität vermissen ließ.

2. Die Kraftwerke der US-Versorger hängen sehr stark von Uranlieferungen Russlands ab. Denn nach Zahlen der Energy Infor-

mation Agency (EIA) und des US Nuclear Energy Institute liefert Russland mehr als 55 Prozent allen in den USA eingesetzten angereicherten Urans und 30 Prozent des Rohstoffes Uran. Die russischen Exporte an stark angereichertem Uran (in der Fachsprache als »HEU« bezeichnet) tragen zehn Prozent zur gesamten Stromerzeugung der USA bei.

3. Die EU hat russische Uranimporte nach Angaben der International Energy Agency (IEA) derzeit auf 20 Prozent des Gesamtmarktes begrenzt, gleichzeitig jedoch angekündigt, diese Quote auf 25 Prozent anheben zu wollen, um den Uranbedarf der neuen EU-Mitgliedsländer (wie zum Beispiel der Slowakei) decken zu können.

Im Jahr 2005 trug der Rohstoff Uran etwa sieben Prozent zum weltweiten Primärenergieverbrauch bei. Wird bei der Beurteilung der Welt-Energiesituation bedacht, dass heute rund 16 bis 17 Prozent des weltweit erzeugten Stroms aus Atomenergie stammen, dann wird nur allzu deutlich, dass der Rohstoff Uran niemals wirklich »out of favour« war, wenngleich dieser Eindruck von ökologischen Gruppen vor allem in Europa in den vergangenen Jahren immer wieder allzu gerne vermittelt wurde. Litauen, Frankreich und die Slowakei sind jene Länder, die den größten Anteil ihrer Elektrizität aus Kernkraftwerken beziehen (vgl. Abb. 13).

Solche Zahlen zeigen es auf beeindruckende Art und Weise: Die Kernenergie ist eine der wichtigsten Stützen in der globalen Energieversorgung. Und nur die Kernenergie scheint in der Lage zu sein, den Industrienationen und aufstrebenden Staaten im Fernen Osten die notwendige Versorgungssicherheit zu bieten. In einigen Ländern wie Frankreich und Belgien entfällt auf die Atomenergie heute bereits der größte Anteil bei der Erzeugung von Strom. In den USA liegt der Anteil des aus Atomenergie erzeugten Stroms immerhin bei rund 20 Prozent.

Die Breite der Balken zeigt im Übrigen das Ausmaß der installierten Kernkraftwerkskapazitäten. Hier sind eindeutig die USA führend, die mehr als 100 Kernkraftwerke betreiben (vgl. Abb. 13). Lange Zeit wurde die immense Bedeutung von Uran als Energieträger allerdings nicht erkannt, wie eine Reise in die Vergangenheit zeigt.

Historische Betrachtungen

Uran wurde im Jahr 1789 von dem deutschen Chemieprofessor und Apotheker Martin Heinrich Klaproth aus dem Mineral Pechblende isoliert. Namensgeber für diesen zunächst mit »Uranit« und später mit »Uranium« bezeichneten Rohstoff ist der Planet Uranus, der acht Jahre vor den Erkenntnissen Klaproths entdeckt worden war. Klaproth hatte bei der Analyse eines in Sachsen gewonnenen Erzes allerdings nicht das Element Uran selbst, sondern ein spezielles Oxid entdeckt. Im Jahr 1841 gewann der Franzose Eugène Peligot erstmals reines Uranmetall.

Anfangs wurde Uran vor allem zum Färben von Glas und Keramik eingesetzt. Gesundheitsrisiken durch die Verwendung von Uran als »Haushaltsmaterial« wurden seinerzeit nicht erkannt. Die Radioaktivität von Uran wurde im Jahr 1896 von Henri Becquerel ermittelt, ohne dass dieser das Ausmaß seiner Entdeckung erkannte. Dies gelang später einer Schülerin Becquerels – Marie Curie. Gemeinsam mit ihrem Mann Pierre Curie entdeckte sie im Jahr 1898 zwei weitere neue Elemente, das Radium und das Polonium.

Als »angereichertes Uran« wird Uran bezeichnet, dessen Anteil an (mit thermischen Neutronen spaltbarem) ^{235}U gegenüber dem (mit thermischen Neutronen nicht spaltbarem) ^{238}U durch Urananreicherung erhöht wurde. Der Begriff »stark angereichertes Uran« wird in der Fachsprache mit HEU (highly enriched uranium) bezeichnet.

Uran kommt in drei Modifikationen vor:

- α-Uran bei Temperaturen unter 688 °C,
- β-Uran im Temperaturbereich zwischen 688 und 776 °C und
- γ-Uran im Temperaturbereich zwischen 776 °C und seinem Schmelzpunkt.

Abbildung 14: Verteilung der 435 in Betrieb befindlichen Kernkraftwerke (Ende 1998; 30 in Bau)

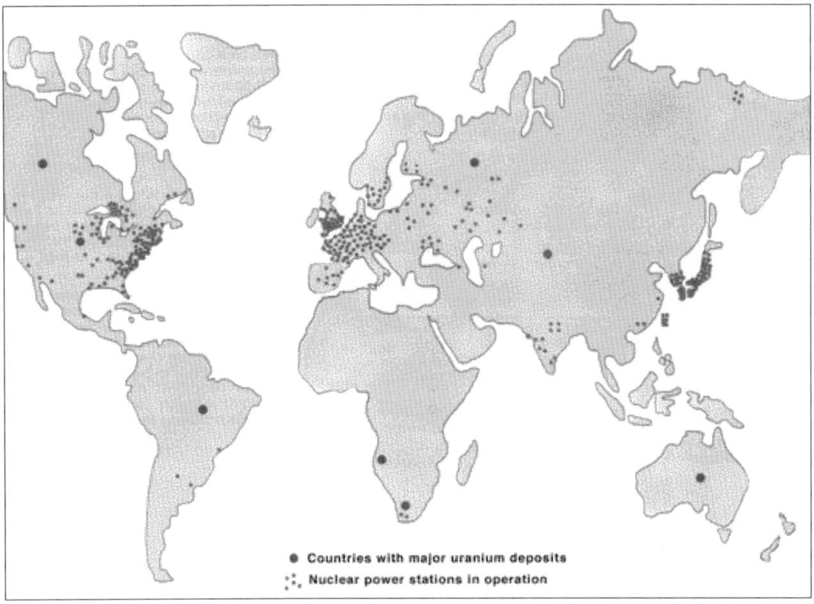

Quellen: Verschiedene Quellen – u. a. International Atom Energy Agency (IAEA)

Aus Uran entsteht ständig eine Reihe von kurzlebigen Tochternukliden, von denen einige sehr mobil sind wie das Edelgas Radon. Andere Tochternuklide neigen dazu, weniger mobil zu sein (Thorium, Radium, Polonium, Blei). Uranverbindungen sind giftig. Die Toxizität wird vor allem durch deren Löslichkeit bestimmt. Die leicht löslichen Uranyle sind am giftigsten, die schwer löslichen Oxide sind weniger giftig. Uran ist außerdem teratogen.

Als »Yellowcake« wird Urankonzentrat bezeichnet. Der Ursprung dieses Namens liegt in der Farbe und Textur des Materials. Durch neue Methoden stellt sich die farbliche Zusammensetzung des Konzentrats jedoch heute etwas anders dar. Heute werden höhere Kalzinationstemperaturen verwendet, sodass der einstmals »gelbe Kuchen« inzwischen eher dunkelgrün bis schwarz ist. Ursprünglich waren die im Yellowcake enthaltenen chemischen Verbindungen unbekannt, noch in den 70er-Jahren bezeichnete das U. S. Bureau of Mines das Material als »Endprodukt der Verhüttung«. Seinerzeit waren die Forscher der Auffassung, dass es sich um Ammoniumdiuranat oder Natriumdiuranat handele. Die Zusammensetzung variierte und hing vom Verhüttungsprozess ab.

Heute enthält Yellowcake typischerweise zu 70 bis 90 Gewichtsprozenten Uranoxid (U_3O_8). Darüber hinaus existieren jedoch auch noch andere Uranoxide, nämlich UO_2 und UO_3. Allgemein wird das stabilste Uranoxid – also U_3O_8 – als Zwei-zu-drei-Mischung der ersten beiden angesehen. Urandioxid ist ein schwarzes, kristallines Pulver, das im späten 19. Jahrhundert bis in die Mitte des 20. Jahrhunderts als Keramikglasur verwendet wurde. Inzwischen findet es vor allem als nuklearer Brennstoff in Brennstäben Anwendung. Als Zwischenprodukt bei der Herstellung des »gelben Kuchens« gilt Ammoniumdiuranat, das ebenfalls eine hellgelbe Farbe hat. Fälschlicherweise wird auch dieses Material nicht selten als »Yellowcake« bezeichnet.

Uran kommt in der Natur nicht als reines Metall vor, sondern in Form von über 200 Uranmineralen – wie Uraninit (Pechblende) und Coffinit ($USiO_4$). In der Erdkruste ist Uran mit einem Vorkommen von vier Milligramm pro Kilogramm häufig vertreten. Im normalen Boden kommt es als Spurenelement vor. Die US-amerikanische Agency for Toxic Substances and Disease Registry (ATSDR) schätzt, dass sich in den obersten 33 Zentimetern Erdboden einer Fläche von einer Quadratmeile Land im Mittel rund vier Tonnen Uran befinden, also etwa anderthalb Tonnen pro Quadratkilometer. Dies zeigt die beinahe unbegrenzte Verfügbarkeit von Uran. Darüber hinaus kommt Uran in geringerer Konzentration auch in der Hydrosphäre sowie in Flüssen und Meeren vor.

Das Uranisotop ^{235}U wird in Atomkraftwerken zur Energiegewinnung genutzt, das Isotop ^{238}U kann in Brutreaktoren eingesetzt werden, um Plutonium herzustellen. Das Isotop ^{235}U kommt in nur geringer Konzentration (etwa 0,72 Prozent) im natürlichen Uran vor und wird durch Anreicherung konzentriert. Die übrig bleibende Fraktion wird auch abgereichertes Uran genannt. Uran-235 ist neben Plutonium der wichtigste Spaltstoff für den Bau von Atombomben, Kernsprengsätzen und Zündsätzen für Wasserstoffbomben.

Aufgrund seiner hohen Dichte wird abgereichertes Uran (als »depleted uranium« oder in der Abkürzung als »DU« bezeichnet) in einigen Ländern in Abschirmblechen in der Atomindustrie eingesetzt. Uran findet darüber hinaus verschiedene Anwendungsmöglichkeiten im militärischen Bereich, auf die an dieser Stelle nicht näher eingegangen werden soll.

Kein Zweifel: Das Potenzial für einen Ausbau der Kernenergie ist weltweit gegeben – und es ist erheblich. Dabei muss berücksichtigt werden, dass die Nutzung der Kernenergie an der Verfügbarkeit von zwei Rohstoffen hängt, nämlich Uran und Thorium. Deren Reichweite kann je nach eingesetztem Brennstoffzyklus zeitlich deutlich gestreckt werden. Der Fachbegriff Brennstoffzyklus wird als Weg der Kernbrennstoffe von der Förderung dieser Rohstoffe (in erster Linie aber Uran) bis zur Endlagerung der Abfallstoffe skizziert. Die Dauer dieses Zyklus und in diesem Kontext also die energetische Ausbeute gestalten sich je nach eingesetzter Technologie sehr stark unterschiedlich. Ein Beispiel: Bei der direkten Endlagerung direkt nach dem Einsatz im Kraftwerk werden lediglich rund vier Prozent des Energiepotenzials von Brennelementen genutzt. Die Effizienz der Brennelemente kann dann deutlich erhöht werden, wenn sie in einen geschlossenen Kreislauf mit Wiederaufbereitung und Brutreaktionen gelangen.

Dimensionen des Uranzeitalters

Die als wirtschaftlich förderbar geltenden Uranreserven – definiert durch den maximalen Förderpreis pro Kilogramm nach dem aktuellen Stand der Technik – wurden von der Internationalen Atomenergie Organisation (IAEA) und der OECD Nuclear Energy Agency (NEA) im »Red Book« ausgewiesen (vgl. Tabelle 12). Den Berechnungen zufolge gelten – je nach Höhe der unterstellten Förderkosten – insgesamt noch zwischen 1,73 und 3,17 Millionen Tonnen Uran als hinreichend gesichert sowie als wirtschaftlich abbaubar. Rechnet man die von den Experten vermuteten – jedoch nicht sicher nachgewiesenen – Vorräte hinzu, so kann weltweit von einer abbaubaren Uranmenge von 11,28 Millionen Tonnen ausgegangen werden.

Tabelle 12: Uranvorräte und Uranförderung im Jahr 2004

Land	Vorräte* in 1.000 t	Produktion in t U	Anteil in Prozent an der Weltproduktion
Kanada	439	11.597	28,8
Australien	1.074	8.982	22,3
Kasachstan	622	3.719	9,2
Niger		3.282	8,2
Russland	158	3.200	8,0
Namibia	213	3.038	7,6
Usbekistan	93	2.016	5,0
USA	102	846	2,1
Ukraine		800	2,0
Südafrika	298	755	1,9
China		750	1,9
Tschechien		412	1,0
Brasilien	143	300	0,7
Indien		230	0,6
Deutschland		150	0,4
Rumänien		90	0,2
Pakistan		45	0,1
Frankreich		7	0,0
Andere	395	0	0,0
Welt	3.537	40.219 **	100,0

* sichere und geschätzte zusätzliche Vorräte mit Produktionskosten von maximal 90 US-Dollar je kg/U

** Die Nuclear Energy Agency der OECD hat für das Jahr 2004 im Übrigen eine Uranproduktion von 40.263 Tonnen ermittelt. Dies decke nur etwa 60 Prozent des weltweiten Uranbedarfs, heißt es im Red Book.

Quelle: World Nuclear Association, Uranium Information Center, Nukem

Die derzeit rund 440 weltweit arbeitenden Kernkraftwerke verbrauchen rund 68.000 Tonnen Uran im Jahr (vgl. Tabelle 13). Bis zum Jahr 2025 werde die Nachfrage auf 80.000 bis 100.000 Tonnen steigen, heißt es im Red Book der International Atomic Energy Agency (IAEA). Konkret bedeutet das: Die wirtschaftlich förderbaren Reserven reichen auf Basis der heute Elektrizität produzierenden Kraftwerksanlagen für die nächsten 85 Jahre. Bei Zugrundelegung der von den Fachleuten vermuteten gesamten Uranvorräte würde es erst in rund 166 Jahre zu einer Ausschöpfung der Reserven kommen.

Bei einem Ausbau der Atomkraftwerkskapazitäten würden die Reserven entsprechend schneller schrumpfen. Bedenkt man, dass

Tabelle 13: Die Kernkraftwerke in der Welt

Land	In Betrieb		In Bau	
	Anzahl	Leistung*	Anzahl	Leistung*
USA	104	104.200	-	-
Frankreich	59	66.130	-	-
Japan	56	49.852	2	2.335
Russland	31	23.242	3	3.000
Großbritannien	23	12.852	-	-
Republik Korea	20	17.716	-	-
Kanada	18	13.349	-	-
Deutschland	17	21.366	-	-
Ukraine	15	13.818	-	-
Indien	15	3.260	8	3.880
Schweden	10	9.198	-	-
China	10	7.878	3	3.000
Spanien	9	7.876	-	-
Belgien	7	6.092	-	-
Taiwan	6	5.144	2	2.712
Tschechische Republik	6	3.744	-	-
Slowakische Republik	6	2.640	-	-
Schweiz	5	3.352	-	-
Bulgarien	4	2.880	-	-
Finnland	4	2.780	1	1.600
Ungarn	4	1.866	-	-
Brasilien	2	2.013	-	-
Südafrika	2	1.930	-	-
Mexiko	2	1.364	-	-
Argentinien	2	1.005	1	745
Pakistan	2	462	1	325
Litauen	1	1.300	-	-
Slowenien	1	707	-	-
Rumänien	1	706	1	700
Niederlande	1	481	-	-
Armenien	1	408	-	-
Iran	-	-	1	1.000
Gesamt	444	389.617	23	19.297

Stand 31.12.2005
* in MW brutto-elektrisch

Energieministerien der einzelnen Länder - Bearbeitet von Franziska Blum, tkMedia AG

Quellen: Eigene Recherchen - International Atom Energy Agency (IAEA)

fast die Hälfte des globalen Uranverbrauchs heute nicht durch die Primärproduktion, sondern durch Recycling (Abrüstung von Atomwaffen) und vorhandene Lagerbestände gedeckt werden, so wird

Abbildung 15: Preisentwicklung am Uranmarkt

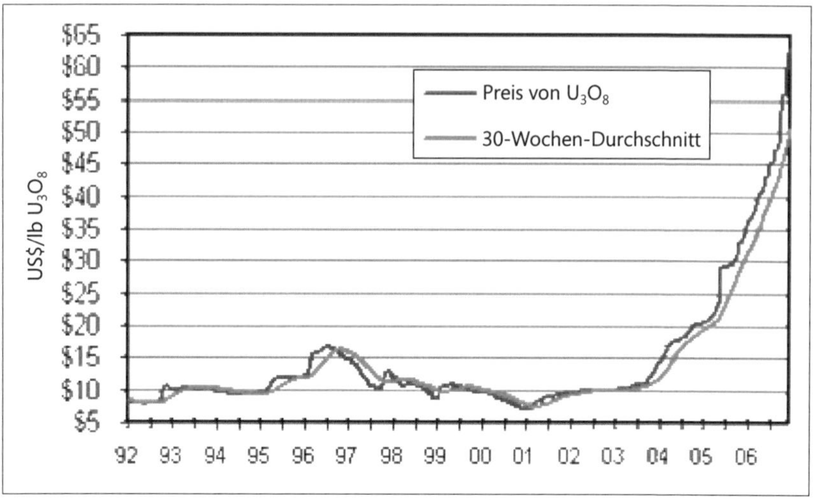

Quelle: UX Consulting, Raymond James Canada

deutlich, dass sich zeitliche Reichweitenberechnungen für Uran schwierig gestalten. Dies vor allem auch deshalb, weil in den nächsten Jahren mit erheblichen Fortschritten bei der Kernbrennstoffnutzung gerechnet werden kann. Bei all diesen Berechnungen muss zudem berücksichtigt werden, dass die Wiederaufbereitung abgebrannter Brennstäbe zu spaltfähigem Material den Bedarf an Uran aus der Primärproduktion deutlich sinken lässt.

Wird das Uranisotop ^{238}U in »schnellen Brütern« in Plutonium transmutiert, so vergrößert sich die Menge des spaltbaren Materials in der Spitze um den Faktor 100. Konkret bedeutet das: Der Bedarf an Natururan würde dann bei heutigen Produktionskapazitäten für 4.700 Jahre reichen. Wird neben Uran auch Thorium als Brennstoff genutzt, erhöht sich die Größe weiter drastisch. Grund: Thorium kommt auf der Erde dreimal häufiger als Uran vor. Mit anderen (hier vernachlässigten) Methoden ist die Uranreichweite auf der Erde noch einmal kräftig zu erhöhen. Fazit: Uran ist für die Welt für die nächsten Jahrtausende jener Rohstoff, der die größte Versorgungssicherheit bietet.

Methanhydrat - Rohstoff der Zukunft

*Von Martin Blum**

In nicht allzu ferner Zukunft werden die traditionellen fossilen Energie-Rohstoffe wie Erdöl, Erdgas und Kohle weitgehend aufgebraucht sein. Da ein menschliches Leben auf dem Planeten Erde jedoch ohne sichere Energieversorgung nicht denkbar ist, wird die Suche nach Alternativen zu den bekannten fossilen Energieträgern immer zwingender. Regenerative Energien wie Wind- und Sonnenenergie werden einen Teil der künftigen Energieleistungen übernehmen müssen – sie werden aber nur einen kleinen Teil des Bedarfs abdecken können. Aber auch aus den nachwachsenden Rohstoffen Getreide (Raps, Mais, Weizen, Sojabohnen, Zucker), Holz und Biomasse gewonnene Energie wird einen Teil des künftigen Energiebedarfs abdecken. Ingesamt sind die von diesen alternativen Energiequellen zu erwartenden Beiträge allerdings als gering – und bei weitem nicht ausreichend – einzuschätzen.

Ein vor nicht allzu langer Zeit in den Fokus der internationalen Wissenschaft und Forschung geratener Rohstoff scheint allerdings aus heutiger Sicht in der Lage zu sein, die fossile Energieversorgung in der Welt für weitere lange Jahre zu garantieren – die Rede ist von Methanhydrat, im Englischen auch als »methane clathrate«, »methane hydrate« oder als »methane ice« bezeichnet. Bekanntlich sind rund 70 Prozent der Erde von den Ozeanen bedeckt. Marine Lagerstätten existieren vor allem entlang der Kontinentalränder der Weltmeere. Diese Lagerstätten bieten der Menschheit ein bis heute nur in Ansätzen und daher noch nicht ausreichend erforschtes Potenzial für die künftige Gewinnung von Rohstoffen.

Aus diesem Grunde führen Wissenschaftler – auch die Experten der BGR – seit Jahren Untersuchungen zu passiven und aktiven Kontinenträndern durch. Untersucht werden dabei insbesondere Sedi-

---

* Martin Blum forscht an der Universität in Kassel zum Thema »Regenerative und alternative Energien im Hinblick auf die Optimierung der Energie-Gewinnung in der Landschaftsplanung«.

mentbecken der Schelfgebiete entlang den Kontinenträndern, die nicht selten die für die Menschheit interessanten Gas- und Erdöllagerstätten beinhalten. Diese Vorkommen können speziell durch seismische und geochemische Methoden entdeckt werden. Als eine mögliche Energiequelle der Zukunft gelten dabei die Gashydrate – also gefrorenes Erdgas –, die Wissenschaftler in den Meeressedimenten entdeckt haben. Zur wirtschaftlichen Nutzung dieser Energiequelle ist jedoch noch die Entwicklung neuer Technologien erforderlich.

Dieser Hoffnungsträger wurde bereits in den 70er-Jahren durch theoretische Überlegungen von russischen Wissenschaftlern postuliert. Daraufhin setzte von russischer Seite die Suche nach Methanhydrat im Schwarzen Meer ein, wo die theoretischen Überlegungen letztlich eine Bestätigung fanden. Später wurde auch in Mittelamerika die Existenz dieses Energieträgers bestätigt.

Was ist eigentlich Methanhydrat? Methanhydrat besteht aus Methan, das in gefrorenem Wasser eingelagert ist, wobei die Wassermoleküle das Methan vollständig umschließen. Heute ist mit Sicherheit zu sagen, dass Methanhydrat in riesigen Mengen in den Ozeanen vorkommt – und hier besonders an den Schelfhängen in Wassertiefen von 500 bis 1.500 Metern. Denn nur hier sind die zur Entstehung von Methanhydrat notwendigen Voraussetzungen im Hinblick auf Druck und Temperatur gegeben. Darüber hinaus sind in diesen geheimnisvollen Tiefen der Ozeane noch immer ausreichende biologische Aktivitäten vorhanden.

Nach aus den 90er-Jahren stammenden Schätzungen von Experten übertrifft die in Gashydraten gespeicherte Menge an Energie die anderer Kohlenstoffreservoires um ein Vielfaches. Andere Quellen sprechen allerdings nur von einem »fast doppelt« so großen Vorrat. Dieser Widerspruch der Meinungen macht deutlich, dass genauere Prüfungen notwendig sind.

Mit Hochdruck wird in vielen Ländern und von zahlreichen Firmen an modernen Abbaumethoden gearbeitet. Vor allem Länder, die über keine anderen fossilen Energievorkommen verfügen, hoffen, durch Methanhydrat schon bald nicht mehr von teuren Energie-Importen abhängig zu sein. Dies gilt vor allem für Japan, die noch immer zweitgrößte Volkswirtschaft der Welt, an dessen Küsten riesige Vorkommen an Methanhydrat entdeckt wurden.

In dieser Region ist eine Probefabrik in Planung. Diese soll ab dem Jahr 2007 fünf Tonnen Hydrat täglich auf hoher See verarbeiten. Das Methanhydrat wird schon am Meeresboden in Mini-Pellets überführt, an die Oberfläche transportiert und dann per Schiff in die großen Verbraucherzentralen gebracht.

Doch beim Abbau dieses »Energieträgers mit Zukunft« ergeben sich Schwierigkeiten. Denn die Förderung kann gefährlich sein. Methan gilt nämlich als ein sehr gefährliches Treibhausgas und könnte beim Entweichen in die Atmosphäre somit die ohnehin schon als problematisch geltende Erderwärmung stark erhöhen. Auf der anderen Seite ist festzuhalten, dass die eigentlichen CO_2-Emissionen bei der Verbrennung von Methan geringer sind als bei anderen fossilen Energieträgern wie Erdöl und Kohle.

Eine weitere große Gefahr ist darin zu sehen, dass es bei der Förderung von Methaneis zu Destabilisierungen an den Kontinentalrändern kommen könnte. Dies wiederum birgt die Gefahr des Entstehens von verheerenden Flutwellen (Tsunamis), die – wie im Jahr 2005 im Indischen Ozean an den Küsten südostasiatischer Länder erlebt – gewaltige Höhen und eine ungeheure zerstörerische Wirkung erreichen können.

Rund um den potenziellen »Energieträger der Zukunft« – Methanhydrat – müssen also noch zahlreiche Fragen beantwortet und viele Untersuchungen durchgeführt werden. Das Ausmaß der vorhandenen Vorkommen reicht jedenfalls auf viele Jahre hinaus, um Erdöl und Erdgas als die heute führenden primären Energieträger zu ergänzen und möglicherweise sogar zu ersetzen.

Erneuerbare Energien

*Von Martin Blum**

Mit den gemeinsamen Zielen, die Abhängigkeit von fossilen Energieträgern zu verringern, dem Klimaschutz zu dienen und dabei gleichzeitig des größten Problems der deutschen Volkswirtschaft Herr zu werden – nämlich die hohe Arbeitslosigkeit zu verringern –, haben die Bundesregierung und die EU mit erheblicher Verzögerung Zielvorgaben für die künftige nachhaltige Energieversorgung aufgestellt. Diese Pläne fanden im Erneuerbare-Energien-Gesetz 2000 und in der EU-Richtlinie von 2001 ihren Niederschlag. Konkret ist geplant, bis zum Jahr 2010 mindestens 12,5 Prozent des Stromverbrauchs und 4,2 Prozent der Primärenergie aus erneuerbaren Energien zu erzeugen. Bis 2020 soll der Anteil auf 20 Prozent und bis 2050 auf 50 Prozent des gesamten Energieverbrauchs steigen. Zudem soll der Anteil alternativer Kraftstoffe wie Biodiesel und Ethanol am Gesamt-Treibstoffverbrauch in den nächsten Jahren von drei Prozent auf 5,8 Prozent im Jahr 2010 und acht Prozent im Jahr 2020 klettern. Diese sehr ehrgeizigen Zielvorgaben verlangen von allen Beteiligten der Wirtschaft eine neue Orientierung.

Ein Blick auf die Gesamtsituation zeigt, dass Deutschland im weltweiten Vergleich bei alternativen Energien eine Führungsrolle einnimmt. Ende 2005 lag der Anteil erneuerbarer Energien am globalen Primärenergieverbrauch bei etwas mehr als 13,5 Prozent. Die »traditionellen Regenerativen« wie Biomasse und Abfall bringen es derzeit auf rund 10,6 bis 10,9 Prozent und Wasser auf 2,2 bis 2,4 Prozent am globalen Primärenergieverbrauch. Der Anteil der »neuen Erneuerbaren« (also Sonne, Wind, Geothermie) liegt zwischen 0,5 und 0,7 Prozent. Erneuerbare Energien werden zum Beispiel aus nachwachsenden Rohstoffen – »NawaRo« – gewonnen. Im Englischen wird erneuerbare Energie als »renewable energy« bezeichnet.

---

* Martin Blum forscht an der Universität in Kassel zum Thema »Regenerative und alternative Energien im Hinblick auf die Optimierung der Energie-Gewinnung in der Landschaftsplanung«.

Tabelle 14: Anteil erneuerbarer Energien am deutschen End-Energieverbrauch

	Strom	Wärme	Kraftstoff
Wasserkraft	3,50	-	-
Windenergie	4,17	-	-
Biogene Festbrennstoffe	1,01	3,76	-
Biogene flüssige Brennstoffe	0,01	0,01	1,6
Biogas und Klärgas	0,23 und 0,14	0,17	-
Deponiegas	0,18	-	-
Photovoltaik	0,08	-	-
Solarthermie	-	0,17	-
Geothermie	-	0,11	-
Gesamt	9,3	4,2	1,6

Alle Angaben in Prozent Quelle: tkMedia AG

Wegen ihrer geringen preislichen Wettbewerbsfähigkeit, ihrer räumlich und zeitlich eingeschränkten Verfügbarkeit und ihrer im Vergleich zu fossilen Energieträgern wesentlich geringeren Effizienz leisten die übrigen erneuerbaren Energien wie Sonne, Wind und Geothermie bislang lediglich einen verschwindend geringen Beitrag zur Welt-Energieversorgung. Nicht zuletzt deshalb sieht das Bundesministerium für Umwelt, Naturschutz und Reaktorsicherheit in der stärkeren Nutzbarmachung der Erneuerbaren eine »Schwerpunktaufgabe für das 21. Jahrhundert«. Die großen Potenziale werden heute erst zu einem geringen Prozentsatz genutzt (vgl. Tabelle 14).

Wenn die Welt heute von regenerativen Energiequellen als einem völlig neuen Trend, als einer innovativen Entwicklung und einer »Erfindung der Moderne« spricht, ist dies ein Verkennung der Tatsachen. Denn dabei wird vergessen, dass die Energieversorgung der vorindustriellen Ära meist vollständig auf regenerativen Energiequellen wie Wasserkraft und Windenergie oder Biomasse (Holz und

Dung) sowie Sonne beruhte. In Vergessenheit geraten ist in diesem Zusammenhang offensichtlich auch die Tatsache, dass bereits Rudolf Diesel, der Erfinder des Dieselmotors, für seinen Motor seinerzeit auf Biokraftstoffe setzte. Und dass auch andere Väter des Automobils, nämlich Nikolaus August Otto und Henry Ford, bei ihren ersten Forschungen und Entwicklungen auf Ethanol setzten, ist heute kaum noch bekannt.

Insofern ist es heute nur vernünftig, wenn sich die Welt an die Vorzeit erinnert und wieder stärker auf erneuerbare Energien setzt, da fossile Energieträger zum einen wegen ihrer Erschöpflichkeit und teils heute bereits absehbarer Verknappung und zum anderen aus Gründen des Klimaschutzes hinter den »Renewables« zurückbleiben.

In der Fachliteratur wird unterschieden in flüssige und gasförmige Biokraftstoffe. Die flüssigen Varianten wurden in Deutschland vor allem durch aus Raps und Sonnenblumen hergestellten Biodiesel (Rapsölmethylester) bekannt. Aber auch Ethanol (ein Produkt, das nichts anderes ist als ein aus Zucker, Mais und Kartoffeln produzierter Bioalkohol) gewinnt immer stärker an Bedeutung – vor allem in Brasilien und in den USA. Biodiesel und Bioethanol können bis zu fünf Volumenprozent problemlos dem normalen Diesel- oder Ottokraftstoff beigemischt werden. Darüber hinaus wird Biomasse (Holz, Abfälle) als eine bedeutende Grundlage zur Herstellung flüssiger Biokraftstoffe gesehen. In Gasform werden zum Beispiel Bio-, Klär- und Deponiegase sowie Biowasserstoff und Holzgas als Energieträger eingesetzt.

Bei Politikern fast aller Denkrichtung herrscht Konsens in der Erkenntnis, dass der Beitrag erneuerbarer Energien langfristig deutlich steigen wird. Es gilt allgemein als unumstritten, dass erneuerbare Energien künftig einen deutlich höheren Beitrag zur weltweiten Energieversorgung leisten müssen. Die derzeitige Schwäche – nämlich die fehlende Wettbewerbsfähigkeit – wird sich nicht zuletzt wegen der zu erwartenden technologischen Fortschritte deutlich verbessern. Entscheidender wird jedoch sein, dass erneuerbare Energien der einzige Ausweg aus dem Dilemma zwischen zunehmendem Energiebedarf und gleichzeitiger Umweltschonung sind. Allerdings kann gerade der Boom bei erneuerbaren Energien wie Biodiesel und Ethanol nicht unkritisch gesehen werden. Denn bis heute gibt es keinerlei wirklich verlässlichen längerfristigen Untersuchungen zu der Frage, ob – und, wenn ja, in welchem Ausmaß – sich aus der Nutzung dieser Biotreibstoffe Gesundheitsschäden – etwa Krebsgefahren – für die Bevölkerung ergeben.

Zwar scheiden sich die Experten in der Frage der künftigen Rolle von Bioenergie, allerdings gibt es einen grundsätzlichen Konsens darüber, die Chancen der Bioenergie stärker zu nutzen. Die IEA hat im Juli 2006 in einer Studie das Potenzial für Biotreibstoffe auf eine Million Barrel pro Tag für die nächsten zwei Jahre und auf 1,2 Millionen Barrel pro Tag bis zum Jahr 2011 beziffert. Die entscheidenden Impulse sieht die IEA im steigenden Einsatz von Ethanol in Brasilien und in den USA.

Allerdings stellt die Organisation die Wirtschaftlichkeit von Ethanol und Biodiesel in Frage. Die Kosten der Erzeugung von Bioenergie schwanken je nach Einsatz des genutzten Rohstoffs sehr stark. So kostet die Herstellung von Bioethanol derzeit zwischen 0,25 Dollar je Benzin-Äquivalent (liter of gasoline equivalent – lge) aus Zuckerrohr in Brasilien und 0,80 Dollar je lge aus Zuckerrüben in Großbritannien. Für Biodiesel liegt die Kostenspanne zwischen 0,42 Dollar pro lge aus Tierfett in Neuseeland bis zu 0,90 Dollar lge aus Rapsöl in Europa. Technologische Fortschritte sowie größere (und damit effizientere) Produktionsanlagen dürften die Produktionskosten von Ethanol und Biodiesel in den kommenden Jahren allerdings deutlich sinken lassen. Bei Bioethanol wird auf Seiten der IEA bis zum Jahr 2030 mit einem Rückgang der Erzeugungskosten auf 0,23 bis 0,65 Dollar je lge und bei Biodiesel auf 0,39 bis 0,78 Dollar pro lge gerechnet.

Biomasse

Biomasse ist der in der Form von Wärme und Strom seit jeher am längsten genutzte Energieträger. Dabei sei nur daran erinnert, dass

Holz bereits seit Jahrtausenden als Energieträger eingesetzt wird. Eine weitere Beschreibung von Holz als Rohstoff finden Sie im Kapitel über »Holz, Zellstoffe und Papier« ab Seite 347.

Was aber versteht man eigentlich genau unter dem Begriff Biomasse? Die Abkürzung »Bio« steht seit einigen Jahren als Synonym für alles, was gesund, gut und wertvoll erscheint. Dieser emotionale Begriff wird jedoch nicht selten auch missbraucht; denn die tatsächliche Deutung des griechischen Begriffs »Bios« ist schlichtweg »Leben«. Unter dem Begriff Biomasse lassen sich daher alle pflanzlichen Substanzen und die aus ihrer Nutzung entstehenden Abfälle zusammenfassen. Allgemein wird unterschieden in landwirtschaftliche und forstwirtschaftliche Biomasse sowie in biogene Rest- und Recyclingstoffe.

Bei weiterer Verbreitung von Biomasse als potenziellem Energieträger werden »Energiefarmen« auf landwirtschaftlichen Nutzflächen entstehen müssen. Die energetische Nutzung von Biomasse steht aus diesem Grunde in einem intensiven Wettbewerb zu anderen Nutzungen (nämlich der direkten Konkurrenz zur Ernährungswirtschaft). Wegen der nur begrenzt zur Verfügung stehenden Nutzflächen könnte das wirtschaftliche Potenzial von Biomasse daher möglicherweise begrenzt bleiben wird.

Der Rohstoff Holz

In Deutschland wird der Anbau von Biomasse als nachwachsender Rohstoff von politischer Seite finanziell stark gefördert. Biomasse ist also im Prinzip nichts anderes als in chemischer Form gespeicherte Sonnenenergie. Jährlich werden nach heutigem Wissensstand rund 150 Milliarden Tonnen Biomasse am Festland gebildet. Diese sind zu 99 Prozent pflanzlichen Ursprungs. Diese ungeheure Menge stellt ein enormes Energiepotenzial dar. Es muss nur gelingen, es unter wirtschaftlich und ökologisch vertretbaren Rahmenbedingungen zu nutzen.

Im Gegensatz zu anderen erneuerbaren Energien wie Wind und Sonne ist sie aber nicht uneingeschränkt erneuerbar, da Pflanzen nur langsam nachwachsen. Betrachtet man den Energiegehalt der jährlich gebildeten Biomasse, so reicht er aus, den derzeitigen Welt-Energiebedarf von knapp zwölf Milliarden Tonnen Steinkohleeinheiten zu decken. Dieser Bedarf wird derzeit allerdings zu fast 80 Prozent aus fossilen Energieträgern gedeckt (vgl. Tabelle 15).

Hierzulande werden in modernen Anlagen zur Erzeugung von Bioenergie folgende Biomassearten eingesetzt:

- Waldholzhackschnitzel
- Hackschnitzel von Kurzumtriebsplantagen
- Strohbriketts
- Getreidebriketts
- Miscanthus
- Ausputzgetreide
- Energiegetreide
- Sägewerkreststoffe
- Recyclingholz

Kurzumtriebsplantagen/Agrarforste

Durch die jüngste Entwicklung der Preise fossiler Energieträger ist ein fast in Vergessenheit geratener – obwohl der als Erstes von der Menschheit entdeckte Energieträger – wieder ins Interesse der Allgemeinheit gerückt: Holz.

Genauer gesagt handelt es sich um Holzplantagen, die auf größtmögliche Wirtschaftlichkeit abgestimmt werden, um Holz gegenüber anderen Rohstoffen rentabel zu machen.

Schnell wachsende Holzsorten wie Pappel oder Weide werden auf riesigen Nutzflächen dicht an dicht angepflanzt und nach einer bestimmten Umtriebszeit – von allerdings bis zu 20 Jahren – »geerntet«. Zu berücksichtigen ist dabei, dass die Bäume innerhalb dieser Frist von 20 Jahren abgeholzt werden müssen, da die Anbauflächen ansonsten rechtlich wieder als »Wald« gelten.

Tabelle 15: Daten und Fakten rund um den Energieträger Holz

Laubhölzer			
Holzart	Brennwert/fm	Brennwert/rm	Brennwert/kg
Ahorn	2600	1900	4,1
Birke	2700	1900	4,3
Buche	2800	2100	4,1
Eiche	2900	2100	4,2
Erle	2100	1500	4,1
Esche	2900	2100	4,2
Pappel	1700	1200	4,1
Robinie	3000	2100	4,1
Ulme	2800	1900	4,1
Weide	2000	1400	4,1
Nadelhölzer			
Holzart	Brennwert/fm	Brennwert/rm	Brennwert/kg
Douglasie	2200	1700	4,4
Fichte	2100	1500	4,5
Kiefer	2300	1700	4,4
Lärche	2300	1700	4,4
Tanne	2000	1400	4,5

Quelle: Universität Freiburg

Pflanzdichten und Ernteintervalle sind bei speziell zu diesem Zweck angebauten Holzplantagen nicht vorgegeben. Viele verschiedene Varianten hierzu befinden sich momentan in der Erprobung. Die Sächsische Landesanstalt für Landwirtschaft hat in ihrer Anbauempfehlung allerdings schon Zahlen genannt, die den Holzanbau ein rentables Geschäft werden lassen sollen. Die Anpflanzung erfolgt durch sogenannte Steckhölzer – rund 20 Zentimeter lange Zweige –, die von Maschinen fast komplett in den Boden gesteckt werden und mit einer erstaunlich geringen Ausfallquote zu Bäumen heranwachsen.

Die Ausfallquote der Bäume ist für die Wirtschaftlichkeit der Plantagen ebenso relevant wie das eigentliche Wachstum der Bäume. Aus diesem Grunde werden seit Jahren zahlreiche verschiedene Hybride der für Kurzumtriebsplantaten in Frage kommenden Bäume getestet. Hybride sind genetisch veränderte Pflanzen, die durch Kreuzung verschiedener Arten – zum Beispiel Balsam- und Schwarzpappel – entstehen. Ein nicht unerheblicher Vorteil dieser Hybride liegt darin, dass sie gegenüber herkömmlichen Arten eine geringe Schädlingsanfälligkeit aufweisen. Darüber hinaus sind die Ansprüche von Hybriden an die Standortqualität geringer.

Allerdings beschäftigt sich die Forschung nicht ausschließlich mit dem ökonomischen Nutzen der Energieholzplantagen. Von den Forschern als ebenfalls sehr wichtig angesehene Untersuchungen beschäftigen sich mit Themen wie

- der Bodenökologie. Dabei geht es darum, zu ergründen, wie das empfindliche Ökosystem des Bodens auf die Anbaumethoden reagiert.

- der Biodiversitätsanalye. Hier wird erforscht, ob und wie sich Pflanzen- und Tiergesellschaften innerhalb und rund um eine Energieholzplantage herum entwickeln.

- der Landschaftsästhetik. Hier wird unter anderem der Frage nachgegangen, wie sich die Energieholzplantage in die Landschaft einfügt. Zudem wird erkundet, welche Möglichkeiten es für die Plantage gibt, um diese sowohl unter wirtschaftlichen Aspekten interessant gestalten als auch unter dem Blickwinkel »Erholungswert der Landschaft« optimal nutzen zu können.

Die Biomasse deckt daher ein sehr breites Spektrum von Einsatzstoffen pflanzlicher und tierischer Herkunft ab. Hierzu gehören neben Holz und nachwachsenden pflanzlichen Rohstoffen (Zucker, Mais und Ölsaaten) auch verschiedene Gasarten wie Biogas, Deponiegas und Klärgas sowie biologisch abbaubare Anteile organischer Reststoffe (Haushalts- und Industrieabfälle). Ein großer Vorteil von Biomasse ist die Speicherfähigkeit und die Tatsache, dass sie an jedem gewünschten Ort zur Verfügung steht.

Biotreibstoffe

Ethanol

Ethanol und Biodiesel – die in diesem Kapitel behandelten Energieträger – sind keine Rohstoffe, sondern aus nachwachsenden Agrarrohstoffen hergestellte Produkte. Dies sind vor allem Zuckerrohr und Zuckerrüben sowie Mais, Weizen, Reis, Raps und Hafer. Darüber hinaus wird Ethanol auch aus Cassava hergestellt, einer der Familie der Wolfsmilchgewächse zuzuordnenden Pflanze, die im Deutschen auch als »Maniok« bezeichnet wird. Wenn Ethanol und Biodiesel in diesem Buch gleichwohl im Energie-Teil behandelt werden, so vor allem wegen der zunehmenden Bedeutung dieser Stoffe als Energieträger.

Solche biogenen Stoffe werden künftig nämlich einen wesentlich größeren Beitrag zur Energie- und vor allem zur Kraftstoffversorgung in der Welt leisten. Aus nachwachsenden Rohstoffen dürften in Zukunft immer größere Mengen Ethanol und Biodiesel hergestellt werden. In Europa im Allgemeinen und in Deutschland im Besonderen landet gerade seit dem Jahr 1997 immer mehr Biodiesel (Pflanzenölmethylester) in den Tanks der Fahrzeugflotten. Wer sich auf Brasiliens Straßen bewegt, der wird dort bereits seit vielen Jahren die ganz besonderen Eigenschaften von Ethanol als Treibstoffzusatz für Benzin durch die Nase wahrnehmen.

Im Jahr 2005 hat die Produktion von Biotreibstoffen wie Ethanol und Biodiesel nach Angaben des Earth Policy Institute beinahe zwei Prozent des weltweiten Benzinverbrauchs ausgemacht. Im Zeitraum von 2000 bis 2005 stieg die weltweite Ethanolproduktion um rund 165 Prozent von 4,6 auf 12,2 Milliarden Gallonen gestiegen (vgl. Tabelle 16 beziehungsweise Abb. 16). Die Produktion von Biodiesel startete von einem vergleichsweise niedrigen Niveau bei 251 Millionen Gallonen im Jahr 2000 und erreichte im vergangenen Jahr immerhin die Marke von 790 Millionen Gallonen.

Inzwischen haben die Vereinigten Staaten von Amerika, die »größten Energieverschwender auf dem Globus«, im Rahmen einer von

Präsident George W. Bush überraschend angekündigten neuen Energiepolitik den bisherigen Marktführer Brasilien als größter Ethanolproduzent der Welt abgelöst. Wie ernst die USA die Lage an der Energiefront inzwischen nehmen, kann nicht nur daraus ersehen werden, dass die Bush-Regierung mit kostenaufwendigem Militäreinsatz die Stellung im Mittleren Osten hält, sondern auch in der Heimat mit allen Mitteln nach Lösungsansätzen sucht.

Eine effiziente Biotreibstoffbranche würde Arbeitsplätze schaffen, zudem ein höheres Energieangebot sicherstellen und gleichzeitig zum nationalen und globalen Wachstum beitragen. Das haben Wissenschaftler in den USA ihrer politischen Führungselite im Juni 2006 berichtet. Es verwundert nicht, dass Bill Gates, der reichste Mann der Welt, durch sein Engagement in Pacific Ethanol eben diese Weitsicht gezeigt hat, die die US-Regierung über lange Zeit vermissen ließ.

Die US-Ethanolbranche hat im Jahr 2004 rund 147.000 Arbeitsplätze geschaffen und mehr als zwei Milliarden Dollar zusätzliche Steuern in die amerikanischen Steuerkassen gespült. Konservativen Prognosen zufolge ist für jede weitere Milliarde Gallonen Ethanol, die in den USA produziert wird, mit der Schaffung von bis zu 20.000 Arbeitsplätzen zu rechnen. Die USA haben im Jahr 2005 für rund 250 Milliarden Dollar Erdöl importiert und ihr Handelsbilanzdefizit nach Angaben des US Commerce Department auf 725 Milliarden Dollar ausgeweitet.

Das Energie-Dilemma der USA

Nach Berechnungen der Initiative »Ethanol Across America 2005« dürfte der Anteil der Ölimporte an den Gesamtimporten der USA von 35 Prozent im Jahr 2005 auf 70 Prozent in den nächsten 20 Jahren steigen, wenn Washington nicht rechtzeitig dramatische Veränderungen bei der Energieversorgung einleitet.

Die riesige Bedeutung von Ethanol als Treibstoff kann im Zusammenhang mit dem US-Energiekonzept des Jahres 2005 – im Hinblick auf Biotreibstoffe exzellent beschrieben in einer vom Office of

Tabelle 16: Weltproduktion von Biotreibstoffen

Jahr	Ethanol	Biodiesel
1980	1.154	
1981	1.315	
1982	1.889	
1983	2.452	
1984	3.403	
1985	3.732	
1986	3.485	
1987	3.857	
1988	3.937	
1989	4.013	
1990	4.013	
1991	4.319	3
1992	4.187	23
1993	4.187	38
1994	4.446	75
1995	4.764	106
1996	4.964	143
1997	5.432	145
1998	5.085	143
1999	4.977	180
2000	4.644	251
2001	5.055	325
2002	6.368	397
2003	7.594	467
2004	8.627	n.a.

Mengenangaben in Millionen Gallonen - eine Gallone = 3,785 Liter   Quelle: IEA - Worldwatch Institute

Science sowie vom Office of Energy Efficience and Renewable Energy verfassten Studie »Biofuels Joint Roadmap, June 2006« – kaum besser beschrieben werden als mit dem folgenden Zitat:

»National security is linked to energy through the dependence of this country and many others on imported oil – much of it located in politically troubled parts of the globe. As such, the potential for large-scale failures in the global production and distribution system presents a real threat.«

Abbildung 16: Weltweite Ethanolproduktion, 1980-2004

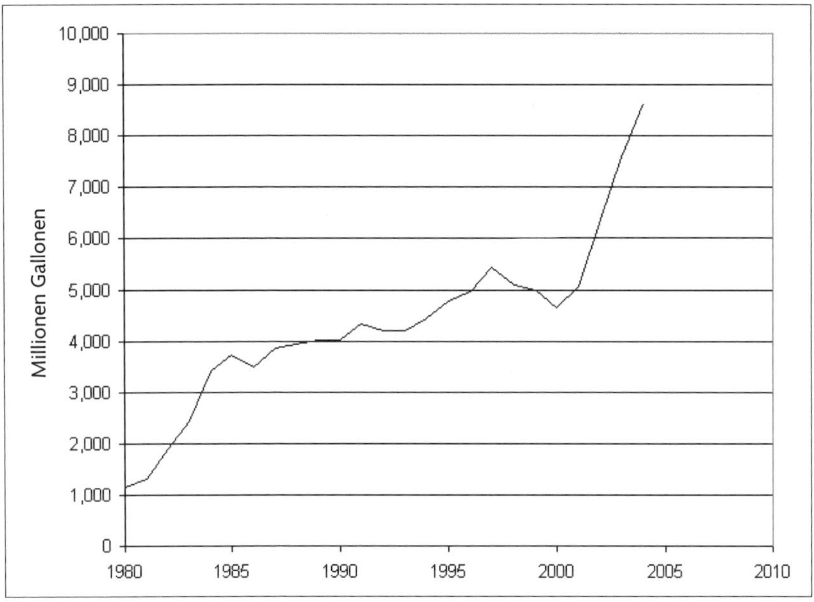

Quelle: Worldwatch/International Energy Agency

Das U.S. Department of Energy zeigt darüber hinaus auf, dass eine Energiepolitik, die ihren Schwerpunkt immer stärker auf erneuerbare Energien legt, mehrere Fliegen mit einer Klappe schlagen kann. Zu den nationalen Vorteilen einer boomenden Bio-Fuel-Industrie zähle die Chance auf neue Impulse für die in den vergangenen Jahren nicht gerade prosperierende Landwirtschaft. Die Bioenergie könne der Farmwirtschaft der USA einen höheren Lebensstandard ermöglichen und gleichzeitig die Abhängigkeit des ländlichen Raums von den Agrarsubventionen der Regierung verringern.

In einer gemeinsamen Untersuchung kommen das US-Landwirtschaftsministerium (USDA) und das Department of Energie (DOE) zu der Erkenntnis, dass die Nutzung eines Teils der verfügbaren agrarischen Anbauflächen die stark gedrückten Getreidepreise um bis zu 14 Prozent anheben dürfte. Das Nettoeinkommen der Farmer könnte über steigende Preise für traditionelle Agrarprodukte und über zusätzliche Ertragsquellen aus bioenergetischen Produkten um sechs Milliarden Dollar pro Jahr gesteigert werden.

Solche Zahlen haben die Politik – zumindest in den USA – hellhörig werden lassen. Die Suche nach Auswegen aus dem Energie-Dilemma verläuft daher fieberhaft. Ethanol kann ein solcher Lösungsansatz sein. Bei Ethanol handelt es sich um eine klare, farblose, und – um auf das brasilianische Straßenbild zurückzukommen – würzig riechende und brennend schmeckende Flüssigkeit, die leicht entzündlich ist und in Zusammenhang mit Luft ein explosives Gemisch darstellt. Ethanol kommt in der Natur überall dort vor, wo nasse, zucker- und/oder stärkehaltige Substanzen durch Hefezellen vergoren werden. Neben Zucker wird Ethanol auch aus Mais gewonnen. Synthetisches Ethanol wird heute hauptsächlich aus Ethylen hergestellt. Bei der alkoholischen Gärung wird Zucker durch Hefezellen in Kohlendioxid und Ethanol umgewandelt. Eine Faustregel besagt, dass in der Praxis aus 100 Kilogramm Zucker mit einer Ausbeute von etwa 50 Litern reinem Alkohol gerechnet werden kann.

Bei der Destillation werden Stoffe mit unterschiedlichen Siedetemperaturen durch Verdampfung und anschließende Kondensation getrennt. Der größte Anteil von Ethanol wird heute aus Agrarprodukten erzeugt. Wegen seines hohen Heizwertes eignet sich Ethanol auch als Brennstoff und im Gemisch mit Benzin als Treibstoff. Durch den Einsatz von Ethanol wird die Emissionsqualität des Benzins erheblich verbessert, das heißt, es werden deutlich geringere Mengen an umweltschädlichen Treibhausgasen ausgestoßen. Weltweit werden mehr als 60 Prozent des erzeugten Ethanols aus Zucker gewonnen. Es verwundert daher nicht, dass Brasilien als weltgrößter Zuckerproduzent auch Marktführer bei Ethanol ist.

Ethanol leitet sich gemäß der in Wikipedia zu findenden Beschreibung von dem gesättigten Kohlenwasserstoff Ethan ab, indem formal ein Wasserstoffatom durch die funktionelle Hydroxylgruppe ersetzt und deshalb an den Namen Ethan das Suffix »ol« angehängt wird. Bei Seilnacht wird über die Herstellung von Ethanol Folgendes geschrieben: In der Technik kann Ethanol auch künstlich durch eine

Abbildung 17: Wie aus Ethen Ethanol ensteht

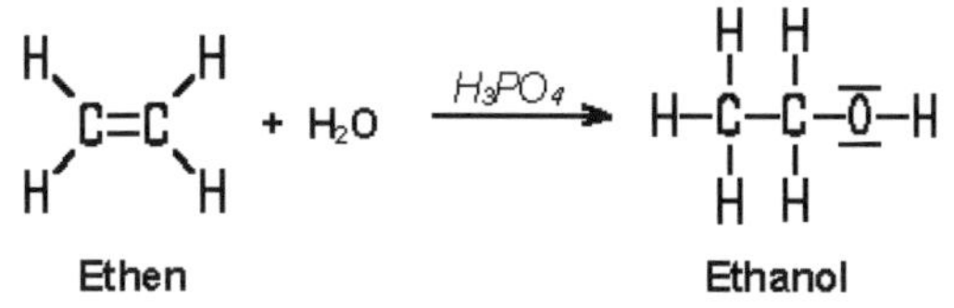

Hydratisierung aus Ethen hergestellt werden. Diese Reaktion findet unter Hitze, hohem Druck und mit Hilfe von Phosphorsäure statt.

Bei Ethanol (fachsprachlich auch als »Äthanol« bezeichnet) handelt es sich im Prinzip um eine chemische Verbindung, die aus zwei Kohlenstoffen – nämlich Wasserstoff und einer Hydroxylgruppe – hergestellt wird. Ethanol ist also ein Alkohol aus der Untergruppe der n-Alkanole, da in dem Molekül neben zwei Wasserstoffatomen nur eine Hydroxylgruppe an ein aliphatisches C-Atom gebunden ist. Nicht selten wird diese Verbindung umgangssprachlich auch als Alkohol bezeichnet. Richtig ist allerdings, dass diese Verbindung lediglich der prominenteste Vertreter der Stoffgruppe der Alkohole ist (vgl. Abb. 17).

Gebräuchlich sind im allgemeinen Sprachgebrauch daher auch Bezeichnungen wie Weingeist und Spiritus. Als richtiger und zutreffender kann der in früheren Zeiten verwendete Name »Äthylalkohol« bezeichnet werden. Ethanol ist für Menschen giftig. Zwar können geringere Ethanolmengen von der menschlichen Leber noch entgiftet werden, doch führt eine übermäßige und regelmäßige Einnahme – Mediziner sprechen von einer Menge von mehr als 0,4 Promille – zu den bekannten typischen Symptomen der Trunkenheit (Übelkeit, Geschwätzigkeit, Schwindel, Müdigkeit oder Aggressivität) sowie zur Sucht. Tödlich wirkt Ethanol bei einer Dosis von 3,0 bis 4,0 Promille.

Zuckerrohr und Mais liefern einen besonders hohen Gehalt an Zucker und Stärke. Sie sind daher jene Rohstoffe, die am häufigsten für die Ethanolproduktion eingesetzt werden. Allerdings gibt es auch zahlreiche andere Rohstoffe wie Kartoffeln oder andere Getreidearten, die Anwendung finden können und in Zukunft wohl auch in zunehmendem Maße eingesetzt werden. Zucker und Stärke werden nach ihrer enzymatischen Aufspaltung als Glukose zur Ethanolproduktion durch Hefen genutzt. Die bei diesem Verarbeitungsprozess anfallende Bagasse aus der Melassenutzung gilt allgemein als nur schwer zu entsorgen. Die Schlempe aus der Maisnutzung wird in getrockneter Form als Maiskleberfutter vermarktet. Die Dinge liegen klar auf der Hand: Mit fortschreitender Technologisierung sind wahre Quantensprünge bei der Produktion von Ethanol und Biodiesel und auch beim Einsatz und bei der Verwendung von Abfallstoffen aus diesem Herstellungsprozess absehbar.

Experten sind sich jedoch einig, dass die Erzeugung aus Stärke und Zuckerrohr den langfristig steigenden Bedarf an Bioethanol nicht wird decken können (vgl. Tabelle 15). Die nur begrenzt zur Verfügung stehenden Anbauflächen, ökologische Probleme bei der notwendigen Intensivierung der Landwirtschaft und nicht zuletzt die Konkurrenz zum Nahrungsmittelmarkt dürften einer großflächigen Herstellung von Bioethanol auf diesem herkömmlichen Wege im Wege stehen. Als kostengünstige und umweltschonende Alternative bietet sich an, Holz beziehungsweise Zellulose oder aber auch Pflanzenabfälle zu nutzen.

Durch Gärung aus regenerativer Biomasse gewonnenes Ethanol bezeichnet man auch als Agrar- oder Bioethanol. Ethanol kann jedoch auch durch die Synthese aus Wasser und Ethen unter Zugabe von Schwefelsäure als Katalysator erzeugt werden. Als ideal wird von Experten ein denkbares Verfahren eingestuft, in dem in Bioraffinerien zum Beispiel Zellulose und Hemizellulose in vergärbaren Zucker umgewandelt und von Hefen direkt in Ethanol vergoren werden. Noch verhindern technische Probleme eine ökonomische Nutzung dieses Verfahrens.

Der Einsatz von Ethanol

Der Biotreibstoff Ethanol kann normalem Benzin beigegeben werden. Aus chemischer Sicht gibt es zwischen Bioethanol und auf

Tabelle 17: Die Zukunft von Ethanol

Angebot*	2003	2005	2010
Brasilien	3.8	4.2	5.6
USA	2.8	3.5	5.0
EU	0.5	1.0	1.9
Andere	0.2	0.9	3.4
Total	7.3	9.6	15.9

Nachfrage*	2003	2005	2010
Brasilien	3.4	3.7	4.6
USA	2.8	3.5	5.0
Kanada	0.1	0.2	0.4
EU	0.4	1.3	3.4
Japan	0.2	0.5	1.9
Andere	0.4	0.4	0.6
Total	7.3	9.6	15.9

* Schätzungen verschiedener Branchenorganisationen und supranationaler Organisationen; in Milliarden Gallonen

Quelle: NYBOT

andere Weise hergestelltem Ethanol keinen Unterschied. Aufgrund der Forderungen des Kyoto-Protokolls wird heute häufig über die Herstellung und den Einsatz von Treibstoffen biologischen oder organischen Ursprungs debattiert.

Ethanol wird als Brennstoff und in der Form von Brennspiritus verwendet. Daneben leistet der Energieträger Ethanol auch auf anderen Gebieten gute Dienste. Da Ethanol auch für Bakterien giftig ist, wird es – zum Beispiel in Verbindung mit Wasser – als Desinfektionsmittel genutzt. Durch das Einmassieren der Muskeln mit Spiritus – bekannt ist zum Beispiel das Mittel Franzbranntwein – wird beim Menschen zum Beispiel auch die Durchblutung gefördert. Im Haushalt wird Ethanol in der Form von Spiritus als Reinigungsmittel für alle möglichen Flächen verwendet. Und, last but not least, findet das Produkt Einsatz in den Scheibenwaschanlagen von Autos, wo es sowohl zu Reinigungszwecken als auch als Frostschutzmittel dient.

Biodiesel

Ölpflanzen wie Raps und Sojabohnen werden künftig einen erheblichen Beitrag leisten, wenn es darum geht, mittels Photosynthese die, im Gegensatz zu fossilen Energieträgern, unbegrenzt verfügbare Sonnenenergie in Öl umsetzen. In Deutschland ist der leuchtend gelb blühende Raps bedeutendster Lieferant von Pflanzenöl, das durch eine einfache chemische Reaktion zu Biodiesel umgewandelt wird. Je Hektar werden rund 1.600 Liter Pflanzenöl und gleichzeitig 10,6 Millionen Liter Sauerstoff produziert. Das ist, statistisch gesehen, der Jahresbedarf von nur rund 40 Menschen. Biodiesel ist ein Treibstoff, der ähnliche Eigenschaften wie Dieselkraftstoff aufweist. Der Unterschied: Biodiesel wird nicht aus Erdöl, sondern aus Pflanzenölen beziehungsweise aus tierischen Fetten gewonnen.

Zur Herstellung von Biodiesel wird Pflanzenöl mit rund zehn Prozent Methanol und anderen Reagenzien versetzt. Bei Normaldruck und Temperaturen um 60 °C werden die Esterbindungen der Triglyzeride des Pflanzenöls getrennt und die Fettsäuren dann mit dem Methanol verestert. Das dabei entstehende Glycerin wird so vom Biodiesel getrennt.

Durch die Umesterung hat das Endprodukt eine deutlich geringere Viskosität als das unbehandelte Pflanzenöl und kann, ohne den Motor wesentlich anpassen zu müssen, als Ersatz für mineralischen Dieselkraftstoff verwendet werden.

Biodiesel zählt zur Gruppe der »erneuerbaren Energieträger«. Chemisch handelt es sich bei Biodiesel um Fettsäuremethylester (FAME).

Daten und Fakten rund um das Thema Biodiesel

- Biodiesel wird aus nachwachsenden Rohstoffen hergestellt.
- Biodiesel gilt als schwefelfreier Treibstoff.
- Biodiesel senkt deutlich die Rußemission (bis zu etwa 50 Prozent), doch der Gehalt an schädlichen Partikeln bleibt vergleichbar mit Mineralöldiesel.
- Biodiesel hat keine »neutrale« oder »klimaneutrale« CO_2-Bilanz, sondern liegt laut einer für das Umweltbundesamt erstellten Studie zwischen 30 und 80 Prozent unter normalem Diesel, je nach Nutzung der anderen Beiprodukte wie Rapsschrot und Glycerin.
- Biodiesel enthält weder Benzol noch andere giftige Aromaten.

Abbildung 18: Weltweite Biodieselproduktion, 1991–2003

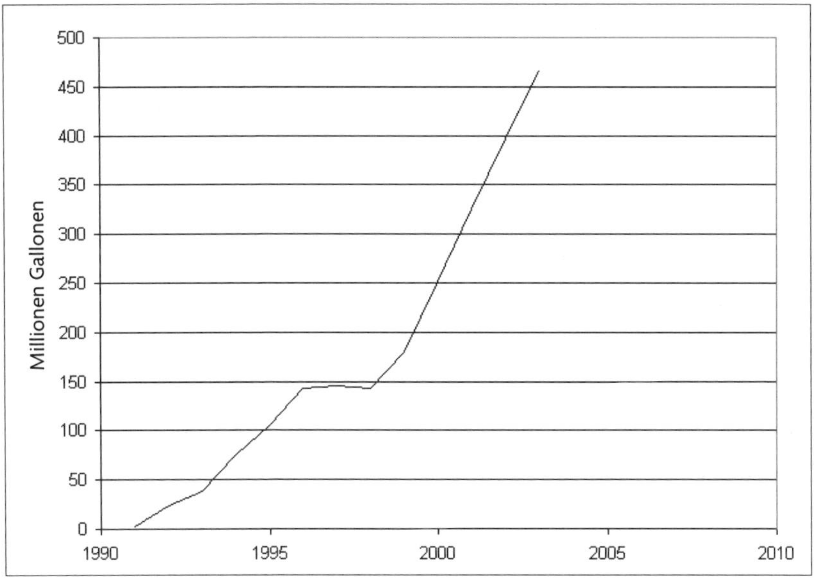

Quelle: Worldwatch/International Energy Agency

- Biodiesel verursacht eine um bis zu etwa 40 Prozent geringere Kohlenwasserstoffemission.
- Biodiesel setzt eine aktive Landwirtschaft voraus. Dies wiederum kann wegen des Einsatzes von Düngemitteln und durch die Energie verbrauchenden Arbeiten des Bauers auch nachteilig für die Umwelt sein.
- Biodiesel ist nach einer Studie schwedischer Wissenschaftlern ebenso krebserregend wie normaler Mineralöldiesel.

Der heute an deutschen Tankstellen verfügbare Biodiesel wird in der Regel aus gepresstem Raps hergestellt und dabei chemisch verestert. Auf diese Weise wird gewährleistet, dass das Rapsöl im Winter nicht einfriert. Diese Art von Biodiesel wird als »Raps-Methyl-Ester« (RME) – oder RME-Biodiesel – bezeichnet. Obwohl es keine offizielle Preisbindung an den normalen Preis für Dieseltreibstoff gibt, war der RME-Biodiesel an den Tankstellen in den vergangenen Jahren meist um zehn bis zwölf Euro-Cent günstiger als der normale Dieseltreibstoff.

Eine andere Art von Biodiesel wird als »Sundiesel« bezeichnet. Dieser Treibstoff befindet sich derzeit noch weitgehend in der Entwicklungsphase. Hierbei handelt es sich um einen synthetischen Kraftstoff. Im Unterschied zu RME sind die Hersteller bei Sundiesel nicht nur auf Raps angewiesen. Vielmehr können sie jegliche Biomasse (also sowohl Pflanzen und agrarische Produkte als auch Holz) verwenden. Dabei wird die Biomasse vergast und das daraus gewonnene Synthesegas für die Herstellung von Sundiesel verwendet.

Die Vorteile

Als Rohstoff für Biodiesel stellt sich Raps mit einem Ölgehalt in den Samen von 40 bis 45 Prozent als die auf dem hiesigen Kontinent am besten geeignete Pflanze dar. In den USA wird in letzter Zeit bei der Biodieselproduktion stark auf Sojabohnen gesetzt. In Europa wird in Ölmühlen aus der Rapssaat Öl – das so genannte Rüböl – gewonnen. Generell ist die Gewinnung von Energie aus nachwachsenden Rohstoffen nachhaltig. Bei der Produktion von Biodiesel aus solchen Rapssaaten fallen zudem keine Abfallprodukte an. Grund: Alle Nebenprodukte können in Folgeprozessen sinnvoll weiterverwertet und verwendet werden. Als eines dieser Nebenprodukte gilt Rapsschrot, das als Futtermittel am Weltmarkt gehandelt wird. Das bei der Umesterung entstehende Glyzerin nutzt die chemischen Industrie, zum Beispiel für kosmetische Endprodukte. Lediglich das auf dem Feld verbleibende Rapsstroh wird noch nicht sinnvoll verwendet.

Biodiesel belastet die Umwelt – vor allem das immer kostbarer werdende Grundwasser – deutlich weniger als herkömmlicher Diesel, da reines Pflanzenöl als nicht wassergefährdend gilt. Die CO_2-Neutralität bei der Nutzung von Biodiesel ist bis heute umstritten. Laut Umweltbundesamt führen die zusätzlichen Kohlendioxid- und Lachgasemissionen beim Anbau und bei der Verarbeitung, die selbst bei einer Einbeziehung der Nutzung von Nebenprodukten entstehen, zu einer höheren CO_2-Emission, als die Pflanzen vorher durch Photosynthese aus der Atmosphäre entnommen haben.

Dem stehen allerdings Argumente gegenüber, wonach zwischen intensivem Anbau zur Erzeugung von Speiseöl aus Erucasäure- und

Glucosinolat-armen, sogenannten 00-Sorten und dem Anbau von Rapssorten zur Energiegewinnung differenziert werden müsse. Wissenschaftler kommen hier zu unterschiedlichen Ergebnissen. Meist wird in diesem Kontext jedoch darauf hingewiesen, dass die Klimabilanz von Biodiesel um 20 bis 80 Prozent günstiger ist als die von Mineralöldiesel.

Die Nachteile

Die Verwendung von Pflanzenschutzmitteln beim Rapsanbau gilt aus Umweltaspekten als problematisch. Darüber hinaus gelten Forschungsvorhaben mit dem Ziel der Genveränderung von Raps als umstritten. Großflächige Monokulturen gelten darüber hinaus als Bedrohung für Tierarten, insbesondere für am Boden brütende Vögel. Durch die intensive Nutzung von Stickstoffdüngern kann eine Überdüngung der Gewässer auftreten, was in der Folge eine Versauerung der Bodenflächen mit sich bringen kann. Zudem wird Distickstoffoxid (Lachgas) freigesetzt – ein, im Gegensatz zum CO_2, um rund 310fach stärkeres Treibhausgas. Biodiesel produziert zudem mehr ozonfördernde Abgase als aus Erdöl gewonnener Treibstoff.

Geothermie

Erdwärme (Geothermie) ist bis heute ein lediglich regional begrenzt verfügbarer Energieträger, wenngleich das Potenzial dieser Energie theoretisch fast unbegrenzt ist. Erdwärme ist die einzige Form erneuerbarer Energie, die weder direkt noch indirekt von der Sonneneinstrahlung gespeist wird. Der Wärmeinhalt, der in der oberen Erdkruste mit Hilfe konventioneller Bohrtechniken erschlossen werden könnte, macht ein Vielfaches der bekannte fossilen Reserven und Ressourcen aus. Das Wärmepotenzial der Erde wird auf zwei Quellbereiche zurückgeführt: einerseits auf die Ursprungswärme, die von der Entstehung der Erde vor 4,5 Milliarden Jahren herrührt, und andererseits auf die wesentlich bedeutendere Wärmeentwicklung im Erdinneren durch den Zerfall radioaktiver Elemente.

Nach Einschätzung der BGR – Bundesanstalt für Geowissenschaften und Rohstoffe – hat die Wasserkraft weltweit den größten Anteil an der Energieerzeugung durch regenerative Energiequellen. Doch schon auf Rang zwei sehen die Experten die Geothermie. Ein wesentlicher Vorteil der geothermischen Energie ist deren Verfügbarkeit, unabhängig von Tageszeiten und Witterungsbedingungen.

Bei der Geothermie wird die im Erdinnern bestehende Wärme als Energiequelle genutzt. Die Erde ist den Wissenschaftlern bislang nur an der äußeren Oberfläche zugänglich. Der aktuelle Stand der bekannten Bohrtechnologien erlaubt einen Einblick ins Erdinnere bis zu einer Tiefe von rund zehn Kilometern. Der Erdmittelpunkt ist von der Erdoberfläche rund 6.370 Kilometer entfernt. Die Erde ist schalenartig aufgebaut, dabei werden vier Zonen unterschieden:

- die feste Erdkruste,
- der feste Erdmantel,
- der flüssige Erdkern und
- der wahrscheinlich feste innere Erdkern.

Bohrungen in das Erdinnere von zehn Kilometern Tiefe erscheinen angesichts solcher Gegebenheiten lediglich als eine Art Nadelstiche. Über die Beschaffenheit tieferer Schichten geben physikalische Untersuchungen, vor allem Untersuchungen der Erdbebenwellen, ziemlich genaue Aufschlüsse. Anlagen zur Nutzung von Erdwärme lohnen sich vor allem in Gegenden mit besonders günstigen geologischen Voraussetzungen wie heißen Tiefenwässern.

Weit verbreitet in Deutschland ist bis heute die Nutzung der Erdwärme aus der oberflächennahen Bodenschicht mittels erdgekoppelter Wärmepumpen. Die Nutzung des riesigen Wärmevorrats des tieferen Untergrundes steht dagegen noch in den Anfängen und ist derzeit an das Vorkommen heißer Thermalwässer gebunden. In Deutschland nutzen nach Angaben der BGR etwa 25 Anlagen heiße Thermalwässer bis 100 Grad Celsius aus Tiefen bis zu 2.500 Metern; seit Ende 2003 wird in Neustadt-Glewe in Mecklenburg-Vorpommern der erste geothermisch erzeugte Strom gewonnen (450 Kilowatt installierte Leistung).

Bei den geothermischen Vorkommen in Deutschland kann das heiße Wasser grundsätzlich zu Heizzwecken – ja nach Wasserqualität auch direkt für Bäder und Gewächshäuser – sowie der Dampf bei ausreichend hohen Temperaturen zur Stromerzeugung eingesetzt werden. Mit den heute bekannten Technologien ist eine effiziente ökonomische Nutzung der Erdwärme also nur eingeschränkt möglich.

Im Jahr 2003 wurde durch das Büro für Technikfolgenabschätzung des deutschen Bundestages erstmals eine Studie über das geothermische Potenzial in Deutschland vorgestellt (TAB-Studie). Diese Studie wurde maßgeblich von der BGR erarbeitet und basiert auf der Bewertung des tiefen Untergrundes. Entsprechend der Studie gibt es hier zu Lande enorme Möglichkeiten.

Allerdings müssen dazu Reservoirs in großen Tiefen erschlossen werden. Eine Kernaufgabe bei der Entwicklung der tiefen Geothermie besteht darin, Fließwege im tiefen Untergrund künstlich zu schaffen beziehungsweise zu verbessern. Dazu gibt es verschiedene Methoden. Bei der hydraulischen Risserzeugung wird Wasser mit hohem Druck in den Untergrund gepresst. Dadurch werden künstlich Risse im Gestein erzeugt und natürlich vorhandene Risse erweitert. Anschließend kann über diese Risse Wasser zirkulieren. In eine Bohrung wird kaltes Wasser injiziert, sodass nach der Untergrundpassage aus einer zweiten Bohrung heißes Wasser zurückgefördert und Energie gewonnen werden kann.

Solarenergie

Sonnenenergie ist in den vergangenen Jahren zu einem der Megatrends schlechthin geworden. Kein Wunder: Die Sonne ist das wohl gewaltigste aller Kraftwerke. Sie bringt es auf eine Leistung von etwa 400 Quadrillionen Watt. Diese »ewig« – für den Menschen ist dieser Begriff in seiner Dimension wohl nicht wirklich fassbar – verfügbare Energie für alle Arten der Energieerzeugung wird immer stärker nutzbar gemacht. Bisher deckt der Mensch seinen Energiebedarf wohl nur zu rund einem Prozent aus der Kraft der Sonne. Spätestens, wenn die Ölreserven in 30, 40, 50 oder 60 Jahren erschöpft sind – niemand weiß heute exakt, wann dieser Zeitpunkt tatsächlich gekommen ist – wird die Sonne noch immer ein verlässlicher Energielieferant sein, der dann in verschiedenen Formen und Anwendungen immer stärker genutzt werden dürfte.

Die globale Produktion von Solarzellen – mit denen Sonnenlicht direkt in elektrischen Strom umgewandelt wird – ist in den vergangenen Jahren kräftig gestiegen, wie die nachfolgende Abb. 18 zeigt. Experten rechnen für die kommenden Jahre mit einer Fortsetzung – jedoch einer Abflachung – dieses Trends.

Bereits heute ermöglichen zum Beispiel die Technologien der Solarthermie die Nutzung von Strahlungsenergie der Sonne für die komfortable Erzeugung von Warm- und Brauchwasser oder für Heizzwecke. Die Solarwärme wird dabei durch Sonnenkollektoren gewonnen, die die eingestrahlte Lichtenergie direkt in Wärmeenergie (nämlich Solarenergie) umsetzen. Die direkte Umwandlung von Sonnenstrahlung in elektrische Energie mit Hilfe von Solarzellen wird als Photovoltaik bezeichnet.

Durch absorbiertes Licht werden im Halbleitermaterial der Solarzellen freie Elektronen erzeugt, die eine elektrische Spannung hervorrufen und damit die Ursache für das Fließen eines Gleichstroms sind. Als Solarthermie wird die energetische Nutzung von Sonnenlicht in Form von Wärme bezeichnet. Grundsätzlich werden dabei zwei Bereiche unterschieden: Im Niedrigtemperaturbereich wird die Strahlung der Sonne direkt über einen Absorber für die Erwärmung von Wasser oder eines anderen Mediums verwendet.

Im Hochtemperaturbereich werden strahlungskonzentrierende Systeme eingesetzt, um die Sonnenwärme in Dampf zur Stromerzeugung umzuwandeln. Die Solarthermie wiederholt in kleinem Maßstab, was bei der Erwärmung der Erde durch die Sonne passiert. An die Stelle der Erdoberfläche tritt ein Absorber und an die Stelle der Lufthülle eine Glasscheibe. Dieses Gesamtsystem wird als Kollektor bezeichnet. Die Stromerzeugung durch Umwandlung der Sonnenen-

Abbildung 19: Globale Produktion von Solarzellen, 1971–2003

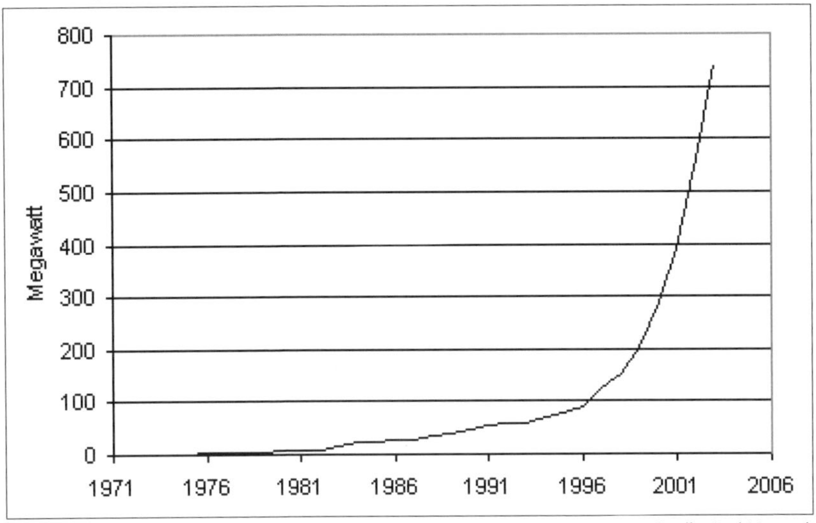

Quelle: Paul Maycock

ergie ist im Kern eine interessante Technik. Dies nicht zuletzt deshalb, weil die Kraft der Sonne praktisch unerschöpflich ist.

Dennoch sind der Anwendung der Sonnenenergie in der Praxis Grenzen gesetzt, die weder durch Geld noch durch menschlichen Erfindergeist aufgehoben werden können. Eine physikalische Tatsache ist zum Beispiel darin zu sehen, dass Solarmodule nur den direkten Anteil der solaren Strahlungsenergie in elektrische Energie umwandeln können. Konkret: Regnet es zum Beispiel über mehrere Tage hinweg, so erzeugen die Module keinen Strom. Die hierin liegenden Risiken liegen damit offen auf der Hand. Mit Hilfe der Sonnenenergie allein lässt sich kein wirtschaftliches System aufbauen, das auf eine kontinuierliche Stromversorgung angewiesen ist.

Und nicht vergessen werden darf auch die Tatsache, dass die tatsächlich verfügbare Dauerleistung eines Solarzellenkraftwerks – im Gegensatz zum konventionellen Kraftwerk – nicht der installierten Spitzenleistung entspricht. Denn diese wird nur unter optimalen örtlichen Bedingungen erreicht und liegt wesentlich über der tatsächlichen Leistung. Anders ausgedrückt: Ein konventionelles Kraftwerk erzeugt in ein paar Minuten genauso viel Strom wie die größte Solaranlage in einem ganzen Jahr.

Wasserkraft

Wasserkraft ist in einigen Regionen der Welt der kostengünstigste Energieträger und kann dort daher meist auch ohne besondere finanzielle staatliche Förderung erschlossen werden. Wissenschaftler haben nachgewiesen, dass auf der Erde jede Sekunde etwa 14 Millionen Kubikmeter Wasser verdampfen – hauptsächlich auf den Ozeanen. Sie gelangen dann als Niederschläge wieder auf die Erde und bilden so den Wasserkreislauf der Natur. Fallen diese Niederschläge nicht auf Meereshöhe, so entsteht daraus ein mehr oder weniger großes Potenzial für die Nutzung der Wasserkraft. Europa liegt durchschnittlich rund 300 Meter über dem Meeresspiegel, Nordamerika 700 Meter und Asien sogar 900 Meter. Gepaart mit ergiebigen Niederschlägen und entsprechenden Wassermassen ergibt sich aus diesen Höhenunterschieden zum Meeresspiegel ein riesiges Potenzial an nutzbaren Energiemengen.

Weltweit werden derzeit etwa nur fünf Prozent des Bedarfs an Primärenergie und etwa 20 Prozent des Bedarfs an elektrischer Energie aus der Wasserkraft gedeckt. Das ist im Vergleich zum Potenzial viel zu wenig; denn das nutzbare Potenzial an Wasserkraft ist fünfmal so groß. Das bedeutet konkret: Wasserkraftwerke könnten einen wichtigen Beitrag zur Lösung des Weltenergieproblems leisten. Festzuhalten ist jedoch, dass die Wasserkraft geographisch sehr unterschiedlich verteilt ist. Etwa zwei Drittel des Potenzials an Wasserkraft liegt in Ländern der Dritten Welt. Das größte Wasserkraftwerk mit einer Kapazität von 12.600 Megawatt ist in Brasilien zu finden. Europa bietet von Land zu Land ein sehr unterschiedliches Bild. In Norwegen werden zum Beispiel 99 Prozent des Stroms aus Wasserkraft erzeugt, in Island sind es immerhin 94 Prozent, in Österreich 72 Prozent und in der Schweiz 58 Prozent. In Deutschland ist der Anteil der Wasserkraft mit etwa 3,5 Prozent statistisch zu vernachlässigen.

Das wirtschaftliche Potenzial der Wasserkraft wird global auf etwa 15.000 Milliarden Kilowattstunden geschätzt. Hiervon sind etwa 2.600 Milliarden Kilowattstunden erschlossen. Das verbleibende Potenzial findet sich überwiegend in Entwicklungs- und Schwellenländern. Die Ausweitung der Wasserkraft als Energieträger stößt nicht zuletzt deshalb an Grenzen, weil hierfür notwendige große Staudämme und Stauseen aus ökologischen und sozialen Gründen oftmals keine Akzeptanz finden.

Wasserstoff

Wasserstoff kann zu einem bedeutenden Energieträger werden und zur Lösung der Energieproblematik beitragen. Allerdings stammen noch mehr als 90 Prozent des »federleichten« Energiespeichers Wasserstoff aus fossilen Brennstoffen. Das wiederum kostet eine Menge Energie und setzt darüber hinaus größere Mengen des schädlichen Kohlendioxids frei. Das Max-Planck-Institut beschreibt in seinen Veröffentlichungen zu den Energieperspektiven eine einfache Formel für den Weg hin zu einer direkten und umweltfreundlichen Nutzung von Wasserstoff. Die simple Rezeptur lautet: »Algen + Sonne + Wasser«.

Bekanntlich erzeugen Mikroalgen wie Grünalgen oder Cyanobakterien unter bestimmten Wachstumsbedingungen mithilfe eines Biokatalysators – nämlich der Eiweißverbindung Hydrogenase – diesen Wasserstoff. Die notwendige Energie hierfür stammt aus der Photosynthese. Damit es die Einzeller sprudeln lassen, bedarf es allerdings eines Tricks: Normalerweise verwandeln Pflanzen die aus dem Sonnenlicht stammende Energie in chemische Energie, die dann als eine Art Treibstoff für den Aufbau von Biomasse verwendet wird. Setzt man Algen jedoch auf Schwefeldiät, funktioniert die Photosynthese nur noch unvollständig, die Zelle kann die gebundene Energie nicht mehr sinnvoll verwerten und entsorgt sie auf diesem Wege als Wasserstoff.

Das geschilderte Grundprinzip erscheint einfach. Doch das täuscht. Denn auf dem Weg zur wirtschaftlichen Nutzung und Verwertung stehen vor allem zwei hohe Hürden: Die meisten Hydrogenasen sind extrem sauerstoffempfindlich. Zurzeit läuft die Biowasserstofffabrik auf Algenbasis daher nur unter striktem Sauerstoffabschluss, und das mit einer viel zu geringen Ausbeute an Wasserstoff

Auf der Suche nach der Turbo-Alge mit sauerstoffunempfindlicher Hydrogenase verfolgen Forschergruppen weltweit verschiedene Konzepte: Natürliche Auslese und gentechnisches Tunen, lautet das eine Prinzip, bei dem geeignete Algenstämme sowohl durch Veränderung der Hydrogenase selbst als auch durch Optimierung des zellulären Prozesses auf hohe Produktionsraten getrimmt werden.

Isolieren und neu kombinieren ist der andere Ansatz: Dabei extrahieren Wissenschaftler die an der Wasserstoffproduktion beteiligten Komponenten aus den Zellen, bringen sie auf künstliche Membranen auf oder schleusen sie in Bakterien ein. In einem dritten Ansatz versucht man die Wirkungsweise der Hydrogenasen zu entschlüsseln und sie chemisch nachzubauen.

Inzwischen existieren bereits Turbo-Algen, die bis zu 100-mal mehr Wasserstoff produzieren als normale Algen. Der Wirkungsgrad liegt mit derzeit maximal zwei Prozent jedoch immer noch weit vom ökonomisch Notwendigen entfernt. Mit den heute bekannten Methoden und Technologien würden für die Energieversorgung eines Drei-Personen-Haushalts rund 50 Kubikmeter Algenkultur benötigt. Viel zu viel also. Zum Vergleich: Wasserstofferzeugung mit Solarzellen hat einen Wirkungsgrad von zehn bis 15 Prozent. Wird der Wasserstoff konventionell aus fossilen Energieträgern über ein Dampfreformierungsverfahren hergestellt, liegt der Wirkungsgrad bei 70 bis 80 Prozent.

Das Ende der Fahnenstange ist für die Biowasserstofffabriken aber bei weitem noch nicht erreicht. Wissenschaftler bescheinigen den biologischen Systemen gute Chancen, in den nächsten zehn Jahren den Wirkungsgrad noch deutlich zu steigern und zumindest mit der Photovoltaik gleichzuziehen. Bis jedoch Biowasserstoff im großtechnischen Maßstab erzeugt wird, dürften noch viele Jahre ins Land gehen. Experten sprechen von einem Zeitraum von 20 bis 25 Jahren.

Windenergie

Nicht zuletzt aufgrund von finanziellen staatlichen Anreizen genießt die Windenergie weltweit große Aufmerksamkeit (vgl. Abb. 20). Doch die in Windkraftanlagen umgesetzte »Renaissance der guten alten Windmühle« hat durchaus ihre Schattenseiten. Denn ohne die staatlichen Fördermittel kann sich die Windkraft mit den heute bekannten und erprobten Technologien und Verfahren bislang im Wettbewerb mit den anderen Energieträgern nicht wirklich durchsetzen. Wirtschaftlich sinnvoll erscheint eine Nutzung der Windkraft nur dort, wo günstige Windverhältnisse ihren Einsatz nicht nur aus ökologischer, sondern auch aus ökonomischer Sicht verlangen. In Deutschland hat die Windkraft aufgrund der Förderpolitik der Regierung bis Mitte Juli 2005 einen Anteil von rund 45 Prozent am Markt für erneuerbare Energien.

Abbildung 20: Weltweit gewonnene Windenergie, 1980–2005

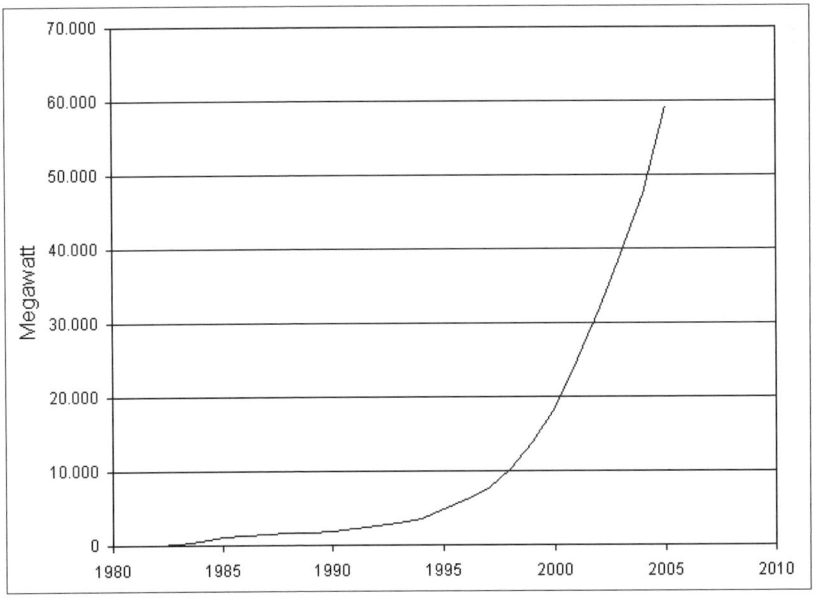

Quelle: Paul Maycock

Gedanken zur Zukunft der Energie

Das Energiewirtschaftliche Institut an der Universität zu Köln (EWI) hat im Auftrag des Bundesministeriums für Wirtschaft und Arbeit Mitte 2006 eine Studie erstellt, die sich mit der möglichen Entwicklung der Energiemärkte bis zum Jahr 2030 beschäftigt.

Die Fachleute kommen dabei zu dem Ergebnis,

- dass bei den Energieressourcen bis zum Jahr 2030 keine Engpässe zu erwarten sind. Die Abhängigkeit der Energieversorger von politisch und ökonomisch instabilen Förder- und Transitländern wachse indes. »Die Versorgungsrisiken nehmen zu«, heißt es in der Studie.
- dass der Weltenergieverbrauch bis 2030 nach internationalen Status-quo-Prognosen um etwa 60 Prozent steigt. Zwei Drittel des Zuwachses wird auf die Entwicklungsländer entfallen.
- dass fossile Energieträger bis zum Jahr 2030 mehr als vier Fünftel des Weltenergieverbrauchs decken. »Erdöl wird auch 2030 noch wichtigster Primärenergieträger sein und 35 Prozent zur Verbrauchsdeckung beitragen«, so die konkrete Prognose.

Tabelle 18: Umrechnung von Energie-Einheiten

Ausgangseinheit	MJ	KG SKE	Kg RÖE	1.000 kcal	Kwh	1.000 BTU	Kubikmeter Erdgas
1 Megajoule (MJ)	-	0,034	0,024	0,2398	0,278	0,95	0,03151
1 kg Steinkohleeinheit (SKE)	29,308	-	0,7	7	8,14	27,767	0,92336
1 kg Rohöleinheit (RÖE)	41,869	1,429	-	10	11,63	39,667	1,3193
1.000 Kilokalorien (kcal)	4,1868	0,143	0,1	-	1,163	3,967	0,1319
1 Kilowattstunde (kWh)	3,6	0,123	0,0861	0,8598	-	3,411	0,11343
1.000 British Thermal Units (BTU)	1,055	0,036	0,025	0,2521	0,293	-	0,03324
1 Kubikmeter Erdgas Hu	31,736	1,083	0,758	7,58	8,816	30,0815	-

Quelle: Zusammengestellt aus verschiedenen Quellen von tkMedia AG

- dass ein wachsender Handel von Liquified Natural Gas (LNG) den europäischen Verbrauchern Zugang zu neuen Gasquellen verschafft. Allerdings, so wird betont, wird sich die Nachfragekonkurrenz durch den steigenden asiatischen und amerikanischen Gasverbrauch verstärken.
- dass die Preise für Erdöl und Erdgas weiter deutlich steigen werden. Diese bedeutungsvolle Aussage wird in so manchen Prognosen oftmals unterdrückt. Die realen Importpreise Deutschlands für Erdöl und Erdgas dürften den Prognosen zufolge im Jahr 2030 etwa doppelt so hoch sein wie in den 90er-Jahren des vergangenen Jahrhunderts.

Kritisch anzumerken ist, dass die Prognosen des EWI auf einigen zentralen Annahmen beruhen, die insgesamt zumindest als fragwürdig zu bezeichnen sind. So wird zum Beispiel angenommen, dass der Erdölpreis bis 2030 real auf 37 US-Dollar je Barrel steigt. Eine weitere zentrale Annahme lautet: »Energie steht für die Mehrzahl der Verbraucher nicht im Mittelpunkt des Interesses.« Eine solch gewagte Annahme setzt eindeutig voraus, dass der Welt durch technischen Fortschritt ein wirklich großer und nachhaltiger Durchbruch zum einen bei der Steigerung der Energieeffizienz und zum anderen beim Einsatz alternativer Energien wie Brennstoffzellen und Wasserstoff oder durch stärkere Nutzung der Sonnenenergie gelingen wird. Sicher erscheint aus heutiger Sicht keines von beiden.

II

Metallische Rohstoffe

Historisches

Kupfer, Gold und Zinn sind jene Metalle, die die Menschheit in ihrer Evolution zuerst verwendete. Kupfer ist ein Metall, das vergleichsweise leicht zu be- und verarbeiten ist. Historische Funde zeigen, dass das »rote Metall« daher bereits vor etwa 10.000 Jahren von den ältesten bekannten Kulturen eingesetzt wurde. Die Ära vom fünften bis zum dritten Jahrtausend v. Chr. wird auch als »Kupferzeit« bezeichnet.

In der Folgezeit wurde Kupfer dann auch mit dem Buntmetall Zinn sowie mit einigen Anteilen des Metalls Blei zu Bronze legiert. Hierbei handelt es sich um eine Legierung, deren Resultat ein härteres und technisch widerstandsfähigeres Metall darstellt. Die Zeit, in der Kupfer mit Zinn und Blei verschmolzen wurde, diente als Namensgeber für die Bronzezeit. Interessanterweise wurde die Unterscheidung von Blei und Zinn erst mit wachsenden Fachkenntnissen über die Metalle eingeführt. Der Begriff Bronze ist aus heutiger Sicht nur dann richtig eingesetzt, wenn es sich um sehr stark kupferhaltige Zinn-Kupfer-Legierungen handelt.

Auch andere Legierungen halfen in der Folgezeit, das Verständnis für Metalle stärker zu fördern. So war im antiken Griechenland das Messing – eine goldgelbe Kupferlegierung – sehr bekannt. Messing entsteht durch die gemeinsame Verschmelzung von Kupfer und Zink. Besonders beliebt war Messing dann allerdings erst bei den Herrschern des Römischen Reichs. Weniger bekannt als Messing ist eine zweite Gold-Kupfer-Legierung, nämlich Tumbaga, die im alten Kolumbien viele Freunde fand.

Die wichtigsten Metalle lassen sich grob wie folgt katalogisieren:

- Eisen
  Eisen
- Uran
  Uran
- Edelmetalle
  Gold
  Silber
  Metalle der Platingruppe
  – Platin – Palladium
  – Ruthenium – Rhodium
  – Osmium – Iridium
- Buntmetalle
  Kupfer
  Blei
  Zink
  Zinn
  Aluminium
  Nickel
- Nebenmetalle
  Antimon
  Kadmium
  Wismut
  Quecksilber
  Mangan
  Chrom
  Vanadium
  Wolfram
  Molybdän
  Kobalt

Magnesium
Titan
Zirkonium
Niob
Tantal

Die aktuelle Lage

Im Gegensatz zu anderen Rohstoffen kann bei den meisten metallischen Rohstoffen von wirklichen Verknappungserscheinungen nicht gesprochen werden. Diese Aussage gilt zumindest für die Buntmetalle – auch als Nicht-Eisen (NE)-Metalle bezeichnet – wie Kupfer, Aluminium, Nickel, Zinn, Zink und Blei. Eine ausreichende Versorgung der Wirtschaft mit diesen Basismaterialien ist letztlich eine Frage des Preises. Bei diesen wichtigen Industrierohstoffen – zu denen auch Eisenerz und Stahl gerechnet werden können – gibt es aus Sicht führender Geologen in der Welt keine Engpässe.

Allerdings besteht kurzfristig die Schwierigkeit, dass die aktuelle Nachfrage mit den vorhandenen Produktions-, Verarbeitungs- und Transportkapazitäten nicht oder nur unter Aufbringung aller Kräfte befriedigt werden kann. Trotz inzwischen steigender Investitionen in die Suche nach und die Exploration von Rohstoffvorkommen sowie in den Aufbau von Infrastrukturprojekten wird es sehr schwer, die angespannten Märkte innerhalb kurzer Zeit zu entlasten.

Etwas anders sieht die Lage bei einigen, nicht mit der Häufigkeit der traditionellen NE-Metalle in der Erdkruste zu findenden Nebenmetallen aus. Bei den meisten dieser Metalle, die im angelsächsischen Raum als »minor metals« bezeichnet werden, ist die Versorgungslage aber wesentlich kritischer. Weil die Lagerstätten dieser oben genannten seltenen Metalle überwiegend in jenen Weltregionen zu finden sind, die – zumindest in den früheren Zeiten des Kalten Krieges – als geopolitisch unsicher und daher für die Industrienationen des Westens als strategisch bedeutsam galten, werden diese Nebenmetalle auch als »strategische Metalle« bezeichnet.

Ihre große Bedeutung ist darin zu sehen, dass sie wegen ihrer einmaligen Eigenschaften sowohl in der Luft- und Raumfahrt als auch in der Rüstung weitgehend als unverzichtbar gelten. Festzustellen ist, dass bei »strategischen Metallen« die Grundregeln der Marktwirtschaft bestens funktioniert haben. Die Preise dieser knappen Materialien sind in den vergangenen Jahren wesentlich stärker gestiegen als die Notierungen der Buntmetalle (siehe Tabelle 19).

Politisches Erwachen

Nach diesem Exkurs zu den nicht börsengehandelten Nebenmetallen richtet sich die Aufmerksamkeit auf die Zukunft der Metallmärkte. Die Problematik der angespannten Versorgungslage und des deutlich gestiegenen Preisniveaus von Buntmetallen nimmt inzwischen auch bei den Politikern in Europa einen breiten Raum ein. So bemüht sich zum Beispiel die staatliche Bundesanstalt für Geowissenschaften und Rohstoffe (BGR) darum, eine Konzession bei der Internationalen Meeresbodenbehörde zu erwerben, durch die die Exploration von Mangan-Knollen im Pazifik ermöglicht werden soll.

Auf diese Weise soll Deutschland Zugriff auf bisher nur wenig bekannte und bisher nicht erschlossene Lagerstätten für metallische Rohstoffe gewinnen. Wenn es notwendig werden sollte, könnte Bergbau auf dem Meeresboden betrieben werden. Dass das möglich ist, zeigen die zahlreichen Offshore-Aktivitäten der Energiebranche in aller Welt. Doch auch hier kommen marktwirtschaftliche Argumente zum Tragen: Der Abbau von Bodenschätzen auf dem Meeresgrund wird nur dann möglich sein, wenn die Minengesellschaften ein entsprechend hohes Preisniveau vorfinden werden – und zwar dauerhaft.

Solche Überlegungen zur Nutzung des Meeresbodens als Quelle metallischer Rohstoffe gab es bereits vor mehr als 25 Jahren. Wegen der damaligen Entspannung in der Versorgung und Preisentwicklung auf den internationalen Rohstoffmärkten wurden sie allerdings weder von der Politik noch von den Minenfirmen weiter verfolgt. Doch nicht nur dies – die zwischenzeitlich scheinbar hinreichende

Tabelle 19: Preise der »strategischen Metalle«

Metall	Reinheitsgrad	Preis Ultimo 2001	Preis Ultimo 2002	Preis Ultimo 2003	Preis Ultimo 2004	Preis Ultimo 2005	Preis Ultimo 2006	Einheit
Antimon	99,64%	1185,23	2597,50	2375,00	2850,00	3750,00	5362,70	$/t
Antimon	99,84%	1488,09	2702,62	2450,00	2950,00	3850,00	5457,13	$/t
Arsenic		0,41	0,38	0,45	0,45	0,50	0,49	$/lb
Cadmium	99,98%	0,40	0,52	0,53	0,70	2,00	1,45	$/lb
Cadmium	99,95%	0,26	0,50	0,48	0,60	1,93	1,35	$/lb
Ferrochrom	Hi C	0,34	0,31	0,43	0,75	0,62	0,66	$/lb
Ferrochrom	Lo C	0,57	0,58	0,61	0,99	1,02	1,15	$/lb
Chrom	Al CH	4176,00	4000,00	3650,00	5000,00	6950,00	6800,00	$/t
Chrom	Al RU	4107,00	3912,50	3400,00	4800,00	6950,00	6800,00	$/t
Gallium	Ingots	433,32	215,00	250,00	275,00	325,00	342,50	$/kg
Germanium Diox		571,73	420,00	295,00	400,00	400,00	675,00	$/kg
Germanium	50 ohm	815,00	550,00	525,00	600,00	600,00	945,00	$/kg
Indium		70,70	81,25	335,00	835,00	866,79	677,50	$/kg
Iridium		405,00	213,15	87,00	190,00	193,39	404,28	$/Feinunze
Kobalt	Ing 99,3 %	6,83	6,26	19,75	16,37	13,10	25,85	$/lb
Kobalt	Kathoden 99,8	7,09	6,45	21,75	17,62	14,75	29,78	$/lb
Kobalt Zaire	99,59%	7,87	6,25	20,25	16,62	13,25	26,67	$/lb
Magnesium	99,9 China	1369,00	1500,00	1815,00	1700,00	1534,00	1939,28	$/t
Magnesium	99,9 Russland	1800,00	1825,00	2050,00	1950,00	1722,69	1788,00	$/t
Mangan	Electr	903,56	845,00	1675,00	1625,00	1500,00	1370,00	$/t
Molybdän	Mo3West	2,33	3,50	7,25	30,00	31,00	25,63	$/lb
Molybdän	Mo3 CH	2,28	3,40	7,00	26,50	32,50	24,63	$/lb
Molybdän	Ferro 65 West	6,62	11,33	17,00	83,50	69,50	61,10	$/kg
Molybdän	Ferro 60 China	6,11	9,54	16,00	65,50	62,50	59,92	$/kg
Quecksilber		150,00	170,00	195,00	595,00	850,00	500,00	$/t
Rhodium		980,94	643,10	523,00	1325,00	3017,09	5178,93	$/Feinunze
Ruthenium		106,29	59,28	41,00	77,50	86,84	426,78	$/Feinunze
Selenium		3,63	3,60	8,50	27,50	48,90	24,50	$/lb
Silicon	Lumps	1150,00	1200,00	1050,00	1425,00	1520,50	1900,00	$/t
Silicon	Ferro 75 Ru	520,00	515,00	595,00	912,50	793,19	920,00	$/t
Tantal		42,61	40,00	40,00	40,00	40,00	32,50	$7lb

Fortsetzung auf Seite 130

Metall	Reinheitsgrad	Preis Ultimo 2001	Preis Ultimo 2002	Preis Ultimo 2003	Preis Ultimo 2004	Preis Ultimo 2005	Preis Ultimo 2006	Einheit
Titanium	Schwamm	6,71	6,75	6,25	6,25	25,50	24,00	$/kg
Titanium	Ferro	4,61	4,16	4,35	13,25	23,00	15,37	$/kg
Tungstate	APT	76,42	50,50	64,00	89,50	250,00	258,20	$/lb
Tungsten	Ferro	5,82	5,80	7,15	11,59	31,00	33,95	$/kg
Vanadium	Pentoxid	1,19	1,50	1,80	9,00	10,29	7,46	$/lb
Vanadium	Ferro 80	6,60	9,62	10,64	42,50	46,00	35,92	$/kg
Wismuth		3,07	2,85	2,85	3,45	4,75	6,38	$/lb
Wolfram		51,89	37,50	43,50	68,50	100,00	175,00	$/lb

Alle Preise Cif NW Europa; Copyright. tk Media AG Quellen: Metallhandel

Verfügbarkeit von Rohstoffen auf den Weltmärkten führte über viele Jahre hinweg dazu, dass die ohnehin nur wenigen Unternehmen der deutschen Rohstoffwirtschaft ehemalige Bergbauaktivitäten im Ausland abgestoßen haben.

Die Suche nach und die Exploration von Rohstoffen war vor allem im Bergbau (weniger stark ausgeprägt dagegen im Energiesektor) über einen Zeitraum von fast 25 Jahren hinweg nicht mehr lohnend, sodass sich ehemalige Rohstoffunternehmen in Kanada und Australien, aber auch in Deutschland, der New Economy zuwandten und ihren Fokus auf dieses Gebiet ausrichteten.

Die bekanntesten Beispiele in Deutschland lieferten TUI und ThyssenKrupp. Die einst unter Preussag firmierende TUI – heute Europas größtes Tourismusunternehmen – verfügte noch bis vor wenigen Jahren weltweit über zahlreiche Rohstoffinteressen. Der Stahl-Riese ThyssenKrupp verkaufte seine riesigen Eisenerzvorkommen in Lateinamerika vor vielen Jahren an den heute weltgrößten Eisenerzproduzenten CVRD aus Brasilien – zu einem Spottpreis, wie Kenner der Szene berichten. Heute kauft der Stahlproduzent den Rohstoff Eisenerz zu einem Vielfachen des seinerzeitigen Verkaufspreises.

Der Preis für Eisenerz ist allein von Jahresende 2003 bis Jahresende 2005 um beinahe 200 Prozent gestiegen. Und da rede noch einer von unternehmerischen Visionen in Deutschland! Sowohl die Unternehmen der deutschen Wirtschaft als auch die für rohstoffpolitische Fragen zuständigen Stellen in den Schaltzentralen der Politik in Berlin werden seit geraumer Zeit für ihre Versäumnisse der Vergangenheit abgestraft. Heute rächt sich die erschreckend geringe Weitsicht deutscher Wirtschaftsmanager.

Dabei waren die grundlegenden Veränderungen schon vor mehr als 15 Jahren absehbar. Sowohl die Politiker als auch die Unternehmen der Wirtschaft in Deutschland müssen sich den Vorwurf gefallen lassen, bei der lange Zeit erkennbaren Renaissance der Rohstoffe kläglich versagt zu haben. Denn die Gründe für die Hausse sind allgemein bekannt: Das starke Wirtschaftswachstum in den aufstrebenden, bevölkerungsreichen Industrieländern wie China und Indien hat die Rohstoffmärkte innerhalb weniger Jahre auf den Kopf gestellt.

Das über Jahre hinweg stagnierende oder gar schrumpfende Angebot sowohl an Primär- als auch an Sekundärrohstoffen wurde von den »neuen Nachfragekräften«, zu denen auch Staaten wie Brasilien gehören, sehr rasch absorbiert. Und so kam es, dass sich der über viele Jahre hinweg etablierte Nachfragemarkt – zunächst fast unbemerkt von der Öffentlichkeit – zu einem Anbietermarkt entwickelt hat. Und dies wiederum mit nachhaltigen Auswirkungen auf die Preisgestaltung.

Seitenhieb nach Berlin

Obwohl die industriellen Nachfrager im System der Marktwirtschaft für ihre Rohstoffsicherung selbst verantwortlich sind, muss den unterschiedlichen Bundesregierungen in Deutschland vorgeworfen werden, während der vergangenen beiden Dekaden auf rohstoffpolitischem Gebiet versagt zu haben. Weder Unions-geführte noch SPD-geführte Regierungen können sich von Fehlern freisprechen, wenn Politiker sich heute zu Wort melden und erklären, die Rohstoffpolitik der Bundesregierung sei vor allem darauf gerichtet, die Maßnahmen der Wirtschaft zur Versorgung mit mineralischen Rohstoffen zu unterstützen. Spät, viel zu spät hat zum Beispiel die inzwischen abgewählte Regierung Schröder auf dem BDI-Rohstoffkongress am 8. März 2005 erklärt, sie wolle in den internationalen Gremien weiterhin alles tun, um die deutschen Interessen an offenen und transparenten Rohstoffmärkten durchzusetzen. Dass Schröder geraume Zeit vorher ein Angebot der russischen Regierung zum Aufbau einer gemeinsamen Energiebörse ignoriert hat, wird heute gern vergessen.

Die Buntmetalle

Kupfer

Kupfer ist ein aus dem Lateinischen von »cuprum« beziehungsweise von »aes cyprium« abgeleiteter Begriff. Dieser kann mit »Metall aus Zypern« oder »Erz aus Zypern« übersetzt werden. Kupfer ist ein chemisches Element mit dem Symbol Cu und der Ordnungszahl 29. Das zu den Münzmetallen zählende Kupfer gilt als hervorragender Wärme- und Stromleiter. Das Schwermetall kristallisiert im kubischen Kristallsystem, hat eine zwischen 2,5 und 3 liegende Mohs-Härte und als reines, blankes Metall eine helle, lachsrosa Farbe. Durch die oberflächliche Patina-Bildung verändert sich das Metall auch rotbräunlich bis hin zu einem bläulichen Grün, wobei der Metallglanz in dieser Phase nicht selten überwiegend verloren geht. Als sehr weiches Metall hat Kupfer gute Eigenschaften als formbares und gleichzeitig zähes Element. Der Schmelzpunkt des »roten Metalls« liegt bei 1.083,4 Grad Celsius.

Als gediegenes Element findet sich Kupfer hauptsächlich in basaltischen Laven, wo es sich meist durch Reaktion mit Minerallösungen hydrothermalen Ursprungs aus Eisenoxiderzen bildet. Kupfer tritt meist roh oder in Form verzweigter Strukturen – auch als Dendrite bezeichnet – auf. Dagegen ist Kupfer in kristalliner Form eher selten anzutreffen. Die weltweit größten Kupfervorkommen sind in den USA, Chile, Russland, Sambia, Kanada, Peru sowie Kongo zu finden (vgl. Abb. 21). Wegen seiner exzellenten Leitfähigkeit wird reines

Abbildung 21: Die zehn größten Kupferprojekte bis zum Jahr 2009

Name	Betrieb	Land	Kapazität	Betriebsbeginn	Art*
Escondida Norte	BHP/Rio Tinto	Chile	150.000	2005	E
Spence	BHP	Chile	200.000	2006	N
Escondida SX/EW	BHP/Rio Tinto	Chile	180.000	2006	E
Cerro Verde	Phelps Dodge	Peru	200.000	2007	E
Cristalino	CVRD	Brasilien	150.000	2007	N
Alemao	CVRD	Brasilien	210.000	2008	N
Mansa Mina	Codelco	Chile	190.000	2008	N
Gaby Sur	Codelco	Chile	150.000	2008	N
Lumwana I	Phelps Dodge	Sambia	140.000	2008	N
Kansanshi II	First Quantum	Sambia	145.000	2009	WE

*E: Erweiterung, N: Neuprojekt, WE: Wiedereröffnung. Kapazitäten in Tonnen pro Jahr

Quelle: BGR

Kupfer in elektrischen Kabeln, Leiterbahnen und in Wärmeleitern verwendet. Darüber hinaus findet Kupfer in Form von Blechen als Dachbedeckung Anwendung. Kupfer ist auch Bestandteil von Legierungen wie Messing, Bronze und Neusilber. Kupferverbindungen kommen in Farbenpigmenten, medizinischen Präparaten und galvanischen Oberflächenbeschichtungen zum Einsatz. Kupfersalze färben die Flamme grün/blau (Spektralanalyse). Die Gewinnung von Kupfer erfolgt in sogenannten Affinerien.

Wohl selten hat sich die, von sich selbst immer sehr eingenommene, Fachwelt der Finanzmarkt- und Rohstoffanalysten bei ihren Prognosen in den vergangenen Jahren so geirrt wie bei den Vorhersagen über die Preisentwicklung der NE-Metalle unter Führung von Kupfer (vgl. Abb. 22). Führende Wirtschaftsforschungsinstitute trauten zum Beispiel dem Kupferpreis noch vor vier Jahren überhaupt kein Preissteigerungspotenzial zu. »Bei steigender Nachfrage fahren die Produzenten einfach ihre Förderung hoch, sodass es dann wieder zu einer Gleichgewichtssituation kommt und die Preise fallen.« Diese Antwort erhielt der Autor während der vergangenen fünf Jahren von zahlreichen Analysten und Forschern.

Tabelle 20: Kupfermarkt im Überblick

	Wert	2002	2003	2004	2005	2006 g	2007 p	2008 p
Gesamtnachfrage	Mt	15,0	15,5	16,9	16,9	17,9	18,6	19,4
Minenproduktion	Mt	10,9	11,0	11,8	12,4	12,8	13,5	14,0
Wachstum der Minenproduktion	%	-2,5	0,6	8,0	4,4	3,7	5,4	3,9
Schmelzhütten-kapazität	Mt	13,2	13,6	14,1	15,0	15,5	16,1	16,8
Auslastungsquote	%	91,0	88,0	88,6	88,0	88,5	89,0	89,0
Produktion der Schmelzhütten	Mt	12,0	12,0	12,5	13,2	13,8	14,4	15,0
Produktion Raffi-neriekupfer	Mt	12,8	12,6	13,3	14,1	14,7	15,3	15,9
Gesamtangebot	Mt	15,4	15,3	16,0	16,7	17,7	18,7	19,6
Veränderung des Gesamtangebots	%	-1,8	-0,5	4,0	4,9	5,9	5,2	5,1
Gleichgewicht Angebot/ Nachfrage	Mt	0,4	-0,1	-0,9	-0,2	-0,2	0,0	0,2
Verhältnis Be-stände/Verbrauch	Wo-chen	9,3	7,8	5,1	4,6	3,8	3,8	4,1
LME-Preis Jahres-durchschnitt	US Cents/ lb	71	81	130	167	306	325	250
LME-Preis Verän-derung z. Vorjahr	%	-0,86	13,7	61,2	28,4	94,6	4,0	-26,0

Mt = Millionen Tonnen - G = Schätzung auf Basis aktueller Daten der ersten zehn Monate 2006 - P = UBS-Prognose für die kommenden Jahre

Quellen: LME, CRU, Brook Hunt, Thomson Financial - recherchiert und bearbeitet von Franziska Blum, tkMedia AG

Hier hatte man ganz offensichtlich nicht bedacht, dass in länger anhaltender Preis-Baissen – wie etwa bei Kupfer – Kapazitäten nicht nur nicht weiter ausgebaut, sondern teilweise sogar stillge-

Abbildung 22: Kupferpreis an der London Metal Exchange (LME)

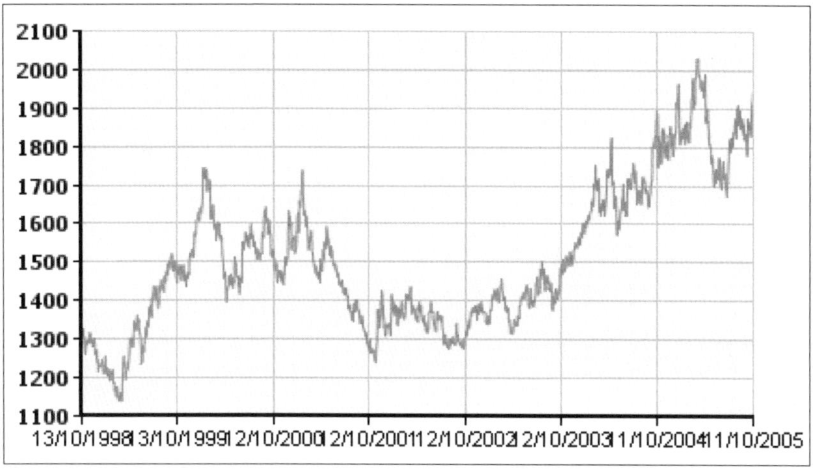

Quelle: London Metal Exchange

legt werden. Ein Preisaufschwung zieht in der Regel dann neue Erkundungs- und Sucharbeiten nach sich, die – beim Vertrauen der Minenbranche auf einen längeren Preisaufschwung – dann zum Bau neuer Bergwerke führt. Als Folge entspannt sich nach traditioneller Lehre dann die Versorgungs- und Preissituation. Diesen Glauben hatten große Teile der Marktteilnehmer auch am Kupfermarkt. In Vergessenheit geraten zu sein schien jedoch die Tatsache, dass die Errichtung neuer Minen (vgl. Abb. 21) eine lange Vorlaufzeit von nicht selten bis zu acht Jahren erfordert. Und nicht berücksichtigt hatten die Analysten, vor allem in Deutschland, in der Vergangenheit auch, dass seit Ende der 90er-Jahre nicht die 80 Millionen Bundesbürger den Kupferpreis bestimmten, sondern die mehr als zwei Milliarden Menschen in China und Indien plötzlich zur treibenden Kraft auf der Nachfrageseite wurden.

Aluminium

Aluminium ist ein chemisches Element, das aus dem Lateinischen von »alumen« = »Alaun« stammt und zur Borgruppe (zur Gruppe der Erdmetalle) gehört. Aluminium weist im Periodensystem die

Abbildung 23: Aluminiumpreis an der London Metal Exchange (LME)

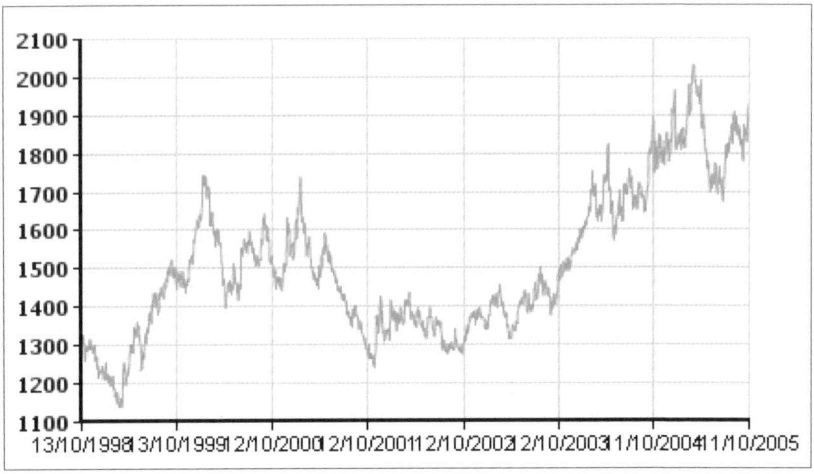

Quelle: London Metal Exchange

Ordnungszahl 13 auf. Sein Elementsymbol ist Al. Aluminium weist gute elektrische und elektronische Leitfähigkeiten auf. Wegen seiner sich sehr rasch an der Luft bildenden dünnen Oxidschicht hat dieses Leichtmetall ein silbergraues, leicht stumpf erscheinendes Aussehen. Diese Oxidschicht hat den Vorteil, dass Aluminium sehr korrosionsbeständig ist. Das sehr weiche Metall ist dehn- und biegbar und kann daher durch Auswalzen zu einer dünnen Folie verarbeitet werden.

Aluminium ist im Vergleich zu den anderen Buntmetallen bei weitem noch nicht so lange bekannt. Das Metall wurde erst im Jahr 1808 durch den Briten Sir Humphry Davy entdeckt und benannt. Friedrich Wöhler gelang die Herstellung von Aluminium im Jahr 1827, basierend auf einer unreinen Form, die Hans Christian Ørsted zwei Jahre zuvor hergestellt hatte. Interessantes am Rande: Zu jener Zeit war Aluminium wesentlich teurer als Gold. Henri Sainte-Claire Deville schaffte es, den Wöhler-Prozess im Jahr 1846 weiter zu verfeinern, sodass der Preis des Leichtmetalls dann ab 1859 innerhalb von nur zehn Jahren um 90 Prozent fiel.

Tabelle 21: Aluminiummarkt im Überblick

	Wert	2002	2003	2004	2005	2006 g	2007 p	2008 p
Gesamtnachfrage	Mt	25,6	27,8	30,2	31,9	33,3	34,9	36,4
Kapazität Schmelzhütten	Mt	28,4	30,5	33,1	33,8	35,7	37,8	40,1
Auslastungsquote	%	92	92	90	94	93	92	91
Produktion der Schmelzhütten	Mt	26,1	28,0	29,9	31,9	33,2	34,8	36,5
Wachstum der Schmelzhüttenproduktion	%	6,5	7,5	6,6	6,8	4,1	4,8	4,7
Marktgleichgewicht	Mt	0,5	0,3	-0,3	0,0	-0,1	0,0	0,1
Globale Aluminiumbestände - anfänglich	Mt	4,3	4,8	5,1	4,7	4,7	4,6	4,6
Globale Aluminiumbestände - Ultimo	Mt	4,8	5,1	4,7	4,7	4,6	4,6	4,7
Verhältnis Bestände / Verbrauch	Wochen	9,7	9,5	8,1	7,7	7,3	6,9	6,7
LME Bestände	Mt	1,24	1,42	0,69	0,65	0,57	0,52	0,59
LME Bestände/ Gesamtbestände	%	26	26	15	14	12	11	13
LME-Preis Jahresdurchschnitt	US Cents/ lb	61	65	78	86	115	120	120
LME Preis Veränderung Jahr zu Jahr	%	-6,6	6,0	20,0	10,5	34,8	3,4	0,0
Aluminiumpreis Spotmarkt Durchschnitt	US Dollar /t	149	274	404	448	498	419	400
Aluminium-Spotpreis Veränderung Jahr zu Jahr	%	-11,9	84,2	47,1	10,9	11,2	-15,9	-4,5

Mt = Millionen Tonnen – G = Schätzung auf Basis aktueller Daten der ersten zehn Monate 2006 – P = UBS-Prognose für die kommenden Jahre

Quellen: LME, Nymex, CRU, Brook Hunt, Thomson Financial, Reuters, Alcan, Alcoa – recherchiert und bearbeitet von Franziska Blum, tkMedia AG

Aluminium ist das Metall, das in der Erdkruste am häufigsten vorkommt (nämlich in 7,57 Prozent des Gesamtgewichts der Erdkruste). Es tritt allerdings nirgends in reiner Form auf, sondern lediglich in chemischen Verbindungen. So ist es in der Natur häufig als Aluminiumsilikat anzutreffen. Dagegen kommt Aluminiumoxid nur selten vor. Weitaus häufiger ist Aluminium in Form von Bauxit. Wegen der geringen Dichte von Aluminium wird das Metall mit Vorliebe dort eingesetzt, wo Masse bewegt werden muss. Dies gilt vor allem für die Verpackungsindustrie sowie für die Luft- und Raumfahrt. Auch die Autobranche setzt im Zeitalter hoher Energiepreise immer stärker Aluminium ein.

Blei

Der Begriff Blei wurde aus dem lateinischen Wort »plumbum« abgeleitet, was wiederum eine Ableitung von »plumbeus« (bleiern, stumpf, bleischwer) ist. Blei ist ein Element, das unter dem chemischen Symbol Pb geführt wird. Im englischen Wort für Klempner (»plumber«) ist bis heute der Ursprung des Wortes Blei erhalten geblieben. Schließlich wurden in früheren Zeiten weltweit alle Wasserrohre aus Blei gefertigt.

Blei ist ein Schwermetall mit der Ordnungszahl 82. Die stabilen Bleiisotope ^{206}Pb, ^{207}Pb und ^{208}Pb, die schwersten stabilen Atomkerne überhaupt, sind Endprodukte der natürlichen Zerfallsreihen der radioaktiven Elemente. Das Metall lässt sich leicht verformen und kann daher auch in beliebige Form gegossen werden. Es kommt in chemischen Verbindungen als Bleisulfid (Bleiglanz) vor. Dieses Mineral ist auch die bedeutendste kommerzielle Quelle für die Gewinnung von Blei. Bekanntlich sind die größten Bleivorkommen in der VR China, den USA, Australien, Russland und Kanada zu finden. In Europa sind Schweden und Polen die Länder mit den größten Vorkommen.

In der frühen Bronzezeit wurde Blei neben Antimon und Arsen eingesetzt, um daraus Bronze zu fertigen. Die starke Nutzung von Blei während dieser Ära endete dann mit der Entdeckung der Vorzüge des Metalls Zinn. Bereits die Babylonier stellten zum Beispiel Vasen, Schalen und andere Gefäße aus Blei her. Von den Römern ist bekannt, dass sie Blei als Rohstoff für Gefäße, für Plomben (also Füllungen), für die Herstellung von Schleudergeschossen und Wasserleitungen nutzten. Die hohe Nachfrage nach Blei und Zinn wird von einigen Historikern als ein wesentlicher Grund für die römische Besetzung Britanniens genannt. In Cornwall, einer Region im Südwesten Großbritanniens, wurden damals bedeutende Erzvorkommen gefunden. Das Zinnbergwerk South Crofty war bis vor wenigen Jahren eine der letzten produzierenden Zinnminen Großbritanniens.

Doch Blei hat wegen seiner hohen Toxizität bekanntlich neben positiven auch negative Eigenschaften. Daher verweisen Historiker darauf, dass die Umweltverschmutzung durch die Bleiverarbeitung der Römer bis heute nachweisbar ist. So zeigen Eiskerne in Grönland, dass es zwischen dem fünften Jahrhundert vor Christi Geburt und dem dritten Jahrhundert nach Christi Geburt einen messbaren Anstieg des Bleigehalts in der Atmosphäre gegeben hat, der bis heute im ewigen Eis nachweisbar ist.

Bleierze werden heute sowohl im Tagebau als auch im Tiefbau gefördert. Die Verhüttung von reinem Erz kommt heute nur noch sehr selten vor. Vielmehr wird das geförderte Bleierz fast ausschließlich zu einem Konzentrat angereichert.

Der Einsatz von Blei

Wegen seiner hohen Dichte und seiner Schwere wurde Blei in der Vergangenheit zum Beispiel als Gewicht zum Auswuchten von Autorädern eingesetzt. Auch in der Dachdeckerbranche fand Blei über Jahrhunderte hinweg Einsatzmöglichkeiten. Heute noch wird in der textilverarbeitenden Industrie Blei in Form von Kugeln als »Bleikette« in Gardinen genützt. Beim Tauchsport findet Blei als Gewicht in den Ausrüstungen der Taucher Anwendung, um auf diese Weise den Auftrieb von Tauchern ausgleichen zu können. Auch Werften und Reedereien verwenden Blei als Ballast zur Stabilisierung von Schiffen. In der Medizintechnik wird das Metall wegen seiner hohen Abschirmung gegen hochenergetische Strahlung in

Tabelle 22: Bleimarkt im Überblick

	Wert	2002	2003	2004	2005	2006 g	2007 p	2008 p
Nachfrage nach raffiniertem Blei	Mt	6,6	6,8	7,2	7,6	7,9	8,3	8,6
Minenproduktion	Mt	2,8	2,8	2,8	3,0	3,2	3,4	3,5
Veränderung der Minenproduktion	%	-8,3	-1,2	0,1	7,4	8,9	5,0	3,5
Kapazität der Schmelzhütten	Mt	4,3	3,9	4,2	4,3	4,3	4,3	4,3
Auslastungsquote der Schmelzhütten	%	84	92	84	94	95	100	105
Gesamtangebot	Mt	6,6	6,7	6,9	7,5	7,9	8,4	8,7
Veränderung des Gesamtangebots	%	0,4	1,5	3,0	8,7	5,3	6,3	3,6
Marktgleichgewicht Angebot/ Nachfrage	Mt	-0,04	-0,13	-0,30	-0,10	0,05	0,10	0,11
Verhältnis Bestände/Verbrauch	Wochen	4,5	3,4	1,1	0,4	0,7	1,3	1,9
LME-Preis Jahresdurchschnitt	US Cents/ lb	21	23	40	44	56	52	46
LME Preis Veränderung Jahr zu Jahr	%	-5,1	14,1	71,6	10,4	26,4	-7,1	-11,5

Mt = Millionen Tonnen - G = Schätzung auf Basis aktueller Daten der ersten zehn Monate 2006 - P = UBS-Prognose für die kommenden Jahre

Quellen: LME, CRU, Brook Hunt, Thomson Financial - recherchiert und bearbeitet von Franziska Blum, tkMedia AG

Röntgenabteilungen verwendet. Starke Anwendung findet Blei nach wie vor als chemischer Energiespeicher in Bleiakkumulatoren, zum Beispiel in der Autoindustrie.

Im privaten Bereich sei an die Tradition des Bleigießens zu Silvester erinnert. Darüber hinaus wurden früher Teller, Becher und Geschirr

Abbildung 24: Bleipreis an der London Metal Exchange (LME)

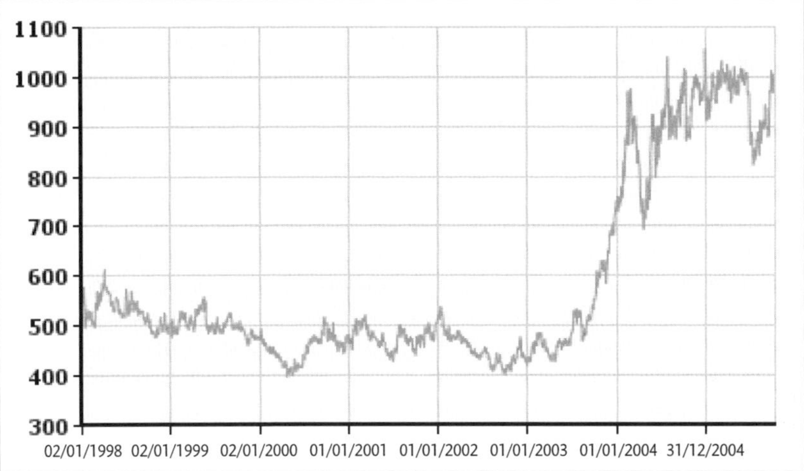

Quelle: London Metal Exchange

aus Blei gefertigt. Wegen seiner toxischen Eigenschaften wurde Blei jedoch in den vergangenen Jahren – in der Autobranche beim Räderauswuchten erst seit dem Jahr 2003 – immer stärker durch andere Stoffe, zum Beispiel durch Zink und Kupfer, ersetzt. Menschen, die über einen längeren Zeitraum hinweg nur wenige Milligramm Blei im Körper aufnehmen, laufen Gefahr, chronisch vergiftet zu werden. Diese Vergiftung äußert sich unter anderem in Müdigkeit, körperlicher Schlaffheit, Kopfschmerzen, starker Abmagerung sowie in nur schwer zu behebenden Defekten bei der Muskel- und Blutbildung und im gesamten zentralen Nervensystem.

Zinn

Zinn (althochdeutsch »zin« = Stab, Zinn) ist ein chemisches Element im Periodensystem der Elemente mit dem Symbol Sn (lat. »stannum« = Zinn) und der Ordnungszahl 50. Es ist ein silberweiß glänzendes und sehr weiches Schwermetall, das sich mit dem Fingernagel ritzen lässt. Auffällig sind sein niedriger Schmelzpunkt und die relativ hohe Siedetemperatur.

Abbildung 25: Zinnpreis an der London Metal Exchange (LME)

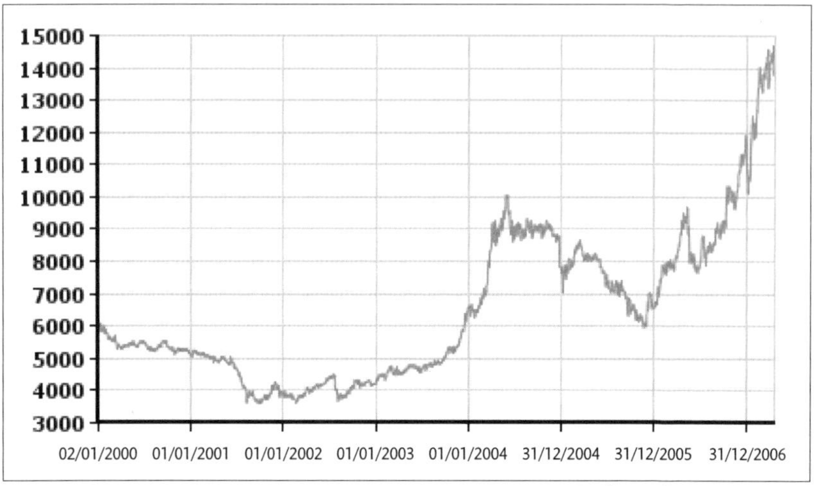

Quelle: London Metal Exchange

Das Metall ist vermutlich seit 3500 v. Chr. bekannt; im südtürkischen Taurus-Gebirge wurde ein Zinnbergwerk entdeckt, das auf etwa 3000 v. Chr. datiert wird. Durch die Legierung Bronze, deren Bestandteile Kupfer und Zinn sind, ist es von großer Bedeutung (Bronzezeit). Nachdem Bronze durch Eisen verdrängt worden war, erlangte Mitte des 19. Jahrhunderts Zinn mit der Herstellung von Weißblech industrielle Bedeutung.

Zinn lässt sich leicht aus Zinnstein (Kassiterit, ein rotbraun/schwarzes Erz, auch Zinnoxid, SnO_2) gewinnen. Dazu wird das Erz zuerst zerkleinert und dann durch verschiedene Verfahren (Aufschlämmen, elektrische/magnetische Scheidung) angereichert. Nach der Reduktion mit Kohlenstoff wird das Zinn knapp über seine Schmelztemperatur erhitzt, sodass es ohne höherschmelzende Verunreinigungen abfließen kann. Heute gewinnt man einen Großteil durch Recycling und hier durch Elektrolyse.

In der Erdkruste ist es mit einem Anteil von etwa 0,0035 Massenprozent vertreten. Nach aktuellen Schätzungen reichen die vorhandenen Lagerstätten noch etwa 35 Jahre. Zinn kommt zu über 80

Prozent als Ansammlung in Schwemmlandablagerungen (Sekundärlagerstätten) an Flüssen sowie auf dem Meeresgrund vor. Hierbei ist eine Region, beginnend in Zentralchina über Thailand bis nach Indonesien, bevorzugt. Das Material in den Schwemmlandlagerstätten hat nur einen Metallanteil von etwa fünf Prozent. Erst nach verschiedenen Schritten zur Konzentrierung auf etwa 75 Prozent wird ein Schmelzprozess eingesetzt.

Beim Verbiegen des relativ weichen Zinns, beispielsweise von Zinnstangen, tritt ein charakteristisches Geräusch, das »Zinngeschrei« (auch »Zinnschrei«), auf. Es entsteht durch die Reibung der β-Kristallite aneinander. Das β-Zinn hat einen abgeflachten Tetraeder als Raumzellenstruktur, aus dem sich zusätzlich zwei Verbindungen ausbilden.

Durch die Oxidschicht, mit der sich Zinn überzieht, ist es sehr beständig. Von konzentrierten Säuren und Basen wird es jedoch unter Entwicklung von Wasserstoffgas zersetzt.

Metallisches Zinn ist auch in größeren Mengen an sich ungiftig; die Giftwirkung einfacher Zinnverbindungen und Salze ist gering. Einige organische Zinnverbindungen dagegen sind hochtoxisch. Die Trialkylzinnverbindungen (insbesondere TBT, engl. »TriButyl-Tin«, Tributylzinn) und Triphenylzinn werden in Anstrichfarbe für Schiffe verwendet, um die sich an den Schiffsrümpfen festsetzenden Mikroorganismen und Muscheln abzutöten. Dadurch kommt es in der Umgebung von großen Hafenstädten zu hohen Konzentrationen an TBT im Meerwasser. Die toxische Wirkung beruht auf der Denaturierung einiger Proteine durch die Wechselwirkung des Schwefels aus Aminosäuren, beispielsweise Cystein.

Seit Jahrhunderten wird Zinnblech großflächig zur Herstellung von Orgelpfeifen im Sichtbereich verwendet. Diese behalten ihre silbrige Farbe über viele Jahrzehnte. Das weiche Metall wird als Legierung verwendet und hat für die Klangentfaltung sehr gute, weil vibrationsdämpfende, Eigenschaften. Zu tiefe Temperaturen sind wegen der Umwandlung in β-Zinn schädlich für Orgelpfeifen. Viele Haushaltsgegenstände, Geschirre, Tuben und Dosen wurden früher ganz aus Zinn gefertigt. Mittlerweile wurde das relativ kostbare Material durch preiswertere Möglichkeiten ersetzt. Industriell stellt man aus verzinntem Eisenblech sogenanntes Weißblech (beispielsweise für Konservendosen oder Backformen) her. Zu dünner Folie gewalzt nennt man es auch Stanniol; hier ist Zinn im 20. Jahrhundert durch das viel preiswertere Aluminium verdrängt worden. Bei manchen Farbtuben und Weinflaschenverschlüssen wird Zinn noch verwendet.

Als Legierungsbestandteil wird Zinn vielfältig verwendet, mit Kupfer zu Bronze oder anderen Werkstoffen legiert. Die Legierung der goldfarbigen Euro-Münzen beinhaltet unter anderem ein Prozent Zinn.

Als Bestandteil von Metalllegierungen mit niedrigem Schmelzpunkt ist es unersetzbar. Weichlot (sogenanntes Lötzinn) zur Verbindung elektronischer Bauteile (beispielsweise auf Leiterplatten) wird mit Blei (eine typische Mischung ist etwa 63 Prozent Sn und 37 Prozent Pb) und anderen Metallen in geringerem Anteil legiert. Die Mischung schmilzt bei etwa 183 Grad Celsius. In der Flachglasherstellung schwimmt die zähflüssige Glasmasse bis zur Erstarrung auf einer spiegelglatten flüssigen Zinnschmelze. In der modernen Industrie werden Zinnverbindungen als Stabilisator dem PVC-Kunststoff beigemischt. Hochreine Zinn-Einkristalle eignen sich auch zur Herstellung von elektronischen Bauteilen.

In Form einer transparenten Zinnoxid-Indiumoxid-Verbindung ist es elektrischer Leiter in Anzeigegeräten wie LCDs. Das reine, weiße, nicht sehr harte Zinndioxid besitzt eine hohe Lichtbrechung und wird im optischen Bereich und als mildes Poliermittel eingesetzt. In der Dentaltechnik kommt Zinn auch als Bestandteil von Amalgamen zur Zahnfüllung zum Einsatz. Die sehr toxischen organischen Zinnverbindungen finden als Fungizide oder Desinfektionsmittel Verwendung.

Der Jahresweltverbrauch an Zinn liegt bei etwa 300.000 Tonnen. Davon werden etwa 35 Prozent für Lote, etwa 30 Prozent für Weißblech und etwa 30 Prozent für Chemikalien und Pigmente eingesetzt. Durch die Umstellung der Zinn-Blei-Lote auf bleifreie Lote mit Zinnanteilen >95 Prozent wird der jährliche Bedarf um etwa zehn Prozent wachsen. Die Preise steigen durch die hohe Nachfrage kontinuierlich. Im Jahre 2003 wurden an der LME (London Metal Exchange) etwa 5.000 US-Dollar pro Tonne bezahlt. 2004 lagen die Preise zwischenzeitlich bei etwa 8.000 bis 10.000 US-Dollar pro Tonne. Die zehn größten Zinnverbraucher (2003) weltweit sind nach China auf Platz eins die Länder USA, Japan, Deutschland, übriges Europa, Korea, übriges Asien, Taiwan, Großbritannien und Frankreich.

Zink

Zink ist ein bläulich-weißes Metall und wird unter anderem zum Verzinken von Eisen und Stahlteilen sowie für Regenrinnen verwendet. Der Name Zink kommt von »Zinke, Zind« = Zahn, Zacke, da Zink zackenförmig erstarrt. Zinkerze sind vor allem in Australien, Peru, Kanada, USA und in China zu finden. In Europa gibt beziehungsweise gab es Zinkminen in Irland, Spanien und Schweden. Deutsche Zinkerzlagerstätten existierten bei Eschweiler im Rheinland oder am Rammbelsberg im Harz. Chemisch zählt Zink zu den unedlen Metallen.

Das Metall wird häufig zur Produktion von kostengünstigen Gussteilen verwendet, da der Zinsdruckguss die rasche Fertigung von großen Stückzahlen unterschiedlichster Produkte erlaubt. Weitere Vorteile dieses Werkstoffs im Zinkdruckgussverfahren sind hohe Maßhaltigkeit, Eignung zu unterschiedlichen Oberflächenbehandlungen sowie die hohe mechanische Belastbarkeit. Das Spektrum der Anwendungsmöglichkeiten reicht von der Kfz-Industrie über den Maschinen- und Anlagenbau, die Sanitärindustrie sowie die Feingeräte- und Elektrotechnik bis hin zu Gebrauchsgegenständen und Spielzeug.

Im Dachdecker- und Klempnerhandwerk wird in der Regel Titanzink verwendet, das mechanisch deutlich stabiler ist. Der unedle Charak-

Tabelle 23: Zinkmarkt im Überblick

	Wert	2002	2003	2004	2005	2006 g	2007 p	2008 p
Gesamtnachfrage nach raffiniertem Zink	Mt	9,3	9,7	10,4	10,7	11,5	11,9	12,2
Minenproduktion	Mt	9,1	9,6	9,6	9,9	10,5	11,4	12,0
Steigerung der Minenproduktion zum Vorjahr	%	1,1	5,3	0,2	3,1	5,7	8,9	5,3
Kapazität der Schmelzhütten	Mt	9,6	9,9	10,1	10,1	11,0	11,6	11,8
Auslastungsquote der Schmelzhütten	%	95	94	93	94	95	98	102
Schmelzhüttenproduktion	Mt	9,1	9,3	9,5	9,5	10,4	11,4	12,0
Zink-Gesamtangebot	Mt	9,7	9,9	10,1	10,1	11,0	11,8	12,6
Veränderung des Gesamtangebots	%	4,3	2,1	2,0	0,0	8,9	7,3	6,8
Marktgleichgewicht Angebot/ Nachfrage	Mt	0,4	0,2	-0,3	-0,6	-0,5	-0,1	0,4
Verhältnis Bestände zu Verbrauch	Wochen	8,6	9,6	7,7	4,4	1,9	1,8	3,4
LME-Preis Jahresdurchschnitt	USc/lb	35	38	48	63	163	185	150
Veränderung LME-Preis Jahr zu Jahr	%	-12,2	7,6	25,4	31,7	159,7	13,5	-18,9

Mt = Millionen Tonnen – G = Schätzung auf Basis aktueller Daten der ersten zehn Monate 2006 – P = UBS-Prognose für die kommenden Jahre

Quellen: LME, Nymex, CRU, Brook Hunt, Thomson Financial, Reuters, Alcan, Alcoa – recherchiert und bearbeitet von Franziska Blum, tkMedia AG

Abbildung 26: Zinkpreis an der London Metal Exchange (LME)

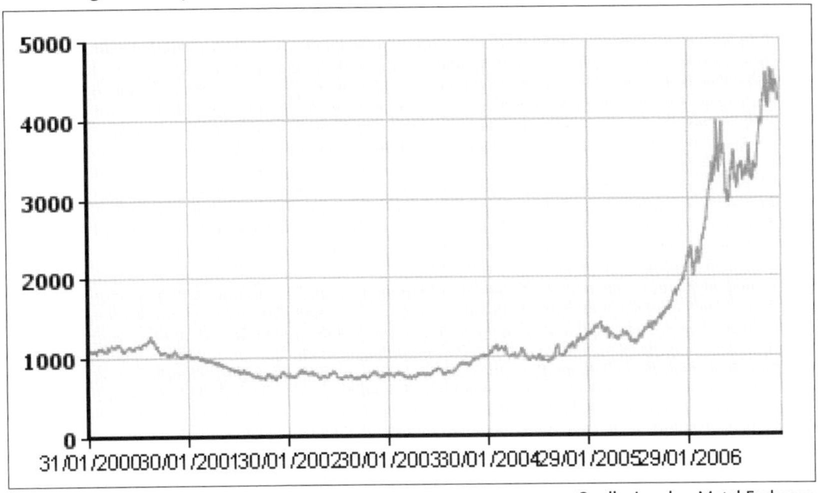

Quelle: London Metal Exchange

ter des Metalls wird auch beim Rostschutz durch Verzinken ausgenutzt. Der Zinküberzug bildet gemeinsam mit dem Eisen ein elektrochemisches Lokalelement. Auf Grund des niedrigen Standardpotenzials und der einfachen Formbarkeit wird Zink auch als negative Elektrode in galvanischen Zellen – beispielsweise bei der Produktion von Zink-Kohle-Monozellen – eingesetzt.

Zink zählt zudem zu den essentiellen Spurenelementen für den Stockwechsel von Lebewesen. Es ist Bestandteil mehrerer Enzyme. Zink erfüllt daher im menschlichen Körper viele unterschiedliche Funktionen. So nimmt es eine Schlüsselrolle im Zucker-, Fett- und Eiweißstoffwechsel ein und ist darüber hinaus am Aufbau der Erbsubstanz und beim Zellwachstum beteiligt. Sowohl das Immunsystem als auch viele Hormone benötigen Zink für ihr Funktionieren. Das Spurenelement Zink kann im Körper nicht gespeichert werden und muss also regelmäßig von außen zugeführt werden. Wegen falscher Ernährungsgewohnheiten ist Zinkmangel weltweit eine Art Volkskrankheit geworden. Vor allem benötigen Jugendliche für ihr Wachstum viel Zink.

Nickel

Nickel ist ein chemisches Element mit dem Symbol Ni und der Ordnungszahl 28. Das silbrig weiße Metall gehört im Periodensystem zur Eisengruppe. Es ist hart, schmiedbar und duktil. Nickelhaltige Erze sind Nickelmagnetkies, Garnierit, Gelbnickelkies und Rotnickelkies. Abbauwürdige Vorkommen findet man vor allem in Kanada (Produzent: Inco), Russland (Produzent: Norilsk Nickel), Australien und Kuba. Wegen seiner Oxidationsbeständigkeit wird Nickel in Münzen sowie als Überzug für andere Metalle und Legierungen wie Eisen und Messing verwendet. Nickel ist magnetisch und wird in seinen Erzen häufig von Kobalt begleitet.

Das Basismetall Nickel ist bereits seit 3500 v. Chr. bekannt. Bronzefunde im heutigen Staatsgebiet von Syrien enthielten bis zu zwei Prozent Nickel. In alten chinesischen Dokumenten ist die Rede von »weißem Kupfer«, das zwischen 1700 und 1400 v. Chr. verarbeitet wurde. Experten glauben jedoch, dass es seinerzeit wegen des fehlenden Fachwissens zu einer Verwechslung von Nickelerzen mit Silbererzen kam. Bei der Namensgebung für das seinerzeit im Ver-

Abbildung 27: Nickelpreis an der London Metal Exchange (LME)

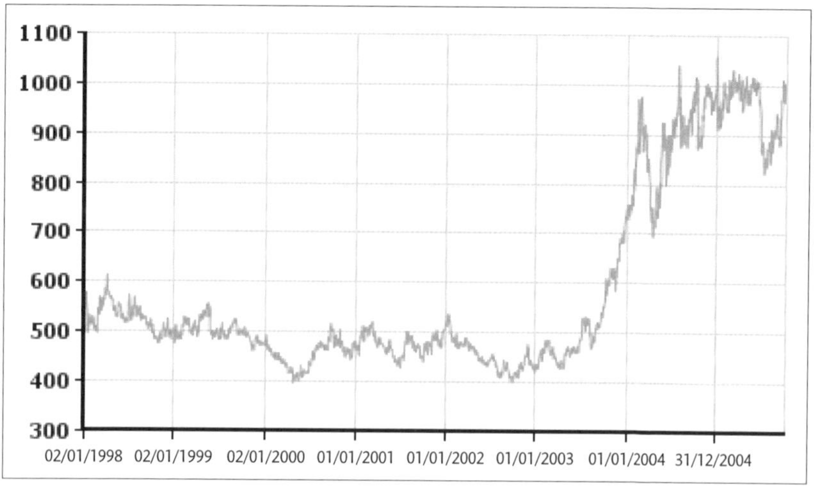

Quelle: London Metal Exchange

Tabelle 24: Nickelmarkt im Überblick

	Wert	2002	2003	2004	2005	2006 g	2007 p	2008 p
Gesamtnachfrage nach Edelstahl	Mt	16,5	17,7	19,0	20,7	21,5	22,7	23,6
Nachfrage der Edelstahlindustrie nach Nickel	Kt	800	865	873	832	876	885	932
Gesamtnachfrage nach Nickel	Kt	1.180	1.242	1.282	1.268	1.342	1.384	1.467
Produktion von raffiniertem Nickel	Kt	1.186	1.219	1.267	1.275	1.339	1.392	1.463
Veränderung der Nickelproduktion	%	2,4	2,8	3,9	0,6	5,0	4,0	5,2
Marktgleichgewicht Angebot/ Nachfrage	Kt	6	-23	-15	7	-4	8	-3
Verhältnis Bestände/Verbrauch	Wochen	5,3	6,5	5,7	6,1	5,6	5,7	5,3
LME Bestände	Kt	21	24	21.	36	15	20	15
LME-Preis Jahresdurchschnitt	US Cents/ lb	307	437	628	669	88.	1075	800
LME Preis Veränderung Jahr zu Jahr	%	13,7	42,3	43,7	6,6	31,5	22,2	-25,6

Mt = Millionen Tonnen – G = Schätzung auf Basis aktueller Daten der ersten zehn Monate 2006 – P = UBS-Prognose für die kommenden

Quellen: LME, CRU, Brook Hunt, Thomson Financial, Inco und andere – recherchiert und bearbeitet von Franziska Blum, tk Media AG

gleich zu Silber als wertlos angesehene Nickel stand ein Begriff für böse Geister Pate. Nickel wurde oft mit Silber verwechselt, und als es dann nicht die Erwartungen erfüllte, glaubten sich ihre Anwender vom bösen Erdgeist »Nickel« betrogen.

Die erste bekannte Münze aus reinem Nickel wurde im Jahr 1881 geprägt. Reines Nickel und seine Verbindungen wirken bereits ab

50 Milligramm giftig und führen zu chronischen Schäden. Das Einatmen des Staubs und auch die Berührung mit vernickelten Gegenständen können zu Allergien und entzündlichen Reaktionen führen. Bei Hautkontakt kann die Nickelkrätze auftreten, eine entzündliche Veränderung der Haut. Nickel und seine Verbindungen wirken auch nachweislich krebserzeugend. Akute Vergiftungen durch höhere Dosen äußern sich in Übelkeit und Kopfschmerzen. Nach einer dreitägigen Ruhezeit kann der Tod durch Husten, Fieber und Krämpfe im Atemtrakt auftreten.

LMEX – Index der London Metal Exchange

Der London Metal Exchange Index (LMEX) bildet die Preisentwicklung der sechs an der LME gehandelten Basismetalle Aluminium, Kupfer, Blei, Nickel, Zinn und Zink ab. An der weltgrößten Metallbörse werden Futures und Optionen auf den LMEX gehandelt. Der Index gilt als die populärste Referenzgröße für die Wertentwicklung der wichtigsten NE-Metalle in der Welt. Die Gewichtung des Index basiert auf den weltweiten Produktionsmengen dieser sechs Metalle und deren Handelsvolumen – und dies über einen Zeitraum der vergangenen fünf Jahre hinweg. Der daraus gebildete Durchschnitt wurde dann in aufgerundeten Größen an die jeweiligen Handelsgrößen (Lots) der Metalle angepasst (vgl. Tabelle 25).

Tabelle 25: Gewichtung des LMEX

Metalle	Gewichtung nach Anzahl der Lots	Gewichtung nach Produktionsmenge in Tonnen	Gewichtung nach Volumen in Prozent	Gewichtung nach Wert
Aluminium	25	625	41,8	42,8
Kupfer	20	500	33,4	31,2
Blei	5	125	8,4	8,2
Nickel	5	30	2,0	2,0
Zinn	3	15	1,0	1,0
Zink	8	200	13,4	14,8
Gesamt	66	1495	100,0	100,0

Stand: Februar 2006

Die Edelmetalle

Gold

Kein anderer Rohstoff fasziniert die Menschheit seit Jahrtausenden so stark wie Gold. Und um keinen anderen Rohstoff auf der Erde ranken sich so viele Mythen. Eine wichtige Feststellung zu Gold soll gleich an vorderer Stelle getroffen werden: Gold dient vor allem dem Übermenschlichen und Übersinnlichen. Gold ist ein Anker für jene, die sich in den Wirren der globalen Finanzmärkte verloren fühlen.

In der Gruppe der Edelmetalle – das sind solche seltenen Metalle, die wegen ihrer geringen Verwandtschaft zum Sauerstoff in feuchter Luft unverändert bleiben – nimmt Gold auf Grund seiner Vielseitigkeit und seiner unterschiedlichen Rollen die führende Position ein. Dies ist auch daran zu erkennen, dass sich in den vergangenen Jahrzehnten im Rahmen der Globalisierung der Finanzmärkte ein 24-stündiger Handel mit Gold entwickelt hat. »Gold ist leicht anzufassen, leicht formbar und widerstandsfähig gegen äußere Einflüsse«, heißt es in einem von der Schweizerischen Kreditanstalt (heute CS) im Jahr 1982 herausgegebenen Buch. Diese Beschreibung skiz-

Abbildung 28: Gold – von 250 auf 750 Dollar – was kommt dann?

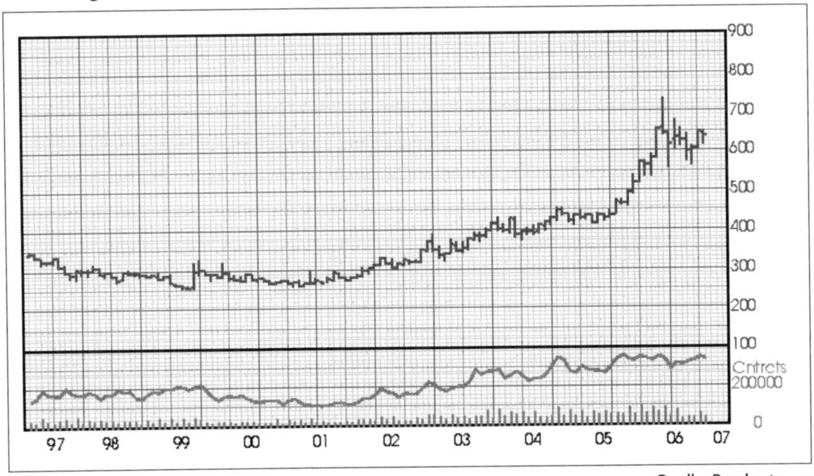

Quelle: Barchart.com

Tabelle 26: Goldmarkt im Überblick

	Wert	2002	2003	2004	2005	2006 g	2007 p	2008 p
Minenproduktion	t	2.588	2.593	2.470	2.519	2.520	2.520	2.500
Gold-Recycling	t	840	943	848	861	1.018	1.120	700
Hedging	t	−412	−270	−427	−131	−200	−200	−200
Goldverkäufe offizieller Stellen/ Notenbanken	t	547	617	469	656	550	550	550
Gold-Gesamt-angebot	t	3.563	3.883	3.360	3.905	3.888	3.990	3.550
Veränderung des Gesamtangebots	%	−3,8	9,0	−13,5	16,2	−0,4	2,6	−11,0
Nachfrage der Schmuckindustrie	t	2.653	2.477	2.613	2.712	2.312	2.212	2.412
Goldbarren-Bestände gehortet	t	264	180	256	261	244	244	244
Gold-Gesamtnach-frage	t	3.398	3.170	3.419	3.541	3.154	3.089	3.325
Veränderung der Gesamtnachfrage	%	−9,0	−6,7	7,9	3,6	−10,9	−2,0	7,6
Marktgleichge-wicht Angebot/ Nachfrage	t	165	713	−59	364	734	901	225
Goldpreis im Jah-resdurchschnitt	$/ Fein-unze	310	363	409	445	633	750	625

t = Tonnen – G = Schätzung auf Basis aktueller Daten der ersten zehn Monate 2006 – P = UBS-Prognose für die kommenden Jahre

Quellen: WGC, Gold Fields Minerals Services (GFMS), UBS, WGC, NYMEX und andere – recherchiert und bearbeitet von Franziska Blum, tkMedia AG

ziert jedoch nur oberflächlich einen kleinen Teil des Mythos, der Gold heute umgibt.

Das Metall mit dem Schmelzpunkt bei 1.063 Grad Celsius, einem spezifischen Gewicht von 19,3, einer Härte von 25, einer Festigkeit von 11,9 Kilogramm pro Quadratmeter und einer Dehnung von 42 Prozent lässt sich darüber hinaus nur schwer durch einen anderen Rohstoff ersetzen. Zu dieser geringen Substitutionsmöglichkeit kommt die Tatsache hinzu, dass die unter ökonomischen Aspekten abbaubar erscheinenden Goldvorkommen nicht nur beschränkt sind, sondern in den vergangenen Jahren zu einem großen Teil bereits ausgebeutet wurden.

Der »Kult Gold« ist auch damit zu begründen, dass das Edelmetall nicht nur ein Rohstoff ist, sondern im Wirtschaftsleben noch andere wichtige Funktionen als monetäres Element, als Wertaufbewahrungsmittel, als Inflationsschutz, als Schmuck und als Spekulationsobjekt einnimmt. Für die Akteure an den globalen Finanzmärkten – inklusive der Gilde der Notenbanker – gelten Gold und Rohöl als die bei weitem wichtigsten Indikatoren, wenn es darum geht, Aufschluss über das Wohl und Wehe des Welt-Finanzsystems zu gewinnen.

»Gold gehört zu den seltensten Elementen unseres Lebensraumes«, heißt es im Mineralienatlas/Fossilienatlas. Der Goldanteil an der festen Erdkruste beträgt etwa vier Milligramm je Tonne. Im Meerwasser ist Gold in Konzentrationen von etwa 0,01 Milligramm je Kubikmeter enthalten. Das meiste Gold kommt gediegen vor; meist sind die Goldflitter dabei mikroskopisch klein. Gold erscheint in dieser Form fast immer als Legierung mit Silber. Darüber hinaus sind in der Natur auch Goldminerale – vor allem Tellurite wie Calaverit, Sylvanit oder Nagyagit – zu finden.

Die Fachwelt unterscheidet im Hinblick auf die Gewinnung und Förderung von Gold grundsätzlich zwischen Berggold und Seifengold. Berggold ist meist in Begleitung von Pyrit (FeS2) und anderen Sulfiden in Quarzgängen zu finden. Solche Lagerstätten werden in der Fachsprache auch als primäre (ursprüngliche) Lagerstätten bezeichnet. Die Quarzgänge weisen in der Regel einen Goldgehalt von etwa 0,001 Prozent auf. Ein Abbau der Goldvorkommen ist – abhängig vom aktuellen Goldpreis – in der Regel bei einer Goldkonzentration von über 2,5 Gramm je Tonne Erz wirtschaftlich sinnvoll. Seifengold entsteht bei der Verwitterung primärer Goldvorkommen.

Durch Witterungseinflüsse wird das Geröll durch Wasser und andere Einflüsse weggespült. Es lagert sich entweder in reiner Form oder

Abbildung 29: Goldpreis in US-Dollar pro Feinunze (seit 1970)

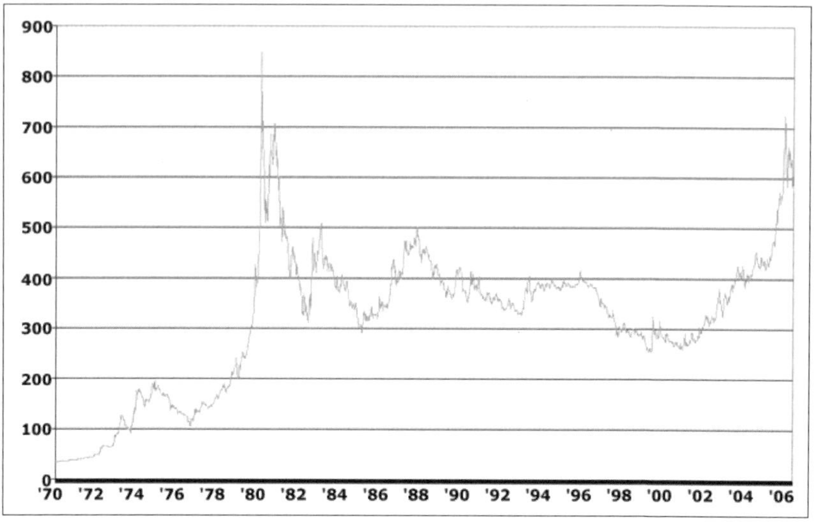

Quelle: USAGold – Centennial Precious Metals, Inc.

in Verbindung mit anderen Substanzen in fließenden Gewässern – also Seifengold-Lagerstätten – ab. Diese werden in der Fachsprache auch als sekundäre Lagerstätten bezeichnet. Seifengold wird darüber hinaus auch als Goldseife oder Waschgold bezeichnet; es ist in Form von Staub oder Körnern – den berühmten Gold-Nuggets – zu finden.

Gold schafft Gemeinsamkeiten

Gold hat von Anfang an für das gesellschaftliche Leben auf der Welt eine besondere Bedeutung erlangt. Wer meint, dass sich diese Aussage nur auf einzelne Kulturkreise beschränkt, der irrt gewaltig. Denn Gold hatte und hat für alle bekannten Zivilisationen eine enorme Bedeutung. Römer und Griechen wussten die Vorteile ebenso zu schätzen wie die zu dieser Zeit in China und Afrika lebenden Menschen. Auch aus den Zeiten der Inkas und Azteken in Lateinamerika wird vom Mythos Gold berichtet. Viele Legenden ranken sich um Gold im Zusammenhang mit den Kämpfen bekannter Kriegsherren. Ob es die Krieger Attilas oder Dschingis Khans waren – sie alle kannten bei ihren Kriegszügen nur ein Beuteziel: Gold (vgl. Tabelle 27).

Tabelle 27: Geschichtliche Etappen von Gold als Geld

Zeit	Beschreibung
Ca. 5000 v. Chr.	Gold wird als Tauschmittel eingesetzt.
Ca. 700 v. Chr.	Die ersten Münzen aus einem Gold-Silber-Gemisch werden geprägt.
Ca. 500 v. Chr.	Prägung der ersten Münzen aus reinem Gold.
Ca. 1300 n. Chr.	Neben Münzen aus Gold und anderen Metallen wird Papiergeld als Zahlungsmittel akzeptiert.
Ca. 1850 n. Chr.	Übergang von der Doppelwährung aus Gold und Silber zur reinen Goldwährung (Goldumlaufswährung).
Nach 1914	Schrittweiser Übergang zur Goldkernwährung, die eine bestimmte Deckung durch Gold gesetzlich vorschrieb.
Ca. 1925	Die Notenbanken einigen sich auf einen schrittweisen Übergang zu Gold-Devisenstandards. Auch durch Gold gedeckte Währungen dürfen als Währungsreserven verwendet werden.
1940	Seit 1940 können nur noch US-Dollars von Zentralbanken gegen Gold gegen eine Parität von 34 US-Dollar je Feinunze eingetauscht werden.
1968	Aufgabe der Fixierung des Marktpreises von Gold bei 35 US-Dollar je Feinunze. Der Goldmarkt spaltet sich in einen offiziellen Markt für Notenbanken, an dem der feste alte Preis gilt, und in einen freien Markt für alle anderen Teilnehmer.
1971	Die USA heben nach dem Zusammenbruch des Bretton-Woods-Systems die Goldkonvertibilität des Dollars auf.
1973	Die Goldbanken werden ermächtigt, Gold am freien Markt zu verkaufen. Zur gleichen Zeit werden die Wechselkurse freigegeben.
1978	Ermächtigung der Zentralbanken, am freien Markt Gold nicht nur zu verkaufen, sondern auch zu kaufen. Damit ist der Goldhandel für offizielle und private Marktteilnehmer freigegeben.
1999	Angesichts des dramatischen Kursverfalls auf rund 250 Dollar je Feinunze haben sich die großen 15 europäischen Notenbanken am 26.9.1999 im »Washington Agreement“ verpflichtet, die Goldverkäufe bis einschließlich September 2004 auf insgesamt 2.000 Tonnen zu begrenzen.
2004	Das »Washington Agreement“ wird von den Notenbanken der EU-Länder und der Schweizerischen Nationalbank am 27. September 2004 verlängert.

Quelle: Eigene Recherchen und Schweizerische Kreditanstalt - Geschichte des Goldes

Man mag diese Tatsache für bedeutsam halten oder nicht – sie zeigt jedoch die ungeheure Bedeutung von Gold als »Integrationselement« in der Welt. Gold hat die Menschen in der Welt zusammengeführt. Denn dem Gold ist es über viele Jahrtausende gelungen, Rassen-, Religions- und Kulturunterschiede zu überbrücken. Gold ist in allen Erdteilen gleichermaßen beliebt und – was in diesem Kontext von enormer Bedeutung ist – anerkannt. Es wird in allen fünf Erdteilen sowohl als Schmuck als auch als Geldersatz akzeptiert.

Historiken zeigen dem Betrachter heute recht einfach den segensreichen und mystischen Weg des Goldes durch die abwechslungsreiche Geschichte der Menschheit. Durchaus von Bedeutung erscheinen die Schilderungen, denen zufolge das Pyramidengrab des Königs Tut-ench-amun mit Goldgaben bereichert wurde. Die Überlebenden glaubten, mit dieser Opfergabe das Jenseits für eine freundliche Aufnahme ihres toten Königs milde stimmen zu können. Und auch heute, in der modernen Welt, ist der Bezug zum Jenseits allgegenwärtig. Dass mit Gold beschichtete Teile von Weltraumfahrzeugen die Astronauten vor den schädlichen Strahlen des Jenseits – des Kosmos also – schützen sollen, hat viel mit den damaligen Verhalten von Tut-ench-amuns Nachfolgern gemeinsam.

Welche Beziehung die Menschheit in den vergangenen Jahrtausenden auch im Einzelnen zu Gold aufgebaut haben mag: Gold erfuhr jedenfalls eine Wertschätzung, die bis heute gehalten hat. Gold galt und gilt als Symbol der Macht und wird auch immer stärker als Wertaufbewahrungsmittel geschätzt. Über diese Funktion wuchs es später dann unter anderem mit der Schaffung der ersten Münze – aus Elektron, einer Mischung aus Gold und Silber – in seine Rolle als Zahlungs- und Tauschmittel hinein.

Die monetäre Rolle des Goldes

Ein großer Teil des aus dem Boden geholten Goldes wird in Form von Goldmünzen, Goldmedaillen und Goldbarren bei Finanzinstitutionen und Anlegern gehortet. In den Tresoren der Notenbanken der führenden Industrienationen liegen große Mengen an Gold, die damit ihre Rolle als Währungsreserven spielen. In diesem Zusammenhang ist auf die bedeutende monetäre Rolle des Goldes in der Vergangenheit hinzuweisen; denn dieses Edelmetall war über viele Jahrhunderte hinweg ein sehr wichtiges internationales Währungsmetall. Die Bedeutung von Gold für Regierungen und Notenbanken lässt sich aus den folgenden Worten des ehemaligen US-Präsidenten Herbert Hoover erkennen.

»We have gold because we cannot trust governments‘, ...«

Analysten deuteten Hoovers Worte dahingehend, dass die Regierungen Papiergeld für sich selbst und ihre Politik als eine große Hilfe ansehen, weil sie auf diese Weise das Sparvermögen ihrer Bürger konfiszieren und dieses Vermögen gleichzeitig durch eine inflationäre oder deflationäre Fiskal- und Geldpolitik manipulieren können. Und wenn schon ein seinerzeit allseits geschätzter Mann wie Hoover Zweifel an der Verlässlichkeit der Regierungen äußerte, warum – so die Frage vieler Menschen – sollten sie diesem System mehr Vertrauen schenken? Und so ist Gold bis heute das geblieben, was es seit Jahrtausenden ist: ein Wert, der den Menschen Sicherheit und Vertrauen einflößt und ihnen das Gefühl von Macht und Unabhängigkeit gibt.

Exkurs: Das Bretton-Woods-System

Gold gelangte durch das Bretton-Woods-System als monetärer Anker zu großer Beliebtheit. Obwohl die heutigen Notenbanker von den seinerzeitigen Überlegungen nichts mehr wissen wollen, hat Gold eine semi-monetäre Rolle im internationalen Finanzsystem beibehalten können. Vertreter von 44 Staaten hatten am 22. Juli des Jahres 1944 – also noch während des Zweiten Weltkriegs – auf einer in dem Ort Bretton Woods im US-Bundesstaat New Hampshire einberufenen Konferenz die Vereinbarung getroffen, für die Zukunft ein möglichst stabiles, globales Währungssystem zu schaffen. Dabei wurde das Ziel definiert, eine reibungslose und von Handelsbarrieren weitgehend befreite Abwicklung des Welthandels bei gleichzeitig fixen Wechselkursen zu ermöglichen.

Auf dieser viel beachteten Finanzkonferenz wurden vor allem zwei Pläne für ein internationales Weltwährungssystem diskutiert, nämlich der Vorschlag des Amerikaners Harry Dexter White und der des Briten John Maynard Keynes. Die Vorstellungen dieser beiden Experten basierten auf der jeweils unterschiedlichen Ausgangslage der USA und Europas. So hatten die Briten als Folge des Krieges hohe Schulden und ein enormes Handelsbilanzdefizit aufgebaut. Die britische Regierung hatte es zudem als ein wichtiges wirtschaftspolitisches Ziel ausgerufen, Vollbeschäftigung herzustellen, was die Theorie von Keynes stützte. Die Position der USA als der größten Gläubigernation der Welt war genau konträr zur Lage der Briten.

Nicht zuletzt wegen der geopolitischen und wirtschaftspolitischen Macht der USA fand der White-Plan in Bretton Woods mehr Gehör. Im Mittelpunkt dieses Plans zum Aufbau eines stabilen internationalen Währungssystems stand der US-Dollar. Der Wert der US-Valuta war gegenüber der monetären Größe Gold auf 35 US-Dollar je Feinunze festgelegt. Es bestand für die US-Zentralbank die Verpflichtung, Dollar in Gold zu diesem festen Preis einzulösen. Die Mitglieder des neuen Systems vereinbarten in Bretton Woods feste Wechselkurse ihrer Währungen gegenüber dem Dollar.

Konkret bedeutete das seinerzeit: Die USA waren völlig autonom in ihrer Währungs- und Geldpolitik, während alle anderen Mitglieder des Bretton-Woods-Systems ihren Wechselkurs gegenüber dem Dollar durch Eingriffe am Devisenmarkt gemäß der getroffenen Vereinbarung steuern mussten. Nur wenn sich dauerhafte Ungleichgewichte ergaben, konnten die Wechselkurse einzelner Länder durch einen internationalen Beschluss, der von den anderen Mitglieder getragen werden musste, entsprechend auf- oder abgewertet werden.

Doch schließlich kam es, wie es kommen musste. Da die USA zu dieser Zeit keine großen Außenhandelsdefizite aufwiesen, der Dollar also international knapp war, funktionierte das System. Noch! Dann jedoch begannen die USA, die Kosten des Vietnam-Kriegs über eine höhere Staatsverschuldung zu finanzieren, und nahmen damit eine starke Ausweitung ihrer Geldmenge in Kauf. In der Folge wurde die Welt schließlich mit US-Dollars überschwemmt, sodass als Folge dann auch die Geldmengen in anderen Ländern stark in die Höhe schossen. Dies wiederum bedeutete, dass die Bindung des US-Dollars an den »Anker Gold« nicht mehr länger eingehalten werden konnte. Die Goldeinlösegarantie der USA hatte schließlich noch nicht einmal den Wert des Papiers, auf das sie geschrieben worden war. Schon bald geriet das mit großen Hoffnungen verabschiedete

Währungssystem ins Wanken. Denn für die dem System beigetretenen Länder ergab sich die Notwendigkeit, Dollars an den Devisenmärkten zu erwerben, um ihren eigenen Wechselkurs gemäß den Regeln des Bretton-Woods-Vertrags stabil zu halten.

Doch die ökonomische und politische Realität war längst eine andere. Dies mussten zuerst die Franzosen im Jahr 1969 leidvoll erkennen, als sie ihre Dollar-Reserven in Gold einlösen wollten. Die USA konnten diesem Ansinnen nicht entsprechen und waren demgemäß international zahlungsunfähig. Ihre Goldreserven reichten nämlich bei weitem nicht aus, die Forderungen auch nur eines einzigen Mitgliedslandes zu erfüllen. Daraufhin kündigten die USA im Jahr 1971 durch Präsident Richard Nixon ihre Verpflichtung auf, Dollar in Gold einzulösen. Danach brach das Bretton-Woods-System im Jahr 1973 endgültig zusammen. Die Folgen dieser Ereignisse und der Bankrotterklärung der USA waren schließlich eine Dollar-Krise und ein Aufschwung des Goldpreises bis auf zeitweise 855 US-Dollar je Feinunze.

Die Anwendungsmöglichkeiten

Ungeachtet der riesigen Popularität von Gold weisen Fachleute darauf hin, dass es für den Besitz von Gold keine wirkliche technische Notwendigkeit gibt. Dort, wo Gold angewendet werden kann, gibt es für die meisten Verwendungen Austauschmaterialien. Das Material wird überwiegend für Münzen, Medaillen, Barren sowie Schmuck verwendet. Bei anderen optisch attraktiven Gebrauchsgegenständen wird Gold wegen seiner nur geringen Härte nicht selten mit anderen Metallen wie Silber, Kupfer, Platin, Palladium und Rhodium legiert.

Die direkten industriellen Anwendungen von Gold sind stark beschränkt. Gold ist das dehnbarste aller Metalle – es kann in einem Reinheitsgrad von mindestens 99,9999 Prozent hergestellt werden. Wegen seiner Dehnbarkeit kann aus zehn Gramm ein Goldfaden von über 33 Kilometern Länge gezogen werden. Aufgrund dieser Duktilität kann Gold auch zu Blattgold beziehungsweise Goldfolien von

Abbildung 30: Goldangebot, 1996–2005

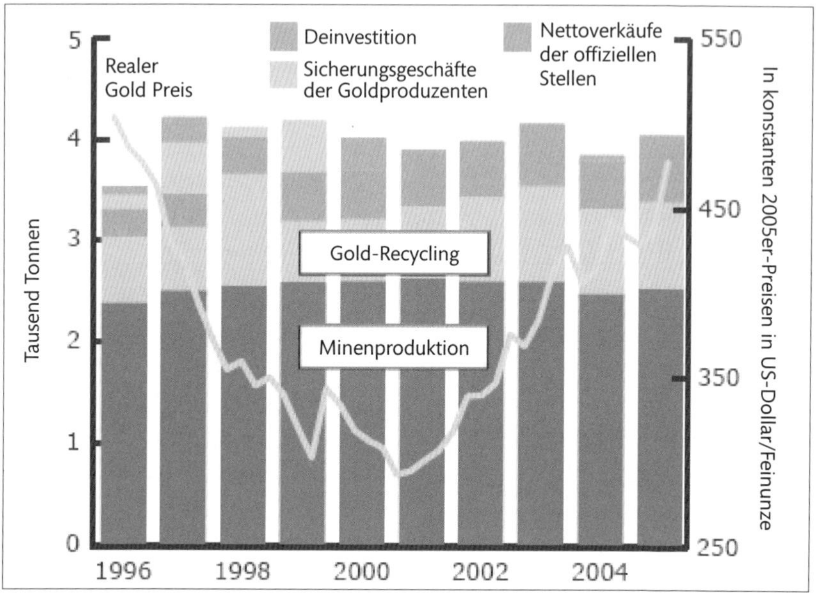

Quelle: GFMS

0,1 Millimetern Dicke verarbeitet werden. Doch diese »Flexibilität« lässt eben nur begrenzte industrielle Anwendungsmöglichkeiten zu. Hinzu kommt in diesem Zusammenhang, dass Gold auch zu selten und damit für andere Verwendungen in der Industrie zu teuer ist.

Die leichte Verformbarkeit, die hohe Korrosionsbeständigkeit und die hohe Leitfähigkeit machen das Metall zu einem idealen Material zum Beispiel für die Dentalbranche, für die Elektrotechnik und Elektronik sowie für die Herstellung von Ultrarot-Reflektoren für Satelliten. Daneben gibt es einige Einsatzmöglichkeiten in der Kosmetikbranche, doch ist damit das wichtigste Verwendungsspektrum von Gold schon beinahe vollständig beschrieben. Auch hieran wird deutlich: Gold dient vor allem dem Übermenschlichen und Übersinnlichen.

Die größte industrielle Nachfrage nach Gold stammt eindeutig aus der Schmuckindustrie der asiatischen Staaten. Vor allem Indien und China sind hier an vorderer Stelle zu finden. Der wachsende Wohlstand in diesen aufstrebenden Regionen, in denen Goldschmuck einen hohen kulturellen Stellenwert besitzt, dürfte langfristig zu einer weiteren Steigerung der Nachfrage nach diesem Edelmetall führen. Derzeit kann aus der laufenden Produktion der Minen die Nachfrage nicht befriedigt werden (vgl. Abb. 30).

Dies ist vor allem damit zu begründen, dass Suche nach und Exploration von Gold Ende des vergangenen Jahrtausends wegen des unbefriedigenden Preises praktisch auf Null zurückgefahren worden waren. So waren erst ab dem Jahr 2003 erhöhte Explorationsausgaben der Minenbetreiber zu registrieren. Da es jedoch von der Erschließung neuer Vorkommen bis zur Produktion weit mehr als fünf Jahre dauert, stellte sich eine Angebotsverknappung ein, die nur durch Recycling von Altgold und Goldverkäufe der Notenbanken ausgeglichen werden konnte.

Gold ist nur begrenzt verfügbar

Die Experten der Metals Economics Group haben in einer Studie errechnet, dass die bekannten Reserven der 20 großen Goldproduzenten heute für rund 14 Jahre reichen. Die Minenunternehmen hätten in den vergangenen elf Jahren 200 Prozent ihrer Gesamtproduktion zu durchschnittlichen Preisen von 38 Dollar je Feinunze ersetzt. Dies sei sowohl durch die Übernahme von Konkurrenten als auch durch Explorationen geschehen.

Diese 20 führenden Goldminengesellschaften hätten im Zeitraum von 1995 bis 2004 gleichzeitig ihre kombinierte Goldproduktion um beinahe 70 Prozent von 25 auf 43 Millionen Feinunzen gesteigert. Unter diesem Aspekt war die Aufstockung der Reserven durch Zukäufe und/oder Explorationen sicherlich eine dringende Notwendigkeit für die Branche. Denn seit dem Jahr 1997 hätten es die Top 20 der Goldbranche nicht geschafft, ihre durch die Goldproduktion abgebauten Reserven durch auf dem Wege der Exploration gefundene neue Reserven zu ersetzen (vgl. Abb. 31).

Die Konsequenz: Längerfristig ist mit einer Angebotsverknappung am Goldmarkt zu rechnen, der auch durch Goldverkäufe der Notenbanken nicht wirksam begegnet werden kann. Vielmehr steht fest,

Abbildung 31: Goldproduktion, Goldreserven und Explorationsausgaben

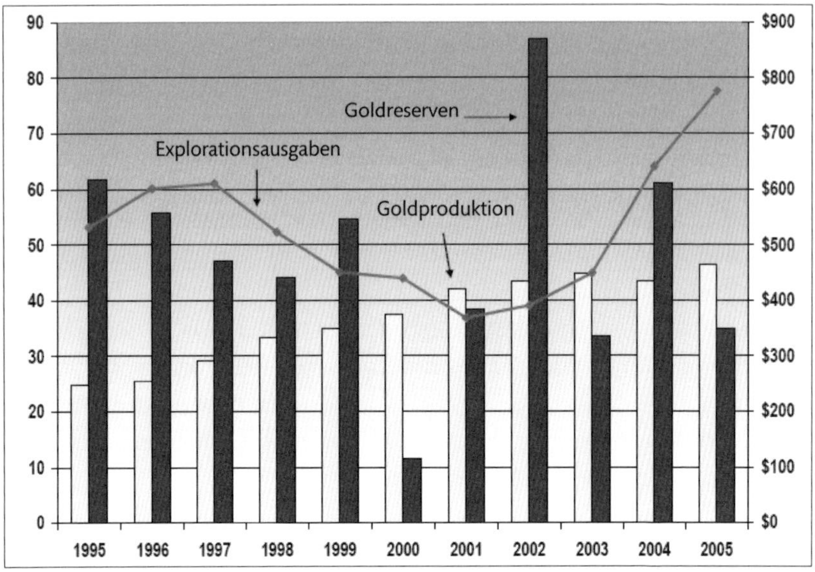

Linke Skala: Goldproduktion und ersetzte Goldreserven, Rechte Skala: Gesamtausgaben der Minen für die Goldexploration

Quelle: Metals Economics Group, Halifax

dass der Goldmarkt – eine nur leicht steigende Nachfrage vorausgesetzt – das Gold der Notenbanken dringend braucht, soll es nicht zu einer ernsthaften Verknappung, einem Preissprung und einem Vertrauensverlust an den internationalen Kapitalmärkten kommen.

Gold wird als Rohstoff an zahlreichen Terminbörsen rund um den Globus gehandelt. Dabei können die Anleger in Futures, Optionen, Futures-Optionen, Swaps, ETFs/ETCs, Optionsscheine, Goldanleihen und andere strukturierte Produkte investieren. Derzeit gibt es keinen anderen Rohstoff, bei dem die Palette an Investmentmöglichkeiten so breit ist wie bei Gold. Denn Gold ist einer jener wenigen Rohstoffe, den viele Anleger auch physisch besitzen. Weil bereits kleinere Mengen dieser Rohstoffe wie Gold, Platin, Palladium, Diamanten und mit Abstrichen auch Silber einen vergleichsweise hohen Wert aufweisen, sind immer mehr Anleger zu physischem Direktbesitz bereit.

So können die Anleger Gold als Münzen, Medaillen, Barren und auch als Schmuck kaufen und selbst (entweder im Banksafe oder im heimischen Schmucktresor) lagern. Eine solche Vorgehensweise bietet sich bei anderen Rohstoffen nicht an; denn man stelle sich vor, dem Anleger würde aus einem Termingeschäft eine riesige Wagenladung mit Schweinebäuchen angedient ...

Der Goldhandel hat – wie auch in den vorherigen Abschnitten beschrieben – eine sehr lange Tradition. Gleiches gilt für die seit »ewigen Zeiten« genutzte Goldhandelseinheit, die Feinunze oder »troy ounce«. In dieser Gewichtseinheit wird indes nicht nur Gold gehandelt. Auch für die anderen Edelmetalle wie Silber und die Metalle der Platingruppe ist die Feinunze die weltweit gängige Handelsgröße. Eine Feinunze entspricht umgerechnet einem Gewicht von 31,10348079 Gramm. Auf den europäischen Märkten hat sich in der Vergangenheit jedoch auch die Handelseinheit und Preisfeststellung von Gold in Kilogramm etabliert. Dabei entsprechen 1.000 Gramm, also ein Kilogramm, einem Gewicht von 32,1507425 Feinunzen.

Preistrends am Goldmarkt

Seit dem Jahr 2000 befindet sich der Goldpreis wieder in einem steten Aufwärtstrend. Die Vergangenheit hat zwar gelehrt, dass der Preis wegen politischer Umstände und auch wegen bestimmter Entwicklungen an den Devisenmärkten starken Schwankungen unterworfen sein kann. So sind auch stärkere Korrekturphasen nach unten nicht auszuschließen. Vor dem Hintergrund der bestehenden Angebots-Nachfrage-Situation würde es überraschen, wenn der Aufwärtstrend längerfristig keine Fortsetzung erfahren würde (vgl. Abb. 32).

Unabhängig von der hier geschilderten industriellen Verwendbarkeit werden Edelmetalle und besonders Gold seit jeher als Kapitalanlage gesehen und in verschiedenen Anlageformen in den Depots der Banken gelagert.

Der physische Bestand von Gold macht es attraktiv zur Absicherung gegen Inflation. Da der Goldpreis negativ mit dem Kurs des US-

Abbildung 32: Hausse am Goldmarkt

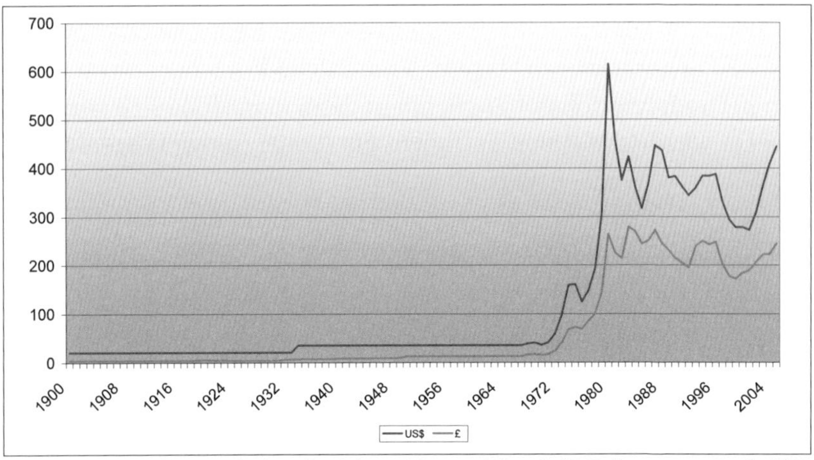

Hellgrau: Wertentwicklung in Pfund Sterling, Schwarz: Wertentwicklung in US-Dollar Quelle: WGC

Dollars korreliert, ist Gold zudem populär als Absicherung gegen Währungsschwankungen. Und schließlich wird eine Anlage in Gold gern zur ausgleichenden Risikominderung im Depot genutzt, da sich der Wert des Edemetalls unabhängig von anderen Märkten wie Aktien oder Immobilien entwickelt.

Der Goldpreis ist hoch volatil und schwankt kurz- und langfristig stark. Die Preisentwicklung hängt also nicht nur von Faktoren wie Ausbeutung neuer Goldminen sowie An- und Verkäufen von Minengesellschaften und Notenbanken ab, sondern ist auch vom Kurs des US-Dollars und von Inflationsrisiken beeinflusst. So steigt der Goldpreis in der Regel bei einem rückläufigen Dollar-Kurs sowie in jenen Zeiten, in denen sich eine höhere Inflation abzeichnet.

Für den Preisaufschwung der jüngsten Zeit waren indes nicht zuletzt spekulative Einflüsse ursächlich. Zum einen ist das Investmentgebaren moderner Finanzinvestoren stärker auf die Nutzung derivativer Finanzinstrumente ausgerichtet. Zum anderen haben die »smarten« institutionellen Investoren wie Stiftungen und Pensionsfonds

Abbildung 33: Investmentprogramme

Die vom World Gold Council aufgelegten Gold-Investment-Programme haben in einem Jahr eine Nachfrage von mehr als 200 Tonnen des Edelmetalls im Wert von drei Milliarden Euro generiert.

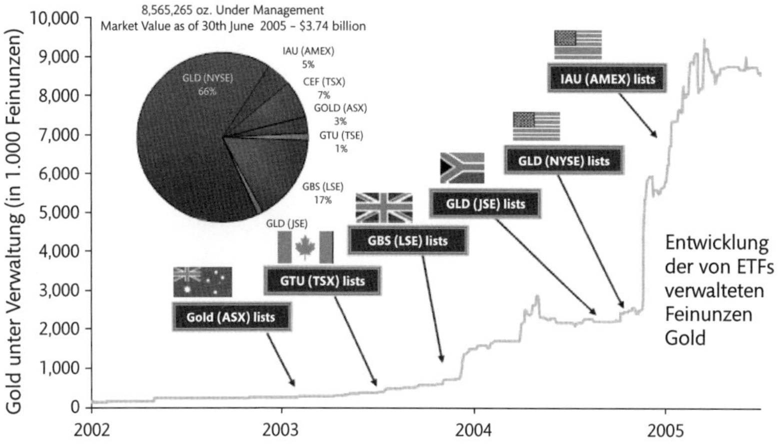

Quelle: World Gold Council

die Notwendigkeit zur Diversifizierung in Rohstoffe erkannt. Dies geschieht nicht zuletzt über Exchange Traded Funds – ETFs (auch als Exchange Traded Commodities – ETCs – bezeichnet) –, mit denen sich der Anleger im Ergebnis eine bestimmte Menge Gold – in der Regel eine Feinunze – kauft. Die ETF-Anteile können praktisch börsentäglich an den Börsen in New York, London, Frankfurt und Zürich wie Aktien ge- und verkauft werden.

In der vom World Gold Council (WGC) erstellten Grafik in Abb. 33 ist zu ersehen, dass ETFs in den vergangenen Monaten bei privaten und institutionellen Anlegern gleichermaßen eine exzellente Akzeptanz fanden. Daraus indes ableiten zu wollen, dass der Goldpreis jetzt nur noch eine Richtung kennt – nämlich aufwärts –, wäre kurzsichtig. Zum einen sind ETFs beziehungsweise ETCs nur eines von vielen Instrumenten für Goldinvestments. Zum anderen werden die Anleger diese Instrumente dann auch prompt wieder verkaufen, wenn sie der Meinung sind, dass die Hausse am Goldmarkt an Schwung verlieren oder sich sogar ihrem Ende zuneigen dürfte.

Die Notenbanken schlagen zu

Währungsbehörden halten bereits seit langem Gold als Bestandteil ihrer Reserven. Ende 2006 beliefen sich die Bestände dieser internationalen Notenbanken auf rund 32.000 Tonnen. Dies entspricht dem Bestandsniveau, das die Notenbanken bereits vor 60 Jahren hatten. Eigenen Berechnungen zufolge halten die Notenbanken in der Welt derzeit durchschnittlich 10,5 Prozent ihrer Devisenreserven in Gold. In Europa liegt dieser Anteil bei mehr als 50 Prozent und bei der FED in den USA sogar bei rund 70 Prozent (vgl. Abb. 34).

In einigen Kommentaren von Fachleuten wird immer darauf hingewiesen, dass die Goldbestände als Teil der Devisenreserven von Notenbanken im Vergleich zu Devisen ein ineffizientes Instrumentarium seien. Jene, die Goldbestände bei den Notenbanken befürworten, finden indes gute, für eine solche Strategie sprechende Gründe. Bei der Deutschen Bundesbank heißt es zum Beispiel: Gold stellt einen essentiellen Bestandteil der Währungsreserven der Bundesbank dar, der ihren Ansprüchen nach Sicherheit und Diversifizierung ihres Portfolios gerecht wird. Die Goldreserven haben eine vertrauens- und stabilitätssichernde Funktion für die gemeinsame Währung. Darüber hinaus gibt es weitere Gründe:

Die Diversifizierung der Devisenreserven zur Reduzierung von Risiken gilt bei den Notenbanken als ein wichtiges Argument. Auch Notenbanken gehen nach dem populären Motto von Anlegern vor, nicht alle Eier in einen Korb zu legen. Der hohe Goldanteil der US-Notenbank FED wird landläufig damit erklärt, dass die FED kein Vertrauen zu anderen Währungen habe und sich daher weiter zu einem außerordentlich hohen Goldbestand entschließe.

Wirtschaftliche Sicherheit wird als weiteres Argument für hohe Goldbestände von Notenbanken angeführt. Gold kann in der Regel nicht – wie die Kurse von Devisen einzelner Länder – von politischen Fehlentscheidungen dieser Staaten beeinflusst werden. Gold hat vielmehr über Jahrhunderte hinweg seine Werthaltigkeit nach-

Abbildung 34: Goldreserven offizieller Stellen in den einzelnen Ländern

	Tonnes	% of reserves**		Tonnes	% of reserves**
1 United States	8,133.5	74.3%	51 Nigeria	21.4	1.0%
2 Germany	3,422.5	61.1%	52 Belarus [4)]	19.9	28.2%
3 IMF	3217.3	[1)]	53 Ukraine	17.4	0.6%
4 France	2,748.0	58.0%	54 Cyprus	14.5	5.4%
5 Italy	2,451.8	65.0%	55 Korea	14.3	0.7%
6 Switzerland	1,290.1	40.7%	56 Brazil	13.7	0.3%
7 Japan	765.2	1.7%	57 Czech Republic	13.5	1.3%
8 ECB	662.9	25.1%	58 Netherlands Antilles	13.1	33.9%
9 Netherlands	653.9	56.0%	59 Serbia	12.9	3.0%
10 China	600.0	1.2%	60 Jordan	12.7	3.8%
11 Spain	425.0	43.8%	61 Cambodia	12.4	19.1%
12 Taiwan	423.3	3.0%	62 Mongolia	11.8	24.3%
13 Russia	394.1	2.8%	63 Ghana	8.7	8.0%
14 Portugal	382.6	78.9%	64 Latvia	7.7	3.5%
15 India	357.7	4.1%	65 El Salvador	7.3	6.8%
16 Venezuela	356.8	20.2%	66 Myanmar	7.2	11.9%
17 United Kingdom	310.3	12.8%	67 CEMAC [5)]	7.1	1.8%
18 Austria	288.7	42.2%	68 Colombia	6.9	0.9%
19 Lebanon	286.8	28.7%	69 Guatemala	6.9	3.3%
20 Belgium	227.7	35.2%	70 Macedonia, FYR	6.8	7.3%
21 Algeria	173.6	4.4%	71 Tunisia	6.8	2.0%
22 BIS	166.8	[1)]	72 Iraq	5.9	0.9%
23 Sweden	160.2	12.0%	73 Lithuania	5.8	2.5%
24 Libya	143.8	4.9%	74 Ireland	5.5	13.5%
25 Saudi Arabia	143.0	9.2%	75 Sri Lanka	5.2	3.9%
26 Philippines	142.3	12.8%	76 Slovenia	5.1	1.3%
27 Singapore	127.4	1.9%	77 Bahrain	4.7	0.4%
28 South Africa	124.1	9.8%	78 Canada	3.4	0.2%
29 Turkey	116.1	3.8%	79 Mexico	3.2	0.1%
30 Greece	108.1	78.4%	80 Aruba	3.1	16.1%
31 Romania	104.7	7.9%	81 Hungary	3.1	0.3%
32 Poland	102.9	4.3%	82 Mozambique	3.0	5.1%
33 Indonesia	96.4	4.4%	83 Kyrgyz Republic	2.6	6.6%
34 Thailand	84.0	2.6%	84 Luxembourg	2.3	17.4%
35 Australia	79.8	3.1%	85 Albania	2.2	2.7%
36 Kuwait	79.0	12.3%	86 Hong Kong	2.1	0.0%
37 Egypt	75.6	6.4%	87 Iceland	2.0	3.7%
38 Denmark	66.5	4.1%	88 Papua New Guinea	2.0	2.9%
39 Pakistan	65.3	10.2%	89 Mauritius	1.9	2.9%
40 Kazakhstan	59.8	8.2%	90 Trinidad and Tobago	1.9	0.6%
41 Argentina	54.7	3.7%	91 Yemen	1.6	0.4%
42 Finland	49.1	12.9%	92 Tajikistan	1.4	12.6%
43 Bulgaria	39.8	7.0%	93 Suriname	1.1	9.5%
44 WAEMU [3)]	36.5	9.3%	94 Cameroon	0.9	1.2%
45 Malaysia	36.4	0.9%	95 Honduras	0.7	0.5%
46 Slovak Republic	35.1	5.2%	96 Qatar	0.6	0.2%
47 Peru	34.7	4.4%	97 Dominican Republic	0.6	0.5%
48 Bolivia	28.3	18.4%	98 Gabon	0.4	0.8%
49 Ecuador	26.3	17.1%	99 Malawi	0.4	6.1%
50 Morocco	22.0	2.1%	100 Central African Republic	0.3	5.4%

Stand Dezember 2006 — Quelle: World Gold Council

gewiesen, während Papierwährungen gerade im vergangenen Jahrhundert immer wieder stark an Wert verloren.

Für Gold spricht auch die »**physische Sicherheit**«. Während einige Nationen in der Welt in der Vergangenheit mit Devisenverkehrskontrollen gegen Finanzkrisen vorgegangen sind und im Extremfall sogar ausländische Vermögenswerte eingefroren haben, kann Gold auf seine Rolle als weltweit akzeptiertes geldähnliches Wertaufbewahrungsmittel verweisen.

Hohe Goldbestände sind auch als eine Art **vertrauensbildende Maßnahme** von Regierungen und Notenbanken gegenüber ihren Bürgern zu sehen. Solche Maßnahmen bieten sich für die Entscheidungsträger in der Politik gerade in Zeiten an, in denen Bürger ihren Regierungen teilweise Unfähigkeit in der Wirtschafts- und Finanzpolitik vorwerfen.

Goldbestände werfen – entgegen allen anders lautenden Meldungen – solide Erträge ab. Gold ist in der Tat kein »toter« Vermögenswert, wie manche Goldgegner erklären. Dieser Vermögenswert fährt zwar keine laufenden Zinsen oder Dividenden wie Anleihen und Aktien ein, doch kann bei einem aktiven Management der Goldbestände ein stetiger Ertrag erzielt werden. In den vergangenen zehn Jahren hat sich weltweit nämlich ein liquider und gut funktionierender Goldleihemarkt entwickelt. Hier können die Notenbanken über gezielte Transaktionen Einnahmen aus dem Verleih von Goldbeständen erzielen. Darüber hinaus haben Notenbanken die Chance, die von den Terminbörsen in aller Welt gebotenen Hedging-Möglichkeiten zu nutzen und sich gegen einen möglichen Preisverfall des gelben Metalls abzusichern.

Silber

Im Mineralienatlas wird Silber als Edelmetall aus der ersten Nebengruppe des Periodensystems skizziert. Dabei weisen die Autoren vor allem auf die Existenz zweier natürlicher Isotope – nämlich ^{107}Ag und ^{109}Ag – hin. Silber steht im Periodensystem zwischen dem Buntmetall Kupfer und dem Edelmetall Gold. Mit beiden Metallen ist Silber chemisch und physikalisch verwandt. Das weiß glänzende Silber ist das Metall mit der höchsten Leitfähigkeit für Wärme und Elektrizität. Nach Gold gilt Silber als das dehnbarste Metall. Daher kann es vergleichsweise einfach sowohl zu Blattsilber als auch zu Silberdraht verarbeitet werden.

Tabelle 28: Angebot und Nachfrage am Welt-Silbermarkt

	1996	1997	1998	1999	2000	2001	2002	2003	2004	2005
Angebot										
Minenproduktion	490,9	520,0	542,0	556,7	590,7	606,4	596,5	601,0	620,4	641,6
Nettoverkäufe der Regierungen	18,9	-	33,5	97,2	60,3	63,0	59,2	90,6	66,5	68,0
Recycling	158,4	169,3	193,9	181,2	180,4	182,4	187,0	183,6	181,2	187,3
Hedging der Produzenten	-	68,1	6,5	-	-	18,9	-	-	10,0	15,1
Netto-Desinvestments	142,8	86,2	53,1	48,8	100,0	-	20,6	-	-	-
Gesamtangebot	811,1	843,6	829,1	883,9	931,3	870,7	863,3	875,2	878,1	911,9
Nachfrage										
Industrielle Anwendungen	297,7	320,8	316,4	339,2	375,5	336,4	340,2	350,8	368,3	409,3
Fotoindustrie	210,1	217,4	225,4	227,9	218,3	213,1	204,3	192,9	181,0	164,8
Schmuckindustrie und Silberwaren	263,7	274,4	259,4	271,7	278,1	286,9	262,4	273,8	247,8	249,6
Münzen und Medaillen	25,2	30,4	27,8	29,1	32,1	30,5	31,6	35,6	42,3	40,6
Käufe der Regierungen netto	-	0,7	-	-	-	-	-	-	-	-
Produzenten De-Hedging	14,3	-	-	16,0	27,4	-	24,8	20,9	-	-
Nettoinvestment	-	-	-	-	-	3,9	-	1,3	38,7	47,5
Gesamtnachfrage	811,1	843,6	829,1	883,9	931,3	870,7	863,3	875,2	878,1	911,9
Preis in London Dollar/ Feinunze	5.199	4.897	5.544	5.220	4.951	4.370	4.599	4.879	6.658	7.312

Angaben in Millionen Feinunzen

Quelle: World Silver Survey 2006

Experten glauben, dass der Begriff Silber nicht germanischen, sondern orientalischen Ursprungs ist. Und daher existiert eine Vielzahl von Theorien über den eigentlichen Ursprung des Wortes Silber. Der häufig angedeutete Zusammenhang mit dem in Homers Ilias beschriebenen sagenhaften Land Alybe wurde im Jahr 1870 von Victor Hehn hergestellt. Wissenschaftler erklären jedoch, dass ein solcher Zusammenhang bis heute nicht nachgewiesen werden konnte. In anderen indo-europäischen Sprachen geht das Wort Silber auf die indogermanische Wurzel »arg« – im Lateinischen: »argentum« – zurück.

Silber gehört zu den seltenen Elementen. Das Metall steht in der Liste der Häufigkeit von Elementen in der Nähe von Indium und Iod. Allerdings ist es öfter vorzufinden als die anderen Edelmetalle Gold und Platin. In der Natur findet es sich vorwiegend als Silbersulfid in Gemeinschaft mit anderen Sulfiden, wie zum Beispiel im Argentit. Da Silbererze allein in der Natur selten vorkommen, wird ein großer Teil des Edelmetalls als Nebenprodukt bei der Verhüttung von Blei gewonnnen.

Silber gilt allgemein als das am meisten aus dem Erdboden geholte und auch am stärksten gebrauchte Edelmetall. Zur Steigerung der Härte von Silber wird das Metall in der Regel mit Kupfer legiert. In diesem Zustand wird es dann auch zur Produktion von Münzen eingesetzt, wobei der Silbergehalt meist 40 bis 90 Prozent beträgt. Silber spielte von alters her als Münzmetall eine bedeutende Rolle. Heute befinden sich allerdings nur noch wenige Silbermünzen im Umlauf. Diese werden dann in der Regel nicht als Zahlungsmittel genutzt, sondern verschwinden als Sammlerstücke in den Münzalben der Anleger.

Silber kommt zum Teil in gediegener Form vor, sodass es bereits sehr früh – nämlich rund 5000 vor Christi Geburt – entdeckt wurde. Von Experten ausgewertete Aufzeichnungen lassen den Schluss zu, dass Silber bereits zu den Zeiten Homers auf Rüstungen verarbeitet wurde. Mittelalterliche Alchemisten weihten das glänzende Edelmetall Silber Luna, der Mondgöttin. Als chemisches Symbol für Silber wurde lange Zeit ein Halbmond verwendet; bei den alten Ägyptern war Silber nämlich als Mondmetall bekannt. Silber wurde auch

Tabelle 29: Silbermarkt im Überblick

	Wert	2002	2003	2004	2005	2006 g	2007 p	2008 p
Minenproduktion	M oz	597	601	620	642	667	694	722
Recycling	M oz	187	184	181	187	206	198	190
Verkäufe offizieller Stellen/ Notenbanken etc	M oz	59	91	67	68	30	30	30
Hedging der Silberproduzenten	M oz	-25	-21	10	15	0	0	0
Silber-Gesamtangebot	M oz	818	854	878	912	903	922	942
Nachfrage sonstiger industrieller Einsatz	M oz	340	351	368	409	417	426	434
Nachfrage Fotoindustrie	M oz	204	193	181	165	148	133	120
Nachfrage Schmuckbranche und Silberwaren	M oz	262	274	248	250	237	225	214
Nachfrage Münzen und Medaillen	M oz	32	36	42	41	41	41	41
Silber-Gesamtnachfrage	M oz	839	853	839	864	844	825	809
Marktgleichgewicht Angebo / Nachfrage	M oz	-21	1	39	48	60	97	132
Silberpreis im Jahresdurchschnitt	Dollar je Feinunze	4,60	4,90	6,70	7,31	12,03	15,00	12,50

M oz = Millionen Feinunzen – G = Schätzung auf Basis aktueller Daten der ersten zehn Monate 2006 – P = UBS-Prognose für die kommenden Jahre

Quellen: NYMEX, Silver Institute, LME, GFMS, UBS und andere – recherchiert und bearbeitet von Franziska Blum, tkMedia AG

schon von den Assyrern, den Goten, den Griechen, den Römern und den Germanen benutzt. Das Metall stammte seinerzeit meistens aus den Minen in Laurion, einem rund 50 Kilometer südlich von Athen liegenden Ort.

Die Anwendungsmöglichkeiten

Silber ist vielseitig anwendbar. Es wird heute vor allem in der Schmuck- und Silberwarenindustrie eingesetzt. Darüber hinaus ist Silber auch in der Elektronik- und Fotoindustrie begehrt. So wird das Metall zum Beispiel bei der Herstellung elektronischer Schaltkreise für Mobiltelefone und Computer genutzt. Feinsilber dient unter anderem zum Bau chemischer Apparaturen, zur Herstellung von Anoden für galvanische Bäder, in der Elektroindustrie zur Herstellung von elektrischen Kontakten, Elektroden und in Form von AgCu-Legierung mit mindestens 80 Prozent Silber zur Herstellung von Schmuckwaren und Bestecken. Außerdem wird Silber in der Fotografie eingesetzt. Genutzt wird Silber darüber hinaus im Gesundheitswesen und in der Medizintechnik. Hier wird es vor allem als Dentallegierung in der Zahnheilkunde, bei der Herstellung von Arzneimitteln, in der Reizkörpertherapie, als Pigment für Zuckerwaren und Dragées und nicht zuletzt auch in der Kosmetikindustrie verwendet (vgl. Abb. 35).

Abbildung 35: Weltweite Silbernachfrage

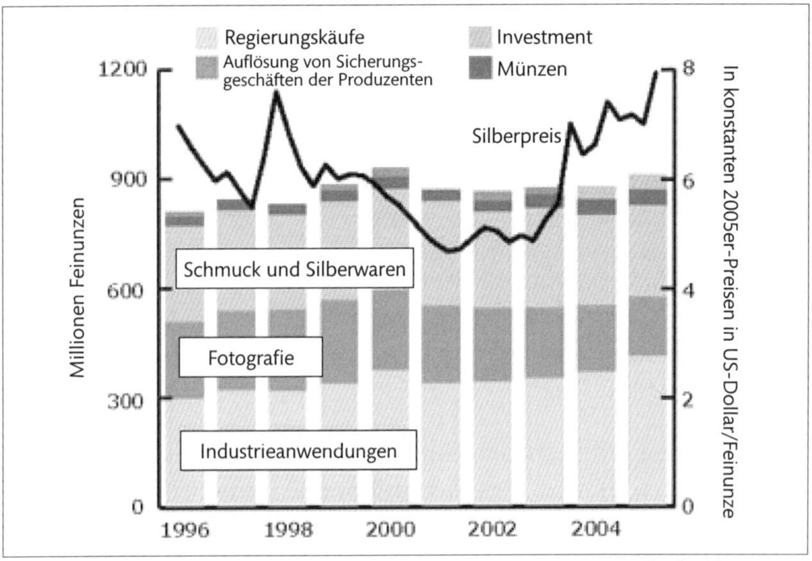

Quelle: The Silver Institute

Auch im Umweltschutz erweist das Edelmetall gute Dienste. Dies ist vor allem darauf zurückzuführen, dass es eine starke antiseptische Wirkung hat. Grund: Die in der Oxidschicht der Metalloberfläche enthaltenen Silberionen üben in den Mikroorganismen eine blockierende Wirkung auf Thiol-Enzyme aus. Stark fungizid und bakterizid wirken Silberionen. So kann zum Beispiel Wasser – hier vor allem das knappe Gut Trinkwasser – bereits durch minimale Zusätze von kolloidem Silber von Keimen befreit werden.

Darüber hinaus stößt Silber in Form von Münzen, Medaillen und Barren als Investmentvehikel auf große Nachfrage. Investmenteinrichtungen wie Stiftungen und Pensionskassen sahen sich vor dem Hintergrund der Unsicherheiten bei Aktien und Anleihen zu einer stärkeren Diversifizierung ihres Anlagekapitals veranlasst. Ein Teil der Investmentgelder dieser Einrichtungen floss ebenso in Silber wie spekulative Gelder moderner Finanzinvestoren wie Hedge-Fonds und Rohstofffonds. Die Umsetzung moderner Strategien dieser Akteure wurde im Hinblick auf den Silbermarkt durch die Emission mehrerer Silber-ETFs (Exchange Traded Funds) – ähnlich wie am Goldmarkt – erleichtert. Mit diesen vergleichsweise einfachen Anlageinstrumenten wurde das Interesse privater und institutioneller Anleger auf die Edelmetallmärkte gelenkt.

Das weltweite Silberangebot setzt sich neben der Minenförderung aus Recycling, Regierungsverkäufen sowie Lagerbeständen der Minengesellschaften zusammen. Silber wird nur selten allein in Bergwerken gewonnen, wesentlich häufiger wird das Metall als Nebenprodukt bei der Förderung der Basismetalle Kupfer, Blei und Zink aus dem Boden geholt. Das bedeutet konkret, dass die Gewinnung dieser NE-Metalle auch einen zeitweise nicht unerheblichen Einfluss auf das Silberangebot und damit auch auf den Silberpreis hat.

Die Gold-Silber-Ratio

Es gab Zeiten, da war Silber wesentlich wertvoller als Gold. Durch das im Verlaufe der Jahrhunderte deutlich gestiegene Angebot – Silber wurde zum Beispiel von den Spaniern auf ihren Entde-

Abbildung 36: Gold-Silber-Ratio

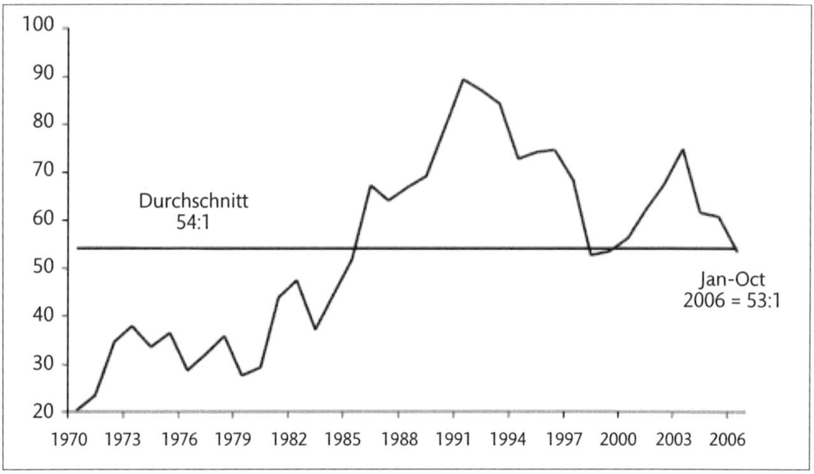

1970–2006; Basis: jährlicher Durchschnittspreis Quelle: GFMS Ltd.

ckungsreisen in Lateinamerika in größeren Mengen nach Europa gebracht – sank der Preis des Silbers jedoch rasch. Da nicht Silber, sondern Gold nach der Zeit um 1870 als Währungsmetall verwendet wurde, verlor Silber wirtschaftlich an Bedeutung. Das Wertverhältnis zum Gold sank im Laufe der Jahrhunderte von 1 : 14 einige Zeit lang bis auf 1 : 100, später stieg es wieder leicht an.

Bei eigenen Recherchen kommt der Autor zu dem Schluss, dass auf Basis der Jahresschlusspreise von Gold und Silber während eines rund 200-jährigen Zeitraums von 1792 bis zum Jahr 2005 ein Gold-Silber-Ratio – Verhältnis von Gold- zum Silberpreis – bei rund 31 liegt. Wählt man für die Berechnung dieser Relation indes andere Zeiträume, so verändern sich auch die Resultate. Die Experten von GFMS haben zum Beispiel errechnet, dass das Verhältnis von Gold zu Silber im Zeitraum von 1970 bis 2006 bei durchschnittlich etwa 54 angesiedelt ist (vgl. Abb. 36).

Derzeit – also Ende 2006, bei Redaktionsschluss dieses Buches – liegt diese Relation bei etwa 48. Einige Optimisten am globalen Silbermarkt gehen davon aus, dass sich dieses Verhältnis wegen der angespannten Angebots-Nachfrage-Situation am Silbermarkt im

Abbildung 37: Naher Silber-Terminkontrakt

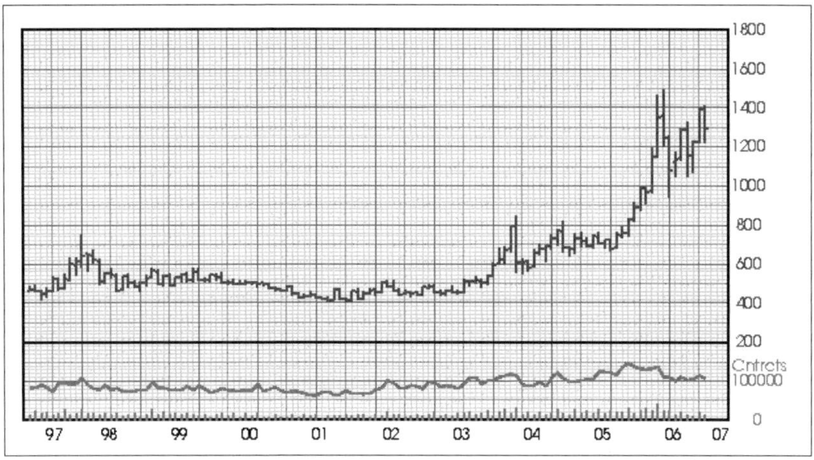

Quelle: Barchart.com

nächsten Jahrzehnt zumindest wieder dem Durchschnitt der vergangenen 200 Jahre annähern wird. Wirkliche Silberbullen glauben indes daran, dass Silber in den kommenden Jahrzehnten eine deutliche bessere Wertentwicklung aufweisen wird als Gold.

In der Vergangenheit wies der Silberpreis eine sehr hohe Volatilität auf. So folgten starken Preissteigerungen stets abrupte und nachhaltige Preiskorrekturen. In die Schlagzeilen geriet das Metall in den 70er- und 80er-Jahren des vergangenen Jahrhunderts, als es unter spekulative Einflüsse geriet. Nachdem es in den 70er-Jahren zunächst auf einem stabilen Niveau von etwa fünf Dollar je Feinunze verharrte, sorgten spekulative Käufe der amerikanischen Großfinanziers Hunt im Jahr 1980 kurzzeitig für einen Preissprung auf rund 50 Dollar je Feinunze. Danach setzte bis zum Jahr 1997 allerdings eine steile Talfahrt dieses Metalls auf rund vier Dollar je Feinunze ein, bevor sich der Preis nach leichteren Fluktuationen ab dem Jahr 2001 aus verschiedenen Gründen dann wieder nach oben in Bewegung setzte.

In den vergangenen Jahren wurde das zum Erreichen eines Marktgleichgewichts fehlende Angebot aus der Primärproduktion durch

Tabelle 30: Die 20 größten Silberproduzentenländer im Jahr 2005

1.	Peru	102.6	11.	Bolivien	12.8
2.	Mexiko	92.3	12.	Indonesien	9.9
3.	Australien a	77.4	13.	Schweden	9.1
4.	China	64.7	14.	Marokko	7.4
5.	Chile	44.3	15.	Argentinien	5.2
6.	Russland	42.2	16.	Türkei	5.2
7.	Polen	40.5	17.	Republik Südafrika	2.8
8.	USA	39.2	18.	Iran	2.6
9.	Kanada	34.1	19.	Usbekistan	2.2
10.	Kasachstan	25.9	20.	Indien	2.1

Alle Angaben in Millionen Feinunzen

Quelle: The Silver Institute

Verkäufe offizieller Regierungsbestände – vor allem jedoch chinesischer Vorräte – ausgeglichen Die aktuelle Nachfrage nach Silber, die zu der steigenden Preisentwicklung führte, ist nicht nur auf einen reinen industriellen Bedarf zurückzuführen, sondern nicht zuletzt auch auf spekulative Elemente. Ein wesentlicher Grund für den Aufschwung der vergangenen Jahre ist darin zu sehen, dass die Nachfrage nach Silber das Angebot seit vielen Jahren übersteigt. Daher ist der Silberpreis von seinem zyklischen Tief im Jahr 2001 von rund vier Dollar je Feinunze im Jahr 2006 zeitweise auf über 17 Dollar je Feinunze in die Höhe geschossen.

Platinmetalle

Platin, Palladium, Iridium, Rhodium, Ruthenium und Osmium sind die Rohstoffe, die die Gruppe der Platinmetalle darstellen. Diese sechs Metalle weisen eine enge Verwandtschaft zueinander auf. Dies ist nicht zuletzt daran zu ersehen, dass sie im Periodensystem der Elemente (vgl. Abb. 38) ganz eng beieinander liegen.

Die Metalle der Platingruppe zählen neben Gold und Silber zu den Edelmetallen. Am populärsten unter den Platinmetallen sind Platin und Palladium, die beide in Form von Futures und Futures-Optionen an internationalen Terminbörsen gehandelt werden und daher

Abbildung 38: Das Periodensystem der Elemente

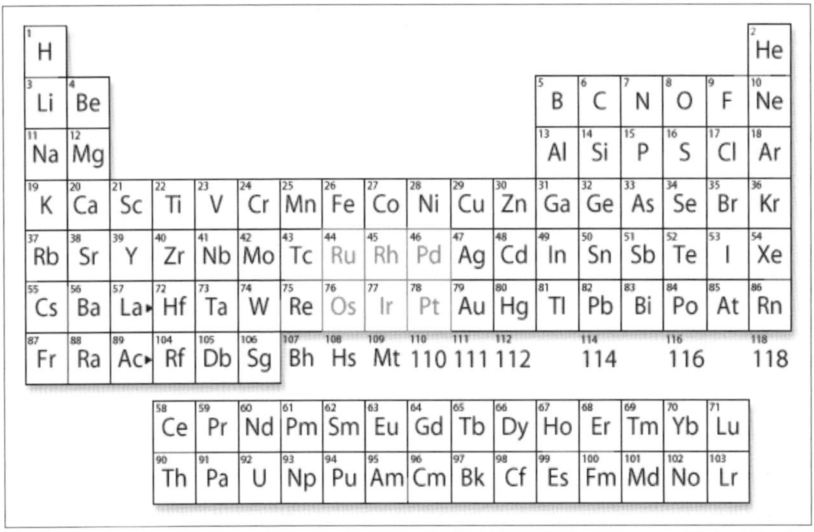

Quellen: Eigene Recherchen – verschiedene Quellen

auch für die Welt der Kapitalanleger von entsprechender Bedeutung sind. Rhodium, Ruthenium, Iridium und Osmium werden als Platinnebenmetalle eingestuft, da sie in ihrem chemischen Verhalten dem Edelmetall Platin so stark ähneln, dass ihre Trennung und Reindarstellung in früheren Zeiten große Schwierigkeiten bereiteten. So wurden Iridium, Osmium, Palladium und Rhodium erst im Jahr 1803 entdeckt, Ruthenium sogar erst im Jahr 1844.

Die genannten sechs Edelmetalle der achten Nebengruppe des Periodensystems werden nach ihrem häufigsten und wichtigsten Vertreter zusammenfassend als Platinmetalle bezeichnet, die zahlreiche Gemeinsamkeiten in ihrem chemischen Verhalten aufweisen. Die Metalle der Platingruppe treten in der Natur meist zusammen auf, weisen allesamt einen sehr hohen Schmelz- und Siedepunkt auf und sind hinsichtlich ihrer Korrosionsfestigkeit mit den Edelmetallen Gold und Silber zu vergleichen (vgl. Tabelle 32). Nach ihrer Dichte unterscheidet man drei leichte Platinmetalle, nämlich Ruthenium, Rhodium und Palladium, und drei schwere Platinmetalle, nämlich Osmium, Iridium und Platin.

Tabelle 31: Platinmarkt im Überblick

	Wert	2002	2003	2004	2005	2006 g	2007 p	2008 p
Angebot der Republik Südafrika	Tsd oz	4.450	4.630	5.010	5.110	5.413	5.639	5.801
Angebot aus Russland	Tsd oz	980	1.050	845	890	850	850	850
Angebot aus anderen Minen	Tsd oz	540	520	635	630	630	661	702
Recycling z.B. aus Autokatalysatoren	Tsd oz	660	665	690	770	809	895	1 027
Gesamt-Platinangebot	Tsd oz	6.630	6.865	7.180	7.400	7.702	8.044	8.380
Veränderung des Gesamtangebots	%	3,2	4,3	4,6	31,	4,1	4,4	4,2
Nachfrage Autobranche	Tsd oz	2.590	3.190	3.490	3.820	4.207	4.589	4.977
Nachfrage Schmuckbranche	Tsd oz	2.820	2.510	2.160	1.960	1.823	1.697	1.902
Nachfrage der Investmentbranche	Tsd oz	80	15	45	15	0	0***	0***
Sonstige industrielle Nachfrage	Tsd oz	1.545	1.380	1.535	1.675	1.824	1.875	1.933
Gesamt-Platinnachfrage	Tsd oz	7.035	7.095	7.230	7.470	7.854	8.162	8.813
Veränderung der Gesamtnachfrage	%	4,1	1,8	0,9	3,3	5,1	3,9	8,0
Marktgleichgewicht Angebot/Nachfrage	Tsd oz	-405	-251	-50	-70	-152	-117	-432
Platinpreis Jahresdurchschnitt	Dollar/Feinunze	537	688	846	897	1.168	1.325	1.075

*** Bei der zu erwartenden Nachfrage der Investmentbranche und den Preisprognosen für 2007 und 2008 gehen die meisten Experten heute noch davon aus, dass es in diesen beiden Jahren nicht zur Auflegung eines Exchange Traded Commodity Funds (ETC) auf Platin kommen wird. Anderenfalls ist mit einem kräftigen Anstieg sowohl der Nachfrage als möglicherweise auch der Preise in den Jahren 2007 und 2008 zu rechnen.

Tsd oz = 1000 Feinunzen - G = Schätzung auf Basis aktueller Daten der ersten zehn Monate 2006 - P = UBS-Prognose für die kommenden Jahre

Quellen: LME, Nymex, CRU, Brook Hunt, Thomson Financial, Reuters, Alcan, Alcoa - recherchiert und bearbeitet von Franziska Blum, tkMedia AG

Tabelle 32: Metalle der Platingruppe im Überblick – atomare und physische Eigenschaften

	Platin Pt	Palladium	Rhodium	Ruthenium	Iridium	Osmium
Atomnummer (Kernladungszahl)	78	46	45	44	77	76
Atomgewicht (Atommasse)	195,08	106,42	102,91	101,07	192,20	190,22
Dichte (Atommasse) in g/cm³	21,45	12,02	12,41	12,304	22,42	22,57
Schmelztemperatur in °C	1.772	1.554,9	1.960	2.310	2.454	2.550
Siedetemperatur in °C	3.827	3.125	4.500	3.900	4.800	5.500

Alle diese edlen Metalle haben als vergleichsweise seltene Rohstoffe und aufgrund ihrer speziellen chemischen und physikalischen Eigenschaften große Bedeutung in der Welt der Hochtechnologie. Die geringe Verfügbarkeit von Platin und Co. wirkt sich auch auf die Preisentwicklung aus. Mit dem Fortschreiten der Industrialisierung und Globalisierung sowie mit dem Durchbruch neuer Technologien sind die Preise aller Metalle der Platingruppe in den vergangenen Jahren in die Höhe geschossen. Ein weiterer Grund für die Hausse liegt im weltweit zunehmenden Umweltbewusstsein und in den daraus resultierenden klaren rechtlichen Vorgaben der Regierungen hinsichtlich von Obergrenzen beim Ausstoß von Schadstoffen durch Automobile (Nutzung in Katalysatoren).

Die sogenannten Platinbegleitmetalle erhielten ihre Namen durch ihre jeweiligen Entdecker. So wurde Palladium erstmals im Jahr 1803 durch Wollaston entdeckt und nach dem kurz zuvor im Weltall ausgemachten Planetoiden Palias benannt. Rhodium wurde von Wollaston wegen seiner bei Rosen vorkommenden roten Farbe nach dem griechischen Wort rhodeos – rosenfarbig – bezeichnet. Tennant erkannte dann im Jahr 1804 die Fähigkeiten und Eigenschaften des regenbogenfarbigen Iridium (im Griechischen wird der Regenbogen mit »irideios« bezeichnet). Osmium wurde wegen des dem Metall anhaftenden Oxidgeruchs vom griechischen Wort »osme« (Geruch) abgeleitet. Als letztes Platinmetall wurde Ruthenium im Jahr 1844 durch den russischen Chemiker Claus entdeckt; der Name wurde aus dem alten Wort für Russland – nämlich Ruthenien – abgeleitet.

Platin ist in der 16 Kilometer dicken Erdkruste mit einem Gewicht von lediglich 0,0000005 Prozent beteiligt, was einer Konzentration von 0,005 Gramm pro Tonne entspricht. Damit ist es auf Rang 76 in der Häufigkeitstabelle der Elemente zu finden. Geologen verweisen darauf, dass sich ein Abbau von Platinvorkommen wirtschaftlich nur dann lohnt, wenn eine Platinmetallkonzentration von wenigstens 0,1 Gramm pro Tonne existiert. Einige Experten der Minenindustrie betonen jedoch, dass sich bei Verwendung von Schleppseilbaggern auch ein Abbau von Platinseifen mit einem Metallgehalt von 0,05 Gramm je Tonne ökonomisch lohnen kann.

Wie das populärste aller Edelmetalle – Gold – treten auch Platinmetalle in der Natur meist in gediegener – also in metallischer – Form auf. Allerdings sind auch Verbindungen von Platinmetallen mit Sauerstoff, Schwefel und Arsen vorzufinden. Die an primären Lagerstätten abgebauten Platinerze werden als Bergplatin bezeichnet. Die Erze sind meist an Kupfer-Nickel- oder Kupfer-Nickel-Magnetkiese gebunden und enthalten eine nur geringe Konzentration an Platinmetallen. Allgemein wird in vier wirtschaftlich bedeutende Platinerze unterschieden:

- Ferroplatin enthält bis zu 79 Prozent Platin und daneben geringere Mengen an Iridium und Palladium sowie zwölf bis 20 Prozent Eisen.
- Polyxen unterscheidet sich vom Ferroplatin durch einen höheren Platinanteil von bis zu 88 Prozent bei gleichzeitig geringerem Eisenanteil von bis zu elf Prozent.

- Sperrylith enthält bis zu 56 Prozent Platin, bis zu 41 Prozent Arsen und darüber hinaus geringe Mengen an Rhodium, Eisen und Antimon.
- Cooperit weist einen Platinanteil von bis zu 83 Prozent auf und enthält zudem geringe Mengen an Palladium und Nickel. Der Schwefelgehalt von Cooperit liegt in der Regel zwischen 14 und 17 Prozent.

Einen Überblick über die Preisentwicklung der vier Platinmetalle Rhodium, Ruthenium, Iridium und Osmium findet der interessierte Leser in der Tabelle »Strategische Metalle« in diesem Buch.

Platin

Platin ist der Namensgeber für die Metalle der Platingruppe. Das selten anzutreffende schmied- und dehnbare schwere edle Metall mit grau-weißer Farbe wird nicht zuletzt auf Grund seiner enormen Korrosionsbeständigkeit im modernen Industriezeitalter sehr geschätzt. Die Härte des Metalls entspricht einer Mohs-Härte von vier bis fünf, womit die Härte von Gold und Silber übertroffen wird. Die Dichte des Platins kommt von allen Metallen der des Goldes am nächsten und wird nur von der Dichte des Iridiums und des Osmiums übertroffen. Wie selten Platin ist, kann aus folgendem Vergleich ersehen werden: Während in den vergangenen Jahren weltweit rund 80 Millionen Feinunzen Gold und 550 Millionen Feinunzen Silber produziert wurden, erreicht die globale Platinproduktion gerade einmal rund sieben Millionen Feinunzen pro Jahr.

Aufgrund der Tatsache, dass Platin vor allem in als politisch unsicher geltenden Regionen zu finden ist (in der Republik Südafrika sind rund 80 Prozent und in Russland etwa zehn Prozent der heute weltweit bekannten Platinvorkommen zu finden) und die reibungslose Versorgung für die Industrienationen nicht immer als gesichert angenommen werden konnte und noch immer nicht kann, wird Platin auch als ein »strategisches Metall« bezeichnet. Mit dem Ende des Kalten Krieges und der Abschaffung der Apartheidpolitik in der Republik Südafrika hat sich die globalpolitische Lage zwar leicht entspannt, doch spielen politische Einflüsse bei der Preisgestaltung

Abbildung 39: Naher Platin-Terminkontrakt

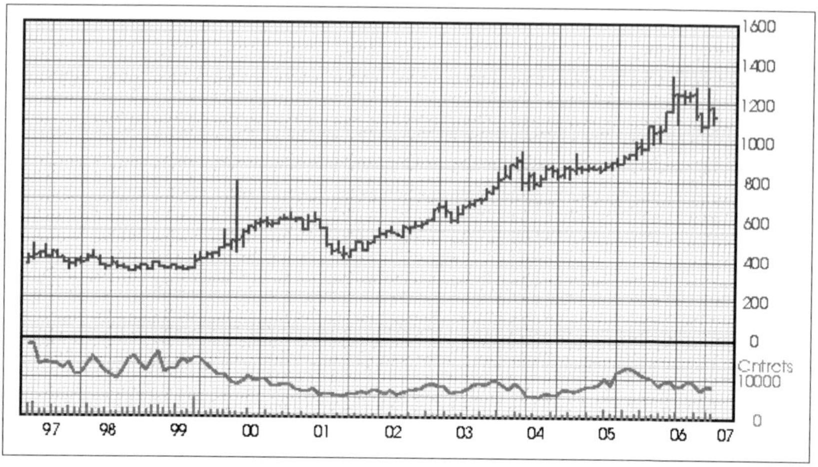

Quelle: Barchart.com

nicht nur bei Platin, sondern auch bei den anderen Metallen dieser Gruppe noch immer eine nicht unerhebliche Rolle.

Bereits lange Zeit, bevor Christopher Kolumbus Amerika entdeckte, wurde Platin von den Indianern in Süd- und Lateinamerika auf vielfältige Art und Weise genutzt. Bei den Ureinwohnern des amerikanischen Subkontinents sind auch die Wurzeln für den Begriff Platin zu finden. Sie waren deshalb Namensgeber für dieses Metall, weil sie es mit dem spanischen Wort platina – einer Verkleinerungs- oder Verniedlichungsform von plata, also Silber – bezeichneten. Die erste europäische Referenz stammt historischen Aufzeichnungen zufolge von Julius Caesar Scaliger (1484–1558). Er beschreibt in seinen Schriften ein mysteriöses weißes Metall, das sich seinerzeit allen Schmelzversuchen entzogen hatte.

Eine ausführlichere Beschreibung der Eigenschaften von Platin ist später in einem im Jahr 1748 veröffentlichten Bericht von Antonio da Ulloa zu finden. Die lange Zeit als Problem betrachtete Platinschmelze bekam dann im 19. Jahrhundert der deutsche Chemiker Heraeus in den Griff. Trotz des hohen Schmelz- und Siedepunktes kann Platin bereits in geringem Umfang oberhalb einer Temperatur von 1.100 Grad Celsius verdampfen. Diese Eigenschaft wird dadurch erhöht, dass Platin mit Iridium legiert wird. Herabgesetzt wird die Fähigkeit durch die Legierung von Platin mit Rhodium. Gemeinsam mit den Schwestermetallen Palladium und Iridium hat Platin von allen Edelmetallen die niedrigste Leitfähigkeit für Elektrizität und Wärme und darüber hinaus auch die geringste Wärmeausdehnung.

Platin zeigt also auch bei sehr hohen Temperaturen ein vergleichsweise stabiles Verhalten. Es ist daher für zahlreiche Anwendungen in der modernen Industriegesellschaft interessant. Platin zeigt, wie auch die anderen Metalle der Platingruppe, ein widersprüchliches Verhalten. Denn es ist einerseits edelmetalltypisch chemisch träge, andererseits jedoch hochreaktiv und katalytisch-selektiv gegenüber bestimmten Substanzen und Reaktionsbedingungen.

Das sehr korrosionsbeständige, schmiedbare und weiche Edelmetall zeigt im reinen, polierten Zustand den sogenannten Dunkelglanz. Platin besitzt bemerkenswerte katalytische Eigenschaften, denn sowohl Wasserstoff als auch Sauerstoff und andere Gase werden von Platin im aktivierten Zustand gebunden. Wegen der enormen Haltbarkeit und Anlaufbeständigkeit ist Platin auch ein sehr beliebtes Schmuckmetall.

Metalle wie Eisen, Gold, Kupfer, Nickel, Kobalt, Wolfram und Zinn bilden mit Platin Legierungen. Wegen ihrer hervorstechenden Eigenschaften eignen sich Platin und Platinlegierungen für unterschiedliche Anwendungen, wie

- Schmuckwaren,
- Thermoelemente,
- Laborgeräte,
- Widerstandsthermometer,
- Heizleiter,
- Kontaktwerkstoffe,
- Katalysatoren,
- Wasserstoffspeicher,
- Magnetwerkstoffe,
- Chemischer Apparatebau,

Tabelle 33: Angebots-Nachfrage-Situation am Platinmarkt

Land	Jahr 2002	Jahr 2003	Jahr 2004	Jahr 2005
Südafrika	4,450	4,630	5,010	5,110
Russland	0,980	1,050	0,845	0,890
Nordamerika	0,390	0,295	0,385	0,360
Sonstige	0,150	0,225	0,250	0,270
Gesamt	5,970	6,200	6,490	6,630

Angaben in Millionen Feinunzen

Quelle: Johnson Matthey

Tabelle 34: Nachfrage nach Branchen

Land	Jahr 2002	Jahr 2003	Jahr 2004	Jahr 2005
Autoindustrie*	2,590	3,270	3,490	3,820
Schmuckbranche	2,820	2,510	2,160	1,960
Elektronik	0,315	0,260	0,300	0,360
Glas	0,235	0,210	0,290	0,355
Chemie	0,325	0,320	0,325	0,335
Ölindustrie	0,130	0,120	0,150	0,155
Investments	0,045	0,030	0,030	0,030
Sonstige	0,540	0,470	0,470	0,470
Gesamt	6,470	6,530	6,540	6,700
Veränderung der Weltbestände	-0,500	-0,330	-0,050	-0,070

*In den Zahlen der Autoindustrie sind die Recycling-Zahlen nicht enthalten
Angaben in Millionen Feinunzen

Quelle: Johnson Matthey

- Schmelztiegel für die Glasherstellung,
- Glaseinschmelzlegierungen,
- Medizinische Implantate, Zahnersatz,
- Herzschrittmacher,
- Schubdüsen, Verkleidungen für Raketen,
- Krebsmedikamente,
- Schreibfedern,
- Spinndüsen und
- Spiegel.

Abbildung 40: Naher Palladium-Terminkontrakt

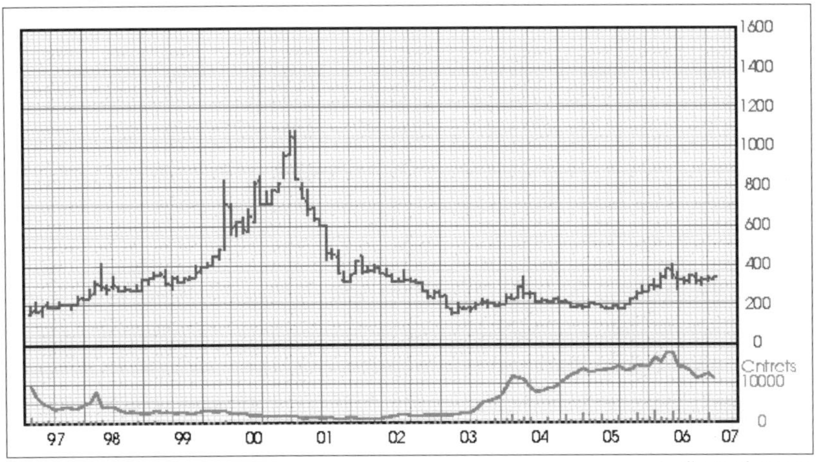

Quelle: Barchart.com

Von der weltweiten Platinproduktion in Höhe von rund sieben Millionen Feinunzen im Jahr 2006 stammten rund 5,43 Millionen Feinunzen aus der Republik Südafrika und 0,90 Millionen Feinunzen aus Russland (vgl. Tabelle 33). Auf der Nachfrageseite flossen rund 3,5 Millionen Feinunzen in die Produktion von Abgaskatalysatoren der konjunkturell wieder an Fahrt gewinnenden globalen Automobilindustrie. Jeweils rund 1,7 Millionen Feinunzen gingen in die Schmuckbranche und in andere industrielle Anwendungen (vgl. Tabelle 34). Der Anteil von Platin als Kapitalanlage blieb weiterhin sehr gering. Dies könnte sich jedoch ändern, wenn im Jahr 2007 die Pläne zur Emission von Exchange Traded Funds (ETF) oder Exchange Traded Commodities (ETC) realisiert werden. Dann könnten Investoren in aller Welt auf sehr einfache Art und Weise täglich Zugang zu Platin als Anlageform haben.

Palladium

Palladium ist ein chemisches Element im Periodensystem der Elemente mit dem Symbol Pd und der Ordnungszahl 46. Das seltene silberweiße Übergangsmetall der Platingruppe ähnelt in seinem chemischen Verhalten sehr dem Platin. Das Edelmetall Palladium wurde im Jahr 1803 von William Hyde Wollaston entdeckt. Wollaston fand das Element 46 in südamerikanischem Platinerz.

Fein verteilt gilt Palladium als ein exzellenter Katalysator zur Beschleunigung von chemischen Reaktionen, insbesondere von Hydrierungen und Dehydrierungen – nämlich dem Einbau und dem Entzug von Wasserstoff. Darüber hinaus leistet Palladium gute Dienste beim Cracken von Kohlenwasserstoffen. Aus diesem Grunde findet Palladium auch vor allem als Material in Abgaskatalysatoren der Automobilindustrie große Einsatzmöglichkeiten.

Fachleute in der Juwelierbranche weisen darauf hin, dass Palladium dem Platin in der Schmuckverarbeitung unter zahlreichen Aspekten überlegen sei. Dies mag vor allem auch daran liegen, dass Palladium vom Gewicht her wesentlich leichter ist als Platin, es darüber hinaus eine als wesentlich attraktiver geltende hell-weiße Farbe (dem Silberglanz ähnelnd) hat, einen niedrigeren Schmelzpunkt aufweist und – was aus ökonomischen Aspekten von Bedeutung ist – seit einigen Jahren wesentlich billiger ist als Platin. Hier muss allerdings festgehalten werden, dass Palladium im Jahr 2001 am Weltmarkt für kurze Zeit sogar teurer war als Platin (vgl. Abb. 41).

So überrascht es nicht, wenn sich Palladium seit vielen Jahren auch als Schmuckmetall großer Beliebtheit erfreut. Von allen Metallen der Platingruppe gilt Palladium als das unedelste Metall. Es weist die geringste Dichte sowie den niedrigsten Schmelz- und Siedepunkt der Platinmetalle auf und ist daher am leichtesten legierbar. Die Zähigkeit von Palladium übertrifft die von Platin nur geringfügig, dagegen sind Dehnbarkeit und Härte etwas geringer. Ein großer Vorteil dieses edlen Metalls ist darin zu sehen, dass es vor dem eigentlichen Schmelzprozess sehr stark erweicht und dann als sehr leicht schweiß- und schmiedbar gilt. Die Fähigkeit, Wasserstoff aufzunehmen, ist bei Palladium noch wesentlich stärker ausgeprägt als bei Platin. Palladium kann bei Zimmertemperatur das 850fache, Palladiummohr sogar das 3.000fache des eigenen Volumens an Wasserstoff aufnehmen.

Palladium wird von den Minenunternehmen meist aus gemeinsamen Vorkommen mit Platin gewonnen. Darüber hinaus fällt es als Beiprodukt auch in der Nickelförderung an. Im Jahr 2005 wurden weltweit

Tabelle 35: Palladiummarkt im Überblick

	Wert	2002	2003	2004	2005	2006 g	2007 p	2008 p
Angebot aus Russland	Tsd oz	1.930	2.950	4.800	4.620	3.925	3.925	3.925
Angebot aus anderen Ländern der Welt	Tsd oz	3.320	3.500	3.780	3.770	3.977	4.189	4.347
Recycling z.B. aus Autokatalysatoren	Tsd oz	770	710	525	630	811	999	1 161
Gesamt-Palladiumangebot	Tsd oz	6.020	7.160	9.105	9.020	8.712	9.112	9.433
Nachfrage Autobranche	Tsd oz	3.050	3.460	3.790	3.810	3.997	4.210	4.444
Nachfrage Schmuckbranche	Tsd oz	270	260	930	1.430	1.716	2.059	2.471
Nachfrage der Elektronikbranche	Tsd oz	760	900	920	965	1.013	1.064	1.117
Nachfrage der Dentalbranche	Tsd oz	785	825	850	845	887	932	978
Nachfrage der Chemie	Tsd oz	255	265	310	320	336	353	370
Nachfrage anderer Industriezweige	Tsd oz	90	140	290	300	300	300*	300*
Gesamt-Palladiumnachfrage	Tsd oz	5.210	5.850	7.090	7.670	8.249	8.917	9.681
Marktgleichgewicht Angebot/ Nachfrage	Tsd oz	810	1.310	2.015	1.350	463	195	-249
Platinpreis Jahresdurchschnitt	Dollar/ Feinunze	336	201	230	202	348	420	370

* Bei der zu erwartenden Nachfrage der Investmentbranche und den Preisprognosen für 2007 und 2008 gehen die meisten Experten heute noch davon aus, dass es in diesen beiden Jahren nicht zur Auflegung eines Exchange Traded Commodity Funds (ETC) auf Palladium kommen wird. Andernfalls ist mit einem kräftigen Anstieg sowohl der Nachfrage als möglicherweise auch der Preise in den Jahren 2007 und 2008 zu rechnen.

Tsd oz = 1000 Feinunzen – G = Schätzung auf Basis aktueller Daten der ersten zehn Monate 2006 – P = UBS-Prognose für die kommenden Jahre

Quellen: LME, Nymex, CRU, Brook Hunt, Thomson Financial, Reuters, Alcan, Alcoa – recherchiert und bearbeitet von Franziska Blum, tkMedia AG

Tabelle 36: Angebots-Nachfrage-Situation am Palladiummarkt

Land	Jahr 2002	Jahr 2003	Jahr 2004	Jahr 2005
Südafrika	2,160	2,320	2,480	2,590
Russland	1,930	2,950	4,800	4,620
Nordamerika	0,990	0,935	1,035	0,905
Sonstige	0,170	0,245	0,265	0,275
Gesamt	5,250	6,450	8,580	8,390

Angaben in Millionen Feinunzen — Quelle: Johnson Matthey

Tabelle 37: Palladiumnachfrage nach Branchen

Land	Jahr 2002	Jahr 2003	Jahr 2004	Jahr 2005
Autoindustrie*	3,050	3,450	3,790	3,810
Schmuckbranche	0,270	0,260	0,930	1,430
Elektronik	0,760	0,900	0,920	0,965
Dentalbranche	0,785	0,825	0,850	0,845
Chemie	0,255	0,265	0,310	0,320
Sonstige	0,090	0,140	0,290	0,300
Gesamt	4,840	5,430	6,560	7,040
Veränderung der Weltbestände	+0,410	+1,020	+2,020	+1,350

*In den Zahlen der Autoindustrie sind die Recyclingzahlen nicht enthalten.
Angaben in Millionen Feinunzen — Quelle: Johnson Matthey

rund 8,4 Millionen Feinunzen produziert, davon entfielen 4,37 Millionen auf Russland, 2,85 Millionen auf die Republik Südafrika und 955 Millionen Feinunzen auf Nordamerika (vgl. Tabellen 35 und 36).

Von der 2006er-Gesamtnachfrage in Höhe von 6,85 Millionen Feinunzen entfielen netto (also abzüglich des Recyclings) 3,3 Millionen Feinunzen auf die Autoindustrie, 1,12 Millionen Feinunzen auf die Juwelierbranche und 1,05 Millionen auf den Elektroniksektor (vgl. Tabellen 35 und 36). Darüber hinaus wird Palladium eingesetzt bei

- der Produktion von Feinstfolien, da Palladium zu 0,00001 mm dünnen Folien ausgewalzt werden kann.

- der Reinigung von Wasserstoff. In heißem Palladium besitzt Wasserstoff ein hohes Diffusionsvermögen.
- der Herstellung von Kontaktwerkstoffen für Kommunikationsanlagen.
- der Produktion von Zahnimplantaten.
- der Erzeugung medizinischer Instrumente.
- der Nutzung als Elektrodenwerkstoff für Zündkerzen.

Rhodium

Rhodium ist ein von der Farbgebung her mit Platin zu vergleichendes silbergrau-weißes Edelmetall. Es ist ein chemisches Element im Periodensystem der Elemente mit dem Symbol Rh und der Ordnungszahl 45. Das als selten geltende Übergangsmetall ist

Tabelle 38: Angebots-Nachfrage-Situation am Rhodiummarkt

Land	Jahr 2002	Jahr 2003	Jahr 2004	Jahr 2005
Südafrika	0,490	0,544	0,587	0,627
Russland	0,090	0,140	0,100	0,090
Nordamerika	0,025	0,026	0,017	0,020
Sonstige	0,010	0,014	0,016	0,017
Gesamt	0,615	0,724	0,720	0,754

Angaben in Millionen Feinunzen — Quelle: Johnson Matthey

Tabelle 39: Rhodiumnachfrage nach Branchen

Land	Jahr 2002	Jahr 2003	Jahr 2004	Jahr 2005
Autoindustrie*	0,599	0,660	0,758	0,821
Chemie	0,039	0,039	0,043	0,047
Elektronik	0,006	0,006	0,008	0,009
Glasindustrie	0,037	0,026	0,046	0,055
Sonstige	0,010	0,013	0,014	0,017
Gesamt	0,592	0,620	0,729	0,812
Veränderung der Weltbestände	+0,023	+0,104	-0,009	-0,058

*In den Zahlen der Autoindustrie sind die Recyclingzahlen nicht enthalten

Angaben in Millionen Feinunzen — Quelle: Johnson Matthey

ein Mitglied der Platinmetalle, kommt in Platinerzen vor und wird dann in Platinlegierungen als Katalysator verwendet. Rhodiumsalze zeigen teilweise schöne und sehr intensive Farben. Wegen seines hohen Schmelzpunkts und der zahlreichen Begleitelemente aus den Familien der Platinmetalle sowie von Gold und Silber gilt die industrielle Gewinnung von Rhodium als sehr aufwendig. Das Edelmetall wird meist als Ammoniumhexachlororhodat gewonnen und durch den Einsatz von Wasserstoff bei hohen Temperaturen zum Metall reduziert.

Neben dem Einsatz in Automobilkatalysatoren wird Rhodium zur Herstellung von korrosionsbeständigen Metallspiegeln sowie als Schutzschicht auf anderen Metallen verwendet. Es wird wegen seiner guten optischen Eigenschaften und seiner hohen Korrosionsfestigkeit in erster Linie für galvanische Arbeiten verwendet. Man spricht davon, dass andere Metalle mit Rhodium als Schutzschild rhodiniert werden. Aus Rhodiumlegierungen werden unter anderem Spinndüsen und Thermoelemente hergestellt.

Die globale Produktion von Rhodium ist von 0,755 Millionen Feinunzen im Jahr 2005 auf 0,80 Millionen Feinunzen im Jahr 2006 gestiegen. Der weitaus größte Teil der 2006er-Produktion – nämlich 0,70 Millionen Feinunzen – entfiel auf die Republik Südafrika (vgl. Tabelle 38). Rhodium fand (ähnlich wie Platin und Palladium) vor allem in der Autobranche als Einsatzstoff für die Produktion von Abgaskatalysatoren Anwendung. Im Jahr 2006 entfielen auf diesen Bereich rund 0,70 Millionen Feinunzen (vgl. Tabelle 39).

Ruthenium

Ruthenium ist je nach Art der angewandten Gewinnungsverfahren ein graues bis silberweißes Metall, das vergleichsweise leicht zu Pulver zerrieben werden kann. Das Metall ist von großer Härte und Sprödigkeit. Ruthenium ist ein chemisches Element im Periodensystem der Elemente mit dem Symbol Ru und der Ordnungszahl 44. Es handelt sich um ein seltenes Übergangsmetall der Platingruppe und ist wegen seiner härtesteigernden Wirkung unter anderem als Legierungszusatz sehr beliebt.

Hinsichtlich seines Vorkommens in der Erdkruste ist Ruthenium das häufigste, hinsichtlich seines Vorkommens an den Platinerzlagerstätten jedoch das seltenste Platinmetall. Normalerweise ist Ruthenium in Platinerzen zu finden. Ruthenium wird unter normalen Bedingungen weder von Säuren noch von Königswasser angegriffen, ist dagegen in sauerstoffreicher Salzsäure löslich. An der Luft bildet Ruthenium bei Erhitzen das schwarz erscheinende Rutheniumdioxid. Ruthenium ist nicht spanabhebend formbar. Es eignet sich dagegen als Legierungspartner der anderen Platinmetalle. Ruthenium findet Anwendung als

- Legierungszusatz in Platin- und Palladiumlegierungen bei elektrischen Schaltkontakten.
- Legierungszusatz in Titanlegierungen.
- Katalysator.
- Einsatzstoff in der Schmuckbranche.

Im Jahr 2006 wurden weltweit rund 0,940 Millionen Feinunzen Ruthenium nachgefragt. Der größte Anteil – nämlich 0,595 Millionen Feinunzen – entfiel auf die Elektronikbranche. Rund 0,151 Millionen Feinunzen des Edelmetalls wurden in der chemischen Industrie, 0,095 Millionen Feinunzen von Unternehmen der elektrochemischen Industrie eingesetzt.

Iridium

Iridium ist ein chemisches Element im Periodensystem der Elemente mit dem Symbol Ir und der Ordnungszahl 77. Der Begriff Iridium wurde vom griechischen Wort »iris« (Regenbogen) abgeleitet. Das Metall wurde im Jahr 1803 von Smithson Tennant in London zusammen mit Osmium entdeckt. Beim Versuch, Rohplatin in Königswasser auszulösen, befanden sich beide Platinmetalle in einem unlöslichen schwarzen Rückstand. Die starke Farbkraft der Iridiumsalze inspirierte Smithson Tennant dann zur Namensgebung Iridium. Iridium ist neben Osmium das schwerste aller Elemente. Iridium gilt allgemein als das korrosionsbeständigste Element. Es ist chemisch noch widerstandsfähiger als Platin selbst.

Die Wissenschaft streitet jedoch darüber, ob Iridium oder Osmium das dichteste Element überhaupt ist. In der angelsächsischen Fachliteratur wird meist Osmium als dichtestes Element geführt. Der Grund für den Streit liegt unter anderem darin, dass Iridium gemeinsam mit Osmium zwei natürlich vorkommende Minerale bildet, nämlich

- Osmiridium, das wiederum zu 50 Prozent aus Iridium und darüber hinaus in kleineren Anteilen aus Osmium, Platin, Ruthenium und Rhodium besteht, und
- Iridosmium, das sich zu 55 bis 80 Prozent aus Osmium und zu 20 bis 45 Prozent aus Iridium zusammensetzt.

Unter 0,11 Kelvin geht Iridium in den supraleitfähigen Zustand über. Iridium kann selbst bei Rotglut nur sehr schwer verformt werden; dagegen lässt es sich feilen und polieren. Wie Ruthenium und Rhodium ist auch Iridium unter Normalbedingungen weder von Säuren noch von Königswasser lösbar. Allerdings löst es sich in erhitzter, sauerstoffreicher Salzsäure, in geschmolzenem Ätzkali und in geschmolzener Pottasche.

Bei Erhitzung auf Rotglut bildet das Metall Iridiumoxid – auch als Di-Iridiuimtrioxid bezeichnet –, das wiederum eine merkliche Verflüchtigung von Iridium zur Folge hat. Oberhalb einer Temperatur von 1.140 Grad Celsius findet bei Iridium keine sichtbare Oxydation mehr statt. Dem von Johnson Matthey erstellten Bericht *Platinum 2006* zufolge lag die weltweite Nachfrage bei Iridium im Jahr 2006 bei 0,136 Millionen Feinunzen. Davon wurden 0,033 Millionen Feinunzen in der Chemie, 0,029 Millionen Feinunzen im Bereich Elektrochemie und 0,028 Millionen Feinunzen in der Elektronik eingesetzt.

Wegen seiner außerordentlichen Härte und Sprödigkeit wird Iridium in erster Linie als Legierungsbestandteil von Platinlegierungen verwendet. Diese eignen sich vor allem für die Herstellung von elektrischen Kontakten, Füllfederspitzen und Injektionsnadeln, Zündkerzen in Flugzeugmotoren und Laboratoriumsgeräten. Zur Messung von hohen Temperaturen wird Iridium meist zusammen mit anderen Platinmetallen in Thermoelementen verwendet.

Iridium ist seltener als Gold oder Platin. Iridium ist ebenso wie andere Elemente der Platingruppe in kleineren Mengen auch in Flusssanden zu finden; es fällt darüber hinaus bei der Verhüttung von Nickelerzen an. Wichtige Vorkommen des Edelmetalls sind in der Republik Südafrika, in Russland, auf dem amerikanischen Kontinent und in Japan, Borneo sowie Tasmanien zu finden. In der Natur tritt es elementar in Form von kleinen Körnern oder in Begleitung von Platin auf.

Osmium

Osmium ist ein chemisches Element im Periodensystem der Elemente mit dem Symbol Os und der Ordnungszahl 76. Es gilt als ein recht hartes, sprödes und sehr schweres Übergangsmetall der Platingruppe mit blaugrauer bis (in pulverisierter Form) blauschwarzer Farbe. Das Übergangsmetall Osmium ist im Iridiosmium, – einer natürlich vorkommenden iridium- und osmiumhaltigen Legierung – sowie in platinhaltigen Flusssanden in der Welt zu finden. In kompakter Form lässt sich Osmium nur sehr schwer herstellen. Es kann jedoch im Lichtbogen- oder Elektronenstrahlofen erschmolzen werden. Leichter herstellbares Metallpulver oxidiert schon bei Raumtemperatur zu dem stark giftigen und stark riechenden, bei 130 Grad Celsius siedenden Osmiumtetraoxid. Wegen der hohen Giftigkeit der Oxide wird Osmium selten im reinen Zustand verwendet.

Grundsätzlich kann festgestellt werden, dass das Edelmetall Osmium stets dort Verwendung finden kann, wo es im industriellen Fertigungsprozess auf allergrößte Haltbarkeit und Härte ankommt. Osmium besitzt von allen Elementen der Platinfamilie den höchsten Schmelzpunkt und den niedrigsten Dampfdruck. Von allen beständigen Elementen weist Osmium die höchste Dichte und den höchsten Siedepunkt auf. Es ist spanlos nicht bearbeitbar und wird weder von sauerstofffreien Säuren noch von Königswasser gelöst, wohl aber von Pottasche und Kaliumchlorat.

Osmium wird als Bestandteil sehr harter Legierungen für elektrische Kontakte und Füllfederspitzen verwendet. Gelegentlich wird das Metall auch als Katalysator eingesetzt.

Legierungen aus 90 Prozent Platin und zehn Prozent Osmium werden in den modernen Industriegesellschaften zum Beispiel zu medizinischen Implantaten und künstlichen Herzklappen verarbeitet. Osmiumtetraoxid wird darüber hinaus zur Fixierung und Kontrastverstärkung von Lipiden (Fetten) und Membranen in der Elektronenmikroskopie und bei den Ermittlungsbehörden in der Spurensicherung – zum Beispiel zur Abbildung von Fingerabdrücken – eingesetzt. Die wichtigsten Osmiumvorkommen sind in der Republik Südafrika zu finden.

Strategische Metalle

Sowohl aus der Sicht von Hochtechnologieunternehmen der Weltwirtschaft als auch vom Standpunkt des Kapitalanlegers betrachtet, verdienen die sogenannten Nebenmetalle (im Englischen als Minor Metals bezeichnet) zumindest ebenso große Beachtung wie die traditionellen Nichteisenmetalle Kupfer, Aluminium, Nickel, Zink, Zinn und Blei. Bei einigen dieser, nicht mit der Häufigkeit der traditionellen Nichteisenmetalle in der Erdkruste zu findenden, Nebenmetalle ist die Versorgungslage nicht selten kritisch.

Weil die größten Lagerstätten dieser Metalle wie Antimon, Chrom, Kadmium, Kobalt Magnesium, Mangan, Molybdän, Niob, Quecksilber, Tantal, Titan, Vanadium, Wismut, Wolfram und Zirkonium vor allem in jenen Weltregionen zu finden sind, die – zumindest in den früheren Zeiten des Kalten Krieges – als geopolitisch unsicher und daher als strategisch bedeutsam galten, werden diese Stoffe auch als »strategische Metalle« bezeichnet. Es ist wichtig zu wissen, dass das standortgebundene Auftreten dieser Bodenschätze für die reibungslose Versorgung der Weltwirtschaft ein Risiko darstellt. So ist bei einer ganzen Reihe von Metallen eine sehr hohe Konzentration der Vorkommen auf einige wenige Länder festzustellen, denen rohstoffpolitisch eine hervorragende strategische Lage zukommt.

So liegen zum Beispiel rund 80 Prozent der heute weltweit bekannten Platinreserven in der Republik Südafrika und in der ehemaligen Sowjetunion. Noch extremer ist die Situation beim Stahlveredler Vanadium, bei dem diese beiden genannten Länder rund 95 Prozent der globalen Vorräte auf sich vereinen. Die Republik Südafrika nimmt darüber hinaus eine ebenso hohe strategische Bedeutung bei der Versorgung der Welt mit Mangan und Chrom ein.

In diesem Zusammenhang ziehen auch die Argumente jener Experten nicht, die von einer möglichen Verknappung bei Mangan nichts wissen wollen, indem sie auf die auf dem Meeresboden vorkommenden Manganknollen verweisen. Der Abbau dieser Vorräte stellt zum einen ein wirtschaftlich-technisches Problem dar, weil diese Vorkommen nur mit hohem finanziellen Einsatz gefördert werden können, und zum anderen besteht das juristische Problem, dass die Internationale Seerechtskonferenz noch keine Lösung im Hinblick auf die Eigentumsrechte an diesen Vorräten gefunden hat.

Die große Bedeutung der Minor Metals ist darin zu sehen, dass sie wegen ihrer einmaligen Eigenschaften sowohl in den für die Industrienationen wichtigen Branchen Luft- und Raumfahrt sowie auch in der dortigen Rüstungswirtschaft weitgehend als unverzichtbar gelten. Einige Metalle sind im heutigen Internetzeitalter ein wichtiger und kaum zu ersetzender Bestandteil in modernen Computern und in der Telekommunikationsbranche. Mit den in der Nanotechnologie zu erwartenden Fortschritten werden die Vorzüge der Minor Metals in den kommenden Jahren wohl noch stärker geschätzt werden.

Festzustellen ist in diesem Zusammenhang im Übrigen, dass die Grundzüge der Marktwirtschaft bei den strategischen Metallen bestens funktioniert haben. Denn die Preise dieser knappen Materialien sind – wegen des Knappheitscharakters – in den vergangenen Jahren wesentlich stärker gestiegen als die Notierungen der Buntmetalle. Für einen an strategischen Metallen interessierten Kapitalanleger ist es wichtig zu wissen, dass diese Rohstoffe wegen ihrer in der Regel geringen Verfügbarkeit nicht an Börsen gehandelt werden.

Nebenmetalle werden an freien Märkten gehandelt, wobei sich der Londoner Markt in den vergangenen Jahren als der führende Marktplatz vor New York herauskristallisiert hat. Darüber hinaus sind im Internetzeitalter auch elektronische Handelsplattformen entstanden, die eine verbesserte Liquidität und Transparenz dieses Marktes ermöglichen. Nur ein geringer Teil der Weltproduktion an den meisten strategischen Metallen wird bekanntlich auf dem offenen Markt gehandelt. Der größte Teil der Produktion der Metalle wird über feste Lieferverträge direkt von den wenigen Minenbetreibern an spezielle Verarbeiter der Erze und an Metallhersteller verkauft.

Die strategische Bedeutung der Nebenmetalle lässt sich an den starken Preisfluktuationen erkennen. Zu glauben, die Preise der strategischen Metalle würden nur eine Richtung – nämlich den Hausse-Trend – kennen, ist schlichtweg falsch. Zugegebenermaßen verläuft der Preistrend seit Anfang dieses Jahrtausends meist kräftig nach oben, doch zeigt die Vergangenheit, dass ausgeprägten Preisaufschwüngen nicht selten entsprechend starke Minuskorrekturen folgen können. Als ein Beispiel sei die Entwicklung am Kobaltmarkt im Zeitraum von 1977 bis 1982 angeführt.

Als Folge der Invasion von Guerilla-Kämpfern in der Zaire-Provinz Shaba kam es zur Schließung der dortigen Kupfer- und Kobaltgruben. Bekanntlich bringen es politisch nicht gerade als stabil geltende Staaten wie Zaire und Sambia auf mehr als die Hälfte der weltweiten Kobaltförderung. Vor diesem Hintergrund schoss der Kobaltpreis von rund 8 Dollar/lb im Jahr 1977 auf über 45 Dollar/lb im Januar des Jahres 1979, bevor es in der Folgezeit bis zum Jahr 1983 wieder zu einem Rückgang auf unter sieben Dollar/lb kam. Dies war zum einen die Folge der sich in den genannten afrikanischen Staaten wieder entspannenden politischen Situation und zum anderen die Konsequenz aus den Anstrengungen von Minenunternehmen in aller Welt bei der Suche nach neuen Kobaltvorkommen.

Tabelle 40: Daten und Fakten strategischer Metalle

Name	Häufigkeit in der Erdkruste	Dichte	Schmelzpunkt
Antimon - Sb	0,000065 %	6,69 g/cm3	631 Grad C
Chrom - Cr	0,019 %	7,2 g/cm3	1890 Grad C
Kadmium - Cd	0,00002 %	8,56 g/cm3	321 Grad C
Kobalt - Co	0,0025 %	8,9 g/cm3	1494 Grad C
Magnesium - Mg	1,95 %	1,74 g/cm3	650 Grad C
Mangan - Mn	0,10 %	7,2 g/cm3	1244 Grad C
Molybdän - Mo	0,0001 %	10,2 g/cm3	2620 Grad C
Niob - Nb	0,002 %	8,4 g/cm3	2415 Grad C
Quecksilber - Hg	0,00004 %	13,60 g/cm3	-38,9 Grad C
Tantal - Ta	0,0002 %	16,7 g/cm3	3000 Grad C
Titan - Ti	0,44 %	4,5 g/cm3	1670 Grad C
Vanadium	0,014 %	6,1 g/cm3	1715 Grad C
Wismut - Bi	0,00002 %	10,04 g/cm3	271 Grad C
Wolfram - W	0,0001 %	19 g/cm3	3410 Grad C
Zirkonium - Zr	0,021 %	6,5 g/cm3	1860 Grad C
Zum Vergleich: Eisen	5,000 %	7,87 g/cm3	1536 Grad C

Quelle: Recherchiert und bearbeitet von Franziska Blum, tkMedia AG

Antimon

Erstmals wurde das als recht spröde geltende und einen silberweißen Glanz aufweisende Nebenmetall Antimon bereits um 3000 vor Christi Geburt in China und in Ägypten gefunden. Antimon wird unter anderem dafür eingesetzt, weiche Buntmetalle wie Blei oder Zinn durch Legierung zu härten und gegen Korrosion zu schützen. Antimon verleiht Lacken, Kunststoffen, Gummi, Textilien und Papier zudem feuerresistente Eigenschaften. Antimon kommt darüber hinaus als Pigment und Spurenelement in der Glas- und Keramikbranche zum Einsatz.

Die Dimension der weltweit bekannten Antimonerzkörper ist in der Regel sehr klein, sodass wirtschaftlich sinnvoll abbaubare Antimonvorkommen eine Seltenheit darstellen. Meist kommt das Metall in magmatisch-hydrothermalen Ganglagerstätten vor. Mehr als die

Hälfte des Antimonverbrauchs erfolgt in Form von Antimontrioxid. Nicht selten tritt Antimon in der Erdkruste in Verbindung mit Blei-, Kupfer- und Silbererzen auf.

Antimon wird als Erzkonzentrat, als Antimontrioxid und in Form von 60 lbs schweren Barren – sogenannten Regulusblöcken mit einem Reinheitsgrad von 99,5 bis 99,6 Prozent – in Lots von fünf Tonnen am Weltmarkt gehandelt.

Chrom

Das silberweiß glänzende Metall Chrom ist bereits seit dem Jahr 1797 bekannt. Wirtschaftliche Bedeutung als Stahlveredler erreichte Chrom indes erst mit dem Beginn des Industriezeitalters. In kleineren Mengen ist Chrom in zahlreichen silikatischen Gesteinsmineralien enthalten. Als das einzig wichtige Erzmineral gilt jedoch Chromit. Chrom wird als Ferrochrom in der Erzeugung hochwertiger Stähle legiert. Es erhöht die Druck-, Zug- und Wärmefestigkeit der legierten Stähle. Bei Legierungen mit Nickel und Kupfer werden darüber hinaus eine hohe Hitze- und Korrosionsbeständigkeit sowie eine enorme elektrische Leitfähigkeit erreicht.

Wegen seiner enormen Bedeutung als Stahlveredler – Chrom ist für die Produktion rostfreier Stähle praktisch durch nichts zu ersetzen – und seiner vielfältigen Nutzung in der chemischen Industrie kommt Chrom eine hohe strategische Bedeutung für die auf Hochtechnologie spezialisierten Industrieländer des Westens zu. Diese strategische Bedeutung ist daran zu erkennen, dass die auf dem Globus verfügbaren Chromreserven sehr ungleichmäßig verteilt sind.

Auf dem Weltmarkt steht Chrom als Chromiterz, als Ferrochrom, als Silichrom, als Chromsalz und als elektrolytisch raffiniertes Chrommetall mit einer Reinheit von mindestens 99 Prozent zur Verfügung. Das südafrikanische Bergbauministerium hat Ende 2006 angekündigt, die Exporte von Chromerz zu beschränken und mehr Material auf dem heimischen Markt zu Ferrochrom zu verarbeiten. Bekanntlich ist die Republik Südafrika bereits heute der weltweit führende

Produzent von Ferrochrom. Das weltweit größte Ferrochrom produzierende Unternehmen ist Xstrata, gefolgt von Samancor Chrome.

Kadmium

Das im Jahr 1871 entdeckte silberweiße Metall, das in der Erdkruste durchschnittlich etwa zu 0,00002 Prozent enthalten ist, wird in der Regel als Beiprodukt aus Zinkmineralien gewonnen. Zinkerze enthalten in der Regel zwischen 0,01 und 0,02 Prozent, in Ausnahmefällen aber auch 0,5 Prozent Kadmium. Kadmium ist an der Luft und im Salzwasser recht korrosionsbeständig und verliert erst nach längerer Zeit seinen Glanz. Kadmium und seine Verbindungen gelten als extrem giftig.

Kadmium wird auf dem Weltmarkt in der Form von »Sticks« und »Ingots« mit einer Reinheit von 99,95 Prozent gehandelt. Das im Handel akzeptierte Material sollte absolut arsenfrei sein. Ein Börsenhandel findet in Kadmium – ähnlich wie in den anderen Nebenmetallen – nicht statt. Das Metall wird neben wiederaufladbaren Nickel-Kadmium-Batterien vor allem für die Herstellung korrosionsbeständiger Schutzüberzüge zur Galvanisierung eingesetzt. In der Plastik-, Keramik- und Glasindustrie werden Verbindungen mit Kadmium als Pigmente und Farbstoffe verwandt. Die USA sind mit einem Anteil von mehr als einem Drittel des weltweiten Verbrauchs der größte Konsument von Kadmium.

Kobalt

Obwohl das in glänzend weißer Farbe auftretende Kobalt als ein in der Erdkruste vergleichsweise häufig vorkommendes Metall gilt, ist es als strategisches Metall einzustufen. Grund: Kobalt tritt nur sehr selten in höheren Konzentrationen auf und ist als Bei- oder Koppelprodukt in der Natur praktisch immer an Kupfer- und Nickelvorkommen gebunden. Das einzige bekannte Vorkommen, bei dem Kobalt als Hauptprodukt in Erscheinung getreten ist, ist die Lagerstätte von Bou Azzer in Marokko, deren Vorräte allerdings zur Neige gehen.

Die Produktionsmenge des bereits im 17. Jahrhundert zur Produktion kobaltblau gefärbter Gläser eingesetzten Metalls hängt aus diesem Grund auch immer stark von der Förderung dieser beiden Metalle ab. Heute wird Kobalt vor allem zur Produktion hitze- und korrosionsbeständiger Superlegierungen für Turbinen und Brenner sowie für extrem feste Stähle und als Dauermagneten eingesetzt. Die bedeutendsten Kobaltmineralien sind Linneit, Kobaltglanz, Skutterudit und Saflorit.

Im Handel steht Kobalt in unterschiedlicher Form zur Verfügung, nämlich als Kathodenstück und Pulver in einer Reinheit von 99,5 bis 99,9 Prozent, als Kobaltoxid (70 bis 75 Prozent Reinheit) und als Kobaltsalz mit unterschiedlichen Reinheitsgraden.

Magnesium

Mit einer Dichte von 1,74 Gramm pro Kubikzentimeter und einem Schmelzpunkt von 650 Grad Celsius ist das zum ersten Mal im Jahr 1806 gewonnene Metall Magnesium eines der leichtesten Metalle überhaupt. Es findet in Verbindung mit Aluminium wegen seines geringen Gewichts daher sehr starke Anwendung als Konstruktionsmaterial. Magnesium hat auch nicht die immense strategische Bedeutung wie die anderen in diesem Kapitel beschriebenen Metalle. Mehr als die Hälfte des weltweiten Angebots an Magnesium wird in Elektrolyseanlagen aus dem Meerwasser gewonnen. Darüber hinaus wird das Metall auch aus sedimentären Dolomitgesteinen abgebaut, die weltweit recht verbreitet sind.

Das Geschehen am globalen Magnesiummarkt wird sehr stark vom Aluminiummarkt bestimmt, da die Aluminiumproduzenten als größte Abnehmer von Magnesium in Erscheinung treten. So werden Aluminiumlegierungen mit einem unterschiedlichen Gehalt an Magnesium für die Produktion von Teilen in der Automobil-, Flugzeug und Raumschiffbranche eingesetzt. Wegen der starken Abhängigkeit vom Aluminiummarkt verläuft die Preisentwicklung der beiden Metalle auch weitgehend gleichgerichtet. Die Energiepreise haben bei der Produktion sowohl von Magnesium als auch von Aluminium einen großen Einfluss.

Auf dem freien Markt wird Magnesium in einer Reinheit von 99,8 bis 99,9 Prozent gehandelt. Es kommt in acht Kilogramm schweren Ingots in einer Handelseinheit von fünf Tonnen auf den Markt oder wird bereits als Halbzeug in gewalzter, gepresster Form sowie als Span und Pulver gehandelt.

Mangan

Das silberweiß und matt glänzend erscheinende Metall Mangan wird wegen seiner äußerlichen Ähnlichkeit häufig mit Eisen verglichen. Wegen seiner immensen Bedeutung als Stahlveredler ist Mangan – das zum ersten Mal im Jahr 1774 Erwähnung fand – nach Eisen das mengenmäßig am häufigsten erzeugte Metall. Es wird in der Eisen- und Stahlindustrie vor allem deshalb sehr stark nachgefragt, weil es hervorragende Eigenschaften im Zusammenhang mit den Vorgängen des Desoxidierens und Entschwefelns von Metallschmelzen besitzt. Als Stahlveredler erhöht Mangan die Festigkeit, die Einhärttiefe, die Korrosionsbeständigkeit und den Verschleißwiderstand von Stählen.

Von den mehr als 300 bekannten Manganmineralien haben nur einige wenige – wie die Mineralien Pyrolusit, Manganit und Braunit – eine wirklich wirtschaftliche Bedeutung. Mangan wird in den nächsten Jahrhunderten im Prinzip in ausreichender Menge zur Verfügung stehen. Grund: An einigen Stellen des Meeresbodens sind riesige Mengen an Manganknollen vorhanden. Experten sprechen von einem Volumen von rund 400 Milliarden Tonnen. Diese Vorkommen sind wirtschaftlich jedoch weniger wegen ihres Mangangehalts als vielmehr wegen der Gehalte an Nickel, Kupfer und Kobalt interessant.

Molybdän

Das hellgrau glänzende und als extrem hart geltende Metall Molybdän wurde erstmals im Jahr 1790 als eigenständiges Metall erwähnt.

Tabelle 41: Der Weltmarkt für Molybdän

		2002	2003	2004	2005	2006	2007e	2008e
Minenproduktion	in Mio. lbs	293	335	378	386	391	411	445
Wachstum der Minenproduktion	in Prozent	-11,9	14,2	13,0	2,2	1,1	5,3	8,1
Recycling von Katalysatoren	in Mio. lbs	10	10	10	10	11	11	12
Gesamtangebot	in Mio. lbs	305	345	388	389	411	437	456
Gesamtnachfrage	in Mio. lbs	309	346	386	393	415	436	458
Marktbalance	in Mio. lbs	-4,0	-0,9	2,0	-3,5	-4,1	1,5	-1,4
Londoner Preis/ Jahresdurchschnitt	in US Dollar je lb	3,98	5,31	15,29	32,70	25,20	22,50	20,00

e = Schätzung

Quellen: CRU, WMBS, UBS und tkMedia AG

Der überwiegende Teil der primären Molybdänproduktion stammt aus magmatischen Lagerstätten. Als einziges Molybdänmaterial mit einer entsprechenden wirtschaftlichen Bedeutsamkeit gilt der Molybdänit. Das Metall, dem eine enorme strategische Bedeutung zugeschrieben wird, ist einer der in der Welt am meisten gefragten Stahlveredler. Stahl, dem Molybdän zugesetzt wurde, weist eine hohe Härtefähigkeit, Wärmefestigkeit und Dehnbarkeit auf. Darüber hinaus haben mit diesem Metall behandelte Stähle bessere magnetische Eigenschaften und gelten zudem als säurebeständig.

Wegen seiner einzigartigen Eigenschaften ist die Nachfrage nach dem Metall Molybdän in den vergangenen Jahren kräftig in die Höhe geschossen, wobei die VR China als führender Stahlproduzent in der Welt im Jahr 2006 einer der entscheidenden Nachfragetreiber nach Molybdän war. Experten gehen davon aus, dass die Bedeutung Chinas auf dem Stahlmarkt in den nächsten Jahren noch weiter wachsen und die Nachfrage unter diesem Aspekt auf hohem Niveau bleiben wird (vgl. Tabelle 41).

Fachleute aus der Metallbranche betonen im Hinblick auf die künftige Rolle der VR China am Markt für Molybdän die klimatischen

Bedingungen im Reich der Mitte. Wegen der starken Nutzung von Kohlekraftwerken zur Stromproduktion sei die Infrastruktur in den chinesischen Städten anfälliger für Korrosion, sodass man davon ausgehen könne, dass der Einsatz von mit Molybdän behandelten rostfreien Edelstahlsorten in den nächsten Jahren in China kräftig steigen dürfte.

Mit Molybdän veredelte Stähle werden für Düsenmotoren, Turbinen, Pipelines, Zylinder, Ventile, Kolben, Katalysatoren, Transistoren und Hochtemperatur-Heizeinrichtungen eingesetzt. Molybdän findet Anwendung in Lithium-Batterien sowie in der Medizintechnik und wird in größeren Mengen auch für die Einrichtung von Atomkraftwerken eingesetzt. Nicht zu vergessen ist die hohe Bedeutung, die das Metall als Katalysator in der Öl- und Gasindustrie bei der Beseitigung von Schwefel hat. Molybdän wird in der chemischen Industrie auch als Düngemittelzusatz verwandt, da bereits geringe Mengen des Metalls für zahlreiche Pflanzen unentbehrlich sind und deren Stickstoffaufnahme aus der Luft fördern.

Molybdän wird auf dem Weltmarkt in unterschiedlicher Form gehandelt, nämlich als Molybdänkonzentrat, als Molybdäntrioxid, als Ferro-Molybdän (mit einem Anteil von 65 bis 70 Prozent Molybdän) und als reines Metall in Pulverform.

Niob

Niob bildet mit Tantal ein kohärentes Metallpärchen. Beide Metalle kommen oft zusammen in den gleichen Mineralien vor und sind in den gleichen mineralischen Lagerstätten angereichert. Die wichtigsten Niobmineralien sind Pyrochlor, Columbit und Euxenit. Das hell- bis silbergrau erscheinende Metall gilt als sehr gut schmiedbar. Niob – im Englischen auch als combium bezeichnet – besitzt gute elektrische Leitfähigkeit und ist außerordentlich korrosionsbeständig.

Bis heute wird das Metall in erster Linie als Stahlveredler im Motorenbau, in der Raketentechnik, in der Stromwirtschaft und im chemischen Maschinenbau gebraucht. Niob wird von der Öl- und Gasbranche auch bei der Herstellung von Pipelines eingesetzt. In der Elektronikindustrie findet Niob vor allem als Komponente für die Herstellung von Supraleitern Verwendung. Das Metall sorgte nicht zuletzt dadurch in der Weltpresse für Schlagzeilen, da es als keramischer Werkstoff zum Beispiel beim Bau des Hitzeschildes des Space Shuttle eingesetzt wurde und wird.

Bislang gilt Brasilien mit dem Araxa-Vorkommen als führender Anbieter von Niob. Doch vor geraumer Zeit hat Russland die Erschließung des nach russischen Angaben vermutlich weltgrößten Vorkommens dieses nicht zuletzt für die Elektrotechnik wichtigen Metalls in Sibirien ausgeschrieben. Das Tomtor-Vorkommen in Russland war bei der Suche nach Diamanten bereits im Jahr 1960 entdeckt worden. Mit dem Siegeszug der Hochtechnologie in der Weltwirtschaft nahm die Bedeutung von Nebenmetallen wie Niob zu, sodass erst in den vergangenen Jahren an eine Erschließung des Feldes gedacht wurde.

Weltweit führend bei der Niob-Produktion war bis zuletzt Brasilien, das mehr als 80 Prozent dieses Marktes kontrollierte. Das Metall wird darüber hinaus auch in Australien, Kanada und Nigeria gefördert.

Quecksilber

Quecksilber ist das einzige bekannte Metall, das bei Zimmertemperatur in flüssiger Form existiert. Die sehr bewegliche Flüssigkeit besitzt einen zinnweißen Glanz. Das schon im Altertum bekannte Metall, dessen Dämpfe und Verbindungen als sehr giftig gelten, legiert sich mit vielen Metallen zu Amalgamen. Wichtigstes Quecksilbermineral ist der scharlachrote Zinnober, der lokal von gediegenem Quecksilber in Form kleiner Tröpfchen begleitet wird. Wichtigster Abnehmer ist die Elektronik- und Instrumentenindustrie, die Quecksilber zur Herstellung elektrischer Apparaturen wie Oszillatoren, Gleichrichter und Schalterteile sowie für die Produktion von Thermometern und Barometern nutzt. Darüber hinaus findet Quecksilberoxid bei der Herstellung von Batterien Verwendung.

Die toxische Wirkung von Quecksilberverbindungen wird bei Fungiziden, Insektiziden und bei Desinfektionsmitteln genutzt. Das Metall wird mit einem Reinheitsgrad von 99,99 Prozent in Stahlflaschen mit einem Gewicht von einem alten spanischen Zentner – also 76 lbs oder 34,505 Kilogramm – an den freien Metallmärkten gehandelt.

Tantal

Tantal bildet gemeinsam mit Niob ein geochemisch eng verwandtes Metallpaar. Beide Metalle treten in der Regel gemeinsam in den gleichen Mineralien auf, nämlich in Pyrochlor, Columbit, Euxenit und Tantalit. Rund die Hälfte des globalen Tantalangebots wird nicht aus im Bergbau gewonnenen Erzen erzeugt, sondern fällt zum einen als Zinnschlacke und zum anderen als Beiprodukt in der Gewinnung von Zinn an. Das harte und gleichzeitig sehr dehnbare Metall ist wegen seiner besonderen Eigenschaften seit vielen Jahren ein gesuchter Werkstoff in der Elektronik- und Chemiebranche.

Eines der seltenen Elemente, die in den vergangenen Jahren vom Siegeszug der Hochtechnologie besonders profitiert haben, ist Tantal. Seit einigen Jahren wird das Metall in immer größeren Mengen in elektronischen Bauteilen von Mobiltelefonen, Laptops und Camcordern verwendet. Wie wohl kein anderes Metall eignet sich das silbergraue Tantal zur Herstellung kleiner, leichter Kondensatoren, wie sie in der Unterhaltungselektronik oder Fahrzeugtechnik benötigt werden. Gerade in den 70er- und 80er-Jahren des vergangenen Jahrhunderts war die Tantalnachfrage rapide angestiegen, als Unternehmen wie Sony oder Philips immer kleinere Kondensatoren entwickelten. Auf die Elektronikbranche entfallen rund 50 Prozent des weltweiten Tantalbedarfs, berichtet das Tantalum Niobium International Study Center in Brüssel. Das Metall eignet sich hervorragend für Legierungen von Schneidwerkzeugen, Turbinenschaufeln und Generatoren.

Im Zusammenhang mit dem Boom der Informationstechnologie in den 90er-Jahren führte die verstärkte Nachfrage im Jahr 2000 zu Versorgungsengpässen auf diesem Markt. Die Spotpreise für Tantalerze stiegen in der Spitze um über 500 Prozent, nämlich von durchschnittlich 40 Dollar je lbs (ein lb entspricht 0,453 Kilogramm) [205]Ta im Januar 2000 bis auf über 200 Dollar je lbs im Dezember des Jahres 2000. Als Konsequenz des immensen Nachfragebooms und des kräftigen Preisanstiegs zu Beginn dieses Jahrtausends wurden von der Minenindustrie verstärkte Anstrengungen bei der Suche nach neuen abbauwürdigen Tantallagerstätten unternommen. Dabei gab es nicht unerhebliche Explorationserfolge in Ländern wie Kanada und Australien. Danach sind die Preise für Tantalitkonzentrat, dem am häufigsten gehandelten Tantalrohstoff, jedoch wieder drastisch unter das Ausgangsniveau eingebrochen.

Titan

Der stahlähnlich erscheinende Rohstoff Titan wurde erstmals im Jahr 1852 in seiner metallischen Form dargestellt. Allerdings waren seine großtechnische Gewinnung und industrielle Nutzung erst nach der Entdeckung des sogenannten Kroll-Prozesses nach dem Zweiten Weltkrieg möglich. Das gut verformbare Metall weist eine große Korrosionsbeständigkeit und eine große Festigkeit bei gleichzeitig geringer Dichte auf. Als die wichtigsten Titanminerale gelten der Titanomagnetit, der bis zu 15 Prozent Titan enthält, sowie die Minerale Ilmeint, Rutil, Leukoxen und Titanit.

Titanoxide werden als Weißpigmente von der Farb-, Papier-, Gummi-, Textil- und Keramikindustrie geschätzt. Titanmetall findet vor allem in der Luft- und Raumfahrtbranche sowie in der Rüstungsindustrie Anwendung. Titan wird darüber hinaus auch in der Medizin für die Herstellung künstlicher Hüftgelenke und für die Produktion von Herzschrittmachern genutzt.

Auf dem Weltmarkt werden Erzkonzentrate von Ilmenit (35 bis 61 Prozent Titanoxid), Rutil (90 bis 98 Prozent Titanoxid) und das Zwischenprodukt Titanschlacke gehandelt. Als Endprodukte werden darüber hinaus Titanoxide und das Titanmetall – in reiner Form von

99,0 bis 99,6 Prozent – zum Beispiel in Form von Titanschwämmen gehandelt.

Vanadium

Das bereits seit dem Jahr 1801 bekannte Vanadium ist von hellstahlgrauer Farbe und wird vor allem in der Stahlindustrie eingesetzt. Wegen seiner Eigenschaften, die Korrosionsbeständigkeit sowie die Warm- und Zugfestigkeit von Stählen zu erhöhen, wird Vanadium vor allem als Ferrolegierung bei der Herstellung von Edelstählen verwendet. Diese hochwertigen Stahlsorten werden wegen ihrer hohen Schwingungsfestigkeit bevorzugt zur Produktion von Automobilteilen und Federungseinrichtungen verwendet.

Darüber hinaus kommen solche wertvollen Stahlsorten auch bei der Produktion von Pipelines zum Einsatz. In der chemischen Industrie wird Vanadium in Form von Vanadium-Pentoxid bei der Herstellung von Schwefelsäure und Kunstharz verwendet. Das Metall tritt vor allem als Bei- oder Koppelprodukt bei der Gewinnung von Eisen, Titan und Uran auf. Besonders bedeutend sind in diesem Kontext magmatische Titanomagnetiterze, die bis zu zwei Prozent Vanadium beinhalten.

Die enorme strategische Bedeutung dieses Metalls ist daraus zu ersehen, dass die weltweit bekannten Vorkommen lediglich auf wenige Länder – nämlich auf die Republik Südafrika und auf die Staaten der ehemaligen Sowjetunion – entfallen.

Wismut

Das grauweiße, mit einem rötlichen Stich versehene Metall Wismut wurde erstmals im 13. Jahrhundert im sächsischen Erzgebirge erwähnt. Dort trat Wismut gemeinsam in Verbindung mit Silber und Nickel auf. Das Metall kommt auch heute noch in geringer Konzentration in komplex erscheinenden magmatischen Strukturen wie Blei-Silber-Kupfer-Erzen, in Kupfer-Gold-Erzen oder in Uran-Erzen vor.

Überwiegend wird Wismut für die Produktion von organischen und anorganischen Verbindungen eingesetzt, die wiederum zur Herstellung kosmetischer und pharmazeutischer Artikel notwendig sind. Darüber hinaus findet es in der Glas-, Elektronik-, Dental- und Leuchtfarbenbranche sowie bei der Vulkanisierung von Gummi Verwendung. Wismut wird in der Regel in Legierungen mit Blei, Zinn, Antimon, Kadmium und Zink eingesetzt. Gehandelt wird es am freien Weltmarkt – allerdings nicht an einer Metallbörse – in arsenfreier Form mit 99,99-prozentiger Reinheit in Lots von einer Tonne Gewicht.

Wolfram

Das weiß glänzende Metall Wolfram (im Englischen mit dem Begriff »tungsten« bezeichnet) wurde zwar bereits im Jahr 1783 erwähnt, doch erfuhr es wirkliche wirtschaftliche Bedeutung erst in den Anfängen des Industriezeitalters, als die Wirtschaft Wolfram in Form von dünnen Fäden verstärkt in Glühlampen einsetzte. Als die beiden bedeutendsten Minerale zur Gewinnung des Metalls gelten Wolframit und Scheelit.

Wegen der hohen Schmelztemperatur, seiner enormen Dichte und der extremen Härte des Wolframkarbits (dieser erreicht fast eine ähnliche Härte wie der Diamant) ist Wolfram als eines der wichtigsten Metalle aus den Branchen Stahl, Elektro, Elektronik, Verteidigung sowie Luft- und Raumfahrt nicht mehr wegzudenken. Es wird zur Herstellung von Hitzeschilden, Raketendüsen, Glühfilamenten, Heizelementen, Elektroden, Bohrern und Meißel sowie für Superlegierungen eingesetzt.

Auf dem Weltmarkt wird das Material in Form von Konzentraten der beiden Wolframminerale – also als Scheelit- und Wolframitkonzentrat – gehandelt. Darüber hinaus werden auch das Metall Wolfram, Ferrowolfram und nicht zuletzt auch Ammoniumparawolfram gehandelt, das über viele Jahrzehnte hinweg immerhin ein Viertel der gesamten weltweiten Wolframproduktion ausmachte.

Zirkonium

Zirkonium ist ein Metall, das in der Erdkruste häufiger anfällt als die Buntmetalle Blei, Zink, Kupfer und Zinn. Ungeachtet dessen kommt das im Jahr 1789 erstmals als Oxid entdeckte Zirkonium als Hauptelement nur in zwei Mineralen vor – nämlich im Zirkon und im Baddeleyit. Die Darstellung des stahlgrauen, leicht biegsamen Rohstoffs in metallischer Form gelang im Jahr 1824. Im Übrigen ist die hyazinthrote Variante des Zirkon – als Hyazinth bezeichnet – ein geschätzter Edelstein.

Wegen seiner enormen Härte und seiner hohen Schmelztemperatur des Minerals Zirkon spielen Zirkonsande für Gießereien und feuerfeste Materialien herstellende Industrien eine große Rolle. Zirkonium ist darüber hinaus auch ein wichtiger Bestandteil von Stählen und NE-Legierungen. Es wird darüber hinaus auch zu pyrotechnischen Zwecken, also zur Produktion von Feuerwerkskörpern, Blitzlichtpulver und Leuchtkugeln aller Art, genutzt. Das Metall wird auch in der Kerntechnik für die Hüllrohre von Uranbrennstäben eingesetzt.

Bei den Zirkoniumhandelsformen ist zuerst auf Zirkonsand mit 66 bis 76 Prozent Gehalt an Zirkonoxid zu verweisen. Darüber hinaus wird am Weltmarkt Zirkoniumschwamm mit einer Reinheit von 95 bis 98 Prozent Zirkonium in Behältern von ein bis drei Tonnen gehandelt. Zirkonium-Ingots mit einem Reinheitsgrad von 99,5 Prozent werden meist im Gewicht von einer Tonne angeboten.

Agrarische Rohstoffe

Allgemeines

»Niemand in der Welt sollte hungrig schlafen gehen!« – So verständlich dieser Wunsch beim Eintritt in das dritte Jahrtausend nach Christi Geburt auch sein mag, so wirklichkeitsfremd erscheint er in einer immer egoistischer auftretenden und stärker zerrissen erscheinenden Welt. Und die Realität sieht wahrlich anders, sieht erschreckend aus. Fakt ist, dass heute noch immer 800 Millionen Menschen in der Welt chronisch unterernährt sind, wie eine aktuelle Studie der FAO – der Ernährungs- und Landwirtschaftsorganisation der Vereinten Nationen – zeigt.

Allein hierin ist ein unwiderlegbarer Beweis für die Ineffizienz des Welt-Agrarwesens zu sehen. Fakt ist darüber hinaus auch, dass in Zukunft immer mehr Menschen auf der Welt mit Nahrungsmitteln versorgt werden müssen. Die große Herausforderung für die wieder an Bedeutung gewinnende Agrarwirtschaft liegt dabei darin, dass sich immer mehr Menschen – verständlicherweise – nicht länger mit dem Ernährungsminimum und dem Existenzminimum zufrieden geben werden.

Die für dieses Buch angestellten Recherchen und vorgenommenen Berechnungen machen deutlich, dass die durchschnittlichen Ernteerträge der weltweit meistverbrauchten agrarischen Rohstoffe während der vergangenen beiden Dekaden um rund ein Drittel gestiegen sind. Die reichen Wirtschaftsnationen lebten in der Vergangenheit mit riesigen agrarischen Überschüssen, während die Menschen in ärmeren Regionen bei weitem nicht genügend Finanzmittel für die eigene Ernährung hatten und an Hunger starben. Auch wenn logistische Probleme oder die Veränderungen des Weltklimas bei den Politikern in der Welt als Entschuldigung für die Nahrungsmittelunterversorgung in weiten Teilen der Welt herhalten müssen, so ist diese unhumanitäre Tatsache nicht akzeptabel.

Dass unter dem Begriff agrarische Rohstoffe jedoch weit mehr als nur Getreide subsumiert werden muss, wird oftmals übersehen. Neben den verschiedenen Getreidesorten unter Führung von Weizen, Mais und Reis sind auch die verschiedenen Ölsaaten wie Sojabohnen, Raps, Palmkern, Nüsse und alle anderen an Bäumen und Sträuchern wachsenden genießbaren oder zu Enderzeugnissen zu verarbeitenden Früchte, Obst und Gemüse als agrarische Rohstoffe einzustufen. In diesem Zusammenhang sei auch an eher exotische agrarische Produkte wie Kaffeekirschen, Kakaobohnen oder Tabakblätter erinnert, die untrennbar zum heutigen »modern way of life« gehören.

Auch Holz ist nicht anderes als ein agrarischer (forstwirtschaftlicher) Rohstoff. Schließlich wird Holz weltweit nicht nur als ein wichtiger Grundstoff in der Bauindustrie sowie in der Form von Holzpellets als energetischer Rohstoff eingesetzt. Holz ist darüber hinaus auch das Basismaterial für die Herstellung von Zellulose (Grundstoff für die Herstellung von Papier und Pappe). Und Bäume – also die »lebendige Form von Holz« – liefern darüber hinaus wichtige Rohstoffe wie Kautschuk und Harze. In diesem Zusammenhang darf zudem nicht in Vergessenheit geraten, dass agrarische Rohstoffe die Basis für die Existenz von Mensch und Tier darstellen. Ohne landwirtschaftliche Rohstoffe wäre der Mensch nicht in der Lage zu existieren, da zum Beispiel Getreide direkt und indirekt entscheidend für die Ernährung ist. Ohne pflanzliche Rohstoffe würde es auch keine florierende Viehwirtschaft auf der Welt geben; denn bekanntlich sind Gras, Sträucher und Getreide heute die Grundlage für die Ernährung von Tieren. Und ohne Viehzucht wäre die moderne Fleischwirtschaft nicht möglich.

Unter Berücksichtigung all dieser Aspekte kann aus Sicht eines Kapitalanlegers festgestellt werden, dass der Markt für agrarische Rohstoffe ein von der Finanzwelt über Jahrzehnte hinweg stark vernachlässigtes Segment darstellt. Dies war zum einen auf die beträchtliche Größe dieses Marktes und zum anderen auf die mangelnde Transparenz zurückzuführen. Wichtig zu wissen ist für Kapitalanleger auch, dass Investments in Agrarprodukte – zumindest auf der Long-Seite, der Spekulation auf steigende Preise also – ein lausiges Ergebnis gebracht haben, wie Abbildung 41 über die Entwicklung der »realen« Agrarpreise zeigt. Darüber hinaus steht dieser Markt wie kein anderer Rohstoffmarkt unter dem Diktat der Weltpolitik. Vor allem unter dem Deckmäntelchen der Versorgungssicherheit hat sich die Politik in den vergangenen Jahren in einem Gestrüpp von Vereinbarungen und Erlassen selbst gefangen. Ein weit reichendes Instrumentarium an Subventionen und finanziellen Hilfen hat verhindert, dass über die Kräfte des Marktes ein effizienter globaler Agrarsektor entstehen konnte.

Agrarische Rohstoffe lassen sich in verschiedene Produktgruppen einteilen. Diese Gruppen gewinnen nicht nur wegen der zunehmenden Erfordernisse bei der Ernährung der stark wachsenden Weltbevölkerung an Bedeutung. Der Agrarsektor wird inzwischen auch von den Akteuren an den Finanzmärkten als ein interessanter Markt betrachtet. Dies nicht zuletzt deshalb, weil die rund um den Globus in immer größerer Zahl entstehenden Warenterminbörsen ihre Produktpalette in den vergangenen Jahren sehr stark ausgeweitet haben und die Zahl der börsengehandelten Agrarrohstoffe immer stärker gestiegen ist. Es empfiehlt sich daher folgende Klassifizierung eines bislang von den Research-Abteilungen der großen Finanzhäuser stark vernachlässigten Marktes:

- Getreide wie Weizen, Roggen, Gerste, Hafer, Mais, Reis.
- Ölsaaten wie Sojabohnen, Raps, Palm, Baumwollsaat, Sonnenblumen und Nüsse. Aus diesen Ölsaaten werden zum einen Futtermittel (in der Form von Ölkuchen) und zum anderen Speiseöle für den menschlichen Verzehr hergestellt.

Abbildung 41: Reale Preisentwicklung von Agrarrohstoffen

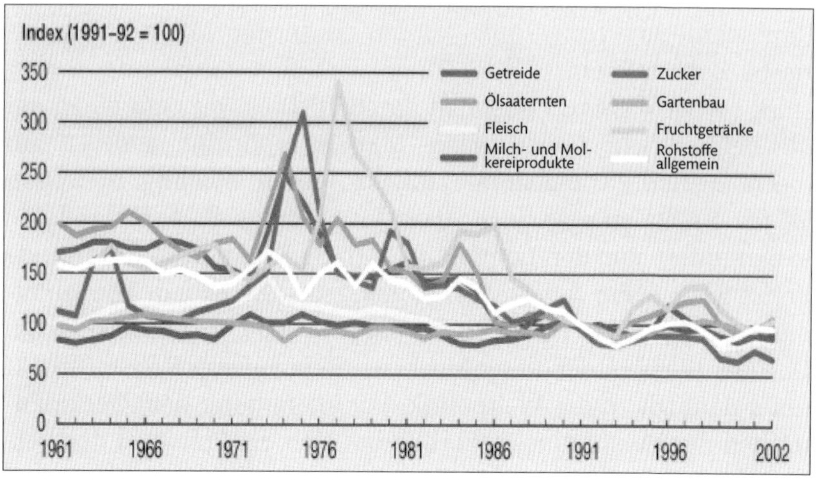

Quelle: FAO

- Genussmittel (»Softs«) wie Kaffee, Kakao, Zucker, Tee, Pfeffer und tropische Früchte.
- Agrarische und forstwirtschaftliche Rohstoffe, die vor allem industriell genutzt werden, wie Baumwolle, Wolle, Seide, Kautschuk, Holz (Zellstoff).
- Viehwirtschaft wie Mastrinder, Schlachtrinder, Schlachtschweine, Schweinebäuche, Hähnchen, Shrimps, Milch, Eier.
- Sonstige wie Bohnen, Erbsen, Jute, Flachs etc.

Worauf Anleger achten müssen

Unter Fachleuten, wie den Analysten von Goldman Sachs, wird davon ausgegangen, dass die Nachfrage nach Agrarrohstoffen mit der absehbar weiter wachsenden Weltbevölkerung und dem zunehmenden Wohlstand in den wirtschaftlich boomenden Schwellenländern – vornehmlich China und Indien – weiter zunehmen wird. Die Menschen dort dürften, so die Annahme, ihr Konsumverhalten ändern und dadurch die Nachfrage nach Getreide, Fleisch und Genussmitteln in die Höhe treiben. Die zunehmende Nachfrage trifft bei vielen agrarischen Rohstoffen auf ein nur begrenzt auszuweitendes Angebot. Bestimmt wird das

Angebot zum einen durch die Größe der Anbauflächen, die Ernteerträge und in diesem Zusammenhang auch durch Witterungseinflüsse.

Anleger müssen zudem berücksichtigen, dass der Markt für land- und forstwirtschaftliche Rohstoffe durch starken Wettbewerb geprägt ist. Hier tummeln sich Zigtausende von Produzenten und Verarbeitern sowie Milliarden von Verbrauchern. In der Vergangenheit gelang es den Produzenten wegen des allgemeinen Überangebots nur selten, die Preisentwicklung auf diesem Markt nachhaltig zu beeinflussen. Um den Agrarmarkt, ungeachtet der teils immensen Überschüsse, für Investitionen attraktiv zu machen, entschlossen sich die Politiker in den Industrieländern zu einer Subventionspolitik. Den Verbrauchern standen auf diese Art und Weise agrarische Produkte nicht nur in ausreichenden Mengen, sondern auch zu auskömmlichen Preisen zur Verfügung (vgl. Abb. 41).

Anders sah die Lage indes für die Agrarwirtschaft selbst aus, denn die Verkaufspreise lagen über einen längeren Zeitraum hinweg nahe bei oder sogar unter den eigentlichen Produktionskosten. Erst in den vergangenen Jahren hat sich die Lage mit dem Auftreten der VR China als neue Nachfragemacht auf dem Welt-Agrarmarkt geändert. Die Ertragslage der Agrarwirtschaft hat sich sowohl in den Schwellenländern als auch in den Industrieländern in jüngster Zeit deutlich verbessert, weil ein wesentliches Ziel der chinesischen Politik darin liegt, den Hunger der noch immer wachsenden Bevölkerung zu stillen.

Kapitalanleger werden bei einer Analyse des Agrarmarkts feststellen, dass die Preiszyklen in der Vergangenheit überwiegend asymmetrisch verlaufen sind. Konkret bedeutet dies, dass die Preise über wesentlich längere Zeiträume nach unten gelaufen sind und die Aufschwungphasen deutlich kürzer waren. Dies hing in erster Linie damit zusammen, dass die Produzenten bei steigenden Preisen die Anbauflächen ausweiteten, um von gestiegenen Preisen zu profitieren. Das später auf dem Markt kommende höhere Angebot drückte jedoch dann wieder die Preise.

Der Agrarmarkt weist eine weitere Besonderheit auf, als traditionelle Wirtschaftstheorien hier zum Teil außer Kraft gesetzt sind. Normalerweise sorgen Verbraucher bei niedrigen Preisen durch steigende Nachfrage dafür, dass die Balance wiederhergestellt wird, es also zum Marktgleichgewicht kommt. Am Agrarmarkt waren niedrigere Preise in der Vergangenheit jedoch meist nicht in der Lage, die Nachfrage so stark anzukurbeln, dass sich der Markt wieder ausbalancierte. Dies liegt daran, dass der Mensch wohl tendenziell nicht mehr Weizen oder Zucker verbraucht, wenn sich die Preise auf einem niedrigen Niveau bewegen.

Einen weiteren wichtigen Faktor müssen Kapitalanleger bei land- und forstwirtschaftlichen Rohstoffen berücksichtigen: Preisprognosen sind hier so schwierig wie wohl auf keinem anderen Finanzmarkt. Auf dem Agrarmarkt wirken zahlreiche Sonderfaktoren, die nur schwer in ein Prognoseschema zu pressen sind. So können politische und klimatische Bedingungen (wie die Wetterphänomene El Niño und La Niña) einen starken Einfluss auf die Preisgestaltung nehmen. Der International Grain Council (IGC) hat seine Schätzung der weltweiten Weizenproduktion für die Saison 2006 um fünf Prozent auf 588 Millionen Tonnen vor allem deshalb nach unten gesetzt, weil Australien den trockensten Monat August seit dem Jahr 1990 erlebt hatte und die dortige Ernte um 50 Prozent schrumpfen dürfte. Wie wichtig die Witterungsbedingungen sind, ist auch daran zu erkennen, dass die VR China wegen der Dürre in der südwestlichen Provinz Sichuan die Prognose ihrer Reis- und Maisernte im Jahr 2006 drastisch nach unten korrigieren musste.

Nach Angaben der National Oceanic & Atmospheric Administration (NOAA) der USA haben sich im südlichen Pazifik die Voraussetzungen für die Herausbildung des Klimaphänomens El Niño für die Saison 2006/2007 bestätigt. In der Vergangenheit hat El Niño vor allem in den Ländern des südlichen Pazifiks und in Indien immer wieder zu erheblichen klimatischen Störungen (Trockenheit, Dürre, Überschwemmungen) geführt und Unheil über die Landwirtschaft dieser Region gebracht. Wegen des globalen Charakters der Welt-

Agrarmärkte gingen hiervon auch erhebliche Einflüsse auf die Preisgestaltung von Getreide und Ölsaaten an den Terminbörsen in Chicago aus.

Exkurs: El Niño und La Niña

El Niño ist die spanische Bezeichnung für das männliche Kind. Darüber hinaus ist es der aus Lateinamerika stammenden Name für eine schwache, warme Meeresströmung, die Jahr für Jahr zur Weihnachtszeit entlang der Küste von Ecuador und Peru über einige Wochen hinweg in Erscheinung treten kann. Entdeckt wurde diese Strömung im 19. Jahrhundert durch lateinamerikanische Fischer. Da dieses Phänomen traditionell zur Weihnachtszeit in Erscheinung trat, gaben ihm die Fischer im Hinblick auf das Christkind den Namen El Niño. Wissenschaftler haben bis heute keine genaue Erklärung für das Auftreten von El Niño gefunden, doch werden allgemein die Winde im Pazifik als Ursache angenommen. Denn im tropischen Pazifik treibt der Wind das Wasser der Meeresoberfläche generell in Richtung Westen. Je weiter das Wasser in Richtung Westen kommt, desto wärmer wird es, da es durch die Sonne immer stärker aufgeheizt wird. Untersuchungen zeigen, dass El Niño immer dann verstärkt auftritt, wenn die aus dem Osten kommenden Winde schwächer werden. Dann kann sich wärmeres Wasser aus dem Westpazifik in Richtung Osten bis zur südamerikanischen Küste ausbreiten. In diesem Fall wird das kühle, nährstoffreiche Wasser, das normalerweise an der Küste Perus vorherrscht, durch wärmeres, nährstoffarmes Wasser ersetzt. Dieser Vorgang führt zum Tod zahlreicher Meerestiere und Pflanzen.

Vor einigen Jahren hat sich die Wissenschaft dieses Phänomens intensiver angenommen und dabei über 40 Jahre zurückreichende Aufzeichnungen ausgewertet. Dabei fanden Experten heraus, dass El Niño im Abstand von drei bis sieben Jahren über eine Dauer von mehreren Monaten – nicht selten sogar über mehr als ein Jahr – hinweg in Erscheinung tritt und das Auftreten des Phänomens stets mit witterungsbedingten Störungen im Agrarsektor zusammenfällt. Die Auswirkungen dieser Klimaanomalie sind rund um den Globus nicht nur für wenige Wochen oder Monate, sondern in der Regel über ein gesamtes Jahr hinweg zu spüren. Besonders fiel dies den Wissenschaftlern in den Jahren 1997 und 1998 und zuvor in den Jahren 1982 und 1983 auf. In der Saison 1997/98 fielen weltweit 2.000 Menschen den Folgen von El Niño zum Opfer. Dabei wurden nicht nur die Agrarmärkte mit verheerenden Dürren und Überschwemmungen in Mitleidenschaft gezogen: Als Folge der hierdurch verursachten Wirbelstürme entstanden an Gebäuden und Einrichtungen Schäden in Höhe von geschätzten 33 Milliarden Dollar. Die Auswirkungen waren seinerzeit nicht nur durch riesige Überschwemmungen in den lateinamerikanischen Staaten Bolivien und Ecuador, sondern auch in Australien, Indonesien, Philippinen und Indien zu spüren. Klimaforscher betonen, dass in der Saison 1997/1998 auf Grund des Auftretens von El Niño auch die Hurrikanaktivitäten im Atlantischen Ozean verstärkt worden seien. Vor diesem Hintergrund werden allgemein auch die Wirbelstürme und Überschwemmungen in den Golfstaaten der USA auf dieses Wetterphänomen zurückgeführt.

Als das weibliche Pendant von El Niño wird La Niña – also das weibliche Kind – gesehen. La Niña wird mit ungewöhnlich kalten Temperaturen an der Meeresoberfläche in Verbindung gebracht, die in unregelmäßigen Abständen (allerdings in etwa mit der gleichen Häufigkeit wie El Niño) im östlichen tropischen Pazifik in Erscheinung treten. Die Auswirkungen von La Niña bestehen in der Regel in einer starken Trockenheit, die für die Agrarwirtschaft einzelner Länder und Regionen nicht selten in katastrophalen Dürren endet. Und wenn die Winter in einigen Regionen durch die Warmströmung von El Niño besonders mild ausfallen können, so bringt La Niña in der Regel das Gegenteil, nämlich harte und strenge Winter mit ungewöhnlich niedrigen Temperaturen sowie Schnee und Eis. Berechnungen von Experten zufolge treten El Niño und La Niña etwa 30-mal innerhalb eines Jahrhunderts auf.

El-Niño-Jahre	La-Niña-Jahre
1969 – 1970	1956 – 1957
1972 – 1973	1964 – 1965
1976 – 1977	1970 – 1971
1982 – 1983	1971 – 1972
1986 – 1987	1973 – 1974
1990 – 1994	1975 – 1976
1997 – 1998	1988 – 1989
2006 – 2007	1995 – 1996

Quelle: NOAA

Störungen der Versorgung sind darüber hinaus durch kriegerische Auseinandersetzungen zum Beispiel in den afrikanischen Anbaugebieten und durch internationale Konflikte sowie durch Epidemien möglich. Hinzu kommt, dass sich bei den agrarischen Rohstoffen in den vergangenen Jahren (nicht zuletzt aus klimatischen Gründen) ein riesiger weltweiter Handel entwickelt hat, sodass auch die Störung von Transportwegen einen erheblichen Preiseinfluss nehmen kann.

Die Rohstoffpolitik steht immer wieder am Pranger

So kann es nicht verwundern, dass Rohstoffe in den vergangenen Jahrzehnten immer stärker in den Fokus der Weltöffentlichkeit rückten. Mit modernen Anbaumethoden sowie dem zunehmenden Einsatz von Düngemitteln und Pflanzenschutzmitteln kam es bei landwirtschaftlichen Rohstoffen in den Industrieländern sehr rasch zu Überschusssituationen und dementsprechend zu Veränderungen im Ansehen der Landwirtschaft. Das einstmals geschätzte Image von Bauern und Farmern sank in jenem Maße, in dem die Agrarpreise unter Druck gerieten. Die Situation eskalierte schließlich so weit, dass die Regierungen in den 70er- und 80er-Jahren des vergangenen Jahrhunderts internationale Rohstoffabkommen abschlossen.

Ziel dieser Vereinbarungen war die Stabilisierung der über Jahrzehnte hinweg stark gefallenen Agrarpreise. Dabei waren es auch

Abbildung 42: Welt-Getreideproduktion, 1950–2006

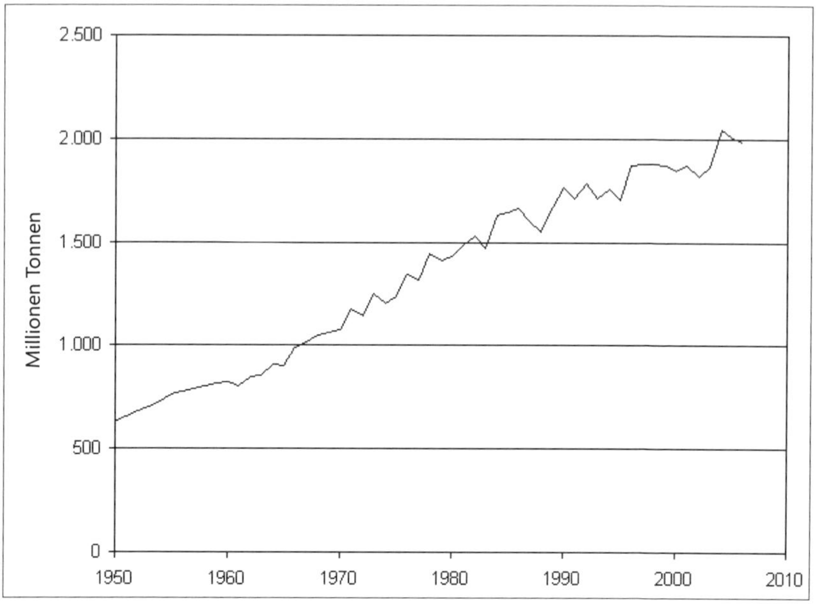

Quelle: USDA

staatliche Subventionen, mit denen eigentlich unwirtschaftliche Agrarproduktionen gerade in den Industrieländern über viele Jahre hinweg aufrechterhalten wurden. In den USA wurden zum Beispiel sogenannte Brachlandprogramme eingeführt, die Farmern Geldzahlungen dafür garantierten, dass sie auf einem Teil ihrer Nutzflächen keine Aussaat von agrarischen Rohstoffen vornahmen. Ziel dieser Maßnahmen war es, die Überschüsse nicht noch weiter aufzustocken und durch ein stabiles oder sogar geringeres Ernteangebot die Preise zu stabilisieren.

In Europa wurden in diesem Zusammenhang auch die »Butterberge« kritisiert, die als Synonym für Angebotsüberhänge an zahlreichen Agrarmärkten standen. Diese Politik der Überschusseindämmung in den Industrieländern ist angesichts des Hungertodes von Millionen von Menschen in den Schwellen- und Entwicklungsländern schlichtweg als humane Katastrophe anzusehen. Eine solche Politik zeigte aber auch den Mangel an sozialer Verantwortung und den in den Industrieländern herrschenden überzogenen Egoismus. Darüber kann auch die Tatsache nicht hinwegtäuschen, dass die OECD-Länder den Anteil ihrer Agrarsubventionen in den vergangenen Jahren kräftig reduziert haben – und zwar von 2,3 Prozent ihres gesamten Bruttoinlandsprodukts im Jahr 1986 auf nur noch 1,1 Prozent im Jahr 2005.

Denn eines ist völlig klar: Wer den Hunger in den armen Ländern stillt, tätigt das beste humanitäre Investment überhaupt. Dass dies unterblieben ist, kann auch als ein Beweis für die fehlende Effizienz des Welt-Agrarsystems gelten. Jacques Diouf, Generaldirektor der FAO, musste kürzlich angesichts der Entwicklungen in der Vergangenheit zugeben, dass die Welt zu Beginn des 21. Jahrhunderts nach wie vor weit von jenem Ziel entfernt ist, das die Menschheit über Tausende von Jahren zu erreichen versucht: eine Welt ohne Hunger und Armut.

Die Zeiten werden sich ändern

Doch das ist Vergangenheit: Die Zukunft formuliert ähnliche – auf den ersten Blick noch komplexer erscheinende – Herausforderungen. Vieles spricht dafür, dass sich die Zeiten ändern und gerade die Welt-Agrarpolitik in den nächsten Jahren vor neuen und großen Aufgaben stehen wird. Denn der wirtschaftliche und politische Aufschwung in China und in Indien, den beiden bevölkerungsreichsten Ländern der Welt, wird dazu führen, dass die dortige Bevölkerung nicht nur mehr, sondern auch bessere Nahrung nachfragen wird. Konkret bedeutet das: Auf die Agrar- und Forstwirtschaft in der Welt kommen in den nächsten Jahrzehnten große Aufgaben zu, die das Zusammenwirken aller Kräfte erfordern.

Und dies nicht nur wegen des buchstäblich größeren Hungers in der Welt und des zunehmenden Zugriffs von Nahrungsmittelsuchenden, sondern auch, weil für einige agrarische Rohstoffe wie für Zucker, Mais, Raps, Sojabohnen und andere Getreidearten in Zukunft der Würgegriff der Energiewirtschaft droht. Wenn die Farmwirtschaft von einer einstmals wenig ernst genommenen Branche zur Wachstumsindustrie wird und sich Bauern als »die Scheichs von morgen« umschmeichelt fühlen, dann wird dies das Resultat eines Kampfs zwischen Agrar- und Energiewirtschaft um einzelne Rohstoffe sein.

Es scheint, als hätten die Politiker die Gefahren noch nicht wirklich erkannt, die im Paradigmenwechsel der Weltwirtschaft – nämlich dem zunehmenden Kampf um Rohstoffe – liegen. Gepaart mit den auch religiös bedingten geopolitischen Spannungen und den Auswirkungen des Klimawandels sind die Risiken im Hinblick auf die Versorgungssicherheit von Rohstoffen als enorm zu bezeichnen. Die Situation gleicht einem Pulverfass, das sehr leicht entzündet werden kann.

So dürften die Prognosen von OECD und FAO in der Studie *Agricultural Outlook 2006-2015* sehr stark von der Hoffnung auf wieder stabilere geopolitische Verhältnisse geprägt sein. Das Risiko liegt nach Meinung der Autoren dieses Buches indes darin, dass OECD und FAO in ihrer Studie von einer »normalen« Entwicklung in der Welt ausgehen und dabei Annahmen zu Grunde gelegt werden, deren Eintritt als eher unwahrscheinlich gelten muss. Anders ist es wohl nicht zu erklären, dass die Experten der beiden supranationalen Organisationen davon ausgehen, dass der andauernde Produktivitätszuwachs und der erhöhte Wettbewerb im internationalen Agrarhandel aller Voraussicht nach die steigende Nachfrage nach landwirtschaftlichen Rohstoffen ausgleichen werden und daher zu erwarten ist, »dass die Weltmarktpreise für Agrargüter inflationsbereinigt ihren langfristigen Abwärtstrend – wenn auch langsam – bis zum Jahr 2015 fortsetzen werden«.

Es sind riesige Herausforderungen, denen sich die internationale Staatengemeinschaft im Zusammenhang mit der Entwicklung der Weltbevölkerung stellen muss. Zwar stagniert das Bevölkerungswachstum in den Industrienationen (in einigen der als »noch reich« einzuschätzenden Ländern der westlichen Welt ist heute bereits eine Schrumpfung der Bevölkerung festzustellen), doch in den ärmsten und armen Ländern wächst die Bevölkerungszahl in teils rasendem Tempo.

Abbildung 43: Welt-Getreideproduktion pro Kopf, 1950–2006

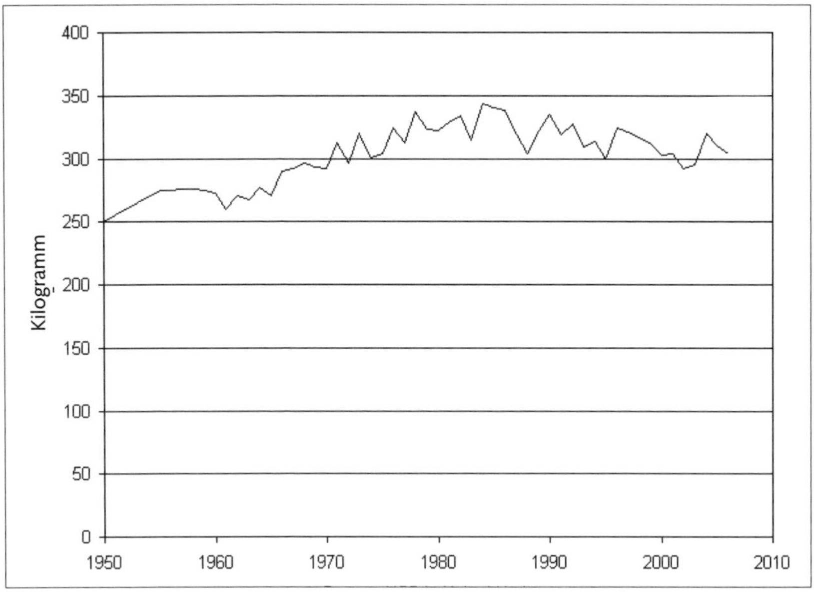

Quelle: USDA, United Nations

Zu Beginn des 20. Jahrhunderts lebten weniger als zwei Milliarden Menschen auf der Erde. Heute sind es bereits mehr als 6,5 Milliarden – Tendenz steigend. Alle 14 Jahre vergrößert sich die Weltbevölkerung um eine Milliarde Menschen. Kehrt sich der Trend nicht um, werden sich nach Schätzungen der Vereinten Nationen im Jahr 2050 rund 9,1 Milliarden Menschen die Erde teilen. Das entspricht einem Zuwachs von 2,6 Milliarden Menschen in etwas mehr als vier Dekaden.

Dabei dürften die regionalen Unterschiede auch in Zukunft gewaltig sein. In den 50 ärmsten Ländern des Globus wird sich die Bevölkerung bis zum Jahr 2050 aller Voraussicht nach mehr als verdoppeln. Dagegen wird sich die Bevölkerungsentwicklung in den reicheren Industrieländern kaum verändern und bei rund 1,2 Milliarden stagnieren, möglicherweise sogar zurückgehen. Daraus ist zweifelsfrei abzuleiten, dass sich der Druck auf die ohnehin bereits knappen natürlichen Ressourcen deutlich erhöhen wird. Und zwar nicht nur, wie viele Politiker meinen, bei Energie und Wasser, sondern gerade auch bei agrarischen Rohstoffen.

Das unterschätzte Konfliktpotenzial

Der vielen Menschengruppen nur unter erschwerten Bedingungen mögliche oder aber teils sogar völlige fehlende Zugang zu Urstoffen und Rohstoffen hat vor dem Hintergrund der wachsenden Weltbevölkerung in der nahen Vergangenheit bereits zu ernsthaften politischen Konflikten und Kriegen geführt. Die TV-Stationen schickten erschreckende – und für eine moderne Gesellschaft geradezu beschämende – Bilder von Not, Elend und Hunger um die ganze Welt. Doch die kärglichen Bemühungen zur Abstellung dieser Fehler scheinen eher dazu geeignet zu sein, das schlechte Gewissen der westlichen Welt zu beruhigen. Der nachdrückliche Wille zur Lösung der Probleme ist aus den meisten politischen Maßnahmen nicht abzuleiten. Eine Ausweitung der heute bereits bestehenden sozialen und ökonomischen Ungleichgewichte kann vor dem Hintergrund des absehbaren Bevölkerungsschubs als so gut wie sicher angenommen werden.

Die Ungleichbehandlung von Menschen birgt ein erhebliches Risiko für politische Konflikte, zunächst einmal innerhalb einzelner Länder. Schon im Jahr 2007 wird wohl mehr als die Hälfte der Weltbevölkerung in Städten leben, und der Mensch wird zur »urbanen Spezies«, wie es in einem Bericht der in Washington ansässigen multinationalen Organisation »Population Connection« heißt. Eine Verschärfung der Energie- und Umweltprobleme – etwa die starke Konzentration von CO_2-Emissionen – ist damit programmiert.

Die Landflucht als Herausforderung

Am Beispiel der VR China ist eindrucksvoll zu erkennen, dass der Wohlstandsunterschied in einer starken Migration zum Ausdruck kommt, bei der immer mehr Menschen die ländlichen Regionen verlassen und ihr Glück in den wirtschaftlich boomenden Städten suchen. Doch das Risiko liegt nicht nur allein in der Stadtflucht innerhalb der einzelnen Länder in der Welt, sondern nicht zuletzt auch in einer Ausweitung des Wohlstandsgefälles zwischen den einzelnen Staaten und zwischen ganzen Erdteilen. Nun gibt es einige

Experten, die aus der Landflucht die Gefahr ableiten, es könnten schon in wenigen Jahren nicht mehr genügend Lebensmittel produziert werden, weil nicht genügend Arbeitskräfte in den ländlichen Gebieten zur Verfügung stehen dürften.

Wer – wie der Autor – in diesem Kontext an die mächtigen Kräfte der freien Marktwirtschaft glaubt, der sieht die Lage ein wenig entspannter. Dort, wo die Agrarwirtschaft über ein tendenziell deutlich höheres Preisniveau interessante Ertragsperspektiven verspricht, werden sich auch genügend Farmer und Bauern als Unternehmer etablieren und letztlich auch ausreichend Arbeitskräfte finden, sodass sich die Migration unter diesem Aspekt bereits in einigen Jahren nicht als so problematisch herausstellen dürfte als bislang angenommen.

Was aus globaler Sicht noch berücksichtigt werden muss, ist die absehbare Verschiebung der Kräfteverhältnisse in der Welt. Die »heißen Themen« dieser Entwicklung sind offenkundig. Bereits heute leben mehr als 1,3 Milliarden Menschen in China und fast 1,1 Milliarden in Indien. Die USA bringen es auf eine Bevölkerungszahl von rund 300 Millionen Menschen. Sie sind damit neben Japan mit 129 Millionen Menschen das einzige Industrieland unter den zehn bevölkerungsreichsten Staaten.

Bis Mitte des Jahrhunderts werden nach Prognosen des »Population Institute« die USA mit einer Bevölkerung von 450 Millionen Menschen der drittbevölkerungsreichste Staat der Erde bleiben. »Aber sie werden dabei das einzige Industrieland auf der Top-Ten-Liste sein«, prognostiziert Lawrence Smith, Präsident des Instituts. Entscheidend für die positive Bevölkerungsentwicklung der USA ist vor allem die Tatsache, dass das Land für Einwanderer so attraktiv ist wie keine andere Nation auf dem Globus.

Dies zeigen aktuelle Zahlen eindrucksvoll: Allein im Jahr 2005 wanderten 12,1 Millionen Menschen in den USA ein. Nun lässt das zu erwartende weitere Wachstum der US-amerikanischen Bevölkerung gravierende Probleme sowohl in Fragen der Rohstoffversorgung als noch viel stärker auch in ökologischen Fragen erwarten. Bereits heute »verschwenden« die USA den größten Teil der weltweit verbrauchten Energie. Zudem ist das Land mit gerade einmal fünf Prozent der Weltbevölkerung für rund 25 Prozent der globalen Treibhausgasemissionen und für 72 Prozent der Giftmüllproduktion verantwortlich. Dieses Missverhältnis wird in den nächsten Jahrzehnten zu großen Spannungen führen, die auch im Rahmen der Welthandelsorganisation für genügend Sprengstoff sorgen dürften.

Welthandelsorganisation und die Agrarmärkte

Die Welthandelsorganisation (engl.: »World Trade Organization« – WTO) wurde am 1. Januar des Jahres 1995 gegründet. Sie ist die Nachfolgeorganisation des GATT (General Agreement on Tariffs and Trade) und die weltweit bedeutendste zwischenstaatliche Organisation für die Zusammenarbeit in der Handelspolitik. Das wichtigste Ziel der WTO ist die Liberalisierung des Welthandels. Als wichtigste Grundregel »verkaufen« die Politiker der Weltöffentlichkeit dabei die Meistbegünstigungsklausel. Konkret bedeutet diese Klausel Folgendes: Macht ein Land einem anderen Land Zugeständnisse in Form von Handelsvergünstigungen, so sind diese Zusagen auch auf alle Unterzeichnerstaaten anzuwenden.

Während der Lebensphasen der GATT und seiner Nachfolgeorganisation WTO wurden unterschiedliche Schwerpunkte in der Arbeit der Organisation gesetzt. Während der »Kennedy-Runde« (von 1964 bis 1967) verhandelten die WTO-Mitgliedstaaten erstmals über Anti-Dumping-Maßnahmen. Mit der Tokyo-Runde (von 1973 bis 1979) wurde der Tätigkeitsbereich des GATT auf den Abbau von nicht-tarifären Handelshemmnissen (wie Einfuhrbeschränkungen, Exportsubventionen, Diskriminierungen, Dumping) erweitert. Die sich daran anschließende Uruguay-Runde und die damit einhergehende Schaffung der WTO legten den Fokus der internationalen Zusammenarbeit in der Handelspolitik auf die Festlegung grundsätzlicher Regeln für den Handel mit Waren und Dienstleistungen und im Bereich geistigen Eigentums.

Grundsätzlich liegt die Aufgabe der Welthandelsorganisation darin,

- die Umsetzung multilateraler Handelsabkommen der WTO zu gewährleisten,
- als Forum für multilaterale Handelsgespräche zu dienen,
- sich um die Lösung von Handelskonflikten zu bemühen,
- nationale Handelspolitiken zu überprüfen und
- mit anderen globalen Organisationen im Bereich Welthandel zu kooperieren.

Bezüglich der Agrarmärkte enthalten die 29 einzelnen Regelungen des WTO-Abkommens auch Einzelheiten über den Welthandel mit landwirtschaftlichen Produkten. Dass die WTO eine durchaus sinnvolle Einrichtung ist, steht außer Frage. Dass die Egoismen einzelner Länder den ehren- und lobenswerten Zielen der WTO jedoch immer wieder entgegenstehen, wird immer dann deutlich, wenn sich die Vertreter der Mitgliedstaaten in regelmäßigen Abständen treffen, um Streitfragen zu besprechen und/oder beizulegen. Dies gilt auch für den seit Jahren schwelenden Agrarstreit zwischen der EU und den USA, in dem die unterschiedlichen Standpunkte noch sehr weit auseinanderklaffen. Immer wieder fehlt es bei den Gesprächen an der notwendigen Kompromissbereitschaft auf beiden Seiten.

Die Agrarwirtschaft in den Emerging Markets

Steigende Rohstoffpreise kommen in diesen Zeiten nicht zuletzt den rohstoffreichen Ländern in Lateinamerika und Afrika, den Armenhäusern der Erde, zugute. In diesen Regionen steigt sehr gut erkennbar das Selbstbewusstsein, sodass mancher Regierungschef darauf drängt, einen größeren Teil des Kuchens aus Rohstoffexporten entweder in die Staatskassen und leider hin und wieder auch in die eigene Kasse zu bekommen. Das bekamen zuletzt bereits einige große Rohstoffkonzerne zu spüren, die von den Regierungen lateinamerikanischer und afrikanischer Länder stärker zur Kasse gebeten werden, indem die Steuern und Abgaben in einseitigen Beschlüssen kräftig heraufgesetzt wurden.

Abbildung 44: Getreideproduktion und -verbrauch weltweit, 1960–2006

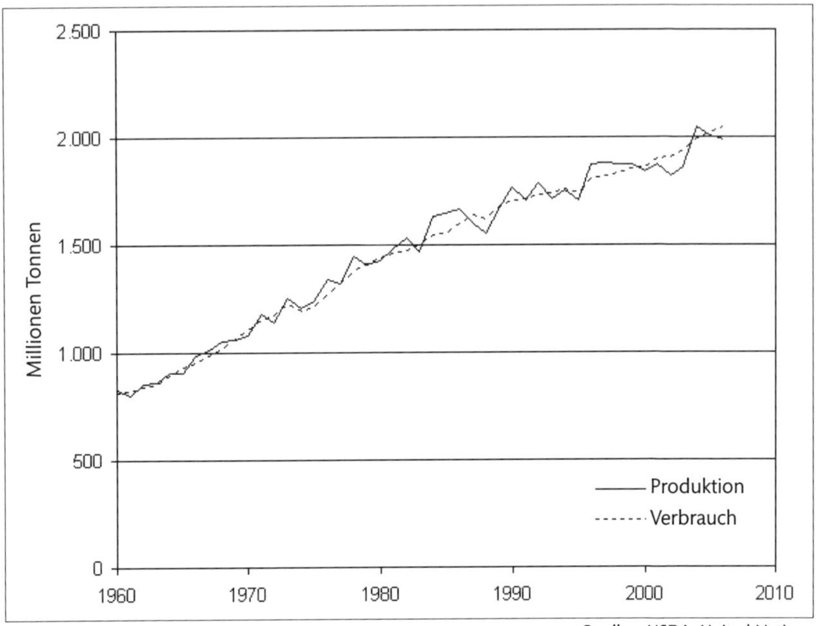

Quellen: USDA, United Nations

Hinsichtlich der weiteren Entwicklung der Agrarmärkte in den Emerging Markets ist davon auszugehen, dass einige Staaten in den nächsten Jahren eine wesentlich größere Rolle im Weltagrarhandel spielen werden. Die Experten von OECD und FAO sprechen davon, dass sich der weltweite Wettbewerb auf den stark wachsenden Märkten für landwirtschaftliche Produkte zwischen den traditionellen OECD-Exportländern und den Exporteuren aus der Dritten Welt deutlich verschärfen dürfte.

Nun wird dies im Endeffekt auch dazu führen, dass die Agrarmärkte aller Voraussicht nach zum einen noch globaler werden und sich der grenzüberschreitende Handel im Zuge dieser Entwicklung weiter beleben wird. Zum anderen sprechen zahlreiche Anzeichen dafür, dass auf den Agrarmärkten in Zukunft wesentlich stärker die Kräfte der freien Marktwirtschaft wirken werden. Das wiederum fordert die Bauern und Farmer zum Umdenken auf. Der Einsatz moderner

Risikomanagementinstrumente dürfte vor diesem Hintergrund in der Agrarwirtschaft an Bedeutung gewinnen.

Festzustellen ist, dass die Entwicklungsländer bei Produktion und Verbrauch von Agrarerzeugnissen im Vergleich zu den Industrieländern seit geraumer Zeit einen deutlich schnelleren Zuwachs verzeichnen. »Dennoch wird der Produktivitätszuwachs in den ärmsten Ländern der Welt den Ernährungsbedürfnissen der gleichzeitig steigenden Bevölkerung nicht gerecht«, sagen die Experten von OECD und FAO in einem gemeinsamen Bericht. Deshalb werden die Entwicklungsländer für ihre Ernährungssicherheit in zunehmende Abhängigkeit von den Weltmärkten geraten und folglich auch empfindlicher gegenüber Preisschwankungen auf den globalen Märkten werden. Um die heimischen Produktionskapazitäten in diesen Ländern auszuweiten, werden verstärkte, unter marktwirtschaftlichen Aspekten betriebene, Investitionen in den Bereichen Aus- und Weiterbildung sowie Schulungs- und Infrastrukturentwicklung notwendig.

Es kann kein Zweifel daran bestehen, dass Länder wie Brasilien, Indien und China künftig eine deutlich zunehmende Bedeutung für den künftigen Weltagrarhandel erlangen. Insgesamt führen in den Entwicklungsländern steigende Einkommen und die anhaltende Verstädterung zu einer veränderten Ernährungsweise. Dies steigert in den Emerging Markets vor allem die Nachfrage nach und die Importe von Fleisch und verarbeiteten Lebensmitteln. Auch die Einfuhr von Viehfutter zur Produktion von Fleisch und Fleischerzeugnissen wird in den nächsten Jahren nach oben schießen.

Steigende Marktchancen in bestimmten Entwicklungsländern sind verbunden mit einer Verschiebung der Produktion und des Exports landwirtschaftlicher Erzeugnisse weg von den OECD-Ländern hin zu den Schwellenländern. Voraussichtlich wird diese Entwicklung in den nächsten zehn bis 15 Jahren stark zunehmen. Dies wiederum legt den Schluss nahe, dass der Exportwettbewerb weltweit an Schärfe gewinnen wird.

Die traditionellen Hauptexporteure von Weizen – Argentinien, Australien, Kanada, EU und die Vereinigten Staaten von Amerika – werden wahrscheinlich ihre vorherrschenden Positionen beibehalten. Gleichzeitig ist jedoch davon auszugehen, dass die Getreideproduktion in der Ukraine und in Kasachstan den globalen Wettbewerb verstärken wird, wenngleich in diesen Ländern bestehende Infrastrukturschwächen den bisherigen Global Playern einen zeitlichen Vorsprung lassen. Die USA dürften in den nächsten Jahren voraussichtlich der größte Weizenexporteur bleiben, ihr Marktanteil wird jedoch wahrscheinlich sinken.

Vergleichbare Trends sind in anderen Rohstoffmärkten zu beobachten, insbesondere mit einem rasant anwachsenden Export aus den lateinamerikanischen Ländern. Im Zeitraum von 2006 bis 2015 werden die weltweiten durchschnittlichen Erträge für Weizen und Grobgetreide wie Mais um ungefähr ein Prozent pro Jahr steigen, prognostizieren Agrarfachleute. Die Weizenproduktion wird bis zum Jahr 2015 aller Voraussicht nach um 13 Prozent gegenüber dem Jahr 2005 klettern. Für Grobgetreide erwarten die Experten für diesen zehnjährigen Zeitraum einen Anstieg um 18 Prozent.

Man muss sich diese Zahl vor Augen halten, um die Bedeutung von Getreide für die Ernährung der Welt zu begreifen: Ungefähr die Hälfte der Kalorien, die der Mensch täglich verbraucht, stammt direkt vom Getreide. Und ein großer Teil des restlichen Kalorienverbrauchs kommt indirekt aus dem Getreide; denn wenn der Mensch sich von Fleisch, Milch, Eiern oder Fisch ernährt, so liegt auch diesen Nahrungsmitteln Getreide als Basis zugrunde.

Und was ist eigentlich mit der VR China?

Beachtet man in diesem Zusammenhang die Entwicklungen in China, so wird deutlich, dass die globale Agrarwirtschaft in den nächsten Jahrzehnten eine Blütezeit erleben wird und der Beruf des Landwirts wieder große Zukunft verspricht. Der chinesische Staatsrat hat in der Vergangenheit immer wieder expressis verbis deutlich gemacht, dass die Stärkung der Landwirtschaft und die Lebensmittelversorgung der mehr als 1,3 Milliarden Menschen im Reich der Mitte absoluten Vorrang genießt.

Die VR China verfügt zwar den offiziellen Zahlen zufolge über die größte Zahl von Bauern auf der Welt, doch verhindern sowohl klimatische als auch geologische Bedingungen eine Blüte der Agrarwirtschaft. Fachleute gehen auch deshalb davon aus, dass China auf absehbare Zeit Importeur wichtiger Agrarprodukte bleiben wird, weil das riesige Land über eine latente Wasserknappheit klagt.

Die Versorgungsprobleme im Agrarbereich hat Premier Wen Jiabao bei seinen Reden in den Jahren 2005 und 2006 immer wieder ausdrücklich betont. Der VR China ist es zwar gelungen, die eigene – allerdings nach wie vor wenige effiziente – Agrarproduktion in jüngster Zeit wieder kräftig in die Höhe zu fahren und die Einkommen der Landwirte deutlich zu steigern, doch wissen die Politiker in Beijing, dass diese Schritte bei weitem nicht ausreichen. Nachdem die Getreideproduktion Chinas im Jahr 2003 im fünften Jahr in Folge gefallen und mit 431 Millionen Tonnen unter das selbst gesteckte Ziel abgesackt war, hatte die Agrarpolitik auf der Agenda der Regierung Priorität erhalten.

Im Februar 2006 hatte die chinesische Regierung ein »No. 1 Document« erlassen und damit nicht nur die Steuern für die Landwirtschaft um einen Prozentpunkt gesenkt, sondern für einige spezielle Agrarprodukte sogar gestrichen.

Dass Beijing jedoch die Zeichen der Zeit erkannt hat, ist nicht zuletzt daran zu erkennen, dass die VR China über den Kauf riesiger agrarwirtschaftlicher und forstwirtschaftlicher Nutzflächen in Lateinamerika die Voraussetzungen geschaffen hat, das in den nächsten Jahren weiter wachsende Milliardenvolk keinen Hunger leiden zu lassen. In Beijing weiß man aus Erfahrung, dass Hunger und Armut die Keimzellen sozialer Spannungen und Unruhen sind.

Alarmierender Fakt ist jedoch: In der Saison 2005/2006 wird die Welt-Getreideernte aller Voraussicht nach wiederum um rund

61 Millionen Tonnen hinter dem globalen Verbrauch zurückbleiben. Das würde zum sechsten Mal in sieben Jahren für den Welt-Getreidemarkt eine defizitäre Situation darstellen. Die Konsequenz daraus: Die weltweiten Getreidebestände dürften in diesem Jahr so stark fallen, dass sie nur noch den globalen Verbrauch von 57 Tagen decken. Dies ist der niedrigste Stand seit dem Jahr 1972, als die Bestände dem Bedarf von nur 56 Tagen entsprachen. Seinerzeit verdoppelten sich die Getreidepreise innerhalb eines vergleichsweise kurzen Zeitraums von etwas mehr als einem Jahr.

Nahrungsmittel kontra erneuerbare Energien

Was die Agrarmärkte aus Sicht eines auf Renditesuche befindlichen Kapitalanlegers neben diesen alarmierenden Fakten über die Versorgungslage so außerordentlich interessant macht, ist der absehbare Kampf zwischen Ernährungs- und Energiewirtschaft um einige wichtige agrarische Rohstoffe, die sowohl zur Lebensmittelproduktion als auch für die Erzeugung erneuerbarer Energien wie Biodiesel und Ethanol eingesetzt werden. Unter der Annahme künftig anhaltend hoher Energiepreise – einem Ölpreis, der dauerhaft über der Marke von 50 Dollar je Barrel notiert – wird die Erzeugung von Bioenergie aus Grobgetreide sowie anderen Getreidearten, Ölsaaten und Zucker wahrscheinlich kräftig steigen und damit eine zusätzliche Nachfrage für einige dieser Getreide und Ölsaaten nach sich ziehen. Auch nach Meinung der FAO-Fachleute dürfte ein erheblicher Anteil der weltweit wachsenden Nachfrage nach Grobgetreide für die Erzeugung von Biodiesel als Ersatz für fossile Brennstoffe auf Erdöl verwendet werden.

Nicht zu unterschätzen sind die Interpendenzen innerhalb des Marktes für agrarische Rohstoffe. Die Preisentwicklung agrarischer Rohstoffe – wie zum Beispiel Getreide – hat nämlich seit jeher einen starken Einfluss auf die Notierungen anderer Lebensmittel. Dies heißt nichts anderes, als dass im Zusammenhang mit der weltweit wachsenden Bevölkerung und dem zwischen Agrar- und Energiewirtschaft geführten Kampf um Getreide, Ölsaaten und Zucker auch an den Fleischmärkten eine deutliche Verschiebung des Preisniveaus nach oben möglich erscheint.

Die von der FAO Mitte 2006 vorgelegten Prognosen erscheinen auch deshalb eher als zu konservativ, weil sie die zunehmenden Risiken von Pandemien in der Welt nur unzureichend berücksichtigen. Die Experten der Nahrungsmittel- und Landwirtschaftsorganisation der Vereinten Nationen jedenfalls erwarten für die Fleischmärkte mittelfristig weiteres Wachstum. Es wird eingestanden, dass die Märkte wegen der Gefahr des Ausbruchs von Tierseuchen in den Hauptversorgerländern sehr anfällig bleiben.

Die zu erwartenden Ausbrüche von Tierseuchen wie BSE und Maul- und Klauenseuche oder eine weitere Ausbreitung des Vogelgrippevirus stellen für die Weltwirtschaft im Allgemeinen und für die Agrar- und Nahrungsmittelmärkte im Besonderen eine große Herausforderung dar. Sie werden enorme Auswirkungen auf die Handelsstrukturen in diesen Märkten haben. Da bislang keine wirklich wirksamen Methoden gegen Tierseuchen gefunden wurden und vor allem vom Vogelgrippevirus eine große Gefahr für die gesamte Welt ausgeht, bedarf dieses Gefahrenspektrum einer wesentlich größeren internationalen Aufmerksamkeit und Zusammenarbeit, als dies zuletzt geschehen ist.

Getreide

Für die wachsende Weltbevölkerung ist Getreide seit jeher die bei weitem bedeutendste Ernährungsgrundlage. Die verschiedenen Getreidearten Weizen, Roggen, Mais, Gerste, Hafer, Hirse, Dinkel und Reis dienen zum einen als Grundnahrungsmittel für die Menschen und zum anderen als Futtermittel in der Viehwirtschaft.

In der Fachliteratur werden unter dem Begriff Getreide im engeren Sinne die Zuchtformen von Süßgräsern – als »Poaceae« bezeichnet – subsumiert. Getreidepflanzen gehören zur Familie der Gräser. Die Früchte der Getreidehalme wachsen entweder als Ähre, als Rispe oder als Kolben. Manche Ähren haben Bart-artige Auswüchse. Die kurzen oder langen Borsten an den Blüten und Früchten werden als Grannen bezeichnet.

Bereits in der Steinzeit verarbeiteten die Menschen die Körner verschiedener Getreidearten zu Nahrungsmitteln. Agrargeschichtlich belegt ist der Getreideanbau vor mehr als 10.000 Jahren im Nahen Osten, während er sich vor 7.000 Jahren, während der »Neolithischen Revolution«, in Mittel- und Westeuropa ausbreitete.

Je nach Aussaat und Ernte wird in Wintergetreide und Sommergetreide unterschieden. Wintergetreide benötigt eine Frostperiode als Vegetationsruhephase. Wintergetreide wird ab September gesät und dann – wie auch das Sommergetreide – ab Juli des nächsten Jahres geerntet. Winterroggen, Winterweizen, Wintergerste, Wintertriticale und Winterhafer sind im mitteleuropäischen Raum die bedeutendsten Arten.

Sommergetreide benötigt im Gegensatz zum Wintergetreide nur rund ein halbes Jahr, bis es letztlich reif für die Ernte ist. Es wird ab März gesät und dann – ähnlich wie Wintergetreide – ab Juli geerntet. Hafer, Mais und Sommergerste sind im mitteleuropäischen Raum die bedeutendsten Arten. Eine eher untergeordnete Rolle spielen Sommerroggen und Sommerweizen.

Die wichtigsten Getreidearten

Weizen

Weizen ist das Hauptgetreide in klimatisch gemäßigten Zonen. Sein Herkunftsgebiet ist Vorderasien. Er wächst gut auf Lößböden. Seine Grannen sind winzig. Weizen wird zur Herstellung von Weißmehl und Vollkornmehl für Kuchen, Gebäck und Brot verwendet. Auch Teigwaren und Grieß werden aus Weizen hergestellt. Weizen gilt allgemein als die älteste Getreidesorte, die über die besten Backeigenschaften verfügt. Darüber hinaus findet Weizen immer stärkeren Einsatz in der Erzeugung von Biotreibstoffen (Einzelheiten siehe besonderes Kapitel über Weizen).

Roggen

Roggen gehört zu den klassischen Brotgetreidearten. Diese Getreideart gedeiht auch noch in verhältnismäßig kalten Klimazonen wie in Skandinavien oder sogar in Sibirien. Die Backfähigkeit von Roggen beruht in erster Linie auf dem Gehalt des Enzyms Alpha-Amylase, auf der Stärke und den Schleimstoffen (Pentosanen). Die Pentosane werden durch Säuerung so verändert, dass sie an der Gashaltung mitwirken können. Roggeneiweiß ist daher nicht in der Lage, bei der Teigbereitung ein stabiles Klebergerüst zu bilden. Aus diesem Grund ist Sauerteig das wichtigste Treibmittel bei der Herstellung von roggenhaltigen Broten. Speiseroggen – also ganze Roggenkörner – und daraus hergestellte Mahlerzeugnisse lassen sich durch ihren würzigen Geschmack ähnlich wie Grünkern oder Gerstengraupen gekocht und gequollen als Suppeneinlage verwenden.

Der Roggen kam, historischen Aufzeichnungen zufolge, wahrscheinlich aus Vorderasien. Er wächst auch auf nährstoffarmen Sandböden und kann tiefere Temperaturen recht gut ertragen. Der Roggen hat mittellange Grannen. Aus seinen Körnern wird unter anderem dunkles Mehl für Schwarzbrot hergestellt.

Gerste

Gerste wurde bereits vor mehr als 7.000 Jahren in Vorderasien angebaut. Leicht zu erkennen ist sie an den sehr langen Grannen. Gerste wird auf den Ackerböden angebaut, die für den Weizenanbau zu »arm« sind. Dieses Getreide wird in erster Linie zur Herstellung von Bier und Malzkaffee sowie als Tierfutter eingesetzt.

Hafer

Hafer wird als europäisches Urgetreide bezeichnet. Der Hafer wurde mit dem Weizen nach Europa gebracht. Er wächst auf nährstoffarmen Böden. Seine Körner findet man in Rispen. Hafer gilt als das Getreide mit dem höchsten Fettgehalt (davon 40 Prozent mehrfach ungesättigte Linolsäure) sowie dem höchsten Protein- und Kalziumgehalt. Es verfügt zudem über reichlich Eisen und Vitaminen (zum Beispiel Vitamin B1). Ähnlich wie bei Gerste wird unterschieden zwischen Spelzhafer und noch keimfähigem Nackthafer (auch Sprießkornhafer). Letzterer liefert in der Regel niedrige Erträge und hat deshalb nur eine relativ geringe Verbreitung. Haferkörner und Hafergrütze lassen sich ähnlich wie Reis als Beilage, als Aufläufe

Tabelle 42: Inhaltsstoffe von Getreidearten

	Energie (kJ)	Eiweiß (g)	Fett (g)	Kohlen-hydrate (g)	Kalzium (mg)	Eisen (mg)	Kalium (mg)	Magne-sium (mg)
Dinkel	1470	11,5	2,7	69,0	22	4,2	447	130
Gerste	1430	11,0	2,1	72,0	38	2,8	444	119
Hafer	1530	12,5	7,1	63,0	79,6	5,8	355	129
Hirse	1510	10,5	3,9	71,0	25	9,0	215	170
Mais	1498	9,0	3,8	71,0	15	1,5	330	120
Reis	1492	7,5	2,2	75,5	23	2,6	150	157
Roggen	1323	88	1,7	69,0	64	5,1	530	140
Weizen	1342	11,5	2,0	70,0	43,7	3,3	502	173

	Vitamine					
	B1 (mg)	**B2 (mg)**	**B6 (mg)**	**E (mg)**	**Folsäure (mg)**	**Niacin (mg)**
Dinkel	0,40	0,15	0,27	1,6	0,03	6,9
Gerste	0,43	0,18	0,56	0,67	0,065	4,8
Hafer	0,52	0,17	0,75	0,84	0,033	1,8
Hirse	0,46	0,14	0,75	0,1	0,01	4,8
Mais	0,36	0,20	0,40	2,0	0,026	1,5
Reis	0,41	0,09	0,67	0,74	0,016	5,2
Roggen	0,35	0,17	0,29	2,0	0,14	1,8
Weizen	0,48	0,24	0,44	1,35	0,09	5,1

Maximal = schwarz, Minimal = weiß; Angaben je 100 Gramm

Quelle: Verschiedene Quellen - eigene Recherchen

und Suppeneinlagen verwenden. Haferflocken sind als Grundnahrungsmittel das bekannteste Haferprodukt. Darüber hinaus findet Hafer in der Produktion von Tierfutter Anwendung. Er hat keine Grannen, und die Körner der Rispe hängen im Gegensatz zu den vorher genannten Sorten nach unten.

Reis

Reis ist in tropischen Zonen das Hauptgetreide. Es ist vor allem in den bevölkerungsreichen Ländern des Fernen Ostens in China, Indien und auch in Japan das wichtigste Nahrungsmittel (Einzelheiten siehe besonderes Kapitel über Reis). In Fachkreisen wird unterschieden in

- Schnellkochreis, der auch als Quickreis, Kurzzeitreis oder Minutenreis bezeichnet wird. Diese Reisart wird durch Dampf- beziehungsweise Wärmebehandlung vorgegart und anschließend wieder getrocknet. Der Vorteil dieser Methode ist eine kürzere Zubereitungszeit. Parboiled und schnell kochender Reis quillt aufgrund der Hitzevorbehandlung besonders stark, ist also ergiebiger.
- Kochbeutelreis wird in fertigen Portionen auf den Markt gebracht. Er schwimmt beim Kochen im Beutel, kann also bei der Zubereitung weder ansetzen noch anbrennen.
- Puffreis ist Weißreis, der unter Druck mit Dampf behandelt wird. Nach der Druckminderung blähen sich die Körner auf. Puffreis findet in Müslimischungen oder kandiert oder mit Schokolade überzogen als Süßware Verwendung.
- Wildreis (in der Fachsprache auch als »Zizania aquatica« bezeichnet) ist botanisch gesehen kein Reis, sondern der Samen eines Wassergrases. Bis vor einigen Jahren musste er mühsam von Hand geerntet werden. Inzwischen wird er auch auf bewässerten Feldern angebaut. Wildreis wird nach der Ernte getrocknet. Dadurch verfärben sich die Körner von Graugrün nach Braunschwarz und erhalten einen intensiven, nussartigen Geschmack. Wildreis ist teuer und wird daher häufig in Mischungen mit anderen Reisarten auf den Markt gebracht.

Mais

Mais ist Grundnahrungsmittel der Völker in Nord- und Südamerika sowie in Afrika. Neben Weizen und Reis gehört Mais weltweit zu den wichtigsten Getreidesorten. Er wird selten als ganzes Korn verzehrt, sondern dient vielmehr als Rohstoff für eine Vielzahl von Maiserzeugnissen wie Cornflakes, Maisgrieß, Popkorn und Stärke.

Gemüsemais wird aus den Körnern einer süß schmeckenden Maisart – dem Zuckermais – hergestellt. Die Maiskolben werden milchreif, also im Zustand der Halbreife, geerntet und entweder frisch oder als Konserve angeboten. Frischer Gemüsemais lässt sich zwar in der Tiefkühltruhe einfrieren, kann aber nur für kurze Zeit im Kühlschrank aufbewahrt werden. Er verliert durch Zuckerabbau nämlich sehr rasch seinen süßen Geschmack. Mais wurde bereits vor mehr als 8.000 Jahren in Mittelamerika angebaut und ist heute auf der ganzen Welt eines der wichtigsten Nahrungsmittel. Pflanzen und Körner werden auch als Viehfutter verwendet. Die Früchte wachsen als Kolben. Neben dem Einsatz als Futtermittel dient Mais in zunehmendem Maße auch als Grundstoff für die Herstellung des Biotreibstoffs Ethanol (Einzelheiten siehe besonderes Kapitel über Mais ab Seite 248).

Hirse

Als Hirse wird eine Gruppe ähnlich erscheinender Getreidegattungen bezeichnet, die als Nahrungsmittel vor allem in Asien und Afrika große Bedeutung haben. Hirse gehört zu den ältesten Getreidearten überhaupt. Hirse wird als Sammelbegriff für mehrere hundert verschiedene Arten von Rispengräsern (zum Beispiel Rispenhirse oder Kolbenhirse) gewählt. Hirse gilt als die älteste kultivierte Getreideart. Bis weit ins Mittelalter hinein gehörte sie zu den Grundnahrungsmitteln. Verglichen mit anderen Getreidearten besitzt sie den höchsten Eisengehalt (neun Milligramm pro 100 Gramm Trockenware). Das Hirsekorn ist von Spelzen umhüllt. Bei der Verarbeitung zu Lebensmitteln werden diese abgetrennt. Zusätzlich entfernt man auch die harte Fruchtschale. Im Handel wird Hirse vorwiegend als geschältes, ganzes Korn sowie in Form von Hirseflocken angeboten. Man verwendet Hirse hauptsächlich für Vollkorngebäck und als Müsli. Hirse lässt sich zudem ähnlich wie Reis als Beilage zu Gerichten, für Aufläufe oder süßen Milchbrei verwenden. Sie quillt allerdings beim Kochen stärker auf als Reis und braucht deswegen mehr Wasser. Hirse gilt als schmackhaft und darüber hinaus auch als leicht verdaulich.

Sorghum

Sorghum ist ein zur Gruppe der Hirse zählendes Getreide, das über die Jahrzehnte hinweg als Grundnahrungsmittel vor allem in den asiatischen und afrikanischen Ländern große Bedeutung erlangt hat. Weltweit wird Sorghum darüber hinaus als Grundprodukt für die Futtermittelherstellung eingesetzt.

Triticale
Bei Triticale handelt es sich um ein Getreide, das vor allem in kalten Regionen angebaut werden kann. Es wird sowohl für die Herstellung von Nahrungsmitteln als auch als Tierfutter eingesetzt.

Kamut
Kamut ist ein aus Ägypten stammendes Getreide, das als Vorfahre des Hartweizens gilt. Es ist sehr nährstoffreich und wird heute vorwiegend in Südeuropa und Nordamerika angebaut.

Amaranth
Amaranth zählt botanisch gesehen nicht zu den Getreidearten, sondern zur Familie der Fuchsschwanzgewächse. Amaranth wird deshalb auch als Pseudo-Cerealie oder Körnerfrucht bezeichnet. Diese Pflanzenfamilie dient sowohl als Gemüse- als auch als Körnerlieferant. Der Samen von Amaranth ähnelt kleinen Hirsekörnern. Sie gelten als eiweiß- und mineralstoffreich. Die Samen werden gekocht, geröstet und zu Mehl vermahlen oder wie Mais »aufgepoppt«. In dieser Form sind sie Bestandteil von Müslimischungen oder Müsliriegeln. Die Amaranthkörner lassen sich für Suppen, Gemüsepfannen, Aufläufe und Süßspeisen verwenden. Beim Kochen entfalten sie einen nussigen Geruch.

Wie Getreide gelagert und getrocknet wird

Getreide ist erst ab etwa 14 Prozent Feuchtigkeit oder weniger sicher lagerfähig. Es wird auf der anderen Seite aber – je nach Witterung – meist mit einer höheren Feuchte geerntet und gedroschen. Aus diesem Grund muss die Feuchtigkeit durch einen Trockenvorgang des Getreides entzogen werden. Grund: Würde die Lagerung des Getreides zu feucht erfolgen, könnte es in der Folgezeit zur Schimmelbildung oder aber sogar zur Selbsterhitzung kommen. Das Trocknen von Getreide gilt allgemein als sehr energieaufwendig. Konkret heißt das: Die Witterungsbedingungen haben einen erheblichen Einfluss auf den Getreidepreis. Sie entscheiden zum einen über den Ernteertrag und zum anderen darüber, ob Getreide in der Folgezeit einem Trocknungsvorgang unterzogen werden muss.

Getreide wird traditionell in Silos – nämlich in sogenannten Flach- und Hochsilos – gelagert. Einfache Lagerhallen (Flachlager) werden dabei zunehmend als Zwischenlager verwendet. Die Lagerung von Getreide ist ein arbeitsaufwendiger Vorgang, denn das Getreide muss dabei deshalb überwacht und gepflegt werden, weil es atmet. Konkret heißt das: Innerhalb des Getreidekorns findet eine Feuchtigkeitsumverteilung und nicht selten auch ein Wasserauftritt statt. Die Landwirtschaft spricht vom »schwitzenden Getreide«. Dadurch wird das Wachstum von Mikroorganismen begünstigt.

Da rund 40 Prozent einer Siloschüttung aus Hohlräumen besteht, bestimmt die Luftqualität der Hohlräume das »Klima« der Schüttung. Daher müssen ständig Feuchtigkeit und Temperatur des Getreides überwacht werden. Zu den Grundregeln der Lagerhaltung gehört daher die Reinigung des Getreides vor der Einlagerung. Darüber hinaus ist von Zeit zu Zeit ein Austausch der Luft im Silo angezeigt. Getreide gilt unter folgenden Bedingungen als lagerfest:

- Feuchtigkeit 14 Prozent oder weniger
- Temperatur unterhalb von 20 Grad Celsius

Wichtig ist in diesem Zusammenhang auch der Schutz gelagerten Getreides vor Schädlingen. Die FAO schätzt die weltweiten Lagerverluste von Getreide durch tierische Schädlinge – abhängig von der Infrastruktur und der Expertise der Getreidewirtschaft in den einzelnen Ländern der Welt – auf etwa zehn bis 30 Prozent. Konkret bedeutet das: Jährlich werden zwischen 185 und 370 Millionen Tonnen Getreide durch Schädlingsbefall (zum Beispiel durch Fraßschäden oder Verschmutzung) in Lagerhäusern vernichtet. Schätzungen offizieller deutscher Stellen sprechen davon, dass die Verlustrate in Deutschland unterhalb von einem Prozent liegen dürfte.

Die aktuelle Lage bei Getreide und Ölsaaten

Bei der weltweiten Produktion von Getreide und Ölsaaten lassen sich für die vergangenen acht Jahre einige klare Trendaussagen treffen,

Tabelle 43: Welt-Getreidemarkt – Produktion insgesamt und pro Person von 1950 bis 2006

Jahr	Produktion in Millionen metrischen Tonnen	Produktion pro Person in Kilogramm
1950	631	250
1951	655	255
1952	680	260
1953	705	265
1954	730	270
1955	759	275
1956	773	275
1957	788	276
1958	802	275
1959	815	275
1960	824	272
1961	800	259
1962	851	271
1963	858	268
1964	906	277
1965	905	271
1966	989	290
1967	1,014	292
1968	1,053	297
1969	1,063	293
1970	1,079	292
1971	1,177	312
1972	1,141	296
1973	1,253	319
1974	1,204	301
1975	1,237	304
1976	1,342	324
1977	1,320	313
1978	1,445	337
1979	1,410	323
1980	1,429	322
1981	1,482	328
1982	1,533	333
1983	1,469	314
1984	1,632	343
1985	1,647	340
1986	1,664	338
1987	1,600	319
1988	1,550	304
1989	1,673	322
1990	1,768	335
1991	1,709	319
1992	1,785	328
1993	1,711	309
1994	1,756	313
1995	1,708	300
1996	1,873	324
1997	1,878	321
1998	1,876	316
1999	1,872	312
2000	1,842	303
2001	1,874	304
2002	1,821	292
2003	1,862	295
2004	2,044	320
2005	2,008	311
2006	1,984	303

Quelle: USDA und Earth Policy Institute

wie aus den Tabellen 43–45 ersichtlich ist. Die globale Produktion von Getreide weist erst seit der Erntesaison 2003/2004 einen stetig leicht steigenden Trend auf. Zuvor war die Getreideernte unter

Tabelle 44: Welt-Getreidemarkt - Produktion und Verbrauch und Bestände von 1960 bis 2006

Jahr	Produktion	Verbrauch	Überschuss oder Defizit	Jahr	Produktion	Verbrauch	Überschuss oder Defizit
1960	823	815	8,3	1984	1.632	1.549	82,7
1961	800	817	-17,2	1985	1.647	1.553	93,8
1962	851	838	12,7	1986	1.664	1.602	62,6
1963	858	852	5,7	1987	1.600	1.640	-39,7
1964	906	896	10,4	1988	1.550	1.621	-70,9
1965	905	932	-27,4	1989	1.673	1.677	-4,0
1966	989	957	31,9	1990	1.768	1.707	61,0
1967	1.014	988	26,7	1991	1.709	1.713	-4,7
1968	1.053	1.020	32,5	1992	1.785	1.737	48,5
1969	1.063	1.069	-5,6	1993	1.711	1.739	-28,3
1970	1.079	1.108	-29,2	1994	1.756	1.762	-6,0
1971	1.177	1.150	27,3	1995	1.708	1.739	-31,6
1972	1.141	1.174	-33,0	1996	1.873	1.808	64,4
1973	1.253	1.230	23,1	1997	1.878	1.820	57,8
1974	1.204	1.191	13,0	1998	1.876	1.834	41,4
1975	1.237	1.212	24,7	1999	1.872	1.853	18,8
1976	1.342	1.273	69,0	2000	1.842	1.857	-14,5
1977	1.320	1.320	-0,4	2001	1.874	1.899	-24,6
1978	1.445	1.380	65,1	2002	1.821	1.909	-88,5
1979	1.410	1.416	-6,5	2003	1.862	1.938	-75,9
1980	1.429	1.440	-10,7	2004	2.044	1.996	48,1
1981	1.482	1.458	24,1	2005	2.008	2.022	-13,1
1982	1.533	1.475	58,4	2006	1.984	2045	-60,6
1983	1.469	1.501	-31,5				

Quelle: USDA

Angaben in Millionen metrischen Tonnen

anderem durch witterungsbedingte Ausfälle negativ beeinflusst worden (vgl. Tabelle 46). Anders sieht es bei Ölsaaten aus, wo seit beinahe fast einem Jahrzehnt ein ständig steigender Ausstoß festzustellen ist. Hier haben die Anbieter mit einer Steigerung der Anbauflächen und mit effizienteren Anbau- und Erntemethoden flexibel auf die steigende Nachfrage aus den bevölkerungsreichen Ländern des Fernen Ostens reagiert (vgl. Tabellen 47–49).

Tabelle 45: Welt-Getreidemarkt – Verbrauch und Bestände zwischen 1960 und 2006

Jahr	Verbrauch Millionen metrische Tonnen	Bestände	
		Millionen metrische Tonnen	Reichweite des Verbrauchs in Tagen
1960	815	203	91
1961	817	182	81
1962	838	190	83
1963	852	193	83
1964	896	194	79
1965	932	159	62
1966	957	189	72
1967	988	213	79
1968	1,020	244	87
1969	1,069	228	78
1970	1,108	193	64
1971	1,150	218	69
1972	1,174	180	56
1973	1,230	192	57
1974	1,191	199	61
1975	1,212	219	66
1976	1,273	280	80
1977	1,320	278	77
1978	1,380	333	88
1979	1,416	328	84
1980	1,440	308	78
1981	1,458	331	83
1982	1,475	389	96
1983	1,501	348	85
1984	1,549	428	101
1985	1,553	518	122
1986	1,602	572	130
1987	1,640	527	117
1988	1,621	449	101
1989	1,677	439	96
1990	1,707	492	105
1991	1,713	483	103
1992	1,737	518	109
1993	1,739	482	101
1994	1,762	476	99
1995	1,739	435	91
1996	1,808	487	98
1997	1,820	541	108
1998	1,834	581	116
1999	1,853	587	116
2000	1,857	567	111
2001	1,899	539	104
2002	1,909	446	85
2003	1,938	358	67
2004	1,996	403	74
2005	2,022	383	69
2006	2,045	319	57

Quelle: US-Landwirtschaftsministerium

Dass internationale Ernteschätzer für die Saison 2005/2006 mit einer wieder leicht rückläufigen globalen Getreideerzeugung rechnen, ist zum einen gezielten Anbaureduzierungen und zum anderen negativen Witterungseinflüssen in den großen Anbaugebieten rund um den Globus zuzuschreiben. Ein wesentlich aussagekräftigeres

Abbildung 45: Naher Getreide-Terminkontrakt

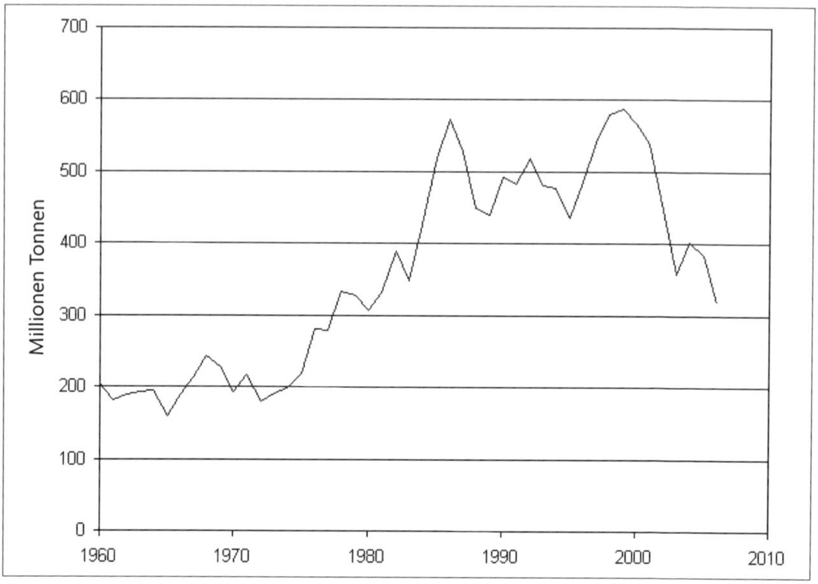

Quelle: USDA

Bild ergibt sich im Hinblick auf den weltweiten Getreideverbrauch. Hier fällt auf, dass die Importe der VR China in den vergangenen acht Jahren kräftig gestiegen sind, wie auch an anderer Stelle dieses Buches ausführlich dargelegt wird.

Ein Blick auf die weltweiten Getreide- und Ölsaatenbestände sowie die Vorräte an anderen wichtigen landwirtschaftlichen Rohstoffen sollte alle Alarmglocken läuten lassen (vgl. Abb. 45 und 46). So sind die weltweiten Bestände an Mais nach einer Analyse des USDA innerhalb von nur zwei Jahren um 20 Prozent gefallen. »Diese Situation sollte sich über die Saison 2007/2008 hinaus fortsetzen«, warnen zum Beispiel die Analysten von UBS. Noch dramatischer stellt sich die Lage am Reismarkt dar, wo die weltweiten Bestände derzeit – bei Redaktionsschluss dieses Buches im Dezember 2006 – um 50 Prozent unter dem Niveau des Jahres 2000 befinden. »Die weltweiten Reisbestände sind damit auf das niedrigste Niveau seit 26 Jahren abgesackt«, warnen die Fachleute des US-Landwirtschaftsministeriums.

Abbildung 46: Die Getreidebestände in der Welt schrumpfen

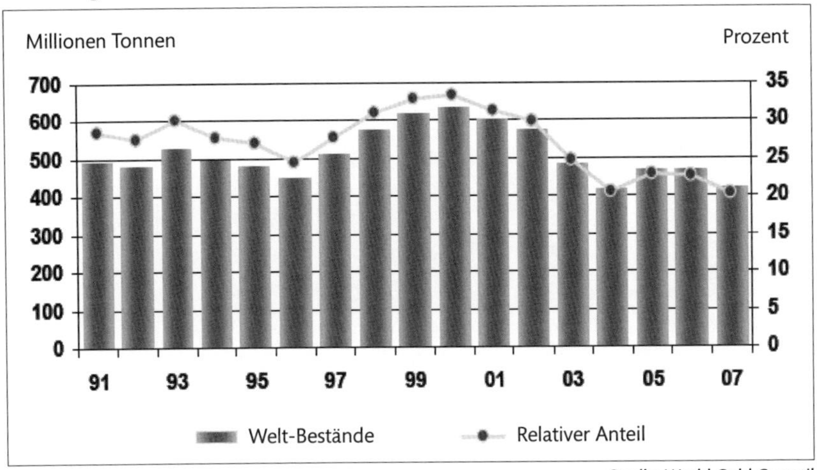

Quelle: World Gold Council

Was besonders besorgniserregend ist, ist indes die Tatsache, dass die Gründe für die stark geschrumpften Agrarvorräte nicht nur in einer stark gestiegenen Nachfrage seitens der Verbraucher begründet liegen, sondern auch mit den insgesamt weiter geschrumpften landwirtschaftlichen Anbauflächen. Nach Informationen der Regierung in Beijing hat die VR China in den vergangenen zehn Jahren rund sieben Prozent ihrer landwirtschaftlichen Anbauflächen aufgegeben. Und nach Angaben des USDA wird sich die Reisproduktion in den USA im Jahr 2006 um zwölf Prozent abschwächen, weil nicht genügend Anbaufläche zur Verfügung steht.

Eine weitere Überlegung zeigt die kritische Lage auf den Agrarmärkten. Der Kampf zwischen der Nahrungsmittel- und der Energiewirtschaft um bestimmte agrarische Rohstoffe wie Zucker, Mais, Weizen, Sojabohnen und Raps könnte sich dann verschärfen, wenn sich die politische Lage im Nahen Osten dramatisch zuspitzen sollte. Berechnungen des Autoren zufolge würden auf zehn Prozent der weltweit für den Agraranbau zur Verfügung stehenden Landflächen gerade einmal zehn bis zwölf Prozent des globalen Biotreibstoffbedarfs erzeugt werden können.

Tabelle 46: Weltweite Getreideproduktion

	Getreide gesamt	Weizen	Grobgetreide*	Reis
1998/1999	1.872,39	588,39	888,84	394,17
1999/2000	1.870,86	585,93	876,54	408,39
2000/2001	1.836,10	582,34	856,86	396,89
2001/2002	1.872,88	581,86	892,42	398,60
2002/2003	1.816,84	566,84	869,90	380,09
2003/2004	1.858,97	554,59	912,87	391,51
2004/2005	2.036,94	626,63	1.009,24	402,07
2005/2006	1.975,79	615,33	953,63	406,83

* Unter dem Begriff Grobgetreide werden beim USDA die Getreidearten Mais, Sorghum (Hirse), Hafer, Gerste und Roggen statistisch erfasst.

Alle Angaben in Millionen metrischen Tonnen

Quelle: USDA (US-Landwirtschaftsministerium)

Tabelle 47: Weltweite Getreide- und Ölsaatenproduktion 2005/2006 nach Regionen

	Weizen	Grobgetreide	Mais	Sojabohnen
USA	57,11	296,56	280,23	82,82
Argentinien	12,10	21,30	17,30	40,50
Australien	24,00	12,06	k. A.	k. A.
Kanada	26,80	25,98	9,47	k. A.
EU-25	122,52	130,13	46,94	0,79
Brasilien	4,60	k. A.	42,50	58,50
China	96,00	137,60	130,00	17,00
Pakistan	21,00	k. A.	k. A.	k. A.
Indien	72,00	k. A.	k. A.	k. A.
FSU*	92,86	56,57	13,15	k. A.
Ukraine	19,00	18,37	k. A.	k. A.
Weltproduktion	615,33	953,63	677,65	221,71

*FSU = Ehemalige Staaten der Sowjetunion

Alle Angaben in Millionen metrischen Tonnen

Quelle: USDA (US-Landwirtschaftsministerium)

Tabelle 48: Weltweite Produktion von Ölsaaten und Speiseölen

Erntesaison	Ölsaaten *	Speiseöle
1999/2000	303,28	85,86
2000/2001	311,73	88,78
2001/2002	324,90	92,40
2002/2003	328,96	94,35
2003/2004	334,31	101,68
2004/2005	379,04	110,49
2005/2006	386,99	114,96

*Die Begriffe Ölsaaten und Speiseöle umfassen im weitesten Sinne unter anderem Sojabohnen, Sonnenblumen, Raps, Baumwollsaat, Kürbiskern, Nussöle, Kokosöl, Mohn, Sesam und Leinsaat.

Alle Angabenin Millionen metrischen Tonnen — Quelle: USDA (US-Landwirtschaftsministerium)

Tabelle 49: Weltweiter Getreide- und Ölsaatenverbrauch in der Saison 2005/2006 nach Regionen

	Weizen	Grobgetreide	Sojabohnen	Mais
USA	32,33	238,07	51,11	224,42
Argentinien	5,20	9,07	30,60	5,40
Australien	6,60	6,39	k. A.	k. A.
Südafrika	k. A.	k. A.	k. A.	8,90
Kanada	9,20	25,03	25,03	11,50
EU-25	119,50	134,94	16,71	50,60
Brasilien	10,80	k. A.	32,15	40,80
China	101,00	143,80	44,75	134,00
Japan	k. A.	k. A.	4,59	16,60
Pakistan	20,30	k. A.	k. A.	k. A.
Indien	73,00	k. A.	k. A.	k. A.
FSU-12*	76,04	51,70	k. A.	11,53
Ukraine	13,30	12,57	k. A.	k. A.
Weltkonsum	622,08	971,64	215,43	685,54

*FSU = Ehemalige Staaten der Sowjetunion — Quelle: USDA (US-Landwirtschaftsministerium)

Alle Angaben in Millionen metrischen Tonnen

Tabelle 50: Umrechnungsfaktoren

Äquivalent für metrische Tonnen	US-Handelseinheit	Faktor
Weizen und Sojabohnen	Bushels	0,027216
Reis	Cwt	0,045359
Mais, Hirse, Roggen	Bushels	0,025401
Gerste	Bushels	0,021772
Hafer	Bushels	0,014515
Zucker	Shorttons	0,907185
Baumwolle	480 lb Ballen	0,217720

1 Hektar = 2,4710 Acres – 1 Kilogramm = 2,20462 Pounds (lbs)

Mais

Mais – im Englischen als corn bezeichnet – erlangt neben seinem Einsatz als Grundnahrungsmittel immer größere Bedeutung als Rohstoff bei der Herstellung von Biotreibstoffen wie Ethanol. Mais, wissenschaftlich als Zea mays L. bezeichnet, ist ein aus der Poaceae-Familie – also der Familie der Süßgräser – stammendes Getreide. In historischen Aufzeichnungen wird Mais zum ersten Mal im Zusammenhang mit dem lateinamerikanischen Land Mexiko erwähnt. Phylogenetische Studien deuten darauf hin, dass sich der uns heute bekannte Mais, also »Zea mays ssp. mays«, von »Zea mays ssp. Parviglumis« ableitet. Nach der Domestizierung in verschiedenen Regionen der Welt trug auch der Genfluss von anderen Teosinte-Typen zur heute bekannten und weltweit populären Form von Mais bei. Erwähnt wird in wissenschaftlichen Studien insbesondere der Beitrag von »Zea mays ssp. Mexicana« zum mexikanischen Hochlandmais.

Ein Blick auf die Historie des Mais in Europa zeigt, dass im Jahr 1525 in Spanien die ersten Felder mit Mais bebaut wurden, nachdem Christoph Kolumbus die Pflanze in der Karibik entdeckt und dann mit nach Europa gebracht hatte. Auch der Name »Mais« stammt aus der karibischen Region. Der Begriff »Mays« leitet sich aus dem Wort »Mahiz« ab, das die Arawak in ihrer Sprache für das Getreide gewählt hatten. Im Osten Europas wird Mais auch mit dem aus dem Ungarischen stammenden Wort »Kukuruz« bezeichnet.

Abbildung 47: Naher Mais-Terminkontrakt

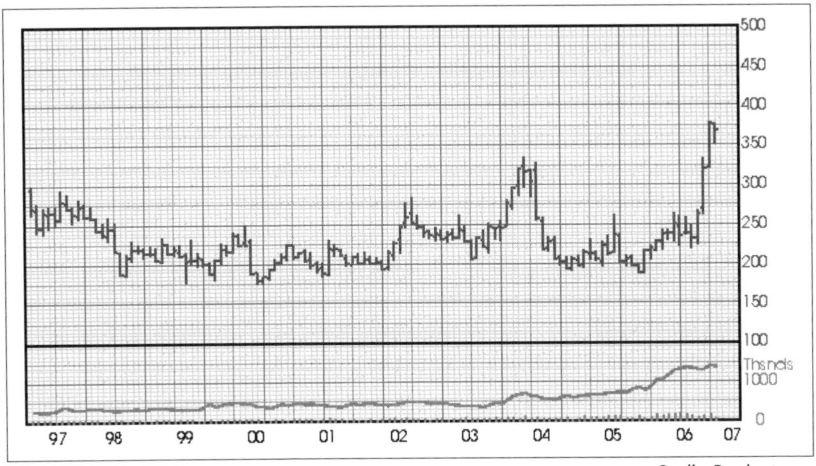

Quelle: Barchart.com

Heute wird Mais in aller Welt angebaut und ist in vielen Ländern Grundnahrungsmittel für Mensch und Tiere. Mais enthält weniger für den Menschen nutzbares Eiweiß als die meisten anderen Getreidearten. Vor allem in Europa und in Nordamerika ist Mais ein wichtiges Viehfutter, da die Einlagerung der Maispflanzen in Silos die Vorratshaltung für den Viehwirtschaftsbetrieb möglich macht. Weltweit sind heute rund 50.000 unterschiedliche Maissorten bekannt.

Im Jahr 2004 wurden laut Statistik der FAO global 705 Millionen Tonnen Mais produziert. Damit liegt Mais als weltweit populärstes Getreide deutlich vor Weizen (624 Millionen Tonnen) und Reis (608 Millionen Tonnen). Bei der Nutzung dieses Getreides gibt es erhebliche Unterschiede zwischen den Entwicklungs- und den Industrieländern. In den Entwicklungsländern wird der Mais überwiegend für die menschliche Ernährung eingesetzt (Tortillas, Maisbrei) – die Industrieländer verwenden silierten Mais nicht zuletzt für die Tierfütterung.

In Deutschland wurden im Jahr 2004 etwa 1,7 Millionen Hektar mit Mais angebaut. Rund 70 Prozent des in Deutschland angebautes Mais wird als Silomais für Futterzwecke verwendet. Der Rest der deutschen Maisproduktion wird in der Lebensmittelindustrie zum Beispiel zu

Konserven verarbeitet; dabei werden die Maiskörner im Gegensatz zum Silomais vom Kolben getrennt. Mais wird in der Nahrungsmittelbranche unter anderem als Stärkemittel, als Glukosesirup, für Cornflakes und als Popcorn genutzt. Darüber hinaus wird Mais zur Produktion von bestimmten Spezialpapieren eingesetzt, das zum Beispiel für Zigarettenpapier verarbeitet wird.

Mais hat unterschiedliche Farben. Während in Europa meist gelber Mais angebaut wird, gibt es in anderen Regionen der Welt auch rote und blaue Sorten, mit denen interessante Farbeffekte in Nahrungsmitteln erreicht werden können. Mais ist daher bei bekannten Köchen sehr beliebt, da sich mit diesem Getreide optische Effekte bei der Zubereitung von Speisen erzielen lassen.

Mais gilt allgemein als ein Sommergetreide. Seine Aussaat erfolgt in Europa und in anderen Ländern der nördlichen Hemisphäre von Mitte April bis Anfang Mai. Die Ernte findet zwischen Anfang Oktober und Mitte November statt. Statistiken des Bundeslandwirtschaftministeriums zeigen, dass der Hektarertrag von Körnermais bei der Ernte zwischen 80 und 100 dt/ha liegt.

Mais wird nicht selten zu Maismehl verarbeitet. Hierbei wird allgemein zwischen zwei Arten unterschieden. Dort, wo eher selten Mais gegessen wird, wird das Getreide einfach zermahlen. Dort, wo Mais Grundnahrungsmittel ist – wie zum Beispiel in den Südstaaten der USA oder in Mexiko –, werden die Maiskörner über viele Stunden hinweg gekocht, enthülst, wieder getrocknet und erst dann zermahlen; denn nur durch dieses aufwendige Procedere können lebenswichtige Eiweißstoffe für die menschliche Verdauung geschaffen werden. Hinzu kommt, dass durch diesen Prozess sowohl der Geschmack als auch die Backeigenschaften verbessert werden können.

Der Mitte 2006 einsetzende kräftige Preisaufschwung am Maismarkt ist nach Ansicht von Experten darauf zurückzuführen, dass das Getreide vor allem in den USA als Rohstoff bei der Produktion des Biotreibstoffs Ethanol eine immer größere Bedeutung gewinnen dürfte.

Tabelle 51: Globale Maisproduktion in der Saison 2005/2006 nach Regionen

Land	Produktion
USA	280,23
China	130,00
EU-25	46,94
Brasilien	42,50
Argentinien	17,30
FSU*	13,15
Kanada	9,47
Sonstige	Rest
Weltweite Maisproduktion	677,65 Millionen metrische Tonnen

*FSU = Ehemalige Staaten der Sowjetunion

Alle Angaben in Millionen metrischen Tonnen Quelle: USDA (US-Landwirtschaftsministerium)

Tabelle 52: Globaler Maisverbrauch in der Saison 2005/2006 nach Regionen

Land	Verbrauch
USA	224,42
China	134,00
EU-25	50,60
Brasilien	40,80
Japan	16,60
FSU-12*	11,53
Kanada	11,50
Südafrika	8,90
Argentinien	5,40
Sonstige	Rest
Weltkonsum	685,54 Millionen metrische Tonnen

Alle Angaben in Millionen metrischen Tonnen Quelle: USDA (US-Landwirtschaftsministerium)

Weizen

Weizen gilt nach Mais weltweit als das zweitwichtigste Getreide überhaupt. Mit dem Begriff Weizen wird eine Reihe von Süßgräserarten (Poaceae) der Gattung »Triticum L.« bezeichnet. Der heute in weiten Teil der Welt eingesetzte Saatweizen stellt nichts anderes als eine Kreuzung mehrerer Getreide- und Wildgrasarten dar. Weizen wird heute auf allen Kontinenten angebaut. Weizen ist für die

Menschheit eines der wichtigsten Grundnahrungsmittel als Brotgetreide und hat darüber hinaus eine immense Bedeutung für die Tiermast sowie (als Hartweizen) bei der Herstellung von Teigwaren.

Die ältesten Weizenfunde stammen aus der Zeit zwischen 7800 und 5200 vor Christi Geburt. Die ersten von Menschen angebauten Weizenarten waren Einkorn – das »Triticum monococcum« – und Emmer – das »Triticum dicoccum«. Einkorn wird heute nur noch aus wissenschaftlichen Gründen oder zu Illustrationszwecken angebaut. Das Herkunftsgebiet dieser frühen Weizenarten ist der Vordere Orient.

Triticum monococcum – also Einkorn – gilt als die ursprünglichste Form des kultivierten Weizens. Auch heute noch sind zahlreiche Wildformen des Einkorns auf der Welt zu finden. Wissenschaftler haben daraus den Schluss gezogen, dass die Domestizierung von Weizen durch die menschliche Auslese erfolgte. Aus Einkorn habe sich durch die Bildung eines Additionsbastards mit anderen Wildgräsern in vorgeschichtlicher Zeit der sogenannte tetraploide Emmer entwickelt. Aus der Zucht von Emmer wiederum seien später Arten wie Hartweizen und Kamut entstanden. Durch Mischung des Gens aus dem Wildgras »Triticum tauschii« – als »Aegilops squarrose« bezeichnet – mit Emmer sei dann der heute moderne hexaploide Saatweizen entstanden.

Das bedeutet konkret: Weizen ist nach Gerste die zweitälteste Getreideart. Die Ausbreitung des Weizenanbaus nach Europa, nach Nordafrika und nach Asien sorgte nicht nur für eine grundlegende, zunehmende Bedeutung des Getreides, sondern darüber hinaus auch für das Entstehen unzähliger Weizenkulturen. Historiker haben belegt, dass der Anbau von Weizen lange Zeit nicht die Bedeutung der seinerzeitigen Hauptgetreideart Gerste erreichte.

Erst durch die Entwicklung von Weißbrot – etwa ab dem elften Jahrhundert – gewann Weizen immer stärker an Popularität. Heute ist Weizen weltweit die am häufigsten angebaute Getreideart und nimmt auch den größten Anteil der globalen Getreideanbauflächen ein.

Abbildung 48: Naher Weizen-Terminkontrakt

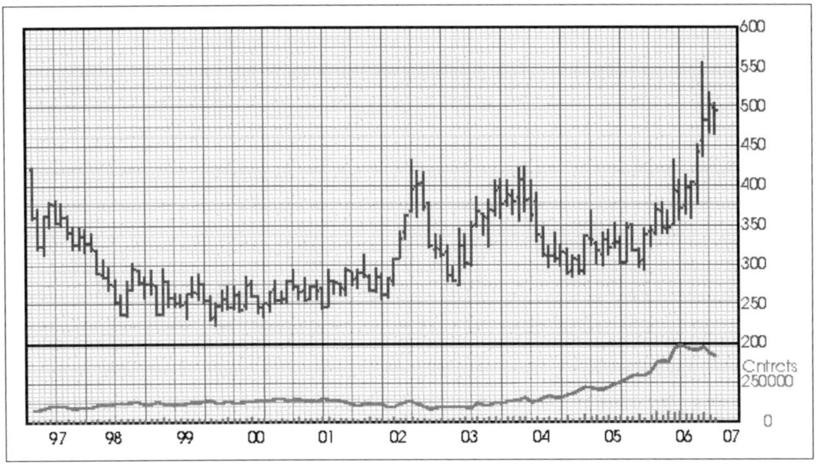

Quelle: Barchart.com

Der rundliche Weizenhalm wird etwa 0,5 bis 1,0 Meter hoch. Von seiner gesamten Erscheinung wirkt er dunkelgrün – seine Ähre vermittelt einen gedrungenen Eindruck. Die Früchte des Weizens werden botanisch als einsamige Schließfrüchte bezeichnet und Karyopsen genannt. In der Etymologie wird der Begriff Weizen vom »Weiß« des Produkts dieses Getreides – dem Weizenmehl oder Weißmehl – abgeleitet.

Im Hinblick auf seine Wuchs- und Entwicklungsbedingungen stellt der Weizen an Boden, Klima und Wasserversorgung wesentlich höhere Ansprüche als andere Getreidearten. Ein Unterscheidungsmerkmal ist die Differenzierung in Winterweizen und Sommerweizen. Weizen ist in der Regel an trockene und warme Sommer angepasst. Eine moderne Kreuzung aus Weizen und Roggen – das Getreide Triticale – erlaubt jedoch auch den Anbau in kühleren Klimazonen.

Winterweizen wird traditionell im Herbst ausgesät. Durch seine hohen Ernteerträge ist der Winterweizen allen anderen Getreidearten weit überlegen. Seine Körner keimen schnell und entwickeln die ersten Blätter. Die kleinen Pflanzen bilden Nebensprossen aus und überwintern. Obwohl Weizen bis rund minus 20 Grad Celsius frostresistent ist, bevorzugt er insgesamt ein gemäßigtes Klima. Im Frühjahr setzt dann beim Winterweizen das Streckungswachstum ein, bei dem sich die Blätter weiter ausbilden. Am Ende dieser Streckungsphase ist eine vollständige Ähre vorhanden. Die Ähren schieben sich in der Folgezeit nach außen. Mit der folgenden Blüte ist die Pflanzenentwicklung dann abgeschlossen.

Nach der (Selbst-)Befruchtung entwickeln sich die Körner des Weizens. Je Pflanze wachsen nun Halme, die zwei bis drei Ähren tragen. Dies entspricht einer Menge von 350 bis 700 Halmen je Quadratmeter. In jeder Ähre des Winterweizens bilden sich etwa 25 bis 40 Körner aus. Diese wiederum bestehen aus 60 Prozent Stärke (nämlich Zucker), zwölf Prozent Eiweiß, zwei Prozent Fett und nicht zuletzt zu 13 Prozent aus Wasser. Gegen Unkräuter und Pilze werden beim Winterweizen mehrere Pflanzenschutzanwendungen durchgeführt.

Für einen optimalen Ertrag wird Weizen in der Regel in drei kleinen Gaben mit Stickstoff gedüngt. Die Ernte des Winterweizens erfolgt stets im Herbst. Der Ernteertrag ist nicht zuletzt abhängig von den klimatischen Bedingungen während der Wuchs- und Reifephase. Statistiken der Landwirtschaftsministerien zufolge bringt es der Winterweizen auf einen durchschnittlichen Ertrag zwischen 60 und 70 Dezitonnen pro Haktar. Bei optimalen Erntebedingungen werden in einigen Anbaugebieten jedoch nicht selten sogar Spitzenerträge von über 110 Dezitonnen pro Haktar erreicht. Das Stroh des Winterweizens bleibt als Dünger auf dem Feld oder wird als Streu für Zuchttiere genutzt.

Sommerweizen wird traditionell im Frühjahr ausgesät. Im Gegensatz zum Winterweizen benötigt Sommerweizen die Vegetationsruhephase mit kalter Witterung und Frosteinfluss nicht. Die FAO hat unter anderem in der Publikation »FAOSTAT 2005« festgestellt, dass die Erträge des Sommerweizens deutlich unter denen des Winterweizens liegen. Allerdings sind seine Körner wesentlich proteinreicher als die des Winterweizens.

Tabelle 53: Weltweite Getreideproduktion

Erntesaison	Getreide gesamt	Weizen	Grobgetreide*	Reis
1998/1999	1.872,39	588,39	888,84	394,17
1999/2000	1.870,86	585,93	876,54	408,39
2000/2001	1.836,10	582,34	856,86	396,89
2001/2002	1.872,88	581,86	892,42	398,60
2002/2003	1.816,84	566,84	869,90	380,09
2003/2004	1.858,97	554,59	912,87	391,51
2004/2005	2.036,94	626,63	1.009,24	402,07
2005/2006	1.975,79	615,33	953,63	406,83

*Unter dem Begriff »Grobgetreide« werden beim USDA die Getreidearten Mais, Sorghum (Hirse), Hafer, Gerste und Roggen statistisch erfasst.

Alle Angaben in Millionen metrischen Tonnen Quelle: USDA (US-Landwirtschaftsministerium)

Das Bundessortenamt teilt mit seiner Zulassung die Weichweizensorten in fünf Backqualitätsgruppen ein:

- E-Gruppe: Eliteweizen – mit hervorragenden Eigenschaften. Wird meistens zum Aufmischen schwächerer Weizen verwendet oder exportiert.
- A-Gruppe: Qualitätsweizen – hohe Eiweißqualität. Kann Defizite anderer Sorten ausgleichen.
- B-Gruppe: Brotweizen – alle Sorten, die für die Gebäckherstellung gut geeignet sind.
- C-Gruppe: sonstiger Weizen – hauptsächlich für Futterzwecke.
- Keksweizen: (wurden bis 2004 als »K-Gruppe« geführt) hat eine für den Verwendungszweck geeignete, also schwächere Eiweißqualität.

Dinkel - Ein Vorläufer wird zum Getreide-Star

Dinkel, der Vorläufer des heutigen Weizens, war über einen langen Zeitraum hinweg sowohl bei Bauern als auch bei Verbrauchern in Vergessenheit geraten. Erst im Rahmen des Megatrends ökologischer Landbau wird dieser Getreideart wieder verstärkt Aufmerksamkeit geschenkt. Allgemein wird Dinkel eine größere gesundheitliche Verträglichkeit zugeschrieben. Menschen mit Weizenunverträglichkeit können ihre Ernährung komplett auf Dinkelmehl umstellen. Allerdings ist Dinkel nicht glutenfrei.

Hinsichtlich der Ernteerträge bleibt Dinkel – in der Fachsprache der Botaniker auch als »triticum spelta L« oder als »Spelz« bezeichnet – meist hinter Weizen zurück. Wegen seiner Fähigkeit, auch in ungünstigen Klima- und Witterungsbedingungen zu gedeihen, ist Dinkel jedoch wesentlich widerstandsfähiger gegen Getreidekrankheiten. Der Begriff Spelz, der in einigen Regionen für die Kennzeichnung von Dinkel genutzt wird, ist eine Abwandlung der Begriffe »Spelt«, »Fesen« und »Vesen«. Dinkel wird auch als Schwabenkorn bezeichnet, was darauf hindeutet, dass das Schwaben- und das Frankenland die wichtigsten Anbaugebiete sind. Darüber hinaus ist Dinkel häufig in Belgien und in der Schweiz zu finden.

Das Getreide Dinkel ist mit einem hexaploiden (sechsfachen) Chromosomensatz wie Weichweizen ausgestattet. In der Literatur wird erklärt, Dinkel sei durch Mutation aus älteren Weizenarten wie Hartweizen mit vierfachem Chromosomensatz oder Einkorn entstanden. Im Unterschied zum Weizen ist das Dinkelkorn fest mit den Spelzen verwachsen (wie auch Gerste). Dadurch ist es zwar besser geschützt, die Verarbeitung erfordert aber einen zusätzlichen Verarbeitungsschritt: Es muss (zum Beispiel auf einem »Gerbgang«) entspelzt werden.

Reis

Reis ist einer der bedeutendsten agrarischen Rohstoffe überhaupt. Er ist für mehr als die Hälfte der Menschen in der Welt das Hauptnahrungsmittel. In ihrer täglichen Ernährung sind heute mehr als zwei Milliarden Menschen auf der Welt in erster Linie auf diese älteste Kulturpflanze angewiesen. Und das, obwohl inzwischen auch die Schwächen dieses Rohstoffs hinlänglich bekannt sind: Die weißen Körner gelten als vitaminarm und können in dieser Beziehung mit vielen anderen Getreidesorten nicht mithalten. Ungeachtet der weltweit verfügbaren Getreide- und Nahrungsmittelvielfalt

Abbildung 49: Naher Terminkontrakt Grober Reis

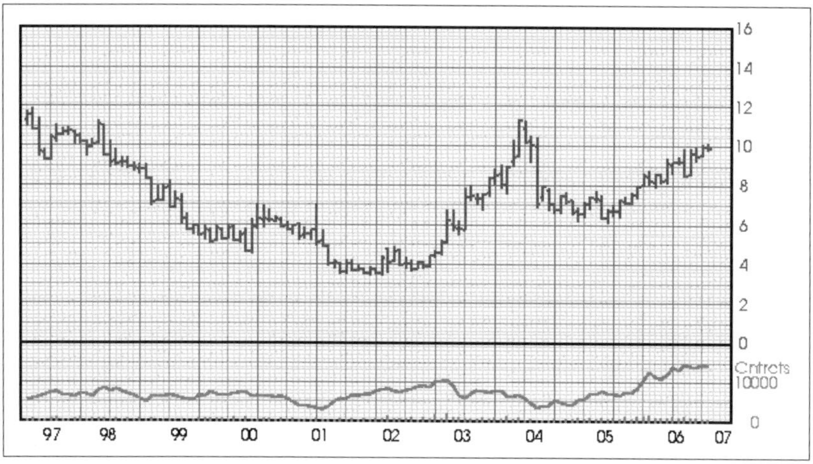

Quelle: Barchart.com

sind heute noch immer große Teile der Menschheit gezwungen, sich ausschließlich von Reis zu ernähren. Dies hat wegen des enormen Vitaminmangels erhebliche gesundheitliche Schäden zur Folge und führt in zahlreichen Ländern Asiens zu einer hohen Sterblichkeit.

Bedauerlicherweise ist die Abhängigkeit vom Nahrungsmittel Reis vor allem das Schicksal ärmerer Bevölkerungsgruppen. So ist bekannt, dass die Menschen in Kambodscha rund 80 Prozent ihrer Kalorien über Reis zu sich nehmen. Wissenschaftler haben herausgefunden, dass Menschen, die sich ausschließlich oder überwiegend von Reis ernähren, rasch Mangelerscheinungen aufweisen können, weil sie über Reis nicht die für eine ausgewogene und gesunde Ernährung erforderlichen Mengen an Vitamin A, Eisen, Proteinen und Spurenelementen erhalten.

Die Weltgesundheitsorganisation hat herausgefunden, dass mehr als 800 Millionen Menschen in der Welt heute unter akutem Vitamin-A-Mangel leiden. Hierdurch wird ihr Sehvermögen stark beeinträchtigt. Das Immunsystem ist nicht stark genug, die Blutbildung und das Skelettwachstum weisen ebenfalls Mängel auf. Wissenschaftler schätzen, dass dies die Ursache für jährlich zwei Millionen Todesfälle ist und dass etwa eine halbe Million Kinder im Jahr allein wegen einer Unterversorgung mit Vitamin A erblinden. Hinzu kommen weit verbreitete Symptome durch Eisenmangel: Bei etwa 1,8 Milliarden Frauen – vor allem in der Dritten Welt – wurde Blutarmut mit den bekannten negativen Folgen festgestellt.

Der Rohstoff Reis wächst auf von Wasser überschwemmten Feldern. Das äußere Erscheinungsbild von Reis ist durch kleine Ährchen an einzelnen Rispen gekennzeichnet. Als Nahrungsmittel werden allein die Körner des Reises – vorwiegend in gekochter Form – verwendet.

Von der Blüte bis zur Reife eines Reiskorns dauert es rund 30 bis 40 Tage. In dieser Zeit entwickelt sich unter der schützenden Hülle – als »Spelze« bezeichnet – das Korn mitsamt der Inhaltsstoffe, die sich meist in den Schichten des Silberhäutchens befinden. Das Silberhäutchen besteht aus einer Frucht- und Samenschale sowie aus einer proteinhaltigen Aleuronschicht. Es schützt den darunter liegenden Keimling, der unter einem stärkehaltigen Mehlkörper, dem eigentlichen Reiskorn, verborgen liegt (vgl. Abb. 50).

Kultivierter Reis kann bis zu 30 Halme ausbilden. Diese sind 50 bis 160 Zentimeter hoch und tragen eine schmale, überhängende Rispe mit einblütiger Ähre, die 80 bis 100 Körner enthalten kann. Aus einem Saatkorn können damit fast 3.000 Reiskörner entstehen. Reis besteht zu etwa 76 Prozent aus Stärke und zu etwa sieben bis acht Prozent aus Eiweiß. Er enthält 1,3 Prozent Fett und 0,6 Prozent Spurenelemente, vor allem Phosphor. Aufgrund seiner Armut an Natrium eignet sich Reis zur Entwässerung des Körpers bei Übergewicht und Bluthochdruck. Reis enthält die Vitamine B1 und B2, die sich vor allem in der oberen Schicht des Korns befinden, die beim Polieren abgeschliffen wird. Die Vitamine A, B12, C und D fehlen im Reis völlig.

Ungeachtet seiner ernährungstechnischen Schwächen ist Reis ein faszinierender Rohstoff. Dies nicht zuletzt auch deshalb, weil Wissenschaftler versuchen, Reis gentechnisch so zu verändern, dass er seine Mängel verliert. Den Biologen Professor Ingo Potrykus von

Abbildung 50: Aufbau des Reiskorns

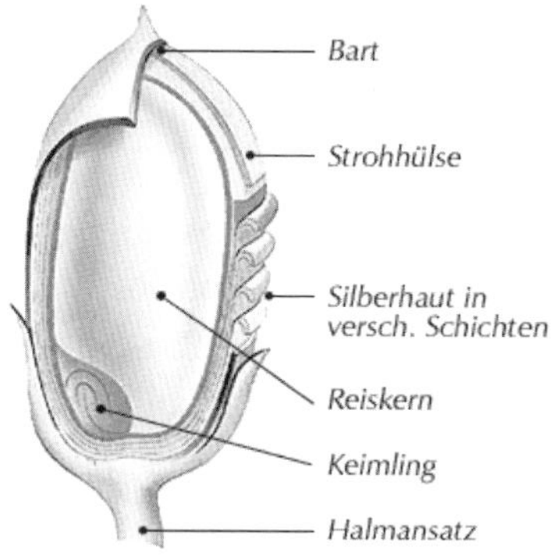

Quellen: Verschiedene Quellen - eigene Recherchen

der Eidgenössischen Technischen Hochschule (ETH) in Zürich und Peter Beyer von der Uni Freiburg ist es gelungen, sogenannten »Goldenen Reis« zu entwickeln. Dabei reichern zusätzlich implantierte Gene herkömmlichen Reis mit Vitamin A an. Die beiden Forscher übergaben ihre Resultate dem International Rice Research Institute (IRRI) in Manila zur Verwertung. »Dieser Reis könnte jedes Jahr einer Million Kindern das Leben retten«, jubelte daraufhin das *Time Magazin* auf der Titelseite. Der ehemalige US-Präsident Bill Clinton sprach davon, dass so 40.000 Menschenleben täglich gerettet werden könnten.

Doch es gibt auch warnende Stimmen. »Leute, deren Nahrung zu wenig Fette und Proteine enthält oder die an durchfallähnlichen Darmerkrankungen leiden – was in Entwicklungsländern sehr häufig vorkommt –, können von Goldenem Reis kein Vitamin A aufnehmen«, gibt die New Yorker Professorin Marion Nestle zu bedenken. Weitere Spezialisten verweisen auf den bislang ungenügenden Forschungsstand zur Bioverfügbarkeit und Stabilität des Gentechnologieprodukts bei der Lagerung.

Grüne Gentechnik zielt darauf ab, Pflanzen zu optimieren. Die Ziele liegen konkret im Erreichen höherer Erträge, der verbesserten

Anpassung an mangelhafte Umweltbedingungen und in besseren Nähreigenschaften. Mit Gentechnik könnten, so die Befürworter, Hunger und Mangelerscheinungen wirksam bekämpft werden. Kritiker nennen vor allem drei Kontra-Punkte:

a) Gentechnisch veränderte Organismen könnten herkömmliche Pflanzen verdrängen.
b) Es könnte eine Abhängigkeit von Biokonzernen entstehen.
c) Unvorhersehbar seien Unverträglichkeiten wie etwa Allergien. Darüber hinaus betonen die Kritiker, dass Hunger und mangelhafte Ernährung vor allem die Folge von Armut seien. Die Gentechnik werde dieses Problem künftig wahrscheinlich noch verstärken. In diese Richtung geht auch ein Argument von Greenpeace Deutschland: »Nahrung, die ausreichende Mengen von Vitamin A enthält, ist für viele Millionen armer Menschen reiner Luxus. Nicht etwa, weil solche Nahrungsmittel in ihren Ländern nicht vorhanden wären, sondern weil ihnen die Mittel fehlen, sie zu kaufen.«

So weit zur »modernen Reiszeit«. Die Geschichte dieses Rohstoffs ist jedoch zumindest ebenso spannend. Eine Reise zurück in die Vergangenheit zeigt, warum Reis als das älteste Getreide überhaupt gilt. Wissenschaftler aus Japan und China fanden vor nicht allzu langer Zeit bei archäologischen Untersuchungen heraus, dass etwa 11.500 Jahre alte Tongefäße Abdrücke von Reiskörnern aufwiesen. Allerdings werden die diesbezüglichen Studien *Earliest Rice, Archaeological Institute of America* von Spencer P. M. Harrington nicht überall als schlüssig betrachtet. Grund: In diesem Zusammenhang konnten keine morphologischen Untersuchungen der Körner vorgelegt werden. Nicht immer ist der Zusammenhang der sehr kleinen Körner mit den Funden aus der Umgebung gesichert. Von Harrington werden die seinerzeit in Zentral- und Südchina beheimateten Polynesier als die ersten Menschen bezeichnet, die sich mit Aussaat und Ernte von Reis beschäftigt haben. Noch bis vor wenigen Jahren waren Fachleute der Meinung, dass es vor rund 8.000 Jahren den ersten Reisanbau in Asien gegeben hat.

Tabelle 54: Entwicklung der Reisproduktion in der Welt

Saison 2004/2005	Saison 2005/2006	Saison 2006/2007
400,49	414,55	418,28

Alle Angaben in Millionen metrischen Tonnen

Quelle: USDA

Tabelle 55: Die bedeutendsten Reisproduzenten und Reisverbraucher – Angaben für die Saison 2006/2007

Land	Produktion	Verbrauch
China	128,00	135,30
Indien	91,00	87,00
Indonesien	35,09	35,65
Vietnam	23,00	18,50
Myanmar (vormals Birma/Burma)	10,50	10,70
Thailand	18,35	9,57
Philippinen	9,75	11,25
USA	6,35	4,12
Pakistan	5,20	2,64
Brasilien	8,50	9,25
Japan	7,94	8,20
Südkorea	4,70	4,84
Ägypten	4,14	3,30
Nigeria	2,80	4,45
EU-25	1,78	2,60

Angaben in Millionen metrischen Tonnen

Quelle: USDA und eigene Berechnungen

Der mythische chinesische Urzeitkaiser Shennung – mit »göttlicher Ackerbauer« zu übersetzen – soll gemeinsam mit seinen Untertanen eigenhändig Reis ausgesät haben. Im Verlauf der Jahrtausende breitete sich der Reisanbau in Asien stark aus. Reiskörner, die in Thailand gefunden wurden, weisen auf das Jahr 3500 vor Chr. hin. Etwa 500 Jahre vergingen von da an, bevor Menschen auf ihrer Völkerwanderung in den Süden Asiens auch auf den Philippinen und in Indonesien Reis anbauten.

Es dauerte danach mehrere Jahrhunderte, bis die auf ihren Inseln mehr oder weniger kulturell isoliert lebenden Japaner den Reis kennenlernten. Im dritten Jahrhundert v. Chr. wurde er von Korea aus nach Japan importiert. Später gelangte die Reispflanze über Indien und Persien – der heutige Iran – in die als ausgesprochen fruchtbar geltenden Ebenen des Euphrat und nach Ägypten.

Trotz der nicht unerheblichen Schwächen verfügt der Rohstoff Reis über ein enormes ökonomisches Potenzial. Rund 95 Prozent des globalen Reisangebots wird dort verzehrt, wo es angebaut wird, nämlich in den bevölkerungsreichen Ländern Asiens. Auf die dortigen Erzeuger China, Indien, Indonesien, Vietnam, Myanmar (vormals Birma/Burma) und Thailand und die anderen Staaten der dortigen Region entfallen rund 90 Prozent der weltweit geernteten Reismengen. Beinahe 2,4 Milliarden Menschen in der Welt ernähren sich in dieser Region fast ausschließlich von diesem Grundnahrungsmittel (vgl. Tabelle 55). Es spricht vieles dafür, dass sich die Ernährungsgewohnheiten in Asien in den kommenden Jahren mit dem erwarteten zunehmenden Wohlstand allerdings verändern und die Asiaten auch auf andere, vitaminreichere Nahrungsmittel zurückgreifen werden.

Die Welt kennt verschiedene Arten von Reis. Reis kann in Abhängigkeit von den regional jeweils vorherrschenden Ökosystemen auf vier verschiedene Arten angebaut werden:

- regenabhängiger Berg-Reisanbau,
- regenabhängiger Niederungs-Reisanbau,
- Tiefwasser-Reisanbau und
- Nass-Reisanbau.

Rund 80 Prozent der weltweiten Reisernte werden im Nass-Reisanbau erzeugt. Reis ist ursprünglich keine Wasserpflanze, sondern hat sich seit Jahrtausenden durch Zucht und natürliche Selektion an die Überflutung der Felder angepasst. Viele Unkräuter und im Boden lebende Schädlinge werden durch die Flutung am Wachstum gehindert, was der hauptsächliche Grund für den Wassereinsatz beim Reisanbau ist. Pro Kilogramm Reis werden zwischen 3.000 und 5.000 Liter fließendes Wasser benötigt.

Fließt das Wasser zu schnell, werden Bodenbestandteile und Nährstoffe abgeschwemmt – fließt es dagegen zu langsam, bilden sich Algen. Im Tiefland kann Nass-Reisanbau mit Bewässerung über Brunnen zu sinkendem Grundwasserspiegel führen. Die chinesische Regierung hat zum Beispiel rund um Peking den Reisanbau verboten, da sich dort der Grundwasserspiegel um bis zu drei Meter abgesenkt hat, was die boomende Wirtschaft behindert. Je nach Sorte, Anbauart und -gebiet sind pro Jahr zwischen ein und drei Ernten möglich. Nass-Reisanbau ist sehr arbeitsintensiv, ermöglicht aber sehr viel höhere Erträge als das Streusaatverfahren.

Dieser agrarische Rohstoff kennt in seinem Ursprung vor allem zwei Wildformen: »Oryza rufipogon« und »Oryza nivara«. Beide Wildformen können sich untereinander und mit domestiziertem Reis kreuzen. Einige Forscher plädieren daher dafür, die unterschiedlichen Wildreisformen zu einer Art zusammenzufassen. Wilder Reis kommt in Feuchtgebieten der subtropischen und tropischen Klimazonen Asiens vor, zum Beispiel in Myanmar – früher Burma –, Thailand, Laos und Südchina.

Wilder Reis findet sich auch im südlichen Korea, sowohl »Oryza rufipogon« als auch verwilderter domestizierter Kurzkornreis und Kreuzungen von Wildreis mit Langkorn- und Kurzkornreis. Die einfache und häufige Hybridisierung macht die Identifikation der Ursprungsgebiete schwierig. Wilder Reis (»Oryza rufipogon«) kommt heute noch im nördlichen Jiangxi und Hunan vor und wurde inzwischen auch im Jangtse-Tal gefunden, was eine örtliche Kultivierung möglich macht (Crawford/Shen 1998, 858).

Die wichtigsten Varietäten von Oryza sativa sind:

- »Oryza sativa var. japonica«, Kurzkornreis, auch Klebreis
- »Oryza sativa var. javanica«
- »Oryza sativa var. indica«, Langkornreis
- »Oryza glaberrima«, afrikanischer Reis
- »Oryza glutinosa«, angebaut zum Beispiel in China oder Thailand.
- Der Wildreis »Zizánia aquática« gehört nicht zur Gattung Oryza.

Einige Worte zur Verarbeitung von Reis. Im Anschluss an die Ernte wird der Reis getrocknet und gedroschen. Das dann entstehende Zwischenprodukt wird »Paddyreis« genannt. In einer Reismühle werden die Spelzen entfernt, die etwa 20 Prozent des ursprünglichen Gewichts ausmachen. Das Korn ist dann nur noch von dem bräunlichen Silberhäutchen umgeben und wird nun »Cargoreis« genannt. In diesem Zustand wird der meiste in die Verbraucherländer exportierte Reis angeliefert.

Wird der Reis poliert, um das Silberhäutchen und den Keimling zu entfernen, geht ein Teil der Mineralstoffe und Vitamine verloren. Um den Verlust von Vitaminen zu verhindern, wurde vor vielen Jahren in den USA das Parboiled-Verfahren entwickelt. Konkret bedeutet das: Mit hohem Dampfdruck werden die Vitamine vor dem Polieren in das Korn hineingepresst, sodass ein großer Teil von ihnen erhalten bleibt.

Im globalen Reishandel wird in Langkornreis und Rundkornreis unterschieden. Langkornreis hat eine Länge von sechs bis acht Millimetern. Das Verhältnis von Länge zu Dicke ist größer als fünf zu eins. Mittelkornreis ist fünf bis sechs Millimeter lang mit einer Dicke von 1,5 bis 2,5 Millimetern. Rundkornreis ist kürzer als fünf Millimeter und oft rund zwei Millimeter dick. Die chinesischen und südostasiatischen Sorten stehen meist zwischen diesen beiden Polen. Sowohl beim Langkornreis als auch beim Rundkornreis wird zwischen einer Art mit durchscheinendem Korn und einer mit trübem Korn unterschieden (die jedoch durch Polieren auch fast durchscheinend werden kann).

Sojabohnen

Als ölhaltige Pflanze ist die Sojabohne – »Glycine max« – einer der weltweit wichtigsten Rohstoffe überhaupt. Sojabohnen sind der Familie der Hülsenfrüchtler (Fachbegriffe: »Fabaceae« oder »Leguminosae«) zuzuordnen. Innerhalb dieser Gruppe gehört die Pflanze zusammen mit der Gartenbohne zum »Tribus Phaseoleae«. Ihren Ursprung hat die Sojabohne in Ostasien. Historisch verbürgt ist, dass

Abbildung 51: Naher Sojabohnen-Terminkontrakt

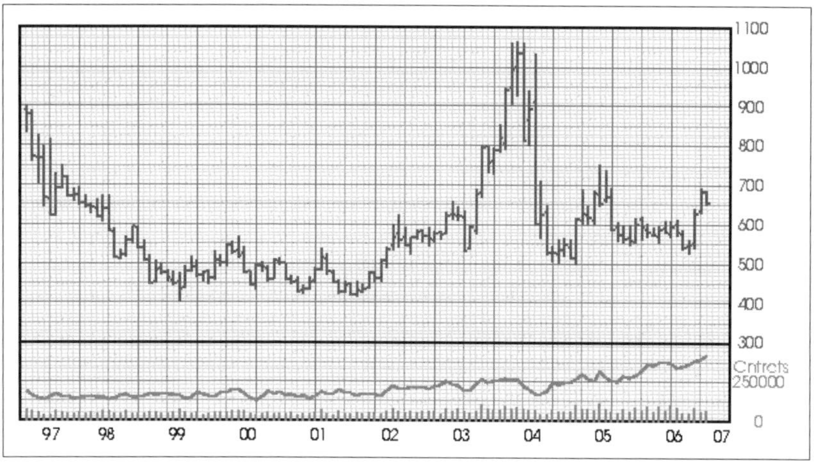

Quelle: Barchart.com

die Pflanze in China bereits seit fast 5.000 Jahren angebaut wird. Weitere Verbreitung fand die Ölpflanze erst vergleichsweise spät, nämlich im 17. und 18. Jahrhundert. Kennzeichnend für die Sojabohne ist ihr hoher Gehalt an Eiweiß mit rund 39 Prozent und von Pflanzenöl mit etwa 17 Prozent. Gerade der hohe Ölanteil ist für eine zur Gattung der Bohnen gehörende Pflanze sehr ungewöhnlich.

Einige Worte zur Verarbeitung der Sojabohne. In der Regel wird zuerst das Öl aus dem Fruchtfleisch extrahiert. Die verbleibende Masse – als Sojaschrot oder Sojakuchen bekannt – findet zum einen als Futtermittel und zum anderen als Fleischersatz in der vegetarisch ausgerichteten Ernährung Verwendung. Sojaprodukte sind heute aus vielen Nahrungsmitteln nicht mehr wegzudenken. Als menschliche Nahrung werden die frischen, grünen Hülsen der Bohne eingesetzt. Weitere Ernährungsprodukte der Sojabohne sind zum Beispiel Tofu, Miso-Suppen, Yuba, Bambus und Sojasauce. Nicht weiter bekannt ist aber, dass die im Handel als Sojakeime bekannten Produkte in Wirklichkeit die Keime von Mungbohnen sind.

Der zunehmende Einsatz von Sojabohnen als Rohstoff für die Produktion von Nahrungsmitteln hat gerade im Zusammenhang mit der Einführung gentechnisch veränderter Sorten heiße und sehr

Tabelle 56: Der Weltmarkt für Sojabohnen – Produktion und Verbrauch

	Produktion	Verbrauch	Bestände am Jahresende
Weltweit - Saison 2004/2005	215,95	205,37	47,41
Weltweit - Saison 2005/2006	219,49	212,66	53,43
Weltweit - Saison 2006/2007	220,18	219,97	53,01
USA - 04/05	85,01	51,25	6,96
USA - 05/06	84,00	51,62	14,82
USA - 06/07	81,92	51,93	15,25
Argentinien - 04/05	39,00	28,84	16,24
Argentinien - 05/06	40,50	32,03	15,32
Argentinien - 06/07	41,30	33,14	15,07
Brasilien - 04/05	53,00	32,10	16,81
Brasilien - 05/06	55,00	30,14	16,57
Brasilien - 06/07	56,00	30,72	16,71
China - 04/05	17,40	40,21	4,70
China - 05/06	17,20	45,10	3,90
China - 06/07	16,90	48,70	3,20
EU-25 - 04/05	0,79	15,40	0,88
EU-25 - 05/06	0,86	15,00	0,89
EU-25 - 06/07	0,95	15,16	0,85
Japan - 04/05	0,17	4,50	0,26
Japan - 05/06	0,23	4,29	0,30
Japan - 06/07	0,20	4,32	0,28
Mexiko - 04/05	0,13	3,76	0,05
Mexiko - 05/06	0,15	3,88	0,04
Mexiko - 06/07	0,16	4,02	0,04

Angaben in Millionen metrischen Tonnen — Quelle: USDA

kontrovers geführte Diskussionen über mögliche Folgen für die Menschheit ausgelöst. Ungeachtet dessen ist der Einsatz gentechnisch veränderten Saatguts in vielen Ländern gängige Praxis. In den wichtigsten Sojabohnenerzeugerstaaten USA, Brasilien, Argentinien, Bolivien und Paraguay werden immer neue gentechnische Methoden im Sojaanbau genutzt.

Tabelle 57: Umrechnungsfaktoren

Äquivalent für metrische Tonnen	US-Handelseinheit	Faktor
Weizen und Sojabohnen	Bushels	0,027216
Reis	Cwt	0,045359
Mais, Hirse, Roggen	Bushels	0,025401
Gerste	Bushels	0,021772
Hafer	Bushels	0,014515
Zucker	Shorttons	0,907185
Baumwolle	480 lb Ballen	0,217720

1 Hektar = 2,4710 Acres - 1 Kilogramm = 2,20462 Pounds (lbs)

Weltweit tätige Gen- und Biotechnologieunternehmen erwecken derzeit bereits den Eindruck, dass es nur noch geringe Mengen an nicht gentechnisch behandeltem Soja auf dem Weltmarkt gibt. Auch wenn dies nicht unbedingt den Tatsachen entspricht – in Brasilien ist zum Beispiel der größte Teil der Sojaproduktion weiterhin gentechnikfrei –, ist davon auszugehen, dass es bereits in wenigen Jahren sehr schwer sein dürfte, nicht gentechnisch verändertes Soja in größeren Mengen auf dem Weltmarkt zu erhalten.

Der Weltmarkt für Sojabohnen weist eine starke Konzentration auf. Denn etwa zehn Staaten ernten mehr als 95 Prozent der weltweit angebauten Sojabohnen. Dabei sind die USA, Argentinien und Brasilien beim Sojabohnenanbau eindeutig führend. In den USA sind die bedeutendsten Anbauflächen in den Bundesstaaten Illinois und Iowa, den Kornkammern der USA, zu finden. Auf der anderen Seite steht die VR China auf Rang zwei der Sojabohnenverbraucher nach den USA (vgl. Tabelle 56).

China ist also – ebenso wie die Staaten der EU – sehr stark auf Importe von Sojabohnen und Sojaprodukten angewiesen. In den vergangenen Jahrzehnten hat sich wegen der steigenden Nachfrage der VR China daher ein weltweit sehr lebhafter Handel mit Sojabohnen entwickelt. Viele Anzeichen sprechen dafür, dass Sojabohnen ebenso wie andere Ölsaaten – zum Beispiel Raps – in den kommenden Jahren verstärkt eingesetzt werden, um hieraus Biotreibstoffe (zum Beispiel Biodiesel) zu gewinnen. Aus ökologischen Gründen ist in diesem Zusammenhang nicht unproblematisch, dass in den beiden großen Anbauländern Argentinien und Brasilien weiterhin große Flächen Regenwald abgeholzt werden, um die bestehenden Anbauflächen für Soja zu vergrößern.

Zucker

In der Welt werden vor allem zwei Pflanzen zum Zwecke der Gewinnung von Zucker angebaut: Zuckerrohr und Zuckerrübe. Etwa 80 Prozent des weltweiten Zuckerangebots stammen aus Zuckerrohr. Darüber hinaus wird Zucker in kleineren Mengen auch aus Zuckerpalmen gewonnen. Als eigentliche Substanz ist Saccharose direkt in den genannten Pflanzen enthalten. Durch Kochen oder Pressen wird die Saccharose aus diesen Früchten extrahiert und durch einen Kochprozess in kristallisierter Form wieder eingefangen.

Der Begriff Zucker stammt von dem arabischen Wort »sukkar«. Das Produkt ist Nahrungsmittel und Genussmittel zugleich. Als Zucker wird darüber hinaus auch die chemische Gruppe der Kohlehydrate bezeichnet. Der Energiegehalt von Zucker – also Saccarose – beträgt 16,8 Kilojoule pro Gramm. Zum Vergleich: Alkohol liefert eine Energie von 29,8 Kilojoule pro Gramm. Zucker wird wegen dieser Eigenschaften auch immer stärker als Rohstoff für regenerative Energien – konkret zur Produktion von Ethanol – eingesetzt.

Der Anteil von aus Zuckerrohr produziertem Zucker hat in den vergangenen Jahren im Verhältnis zum aus Runkelrüben erzeugten Zucker immer stärker zugenommen (vgl. Tabelle 58). Der Grund hierfür ist unter anderem darin zu sehen, dass Brasilien den Anbau von Zuckerrohr kräftig gesteigert hat. Denn nur so konnte das Land seine seit Jahren exorbitant steigende Zuckernachfrage zur Produktion von Ethanol befriedigen.

In den tropischen Gebieten der Erde war Zuckerrohr – einer von zwei wichtigen Zuckerquellen – schon seit längerem bekannt. Ursprünglich kauten die Menschen das Zuckerrohr in rohem

Tabelle 58: Entwicklung der Zuckerproduktion aus Zuckerrohr und Zuckerrüben

	1960s	1970s	1980s	1990s	2003/04	2004/05	2005/06	2006/07
	average							
Weltweite Produktion	61,6	81,9	101,8	118,4	143,0	140,8	152,5	158,3
aus Zukerrüben	26,8	32,6	7,9	37,4	34,3	35,2	35,8	33,1
aus Zuckerrohr	34,8	49,3	63,9	81,0	108,7	105,6	116,7	125,2
Weltweiter Anteil von Zukerrohr in %	*56.5*	*60.2*	*62.8*	*68.4*	*76.0*	*75.0*	*76.5*	*79.1*

Produktionsangaben in Millionen Tonnen Rohwert — Quelle: International Sugar Organization (ISO)

Zustand, um so die süßen Elemente zu extrahieren. Zu einem späteren Zeitpunkt wurden im Mittleren und Fernen Osten Verfahren entwickelt, mit denen Zucker raffiniert werden konnte. Auf Grund des zunehmenden weltweiten Handels verbreitete sich Zucker, wie andere Rohstoffe auch, in den anderen Teilen der Welt. Wegen der positiven Witterungsbedingungen gewann Zuckerrohr vor allem in den karibischen Staaten deutlich an Beliebtheit.

Die Mauren und die Kreuzritter brachten den Zucker nach Europa. In Europa wurde dann etwa um das Jahr 1800 – also etwa zu jener Zeit, als der Handel zwischen der Karibik und Europa nicht zuletzt durch die Kriegsführung von Napoleon ins Stocken geraten war – die Zuckerrübe als ergiebige Quelle des süßen Stoffs entdeckt. Die Bauernschaft sah in der Runkelrübe sehr rasch eine recht ergiebige Zuckerquelle. Zwischen Rüben- und Rohrzucker gibt es im Prinzip nur geringe Unterschiede.

Bei der eigentlichen Zuckerproduktion wird das rohe Pflanzenmaterial des Zuckerrohrs, der Zuckerrübe und der Zuckerpalme zerkleinert und gepresst. Der daraus entstehende Saft wird in großen Behältern aufgefangen und gefiltert. Zu Reinigungszwecken wird der Saft in der Regel mit Kalziumoxid behandelt, das wiederum mit Schwefeldioxid neutralisiert wird. Nachdem der auf diese Art und Weise gereinigte Saft gekocht wurde, werden das sich am Boden absetzende Sediment entfernt und der an die Oberfläche steigende Schaum abgeschöpft. Die Weiterbehandlung der verbliebenen Flüssigkeit erfolgt mit dem Ziel der Kristallisation auf kleiner Flamme.

Abbildung 52: Naher Zucker-Terminkontrakt

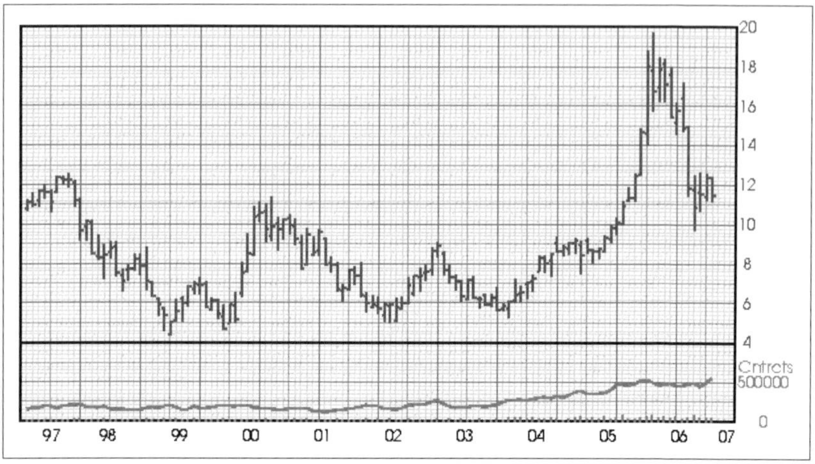

Quelle: Barchart.com

In einigen Produktionsprozessen werden auch Zentrifugen für die Kristallisation eingesetzt.

Der Verbraucher findet in den Regalen seines Supermarktes unzählige unterschiedliche Zuckerarten vor. Diese reichen vom Rohzucker – einem aus Zuckerrohr raffinierten Produkt – über braunen Zucker bis hin zum mehrfach raffinierten weißen Zucker. Einige Anbauländer haben sich darauf spezialisiert, Zuckerspezialitäten wie Turbinado-Zucker, Muskovade, Demerara-Zucker, Basterdzucker, Farin, Flüssigzucker, Fondant, Fruchtzucker (Fructose), Gelierzucker, Grieszucker, Hagelzucker, Instantzucker, Invertzucker, Isoglucose, Kandiszucker, Karamell, Läuterzucker, Malzzucker, Melasse, Milchzucker, Sirup, Traubenzucker, Vanillezucker und Würfelzucker auf dem Markt anzubieten. In Südostasien gelangt nicht selten Palmzucker oder Palmrohrzucker, der aus dem Saft der Zuckerpalme gewonnen wird und als Spezialität gilt, auf den Markt. Traditionell wird Zucker in Würfel-, Kristall- und Puderform angeboten.

Die Geschichte des Zuckers in Kurzform:

- 8000 v. Chr. werden die ersten Zuckerrohrfunde in Melanesien und Polynesien bekannt.

- 6000 v. Chr. gelangt Zuckerrohr von den ostasiatischen Staaten nach Indien und nach Persien.
- 600 v. Chr. wird erstmals über die Gewinnung von Zucker in Persien berichtet. Dabei wurde heißer Zuckerrohrsaft in Holz- oder Tonkegel gefüllt. In der Spitze dieser Kegel kam es zur Kristallisation.
- Spätantike: Zucker, der als »Saccharum« bezeichnet wird, gilt in Rom als Luxusgut der Superreichen. Er wird zu dieser Zeit aus Indien und Persien ins Römische Reich importiert.
- 1100 n. Chr.: Durch die Aktivitäten der Kreuzfahrer gelangt Zucker verstärkt nach Europa.
- 1500 n. Chr. wird Zuckerrohr in zahlreichen Ländern der Welt auf Plantagen kultiviert angebaut. Zu dieser Zeit ist Zucker als »weißes Gold« weiterhin ein, vor allem den Reichen vorbehaltenes, Luxusprodukt. Beim Volk wird zu dieser Zeit vor allem Honig als Süßstoff eingesetzt.
- 1747 entdeckt Andreas Sigismund Marggraf den Zuckergehalt der Runkelrübe.
- 1801 schafft der Chemiker Franz Carl Achard die Basis einer industriellen Zuckerproduktion. Im schlesischen Cunern entsteht die erste Rübenzuckerfabrik der Welt.
- 1841 erfindet Jakob Christian Rad von der Datschitzer Zuckerraffinerie den ersten Würfelzucker.
- Ab 1850 wird Zucker dann zum normalen Nahrungs- und Genussmittel. Grund: Die Fortschritte in der industriellen Herstellung bringen den Zuckerpreis stark unter Druck, sodass aus dem einstigen Luxusgut ein Normalgut wird.

In Nahrungsmitteln enthaltener Zucker wird – im Gegensatz zu Stärke, die zunächst durch Verdauung in Zucker umgewandelt werden muss – schnell von der Darmwand aufgenommen und in die Blutbahn transportiert. Auf diese Weise werden der Blutzuckerspiegel rasch erhöht und die Ausschüttung von Insulin im Körper angeregt. Insulin wiederum fördert die Aufnahmefähigkeit des Gehirns für Tryptophan aus dem Nahrungseiweiß, wo es in das Hormon Serotonin umgewandelt wird. Dieses Hormon wiederum ist dafür bekannt, die Stimmung des Menschen zu verbessern.

Tabelle 59: Welt-Zuckermarkt im Überblick

	Saison 2005/2006	Saison 2006/2007	Veränderung in Millionen Tonnen	Veränderung in Prozent
Produktion	152,472	158,30	5,828	3,82 %
Verbrauch	149,670	152,492	2,732	1,82 %
Überschuss/ Defizit	2,712	5,808		
Importnachfrage	46,678	44,914	-1,764	-3,78 %
Export-verfügbarkeit	46,659	47,685	1,026	2,20 %
Endbestände	59,878	62,915	3,037	5,07 %
Verhältnis Bestand/ Verbrauch	39,98%	41,26%		

Daten und Fakten rund um den Welt-Zuckermarkt – Wenn nicht anders bezeichnet, alle Angaben in Millionen Tonnen Zucker – Rohwert Quelle: International Sugar Organization (ISO)

Tabelle 60: Globale Zuckerproduktion

	2000/01	2001/02	2002/03	2003/04	2004/05	2005/06 g
Zuckerrüben	36,308	33,170	37,113	34,412	35,2	35,8
Zuckerrohr	94,129	103,417	112,550	108,728	105,6	116,7
Gesamt	130,437	136,587	149,664	143,140	140,8	152,5

Alle Angaben in Millionen Tonnen Zucker-Rohwert Quelle: ISO

Die Zuckerindustrie argumentiert in diesem Zusammenhang, dass der menschliche Körper für den Verzehr süßer Nahrung doppelt belohnt wird, zum einen durch einen Schub an Energie und zum anderen durch eine Stimmungsaufhellung. Mediziner haben allerdings herausgefunden, dass diese beiden Effekte keine allzu lange Wirkung haben, da sich ein hoher Blutzuckerspiegel rasch wieder abbaut. Bei stärkehaltigen Nahrungsmitteln wird Zucker dagegen – durch den Verdauungsprozess verzögert – gleichmäßiger ins Blut geleitet.

Im Jahr 2003 wurde im Auftrag der World Health Organization und der Food and Agriculture Organization (FAO) der Vereinten Nati-

Tabelle 61: Die größten Zuckerproduzentenländer in der Saison 2005/06

1	Brasilien	29,063	**6**	Australien	5,238
2	Indien	18,478	**7**	Thailand	4,837
3	China	10,435	**8**	Deutschland	4,506
4	USA	7,212	**9**	Frankreich	4,472
5	Mexiko	5,978	**10**	Russland	2,609

Mengenangaben in Millionen Tonnen Zucker - Rohwert Quelle: Schätzungen von ED&F Man

Tabelle 62: Globaler Zuckerverbrauch

2000/01	**2001/02**	**2002/03**	**2003/04**	**2004/05**	**2005/06 g**
131,410	136,178	140,254	144,158	147,139	150,155

Alle Angaben in Millionen Tonnen Zentrifugal-Zucker - Rohwert Quelle: Schätzungen von ED&F Man

Tabelle 63: Die Länder mit dem größten Zuckerverbrauch in der Saison 2005/06

1	Indien	19,904	**6**	Mexiko	5,583
2	China	13,329	**7**	Indonesien	4,388
3	Brasilien	11,141	**8**	Pakistan	4,106
4	USA	9,378	**9**	Deutschland	3,112
5	Russland	6,186	**10**	Ägypten	2,821

Mengenangaben in Millionen Tonnen Zucker - Rohwert Quelle: Schätzungen von ED&F Man

onen eine Studie erstellt. Darin kommen internationale Fachleute zu dem Ergebnis, dass sich ein Mensch dann gesund ernährt, wenn nicht mehr als zehn Prozent seiner Nahrungsmittelaufnahme aus Zucker besteht.

Eine Langzeitstudie des Kopenhagener Bispebjerg-Spitals mit 5.200 Männern hat gezeigt, dass das Risiko einer Gewichtszunahme bei jenen Probanden, die fünf bis sechs Tassen Kaffee am Tag mit jeweils zwei Stück Zucker süßten, um 40 Prozent niedriger war als bei jenen Testpersonen, die auf den Zuckerzusatz im Kaffee verzichteten. Erklärt wurde das von den Fachleuten damit, dass süßer Kaffee möglicherweise den Stoffwechsel anregt und den Appetit zügelt.

Tabelle 64: Der Welt-Zuckermarkt im Spiegel der Fachwelt

Quelle	Datum der Prognose	Zuckerproduktion weltweit	Zuckerverbrauch weltweit	Überschuss/ Defizit
F.O. Licht	31. Oktober 2006	160,01	148,28	8,46
ISO	8. November 2006	158,30	152,49	5,81
C. Czarnikow	9. August 2006	156,89	153,78	3,11
USDA	25. Mai 2006	149,20	145,73	- 0,06
Abare Australien	29. September 2006	153,00	151,20	1,80

Prognosen über Produktion und Erzeugung in der Saison 2006/07 - Angaben in Millionen Tonnen Zucker - Rohwert - für die Erntesaison 2005/2006 Quelle: Eigene Recherchen

Abbildung 53: Zucker - Produktion, Verbrauch, Preise

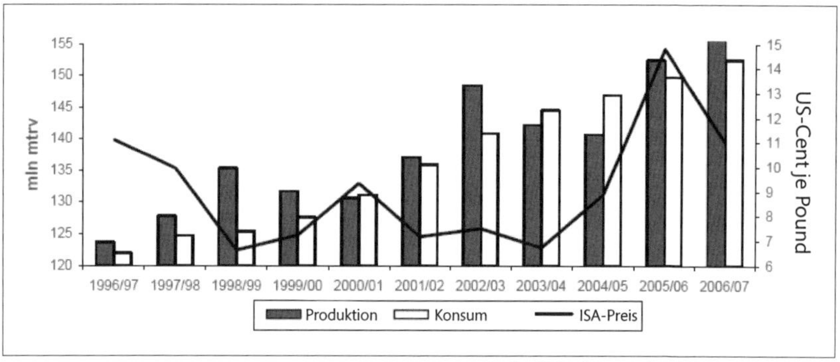

Quelle: ISO - International Sugar Organisation

Allerdings werden in der Literatur auch die negativen Seiten des Rohstoffs Zucker betont, die unter anderem in der Suchtgefahr und in anderen Krankheiten (beispielsweise Entstehen von Zahnkaries) liegen. Gelangt Zucker nämlich in die Blutbahn, löst er dort die Sekretion von Serotonin aus. Serotonin wird bekanntlich auch als Schmerzblocker bei Verletzungen ausgeschüttet. Nach rund einer halben Stunde fällt der Blutzuckerwert jedoch wieder und löst dann eine Hypoglykämie, also Unterzucker, aus. Und exakt hier setzt das Suchtrisiko ein, denn das Gefühl der Schlappheit kann dann in Verbindung mit dem aufkommenden Heißhungergefühl wieder

Abbildung 54: Überschuss/Defizit am Welt-Zuckermarkt, 2000/02-2007/08

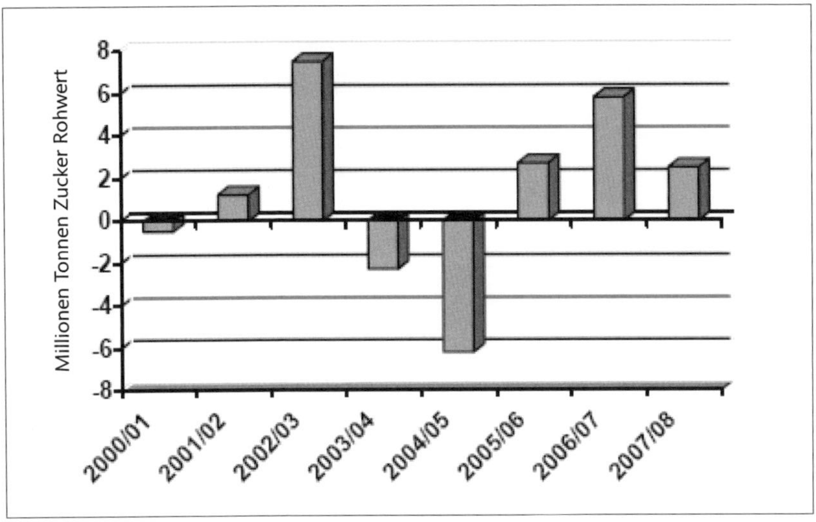

Quelle: ISO – International Sugar Organisation

mit Zucker und/oder anderen Zucker enthaltenden Süßigkeiten bekämpft werden. Hieraus kann für manche Menschen ein Teufelskreis entstehen.

In fester Nahrung und in süßen Getränken und Säften enthaltener Zucker kann darüber hinaus das Entstehen von Zahnkaries beschleunigen. Grund: Im Mundraum des Menschen lebende Streptokokken wandeln überschüssigen Zucker in Säuren um, die Mineralien aus dem Zahnschmelz lösen und ihn so schädigen können. Zucker wird von einigen Medizinern darüber hinaus auch eine Mitverantwortung für Erkrankungen wie Rheuma, Migräne, Schlaganfall, Herzinfarkt und auch für Krebs zugeschrieben.

Kaffee

Historiker sind bei der Frage des Ursprung des Kaffees unterschiedlicher Auffassung. Am populärsten ist die These, dass Kaffee erstmals in der äthiopischen Provinz Kaffa entdeckt wurde. Der Begriff Kaffee wird in anderen Erklärungen aus dem türkischen Wort »Kahve« oder aus dem arabischen Wort »Gahwa«

Abbildung 55: Naher Kaffee-Terminkontrakt

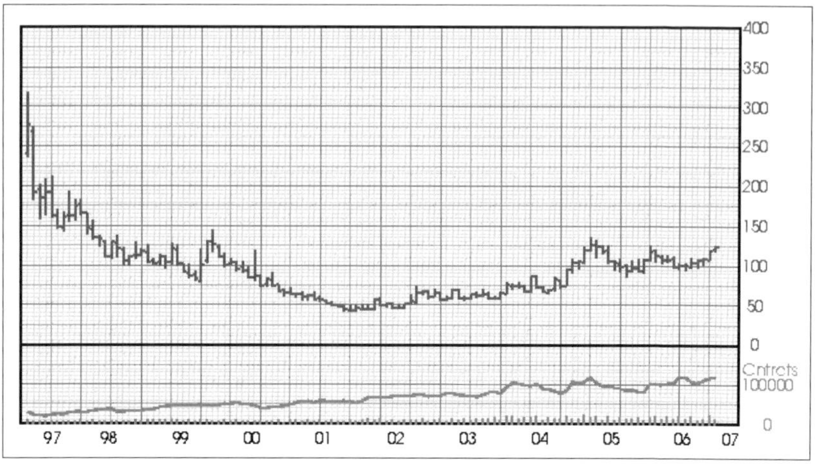

Quelle: Barchart.com

(übersetzt bedeutet das: »anregendes Getränk«) abgeleitet. Nach einer im Jahr 1671 zu Papier gebrachten Legende fiel einstmals den Hirten aus Kaffa auf, dass ein Teil ihrer Ziegenherde, die von einem Strauch mit weißen Blüten und roten Früchten gefressen hatten, bis in die Nacht hinein munter umhersprang, während andere Tiere, die diese Früchte nicht zu sich genommen hatten, müde waren. Die Hirten erzählten dies Mönchen des nahe gelegenen Klosters.

Nachdem ein Schafhirte die Früchte dieses Strauchs nicht nur näher untersuchte, sondern auch selbst zu sich genommen hatte, stellte er nach kurzer Zeit auch bei sich selbst eine belebende Wirkung fest. Diese Kunde verbreitete sich rasch aus und stieß bei den Gelehrten auf großes Interesse. Bei von Mönchen aus nahe gelegenen Klöstern angestellten Nachforschungen an der Weidestelle entdeckten diese dort dunkelgrüne Pflanzen mit kirschartigen Früchten – eben die Kaffeefrüchte. Sie bereiteten daraus einen Aufguss und konnten fortan ohne das gewohnte Schlafbedürfnis bis tief in die Nacht hinein wach sein, beten und miteinander reden. Experten betrachten deswegen nicht den Menschen, sondern die Ziege als Entdecker der Kaffeebohne.

In der Literatur ist daher die Ansicht weit verbreitet, dass die Provinz Kaffa in Äthiopien als Ursprung des Kaffees zu sehen ist, denn dort wurde er bereits im neunten Jahrhundert erwähnt. Von Äthiopien aus gelangte der Kaffee dann vermutlich im 14. Jahrhundert durch Sklavenhändler nach Arabien. Geröstet und getrunken wurde er dort aber wahrscheinlich erst ab Mitte des 15. Jahrhunderts.

Wissenschaftler vertreten die Auffassung, dass die Popularisierung des Kaffees auf der Arabischen Halbinsel vor allem durch das im Islam bestehende Alkoholverbot begründet ist. Der Kaffeeanbau brachte Arabien eine Monopolrolle ein. Handelszentrum war die Hafenstadt Mocha, auch Mokka genannt, das heutige Al Mukha im Jemen. Vor dem Jahr 1600 galt die Produktion von Kaffee als ein streng gehütetes Geheimnis – außerhalb der Arabischen Halbinsel sollen seinerzeit keine Saatbohnen existiert haben. Der deutsche Botaniker Leonhard Rauwolf soll in einem im Jahr 1583 verfassten Buch als Erster über Kaffee geschrieben haben.

Die äthiopische Zubereitungsart beziehungsweise Kaffeetradition gilt als die ursprünglichste: Nach dem Rösten der Bohnen in einer großen Eisenpfanne werden diese grob gemahlen oder im Mörser zerstampft. Das Mahlgut wird mit Wasser und Zucker in der Jabana, einem bauchigen Tonkrug, der einer Karaffe ähnlich sieht, aufgekocht und in kleinen Schalen serviert.

Mit dem ökonomischen und politischen Aufstieg des Osmanischen Reichs wurde das Getränk in der Folgezeit immer beliebter. Es ist überliefert, dass in Persien – dem heutigen Iran – das erste Café entstand. In für die Öffentlichkeit zugänglichen Kaffeehäusern traf man sich in Kleinasien, Syrien und Ägypten zum Genuss des Kaffees. Sultan Selim soll nach der Eroberung Ägyptens Kaffee ins Osmanische Reich gebracht haben. In Konstantinopel soll Kaffee bereits im Jahr 1517 bekannt gewesen sein. Hier wurde – gegen den Willen von Kirche und Staat – im Jahr 1554 dann das erste europäische Kaffeehaus eröffnet. Bekannt ist, dass in Venedig (1645), Oxford (1650) und London (1652) weitere Einrichtungen dieser Art folgten.

Waren die Kaffeepflanzen zunächst nur in Afrika und Arabien verbreitet, so kam man bald auf die Idee, sie auch in anderen geeigneten Regionen zu kultivieren. In Indien wurde um das Jahr 1600 ebenfalls mit dem Anbau von Kaffeesträuchern begonnen. Bekannt ist, dass Kaffee ab dem Jahr 1650 von Indien nach England gebracht wurde. Wie populär das aus der gerösteten Bohne gewonnene Getränk wurde, ist daraus zu ersehen, dass in London und Oxford schon bald Kaffeehäuser entstanden. In der Folgezeit wurden auch in anderen britischen Kolonien Kaffeesträucher angebaut. Als eine Pflanzenkrankheit große Teile der Plantagen vernichtete, richteten die Briten ihr Augenmerk auf Tee als Ersatzgetränk.

Die erste Anpflanzung außerhalb Afrikas und Arabiens soll es durch den Gouverneur von Niederländisch-Ostindien bereits im Jahr 1658 gegeben haben. Bekannt ist auch, dass auf Ceylon und auf Java im Jahr 1696 erste Versuche der Anpflanzung von aus Arabien stammenden Kaffeepflanzen unternommen wurden. Von hier aus setzte der Kaffee dann zu seinem Siegeszug nach Europa an, wo die Pflanze in mehreren botanischen Einrichtungen kultiviert wurde. Der Kaffeestrauch wurde wegen der riesigen Nachfrage in Europa nach dem Jahr 1700 von den europäischen Kolonialmächten in anderen tropischen Gebieten angebaut und kultiviert.

Europas Kolonialherrschaft ist die weitere Verbreitung des Kaffees in der Folgezeit zuzuschreiben. Zwischen 1715 und 1730 wurden die Kaffeepflanzen von Holländern nach Surinam und von Franzosen nach Cayenne, Martinique und auf Guadeloupe gebracht. Die beiden Nationen sicherten sich auf diese Weise neben den Briten eine globale Vormachtstellung im Welthandel. Und so wurde Kaffee Ende des 18. Jahrhunderts rasch zu einer der am weitesten verbreiteten Kulturpflanzen in den tropischen Ländern.

Nach Deutschland gelangte der Rohstoff Kaffee offenbar über Frankreich. Das Getränk soll erstmals im Jahr 1673 in Bremen ausgeschenkt worden sein; im Jahr 1697 entstand in der Stadt an der Weser dann im Haus Schütting auch das erste Bremer Kaffeehaus.

Heute wird der Rohstoff Kaffee in mehr als 50 Ländern der Welt angebaut. Das Endprodukt Kaffee – ein schwarz-braunes koffeinhaltiges, heißes Getränk – wird aus gerösteten und gemahlenen Kaffeebohnen hergestellt. Die Kaffeebohnen werden aus Steinfrüchten verschiedener Pflanzenarten aus der Familie der »Rubiaceae« gewonnen. Kaffee enthält das Vitamin Niacin.

Kaffeesträucher erreichen in ihrer feuchtwarmen, tropischen Umgebung eine Höhe von bis zu 3,5 Metern. Die Pflanze ist sehr pflegeintensiv, sie verlangt nach ständiger Zuführung von Wasser und Düngung. Eine Kaffeefrucht benötigt etwa neun Monate zur Reife. Ein neu angepflanzter Strauch trägt erstmals nach drei Jahren Früchte und hat eine Lebensdauer von bis zu 60 Jahren.

Wer bei Anbruch des Winters in der südlichen Hemisphäre einmal auf dem Trading-Floor der NYBOT (New York Board of Trade) das hektische Treiben der Händler verfolgt hat, der weiß, dass die Witterungsbedingungen ein wichtiger Preisfaktor am Kaffeemarkt sind. Allein die Gefahr von Frösten in Brasiliens Anbaugebieten können die Kaffeepreise innerhalb weniger Minuten kräftig in die Höhe schnellen lassen. Die Blüte des Kaffeestrauchs ähnelt in Farbe und Geruch der des Jasmins. Nachdem die rote Frucht gepflückt ist, wird das weiche Fruchtfleisch entfernt, sodass die Bohnen in einem arbeits- und zeitaufwendigen Prozess fermentiert, gewaschen und in der Sonne getrocknet werden können. In diesem Stadium der Verarbeitung wird das Produkt als »Rohkaffee« bezeichnet.

Nach der Verschiffung in das Verbraucherland werden die rohen Bohnen bei rund 200 Grad Celsius dem Prozess der Röstung unterzogen. Dauer und Intensität der Röstung bestimmen den Geschmack und das Aroma der Kaffeebohne.

Rund um den Globus gibt es zahlreiche Kaffeesorten. Weltweit am populärsten sind vor allem zwei Kaffeearten, nämlich

- Arabica und
- Robusta.

Die Bedeutung dieser beiden Arten ist so groß, dass auf beide an den internationalen Terminbörsen Futures- und Optionskontrakte gehandelt werden. Diese beiden wichtigsten Arten der Kaffeepflanze, nämlich »Coffea arabica« und »Coffea canephora«, weisen zahlreiche Varietäten auf. Je nach Art der Kaffeepflanze, Sorte der Kaffeebohne und Ort des Anbaus gibt es unterschiedliche Qualitätsstufen. So gilt Kaffee aus Robusta-Bohnen als minderwertig gegenüber den als wesentlich feiner angesehenen Arabica-Bohnen. Realität ist jedoch, dass diese beiden Bohnensorten lediglich unterschiedliche Eigenschaften und Preisbildungsfaktoren aufweisen.

Arabica-Kaffee verfügt über einen Anteil von ungefähr 60 Prozent des weltweit produzierten Kaffees. Einer der größten Unterschiede zur Robusta-Sorte ist darin zu sehen, dass Arabica nur etwa die Hälfte des Koffeins enthält. Arabica-Kaffee ist daher vor allem wegen des Aromas beliebt und berühmt geworden.

Robusta-Kaffee bringt es auf einen Anteil von rund 36 Prozent an der globalen Kaffeeproduktion. Optisch unterscheidet sich diese Sorte von Arabica-Kaffee durch einen geraden Einschnitt in der Bohne. Arabica-Kaffee weist dagegen einen gewellten Einschnitt in der Bohne auf. Robusta-Kaffee wird von den Kaffeefarmern und Plantagenbesitzern vor allem wegen seiner Resistenz und seiner im Vergleich zum Arabica wesentlich kürzeren Reifungszeit geschätzt.

Excelsa-Kaffee gilt mit einem Weltmarktanteil von rund einem Prozent als eine Art Rarität unter den Kaffeesorten. Excelsa wurde erstmals im Jahr 1904 am Tschadsee gefunden. Diese Art hat von allen bekannten Bohnensorten den bei weitem kräftigsten Wuchs. Excelsa zeichnet sich vor allem durch die Fähigkeit aus, auf trockenerem Boden gut zu gedeihen und auch in regenarmen Jahren einen befriedigenden Ernteertrag zu erwirtschaften.

Stenophylla-Kaffee hat auf dem Weltmarkt eine noch geringere Bedeutung. Dabei handelt es sich um eine besonders kleinblättrige Pflanze aus den westafrikanischen Ländern Guinea und Sierra Leone. Diese Kaffeebohne kann bis zu einer Höhe von 700 Metern über dem

Meeresspiegel angepflanzt werden. In Sierra Leone wird mit dieser Sorte der bekannte »highland coffee« hergestellt. Die Bohnen sind rund und groß, die Früchte werden bei der Reifung schwarz.

Kopi-Luwak-Kaffee – aus Indonesien stammend – gilt als die seltenste Sorte auf der Welt überhaupt. Nicht zuletzt aus diesem Grunde werden für Kopi-Luwak-Kaffee zeitweise auch höhere Preise am Markt gezahlt.

Der Weltmarkt für Kaffee

In den vergangenen Jahrzehnten durchlief der Welt-Kaffeemarkt mehrere Krisen, sodass die Preise der Bohne sehr stark unter Druck gerieten. Kaffee kostet heute real – also um Inflationseffekte bereinigt – nur noch etwa ein Drittel des Preises von vor 50 Jahren. Dies hat für die Produzentenländer – meist zur Gruppe der Schwellenländer und damit zu den ärmeren Staaten auf dem Globus gehörend – erhebliche negative Folgen. Denn die Marktpreise lagen in den vergangenen Jahren in einigen Ländern zeitweise deutlich unter den Produktionskosten.

Bis Ende des Jahres 2001 befand sich der Kaffeepreis in einem steilen Abwärtstrend, in dessen Folge der Preis an der Terminbörse in New York auf ein Mehrjahrestief zurückfiel (vgl. Abb. 56).

Abbildung 56: Kaffepreis an der New Yorker Terminbörse

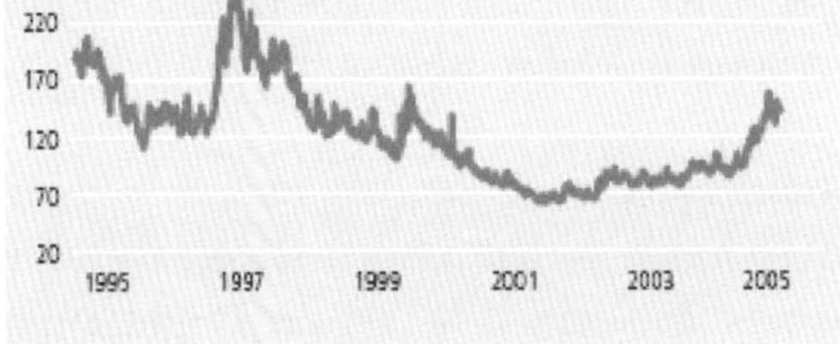

Quelle: Datastream

Abbildung 57: Weltweiter Kaffeeverbrauch nach Ländern

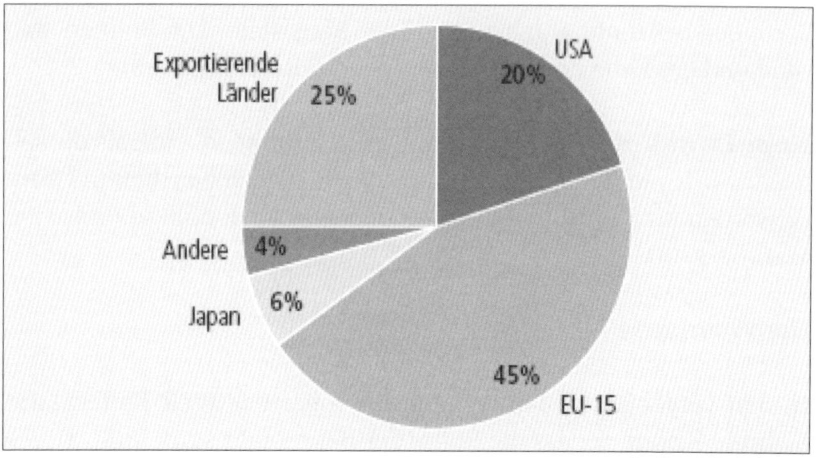

Quellen: ICO, UBS WMR

Die Krise am globalen Kaffeemarkt erreichte im Oktober 2001 einen Höhepunkt, als die Association of Coffee Producing Countries (ACPC) – also der Verband der Kaffee produzierenden Länder – drohte, im Januar 2002 seine Arbeit einzustellen. Grund: Die ACPC war angesichts des Preisdebakels am Kaffeemarkt, wo der Preis auf das niedrigste Niveau seit rund 30 Jahren abgesackt war, nicht mehr in der Lage, von allen Mitgliedsländern die Beitragszahlungen einzutreiben. Die Mitgliedsländer dieses Verbandes wie Angola, Brasilien, Kolumbien, Costa Rica, Cote d'Ivoire, Kongo, El Salvador, Indien, Indonesien, Kenia, Tansania, Togo, Uganda und Venezuela kontrollieren rund 70 Prozent des weltweiten Kaffeeangebots. Acht Jahre lang hatte der Verband mit koordinierten Aktivitäten auf globaler Ebene versucht, den Kaffeepreis vor einem weiteren Verfall zu bewahren. Dabei wurde das Vorhaben definiert, dass angesichts der zu dieser Zeit bestehenden weltweiten Kaffeeschwemme 20 Prozent der Exporte zurückgehalten werden sollten.

Für den im Jahr 2001 einsetzenden und sich dann, zuletzt mit zunehmender Dynamik, fortsetzenden stetigen Preisanstieg gibt es mehrere Ursachen. Zum einen haben die Produzentenländer – die Krise des vergangenen Jahrzehnts vor Augen – nicht mit einem

Abbildung 58: Weltweite Kaffeproduktion nach Ländern

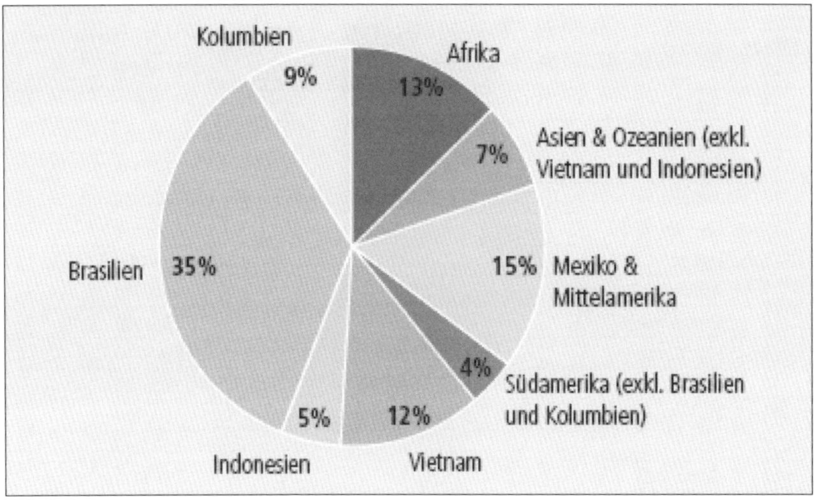

Quellen: ICO, UBS WMR

kräftigen Ausbau der Anbauflächen auf höhere Preise reagiert. Zum anderen ist Kaffee im Zuge der weltweiten Rohstoff-Hausse auch von den Anlegern als Investment entdeckt worden. So waren es vor allem Hedge Funds und andere spekulative Anleger, die an Terminbörsen den Preis nach oben trieben. Die Anzahl der gehandelten und auch der ausstehenden Warenterminkontrakte hat deutlich zugenommen.

Unter dem Preisverfall der vergangenen Dekade litten vor allem solche Länder, in denen die Produktivität deutlich hinter der jener Länder herhinkte, die bereits über effiziente Produktions-, Transport- und Verarbeitungsmethoden verfügten. Der steigende Preis-Kosten-Druck führte dazu, dass in zahlreichen Anbauländern viele Kaffeepflanzer das Handtuch warfen. Aus einer Studie der ICO ist zu ersehen, dass in Nicaragua 122.000 und in Costa Rica 10.000 Arbeitsplätze im Kaffeeanbau verloren gingen. Für afrikanische Länder wie Burundi, Äthiopien, Uganda und Ruanda war die Baisse der Kaffeepreise zwischen 1997 und 2001 schlichtweg eine Katastrophe. So entfielen in Burundi zuletzt rund 80 Prozent der Exporterlöse auf das Kaffeegeschäft. In Äthiopien, Uganda und Ruanda lag

Tabelle 65: Die größten Rohkaffeeproduzenten im Jahr 2005

Platz	Land	Produktion in 1.000 Dollar	Produktion in Millionen Tonnen
1	Brasilien	1,781,684	2,179,270
2	Vietnam	809,384	990,000
3	Indonesien	622,986	762,006
4	Kolumbien	558,050	682,580
5	Mexiko	254,148	310,861
6	Indien	224,829	275,000
7	Äthiopien	212,566	260,000
8	Guatemala	177,084	216,600
9	Honduras	155,860	190,640
10	Uganda	152,066	186,000
11	Elfenbeinküste	130,810	160,000
12	Peru	126,722	155,000
13	Costa Rica	103,013	126,000
14	Ecuador	84,146	102,923
15	Philippinen	82,501	100,911
16	Nicaragua	69,599	85,130
17	El Salvador	64,187	78,510
18	Venezuela	57,229	70,000
19	Madagaskar	53,141	65,000
20	Dominikanische Republik	49,054	60,000

Quelle: FAO – bearbeitet von tkMedia AG

dieser Anteil zwischen 40 und 50 Prozent. Die großen Produzentenländer wie Brasilien waren indes in der Lage, bei ihrem Rohstoffanbau stärker zu diversifizieren und ihre Abhängigkeit von Kaffeeexporten zu reduzieren.

Dies war vor allem auch eine Folge der über viele Jahre hinweg ungezügelten Ausweitung des Kaffeeanbaus in den Erzeugerländern. So ist mit Vietnam in den vergangenen Jahren auf Rang zwei der Liste der führenden Produzentenländer ein Anbieter aufgetaucht, der bis vor rund einem Jahrzehnt als Kaffeeproduzent nur unter »ferner liefen« in Erscheinung getreten war. Das über für den Kaffeeanbau hervorragende klimatische Bedingungen verfügende südostasiatische Land hat seine Produktion innerhalb einer Dekade von knapp 100.000 auf fast 900.000 Tonnen pro Jahr ausgeweitet (vgl. Tabelle 65).

Kakao

Kakao ist ein weltweit verbreitetes Nahrungsmittel, das der Verbraucher vor allem in Form von Schokolade kennt. Um Kakao beziehungsweise um das beim Verbraucher ankommende Endprodukt Schokolade ranken sich Mythen. Die Inhaltsstoffe der Schokolade gelten allgemein als Stimmungsmacher. Medizinische Untersuchungen haben gezeigt, dass Phenylethylamin wohl der einzige Kakaobestandteil ist, der in der Lage sein könnte, beim Menschen ein Wohlgefühl aufkommen zu lassen. Das Molekül dieses Stoffes ist dem von Amphetaminen – wie Ecstacy – sehr ähnlich und kann auch die Ausschüttung von Dopamin im Gehirn veranlassen.

Damit wirkt Phenylethylamin auf jene Teile des menschlichen Gehirns, die für das Empfinden von Glück und Lust verantwortlich sind. Da eine Hundert-Gramm-Tafel Schokolade meist nur 50 bis 100 Milligramm (im Extremfall auch schon einmal 700 Milligramm)

Abbildung 59: Naher Kakao-Terminkontrakt

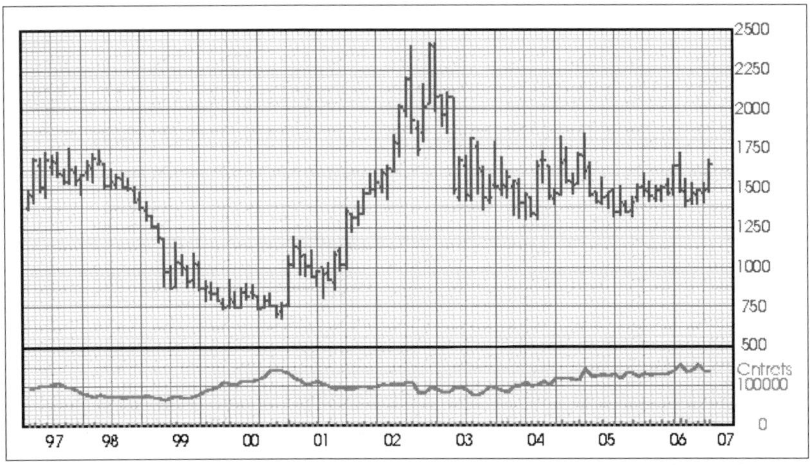

Quelle: Barchart.com

davon enthält, kann kaum davon gesprochen werden, dass Kakao oder Schokolade in normalen Mengen einen nachhaltigen übermäßigen Einfluss auf das Wohlbefinden des Menschen hat. Im Rohstoff Kakao sind auch Theobromin, Coffein, Anandamid und Salsolinol enthalten. Theobromin stimuliert das zentrale Nervensystem, allerdings wesentlich weniger stark als andere Alkaloide. Koffein wirkt anregend, ist aber im Kakao in wesentlich geringeren Mengen enthalten als in Kaffee oder Tee.

Die Wirkung von Theobromin auf den Organismus des Menschen ist im Vergleich zu Koffein unterschiedlich; denn das Alkaloid von Kakao wirkt mild, dauerhaft anregend und führt beim Menschen daher zu einer deutlichen Aufhellung der Stimmung. In Kakao und Schokolade kommt Theobromin in geringer Dosis vor, sodass es für Menschen wenig gefährlich ist. Ungesüßtes Kakaopulver enthält ein bis drei Prozent Theobromin. Trotz dieser zahlreichen Inhaltsstoffe ist festzustellen, dass die Mengen so gering sind, dass ein Mensch 20 bis 30 Kilogramm Vollmilchschokolade essen müsste, um eine berauschende Wirkung wirklich spüren zu können.

In diesem Zusammenhang ist in Bezug auf Theobromin festzustellen, dass dieser Stoff nur für den Menschen ungefährlich ist. Tiere verarbeiten die Substanz wesentlich schlechter; sie kann für sie sogar tödlich sein. Eine hohe Dosis Theobromin kann beim Menschen allerdings in Kombination mit anderen Stimmungsmachern zu einem Rauschzustand führen – dies vor allem dann, wenn die Person größere Mengen Schokolade zu sich nimmt. Nicht umsonst hat die Schokoladenindustrie mit dem Slogan »Schokolade macht glücklich« so manchen Verbraucher auf ihre Seite gelockt.

Doch die Bedeutung des Rohstoffs Kakao geht weit über seine Rolle als Glücklichmacher hinaus. Dies vor allem deshalb, weil zahlreiche Entwicklungsländer vor allem in Afrika in erster Linie vom Kakaoanbau leben. Als weltweites Handelsgut weist Kakao daher eine globale Bedeutung auf. Während der eigentliche Ursprung des Rohstoffs Kakao in Süd- und Mittelamerika zu finden ist, haben sich die Gewichte im Laufe der Geschichte in Richtung Afrika verschoben.

Wegen seines sehr hohen klimatischen Anspruchs gedeiht der Kakaobaum vor allem in jenen Ländern, die sich nahe dem Äquator befinden und in denen vergleichsweise stabile Witterungsbedingungen herrschen. Der Kakaobaum mag weder eine zu starke Sonneneinstrahlung noch zu intensiven Wind. Die wichtigsten Produktionsländer sind heute Cote d'Ivoire, Ghana, Nigeria, Brasilien, Malaysia und Indonesien.

Die Geschichte des Kakaoanbaus beginnt im Mittelamerika. Die Azteken kannten den Kakaobaum bereits im 14. Jahrhunder. Die Pflanze galt als heilig; sie wurde als ein Geschenk des Gottes Quetzalcoatl verehrt. Seinerzeit wurde das Innere der Frucht als Opfergabe wie auch als Zahlungsmittel und als Rohstoff für die Herstellung eines Getränks genutzt, das mit dem heutigen Kakaotrunk allerdings wenig gemeinsam gehabt haben dürfte.

Als die spanischen Eroberer im Jahr 1519 in Mexiko einfielen und sich die Azteken zu Untertanen machten, entdeckten sie rasch die Bedeutung von Kakao. So zeigen Aufzeichnungen, dass die Spanier in den Schatzkammern von Montezuma II, dem letzten König der Azteken, rund 25.000 Zentner Kakaobohnen fanden. Um den ökonomischen Wert dieses Fundes richtig einschätzen zu können, sei folgender Vergleich erlaubt: Ein Sklave »kostete« zu dieser Zeit rund 100 Kakaobohnen. Der Fund in den Schatzkammern der Azteken stellte also einen gewaltigen Reichtum dar.

Der Kakaobaum – als Theobroma cacao bezeichnet – ist als ein solches Wunderwerk zu betrachten; denn dieser Baum grünt und blüht praktisch das gesamte Jahr. Er gehört zur Familie der Malvengewächse. Obwohl er eine Höhe von bis zu 15 Metern erreichen kann, wird er von den Plantagenbesitzern aus Gründen der Praktikabilität in der Regel auf eine Höhe von rund vier Metern gestutzt.

Der berühmte schwedische Botaniker Carl von Linné hat dem Kakaobaum die wissenschaftliche Bezeichnung »Theobroma« verliehen, was nichts anderes heißt als »Speise der Götter«. Er benötigt für ein möglichst gutes Gedeihen auf der einen Seite schattige und windgeschützte Standorte und auf der anderen Seite eine durchlässige Struktur des Bodens, auf dem er steht. Der Kakaobaum weist eine Besonderheit auf: Die kleinen rosa Blüten des Baumes und seine als Maraca bezeichneten Früchte wachsen direkt am Stamm und an dickeren Ästen.

Es ist nicht einfach, die Pflanze zu kultivieren. Der Baum trägt außerhalb des 20. nördlichen und des 20. südlichen Breitengrads keine Früchte. Er ist darüber hinaus anspruchsvoll in Bezug auf die Beschaffenheit des Bodens, auf dem er gepflanzt wird. Er benötigt ausreichende Wasserzufuhr, verträgt keine Temperaturen unterhalb von 16 Grad Celsius und ist sehr anfällig für Krankheiten und Pilzbefall.

Da er zur Bestäubung auf Mücken und kleine Fliegen angewiesen ist, gedeiht er am besten in einer schattigen Umgebung. Er liebt zudem verrottendes Laubwerk. Der Wissenschaftler Cheesman hat die ursprünglich aus Südamerika und Mittelamerika stammenden Kakaobäume im Jahr 1944 in verschiedene Arten eingeteilt: Forastero, Criollo und Trinitario. Unterschieden hat Cheesman dabei vor allem nach den typischen Merkmalen der Früchte und Samen. Die Ureinwohner Mittelamerikas haben den Criollo bereits recht früh genutzt, um von diesem Baum Kakaobohnen zu gewinnen. Die bekannteste Kreuzung der beiden Ur-Sorten ist der Trinitario, dessen Name von der Insel Trinidad abgeleitet ist.

Kakaobäume tragen in einem Alter von vier oder fünf Jahren die ersten mit dem Begriff »Maraca« bezeichneten Früchte. Diese haben in der Regel eine rotbraune oder gelbe Färbung und wiegen in reifem Zustand rund ein Pfund. An einem Kakaobaum entstehen in einem Jahr rund 6.000 Blüten, jedoch nur etwa 20 Früchte. Dies ist dadurch bedingt, dass nur bei einem Bruchteil der Blüten die Bestäubung erfolgreich verläuft. Von den sich entwickelnden Früchten werden viele in frühen Stadien abgeworfen, sodass letztlich nur einige Dutzend Früchte den Reifegrad erreichen.

Die eigentliche Kakaofrucht sitzt in einer sehr festen und harten Schale, die im Durchschnitt rund 20 bis 30 Zentimeter dick wird. Sie ist mit einem schleimigen, rosafarbenen Fruchtfleisch – als Pulpa bezeichnet – gefüllt, das süß schmeckt, für den Menschen aber nicht genießbar ist. Dieses Fruchtfleisch umschließt 30 bis 50 große weiche mandelförmige Bohnen von rötlicher Färbung. Wenn die Früchte reif sind, werden sie gepflückt und dann in mehreren Schritten weiterverarbeitet.

Nachdem die Früchte geöffnet sind, werden die einzelnen Kakaobohnen herausgenommen und mehrere Tage bei hohen Temperaturen gelagert. In der Fachsprache wird bei diesem Fermentationsprozess davon gesprochen, dass die Kakaofrüchte »schwitzen«. Im Wesentlichen hängt die Qualität der Kakaobohne letztendlich auch von diesem Vorgang ab. Fällt das Schwitzen zu intensiv aus, besteht die Gefahr, dass die Bohne verdirbt; fällt es zu schwach aus, wird der gewünschte Geschmackseffekt nicht erzielt. Bei unsachgemäßer Behandlung wird die Kakaobohne darüber hinaus anfällig für den Befall von Mehltau.

Die Bohnen werden nun bis zu zehn Tage gegoren, bis sie ihre typische braune Farbe erhalten und zu diesem Zeitpunkt ihr ureigenes Aroma entwickelt haben. Wichtig ist bei diesem Prozess, dass die Kakaobohnen kurz ankeimen und dann absterben. Während der Fermentation erwärmen sich die Bohnen und das Fruchtfleisch auf etwa 50 Grad Celsius; dabei verflüssigt sich das umhüllende Fruchtfleisch und löst sich von den Bohnen.

Anschließend werden die Bohnen in einem aufwendigen Prozess getrocknet. Sie werden ein bis zwei Wochen in der Sonne ausgebreitet und getrocknet; in modernen Plantageanlagen werden die Kakaobohnen in beheizten Trockenanlagen getrocknet. Durch die Trocknung verlieren sie etwa die Hälfte ihres Gewichtes; nach der Trocknung beträgt der Wassergehalt der Kakaobohnen nur noch maximal sieben Prozent. Nach dem Sortiervorgang und der Güteklasseeinschätzung wird die Bohne zum einen aus optischen Gründen und zum anderen als Schutz gegen Schimmelbefall auf dem Transportweg in die Verarbeitungszentren in Nordamerika und Westeuropa mit einem Mix aus rotem Ton und Wasser bedeckt. Anschlie-

Abbildung 60: Weltweiter Kakaoverbrauch nach Ländern, 2004

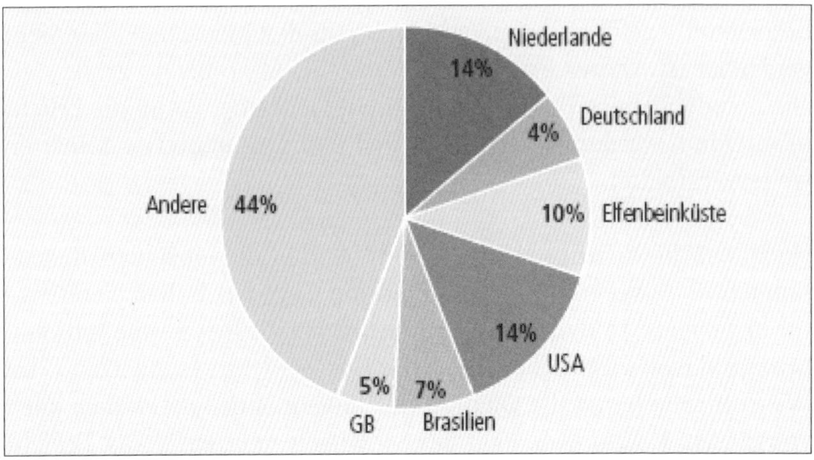

Die fehlenden 2% fallen auf den Rest der Welt. Quellen: USDA, UBSWMR

ßend werden die Bohnen für den Transport vorbereitet und in Säcke gefüllt.

In den Verarbeitungsanlagen der Verbraucherländer werden die Bohnen maschinell gewaschen, geröstet und vom Keimling befreit. Danach werden die Kakaobohnen in mehreren Mahlvorgängen zerrieben, bis eine dicke cremige Paste entsteht. Aus dieser Masse wird das Kakaopulver hergestellt, indem ein Teil des bis dahin noch enthaltenen Fettes – nämlich die Kakaobutter – entzogen wird. Die Kakaobutter wird unter anderem in Konditoreien für die Produktion von Süßigkeiten sowie in der Kosmetikbranche unter anderem zur Herstellung von Seife genutzt.

Die verbliebene Kakaomasse wird unter Hinzufügen von Zucker und Stärke zu Schokolade verarbeitet, indem sie in einem weitgehend automatisierten Prozess geknetet und geschlagen wird. Allgemein gilt der Grundsatz, dass für ein Pfund Schokolade rund 400 Kakaobohnen verarbeitet werden.

Am Rohstoff Kakao herrschte in den vergangenen Jahrzehnten vor allem deshalb kein Mangel, weil es sich hierbei nicht um ein lebensnotwendiges Agrarprodukt handelt. In den ver-

Abbildung 61: Weltweite Kakaoproduktion nach Ländern, 2004

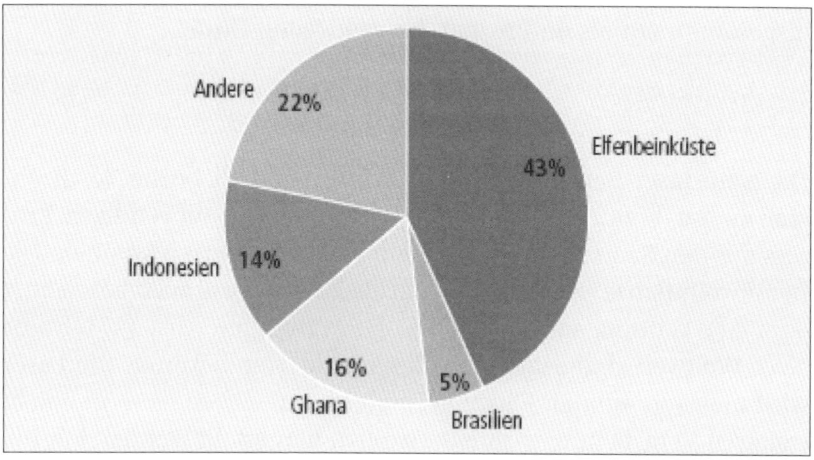

Quellen: USDA, UBSWMR

gangenen 30 Jahren gab es mit Ausnahme von acht Jahren stets erhebliche Produktionsüberschüsse, die auf die Preise drückten. Ein wichtiger Faktor bei der Preisgestaltung ist neben den traditionellen Witterungseinflüssen, die bei allen Rohstoffen als Preisfaktor wirken, die innenpolitische Situation in Elfenbeinküste, die in den vergangenen Jahren über bestimmte Zeiträume hinweg immer wieder Anlass zur Sorge gab. Schließlich entfallen trotz des immensen Produktionswachstums in Indonesien noch immer mehr als 40 Prozent der globalen Kakaoproduktion auf dieses politisch instabile Land an der Westküste des afrikanischen Kontinents (vgl. Abb. 61).

Aus Anlegersicht ist auch wichtig zu wissen, dass Kakao im Wesentlichen in den Schwellenländern produziert, jedoch in den führenden Industrieländern Nordamerikas und Europas verbraucht wird. In jüngster Zeit ist jedoch auch die Kakaonachfrage der VR China kräftig gestiegen. Statistiken zeigen, dass die Kakaonachfrage in den vergangenen Jahren um rund 1,5 Prozent per annum gestiegen ist. Das »neue China« dürfte in den kommenden Jahren Garant dafür sein, dass die Nachfrage nach dem Glücklichmacher Kakao nach wie vor stetig steigt. Ein weiterer nicht zu unterschätzender Einflussfaktor auf die Preisentwicklung ist darin zu sehen, dass die Kakaoproduktion weltweit sehr stark konzentriert ist. Zehn Staaten produzieren insgesamt mehr als 90 Prozent der weltweiten Ernte.

Baumwolle

Die Naturfaser Baumwolle ist der bei weitem beliebteste Textilrohstoff in der Welt. Er wird in einem recht arbeitsaufwendigen Prozess aus den Samenhaaren von Baumwollsträuchern gewonnen. Die Baumwollpflanze – allgemein auch als Baumwollstrauch bezeichnet – ist eine Gattung aus der Familie der Malvengewächse (»Malvaceae«). Weltweit sind zahlreiche dieser Wildarten bekannt. Die Faser wird meist zu dünnen Fäden gesponnen, aus denen dann in einem weiteren Verarbeitungsprozess Textilien hergestellt werden. Für die industrielle Nutzung der beinahe weißen Samenhaare wurden im Laufe der Zeit eigene Kulturbaumwollarten gezüchtet.

Allgemein werden in der Fachliteratur vier kultivierte Baumwollsträucher erwähnt: die beiden Arten »Gossypium herbaceum L.« und »Gossypium arboreum L.« aus der Alten Welt und die beiden Arten »Gossypium hirsutum L.« und »Gossypium barbadense L.« (auch als »Gossypium vitifolium LAM« bezeichnet) aus Amerika. Die größte Bedeutung – bestimmt durch den höchsten Anteil an der globalen Produktion von Baumwolle – hat »Gossypium hirsutum«. Die Samen der Baumwollpflanze gelten als giftig. Grund: Sie enthalten zu 1,5 Prozent den Stoff Gossypol.

Seit Jahrtausenden wird Baumwolle zur Herstellung leichter Kleidung, vor allem in tropischen Gebieten, verwendet. Seine einzigartigen Eigenschaften haben dazu geführt, dass Baumwolle inzwischen weltweit der beliebteste Textilrohstoff ist. In der Literatur wird an einigen Stellen die Behauptung aufgestellt, dass bereits die alten Ägypter rund 12000 vor Christi Geburt mit Baumwolle gearbeitet haben. Welche Bedeutung dieser Rohstoff schon vor vielen Jahrtausenden hatte, ist daran zu erkennen, dass Baumwolle in Babylon den Ruf des »weißen Goldes« hatte. Historiker fanden in mexikanischen Höhlen Baumwollkleider, deren Alter auf etwa 7.000 Jahre geschätzt wurden.

Abbildung 62: Naher Baumwoll-Terminkontrakt

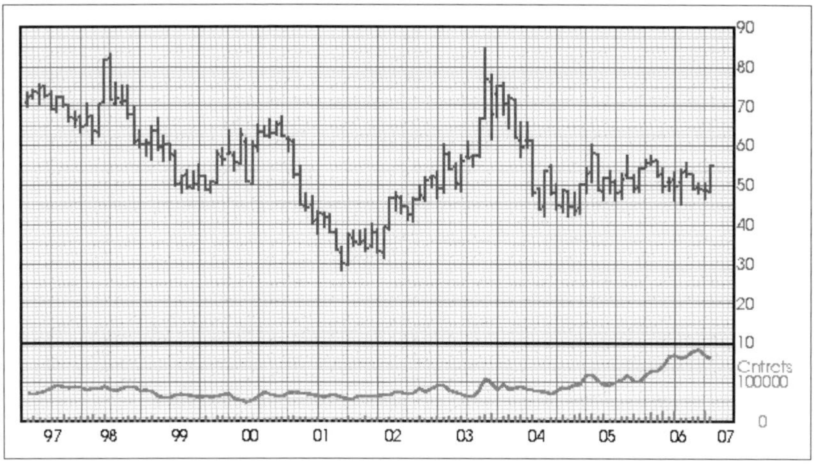

Quelle: Barchart.com

Aus Indien stammen die ältesten Aufzeichnungen über den Rohstoff Baumwolle. Hier wird Baumwolle seit mehr als 3.000 Jahren angebaut – es wird im Rigveda 1500 v. Chr. erwähnt. Rund 1.000 Jahre später ist in den Schriften des griechischen Historikers Herodot folgende Notiz über indische Baumwolle zu finden: »Es gibt (dort) wild wachsende Bäume, aus deren Frucht eine Wolle gewonnen wird, die die Schönheit und Qualität der Schafwolle weit übertrifft. Die Inder machen aus dieser Baumwolle ihre Kleider.«

Mit den ersten Ansätzen eines weltweiten Handels begann die Baumwolle in der Neuzeit die bis dahin populärsten Textilrohstoffe wie Lein (Flachs) und Hanf auch in Nord- und Mitteleuropa zu verdrängen. Die indische Baumwollindustrie hatte ihre Glanzzeit während der britischen Industrierevolution, als 1764 die Erfindung der »Jenny«, einer frühen Spinnmaschine mit mehreren Spindeln, und Arkwrights »Waterframe« 1769 die kostengünstige Massenproduktion im Vereinigten Königreich ermöglichte.

Die Baumwollproduktion in den Südstaaten der USA profitierte von der Erfindung der Egreniermaschine (»Cotton Gin«) im Jahr 1793; Baumwolle blieb bis ins 20. Jahrhundert hinein das wichtigste Exportgut des amerikanischen Südens, obwohl das dortige Klima eigentlich für Baumwolle etwas zu feucht und nicht heiß genug ist, sodass es immer wieder zu Ernteausfällen durch Verrottung kam. Im 20. Jahrhundert bekam die Baumwolle zunehmend Konkurrenz durch industriell hergestellte Fasern. Als Hauptkonkurrent stellten sich Polyesterfasern heraus, die in den Jahren 2003/2004 erstmals in größerer Menge als Baumwolle verarbeitet wurden und somit die Baumwolle als Textilfaser auf Rang zwei verdrängten.

Der Name Baumwolle leitet sich von den Büscheln langer Fasern in den Früchten der Baumwollpflanze ab, die die Ausbreitung der Pflanzensamen über größere Distanzen ermöglichen; allerdings ist die Baumwollpflanze trotz des Namens kein Baum, sondern ein Strauch. Viele Pflanzensamen tragen solche Samenhaare (auch Samenwolle), doch nur die der Baumwollpflanze werden zur Textilherstellung verwendet. Wie die tierischen Wollhaare dienen diese Pflanzenfasern als Grundlage zur Herstellung von Fäden und Stoffen.

Ein recht simpler Verarbeitungsprozess

Bei der Aufarbeitung der Baumwolle gehen lediglich rund zehn Prozent des Rohgewichts verloren. Wenn die Wachs-, Eiweiß- und weiteren Pflanzenreste entfernt sind, bleibt ein natürliches Polymer aus Zellulose zurück. Die besondere Anordnung der Zellulose gibt der Baumwolle eine hohe Reißfestigkeit. Jede Faser besteht aus 20 bis 30 Lagen Zellulose in einer gedrehten Struktur. Wenn der Baumwollball – der Fruchtstand der Baumwollpflanze – geöffnet wird, trocknen die Fasern und verhaken sich untereinander. Diese Form wird für das Spinnen zu einem sehr feinen Garn verwendet.

Heute wird Baumwolle – als nachwachsender Rohstoff – auf allen fünf Kontinenten der Erde angebaut. Hierzu werden Baumwollpflanzen verwendet, die durch Züchtung oder neuerdings auch genetische Manipulation mehr Fasern produzieren als die Wildpflanze. In Australien war der Einsatz von genmanipulierter Baum-

Abbildung 63: Angebot und Verarbeitung von Baumwolle in China

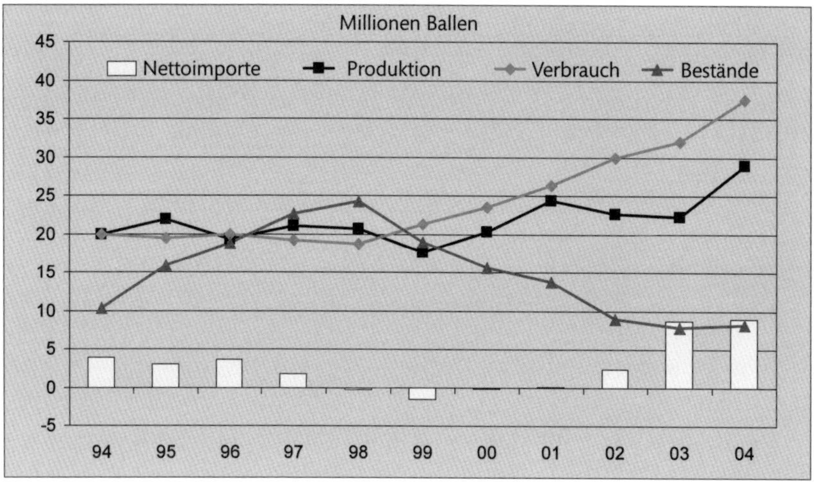

Quelle: Cotton USA

wolle allerdings wenig erfolgreich: Die Ausbeute war geringer, und die manipulierten Pflanzen kreuzten sich mit Wildpflanzen. Dadurch entstanden zahlreiche rechtliche Probleme für die beteiligten Farmer.

Die großflächige Baumwollindustrie ist stark von Chemikalien abhängig; sie gilt als der landwirtschaftliche Produktionszweig mit dem höchsten Einsatz an Düngemitteln und Insektiziden. Daher ist sie sehr umweltproblematisch. Auch der Wasserverbrauch ist sehr kritisch zu sehen. Besonders bekannt wurde in diesem Zusammenhang der Aralsee, der seit den späten 1960er-Jahren stark an Wasser verloren hat, da eine große Menge Wasser zu Bewässerungszwecken für den Baumwollanbau abgezweigt wird, bevor es den See erreichen kann. Einige Baumwollbauern setzen auf ökologischen Anbau, sodass es heute auch Bio-Baumwollprodukte auf dem Markt gibt.

Demgegenüber ist der kleinflächige Anbau von Baumwolle in Entwicklungsländern ein wesentlicher Bestandteil der jeweiligen Volkswirtschaften. Diese neben Mais als sogenannte Cash-Crops ange-

Tabelle 66: Weltweite Baumwollproduktion

Erntesaison	Produktionsvolumen
1999/2000	87,35
2000/2001	88,56
2001/2002	98,52
2002/2003	88,03
2003/2004	95,26
2004/2005	120,29
2005/2006	114,09

Alle Angaben in Ballen zu jeweils 480 lbs Quelle: USDA (US-Landwirtschaftsministerium)

baute Baumwolle hilft den einzelnen Bauern, ein Einkommen zu erwirtschaften. Für gewöhnlich erfolgt dieser Anbau auf Flächen bis zu zwei Hektar ohne nennenswerten Einsatz von Agrarchemikalien und ohne jegliche künstliche Bewässerung, sodass die Ernteerträge vom Niederschlag abhängen. Da jedoch Baumwolle im Gegensatz zu Mais erheblich widerstandsfähiger gegen längere Dürreperioden ist, sichert der Baumwollanbau die Lebensgrundlage vieler Bauern in den Entwicklungsländern.

Ägyptische Mako-Baumwolle und Sea Island Cotton aus den USA gelten allgemein als die besten Baumwollqualitäten.

Dass die VR China in den vergangenen Jahren zur entscheidenden Größe am globalen Baumwollmarkt geworden ist, macht Abb. 63 über Angebot und Verarbeitung von Baumwolle in diesem riesigen Land deutlich. Den Zahlen von Cotton USA, der Vermarktungsorganisation der US-Baumwollindustrie, ist zu entnehmen, dass die Nettoimporte Chinas in den vergangenen Jahren kräftig gestiegen sind. Es ist davon auszugehen, dass dieser Trend auch in den nächsten Jahren anhalten wird.

Die bedeutendsten Baumwollproduzenten auf der Welt sind die VR China, die USA, Indien und Pakistan. In Europa ist Griechenland das einzige Land mit einer nennenswerten Produktion. Das Land ist auf Platz acht der Weltrangliste zu finden. In diesem Zusammenhang ist anzumerken, dass die Türkei in der Produktionsrangliste zu den asiatischen Nationen gezählt wird, da die Hauptanbauflächen der Türkei auf der asiatischen Seite des Landes liegen.

Wolle

Als Wolle werden die weichen Haare des Fells einiger Säugetiere bezeichnet. Am bekanntesten sind in diesem Zusammenhang die Fellhaare von Schafen. Die durch die Schur von Schafen gewonnene Schafwolle gehört ebenso wie der populäre Textilrohstoff Seide und Kasein zu den Proteinfasern. Wolle und andere Tierhaare unterscheiden sich allerdings von Seide und Kasein durch ihren vergleichsweise hohen Schwefelgehalt von drei bis vier Prozent. Diese Tatsache rührt vom hohen Gehalt der Doppelaminosäure her, der in der Schafwolle zu finden ist.

In erster Linie wird der erneuerbare Rohstoff Wolle in der Textilwirtschaft eingesetzt, wo er zu Garnen versponnen wird. Darüber hinaus wird Wolle nicht selten auch für die Produktion von Teppichen, Sitzbezügen, Matratzen oder aber auch als natürlicher Werkstoff in der Wärmedämmung eingesetzt. Schafwolle ist nicht zuletzt deshalb als Dämmstoff geeignet, weil sie nicht brennbar ist und bei Brandeinwirkung lediglich verklumpt. Wolle wird aus diesem Grunde auch für die Produktion von technischen Textilien zum Beispiel im Brandschutz (so bei der Produktion von Arbeitskleidung) verarbeitet.

Den weitaus größten Anteil in der Nutzung von Wolle hat jedoch die Textilindustrie. Mit den in der Textilwirtschaft gängigen Bezeichnungen »Schurwolle« oder »Reine Schurwolle« wird zum Ausdruck gebracht, dass es sich um neue und unmittelbar von einem lebenden Tier stammende Wolle handelt. Im Gegensatz dazu werden in der Textilbranche auch recycelte alte Textilstoffe wie Reißwolle oder aus Fellen geschlachteter Tiere (Schwöde-, Schwitz- oder Gerberwolle) oder aber verendeter Tiere (Sterblingswolle) gehandelt. Nach dem Textilkennzeichnungsgesetz werden die unterschiedlichen Wollsorten wie folgt dargestellt:

- WV = Reine Schurwolle
- WO = Reißwolle

Bezeichnungen wie »Super 100« oder »Super 120« stehen für die Feinheit des beim Spinnen eingesetzten Wollgarns. So bedeutet die Kennzeichnung »Super 100«, dass 100 Meter des verwendeten Garns ein Gewicht von einem Gramm aufweisen. Grundsätzlich gilt: Je höher die in der Kennung verwendete Zahl, desto feiner ist das Garn. Moderne Spinnmaschinen, die auf den Mikrometer hochpräzise arbeiten, spinnen Schurwolle zu langen Wollfäden. Je dünner und länger der Faden ist, desto besser ist seine Qualität. Technologische Fortschritte in der Textilbranche lassen heute bereits die Verarbeitung von qualitativ hochwertigen Wollmaterialien von mehr als 200 Metern pro Gramm – also mit der Bezeichnung »Super 200« – zu.

Abbildung 64: Schweißwolle-Futures-Kontrakt an der Sydney Futures Exchange

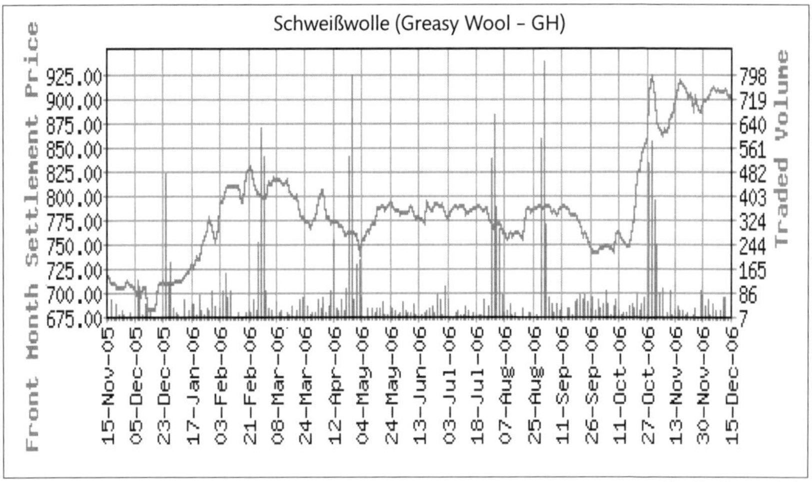

Quelle: Cotton USA

Wolle hat natürliche Thermoregulationseigenschaften. Die Wollfaser kann auf der einen Seite in ihrem Inneren Wasserdampf aufnehmen, ist auf der anderen Seite an ihrer Oberfläche jedoch wasserabweisend. Wollfasern können bis zu 33 Prozent ihres eigenen Trockengewichtes an Wasser aufnehmen, ohne dass sich das Material

Tabelle 67: Daten und Fakten rund um den Welt-Wollmarkt

Saison	Produktion (Schweißwolle)	Produktion (gereinigt)	Verbrauch (gereinigt)	Exporte	Bestände (gereinigt)
1990/1991	7.385	4.359	3.306	2.364	1.195
1991/1992	6.704	3.931	3.730	2.908	1.627
1992/1993	6.444	3.783	3.684	2.739	1.420
1993/1994	6.224	3.682	3.533	2.708	1.393
1994/1995	5.820	3.419	3.500	3.000	1.276
1995/1996	5.580	3.269	3.244	2.376	1.032
1996/1997	5.531	3.265	3.147	2.559	906
1997/1998	5.262	3.120	2.977	2.559	723
1998/1999	5.179	3.047	2.872	2.042	642
1999/2000	5.135	3.020	2.879	2.015	664
2000/2001	5.064	2.976	3.127	2.227	474
2001/2002	4.885	2.851	3.050	2.105	282
2002/2003	4.766	2.765	2.775	1.895	179
2003/2004	4.700	2.714	n.e.	n.e.	201
2004/2005	4.766	2.747	n.e.	n.e.	306
2005/2006	n.e.	n.e.	n.e.	n.e.	n.e.

Alle Angaben in Milliarden Pounds – n. e. = nicht erhältlich Quelle: International Wool Textile Organization

dabei feucht anfühlt. Das bedeutet konkret auch, dass Wolle Feuchtigkeit wesentlich schneller ableitet als Baumwolle.

Bezogen auf ihr Gesamtvolumen bestehen Wolltextilien bis zu 85 Prozent aus Luft, sodass sie gute Wärmeeigenschaften aufweisen. Ein weiterer Vorteil von Wolle ist darin zu sehen, dass das Material Schmutz abweist. Da Wollfasern eine hohe Elastizität aufweisen, sind Knitterfalten in Wollmaterialien – wenn überhaupt – meist nur kurzlebig. Im Gegensatz zu synthetischen Textilfasern nimmt Wolle kaum Schweißgeruch an. Allerdings hat der Rohstoff Wolle auch Nachteile, wie z.B. dass das Material zum Fusseln – in der Fachsprache als Pilling genannt – neigt und grobe Wolle auf der menschlichen Haut unangenehm kratzen kann.

Wolle wird dadurch gewonnen, dass Tiere – Schafe, Ziegen, Kaninchen – geschoren oder ausgekämmt werden. Das Auskämmen wird vor allem bei Kaschmirziegen oder Angorakaninchen angewandt.

Tabelle 68: Die größten Wollproduzenten 2005

Platz	Land	Produktion 1.000 US-Dollar		Produktion in Mill. Tonnen	
1	Australien	857.013	C	508.791	F
2	VR China	673.764	C	400.000	F
3	Neuseeland	387.414	C	230.000	F
4	Iran	126.331	C	75.000	F
5	Vereinigtes Königreich	101.065	C	60.000	
6	Argentinien	101.065	C	60.000	F
7	Indien	86.579	C	51.400	F
8	Russland	77.483	C	46.000	F
9	Sudan	77.483	C	46.000	F
10	Türkei	77.483	C	46.000	F
11	Republik Südafrika	74.377	C	44.156	F
12	Marokko	67.376	C	40.000	F
13	Pakistan	67.376	C	40.000	F
14	Uruguay	62.653	C	37.196	
15	Syrien	56.680	C	33.650	F
16	Kasachstan	49.185	C	29.200	
17	Indonesien	41.100	C	24.400	F
18	Spanien	37.057	C	22.000	F
19	Frankreich	37.057	C	22.000	F
20	Turkmenistan	33.688	C	20.000	F

C = kalkulierter Wert; F = Schätzung der FAO   Quelle: FAO - bearbeitet von tkMedia AG

Bei einigen Schafrassen (wie zum Beispiel bei den Soay) werden die losen Haare aus dem Fell gezupft. Am Weltmarkt sind unterschiedliche Wolltypen erhältlich:

Merinowolle – Dieser Wolltyp ist fein, weich, stark gekräuselt und kurzstapeliger als die nachfolgend genannten Typen. Merinowolle stammt aus der Schur des Merinoschafes. Die Wolle kommt in hochwertigen Kammgarnen vor allem in Oberbekleidung zum Einsatz. Die Faserfeinheit reicht von 16 bis 23,5 Mikrometer.

Crossbredwolle – Sie ist mittelstapelig, mittelfein, nicht so weich wie und weniger stark gekräuselt als zum Beispiel die Merinowolle. Dieser Wolltyp stammt aus der Schur der Crossbredschafe, einer Kreuzung aus Merino- und Grobwollschaf. Die Crossbredwolle wird sowohl in der Oberbekleidung als auch im Heimtextilbereich eingesetzt. Die Faserfeinheit dieser Wolle reicht von 24 bis über 40 Mikrometer.

Grobwolle – Dabei handelt es sich um eine langstapelige, grobe und derbe, eher glänzende Wolle. Sie ist eher wenig oder überhaupt nicht gewellt. Sie stammt vom Grobwollschaf, etwa dem bekannten Shetlandschaf. Eingesetzt wird dieser Wolltyp zum Beispiel in der Teppichindustrie oder aber für technische Anwendungen, zum Beispiel als Dämmstoff in der Bauindustrie.

Die von den Tieren gewonnene Wolle wird in der weiteren Verarbeitung gewaschen, gekämmt, gefärbt oder gebleicht und dann in der Regel zu Kammgarn versponnen. Die auf diese Weise entstandenen Fäden werden zu textilen Stoffen gewebt. Darüber hinaus kann die gereinigte und gekämmte Wolle auch zu Filz verarbeitet werden.

Bereits Vorfahren der Inkas fertigten zur Herstellung von Kleidungsstücken allerfeinste Garne aus Wolle von den in den Anden zu findenden südamerikanischen Kleinkamelen – den Alpakas – und den noch selteneren wilden Vikunjas. Noch heute hat der Name Alpaka in der Textilwirtschaft als sehr hochwertiges Garn einen exzellenten Ruf. Dieses Material ist nach Angaben der Wollwirtschaft in etwa fünfmal wärmer als herkömmliche Schafwollgarne. Mikroskopisch kleine Lufttaschen halten wärmer als fast jede andere tierische Faser.

Schafwolle wird jedoch nicht nur in der Textil- und Bekleidungsindustrie eingesetzt. Sie enthält das Wollfett Lanolin, das der Wolle üblicherweise vor ihrer weiteren Verarbeitung entzogen wird, um es dann im späteren Verarbeitungsprozess der gereinigten und veredelten Wolle wieder hinzuzufügen. Dieses Lanolin wird auch als Pflegemittel in der Kosmetikindustrie eingesetzt. Bekanntlich ist in der auf dem Weltmarkt sehr populären Penaten-Babypflegecreme Lanolin enthalten.

Wolle hat in den vergangenen Jahren als Textilrohstoff immer stärker an Bedeutung verloren, wie die Statistiken in diesem Kapitel zeigen. Dies ist auf der einen Seite vor allem dem Siegeszug der Baumwolle und der Kreation neuer synthetischer Fasern zuzuschreiben. Auf der anderen Seite liegen die Ursachen für die nachlassende Bedeutung in den erwähnten negativen Trageeigenschaften der Wolle.

Orangensaft

Die Herkunft der Orange – wissenschaftlicher Name »citrus sinensis« – lässt sich leicht aus dem synonymen Begriff dieser wichtigsten Zitrusfrucht der Welt ableiten. Auch der deutsche Begriff »Apfelsine« – also »Chinesischer Apfel« – deutet auf China als die Heimat der Orange hin. Aufzeichnungen zufolge tauchte sie dort bereits vor rund 3.000 Jahren auf. Im 15. Jahrhundert gelangten die Früchte durch die Portugiesen dann in den Mittelmeerraum. Heute werden Orangen fast überall in den Ländern der tropischen und subtropischen Regionen angebaut. Brasilien hat sich dabei in den vergangenen Jahrhunderten die führende Position in der Welt vor USA, Mexiko, China, Spanien, Indien, Italien, Iran, Ägypten und Pakistan gesichert.

In der Zitrusbranche wird bei Orangen grundsätzlich unterschieden in Navel-Orangen, Blondorangen, pigmentierte Orangen und säurefreie Orangen. Die Navelorange ist groß, kernfrei, frühreifend und lässt sich vergleichsweise gut schälen. Ihren Namen hat sie daher, dass sie an einem Ende einen Nabel (im Englischen als »navel« bezeichnet) ausgebildet hat, in dessen Ende eine kleine (oft kaum erkennbare) Sekundärfrucht eingebettet ist.

Blondorangen eignen sich – obwohl sie viele Kerne enthalten – besonders gut zum Auspressen, weil ihr Zuckergehalt höher ist als jener der Navelorangen. Als Beispiel für Blondorangen zählt die Orange »Valencia«. Pigmentierte Orangen – wie Blutorangen – bilden sich bei extrem niedrigen Nachttemperaturen in den Anbaugebieten. Ihr Aroma erinnert an das von Himbeeren oder Kirschen. Säurefreie Orangen finden in Westeuropa und Nordamerika nur geringes Interesse beim Verbraucher. Sie sind zwar süß, erscheinen im Geschmack

Abbildung 65: Orangenproduktion in Brasilien

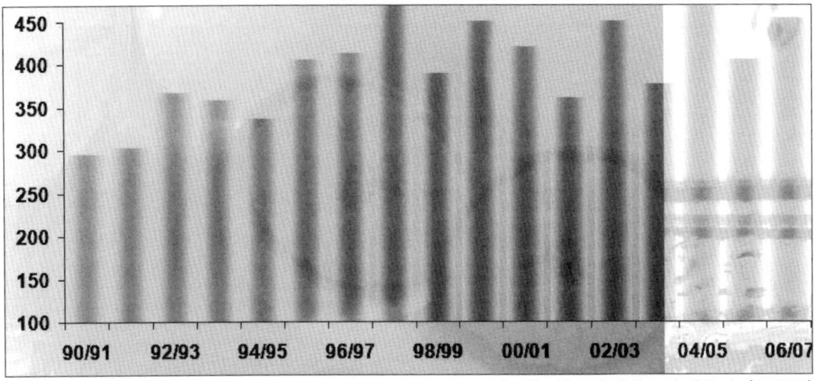

In Millionen Kisten je 90 lb

Quelle: New York Board of Trade (NYBOT)

jedoch eher fade. Dagegen wird diese Orangenart in anderen Ländern wie Brasilien, Indien oder Ägypten geschätzt. Bitterorangen werden fast ausschließlich zur Produktion von Marmeladen, zur Herstellung von Orangenöl oder aber zur Speisewürzung genutzt.

Grundsätzlich muss am Orangenmarkt – einem Teilmarkt des riesigen Weltmarktes für Zitrusfrüchte – darüber hinaus auch unterschieden werden in Orangenfrüchte, in Orangensaft und nicht zuletzt in Orangensaftkonzentrat. Orangensaft wird durch das Auspressen reifer Orangenfrüchte produziert und danach in Flaschen und andere moderne Verpackungen abgefüllt. Für Anleger ist es wichtig zu wissen, dass Orangensaft bislang der einzige Fruchtsaft ist, der an einer international anerkannten Terminbörse – und zwar am New York Board of Trade (NYBOT) – gehandelt wird.
An dieser Börse werden

- seit dem Jahr 1966 Futures auf »frozen concentrated orange juice – FCOJ) und seit dem Jahr 1985 auch Optionen auf diese FCOJ-Futures-Kontrakte sowie
- seit dem Jahr 2006 Futures und Futures-Optionen auf NFC-Orangensaft – also »not from concentrate orange juice« – gehandelt.

Brasilien ist nicht nur der mit Abstand weltweit größte Produzent von Orangen, sondern mit rund 1,25 Millionen Tonnen auch der

Abbildung 66: Naher Orangen-Terminkontrakt

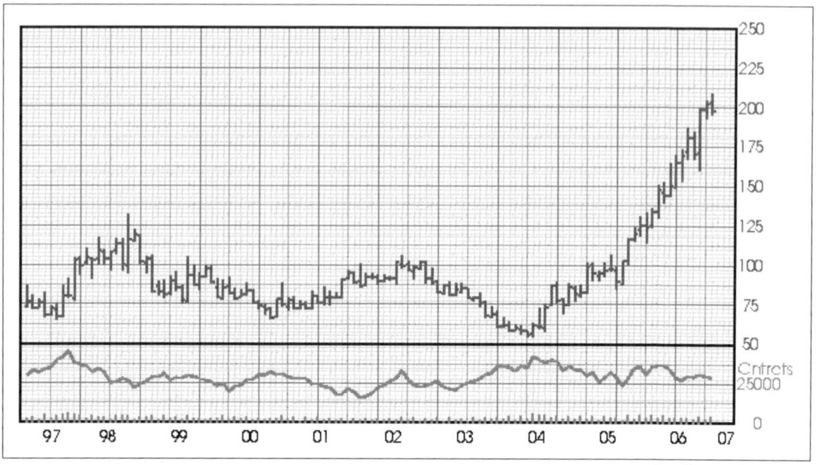

Quelle: Barchart.com

größte Exporteur von Orangensaftkonzentrat (vgl. Abb. 65). Interessanterweise war Spanien nach Angaben der FAO im Jahr 2004 der größte weltweit größte Exporteur von Orangen (vgl. Tabelle 69). Dass diese führende Rolle nicht von Brasilien oder den USA eingenommen wird, ist auch darauf zurückzuführen, dass diese beiden Länder das Basisprodukt – also Orangen – innerhalb ihrer Wirtschaft selbst weiterverarbeiten und bei Orangensaft und Orangensaftkonzentrat zu den größten Exporteuren zählen.

Bemerkenswert dabei ist aus Sicht der Akteure an den Rohstoffmärkten darüber hinaus, dass der Preis für FCOJ seit dem Jahr 2004 am Weltmarkt in die Höhe geschossen ist (vgl. Abb. 66). Grund: Durch die Wirbelstürme in Florida wurde die Produktion von Apfelsinen und Orangen ganz erheblich beeinträchtigt. Die USA wurden so als bisher größter Exporteur von Orangensaft vorübergehend zum Importeur. Interessanterweise sind die Länder der Europäischen Union (EU) mit etwa einem Viertel der weltweiten Exporte die größten Importeure von Orangensaftkonzentrat.

In Deutschland dürfen laut der hierzulande geltenden Fruchtsaft-Verordnung als Fruchtsaft nur solche Getränke bezeichnet werden, die zu 100 Prozent aus dem Fruchtsaft und dem Fruchtfleisch

Tabelle 69: Die größten Orangenexporteure der Welt

	Land	Menge in Millionen Tonnen	Wert in 1.000 US-Dollar
1	Spanien	1.504.094	1.183.315
2	USA	604.319	369.228
3	Südafrika	736.592	270.667
4	Niederlande	191.662	126.976
5	Marokko	223.198	105.144
6	Griechenland	211.119	91.601
7	Australien	102.635	83.559
8	Ägypten	258.262	76.875
9	Italien	98.387	67.235
10	Türkei	134.036	51.573
11	Belgien	59.495	48.072
12	Argentinien	136.005	41.926
13	Frankreich	35.378	29.861
14	Uruguay	76.956	27.324
15	Brasilien	90.119	21.492

Angaben für 2004 Quelle: FAO

der entsprechenden Früchte stammen. Anders verarbeitete Formen sind der Fruchtnektar und das Fruchtsaftgetränk.

Handelsübliche Orangensäfte werden aus Konzentrat oder als Direktsaft hergestellt. Bei der Herstellung von Orangensaftkonzentrat werden zunächst die leicht flüchtigen Aromen aus dem Saft extrahiert. Danach wird der Orangensaft auf ein Siebtel eingedampft. Dann werden die Aromen wieder hinzugefügt. Für Lagerung und Transport wird das Konzentrat eingefroren.

Orangensaft muss den internationalen Nahrungsmittelvorschriften zufolge frei von jeglichen Zusätzen an Farb- oder Konservierungsstoffen sein. Pro Liter Fruchtsaft dürfen in Europa zum Beispiel nach einer EU-Richtlinie bis zu 15 Gramm Zucker zugesetzt werden. Dies aber auch nur dann, wenn die Basisfrüchte – in diesem Fall Orangensaft – einen witterungsbedingten Zuckermangel aufweisen. Diese sogenannte Korrekturzuckerung muss nicht im Zutatenverzeichnis angegeben werden. Deshalb ist der Vermerk »Ohne Zuckerzusatz« nicht überflüssig.

Abbildung 67: Orangenproduktion in Florida

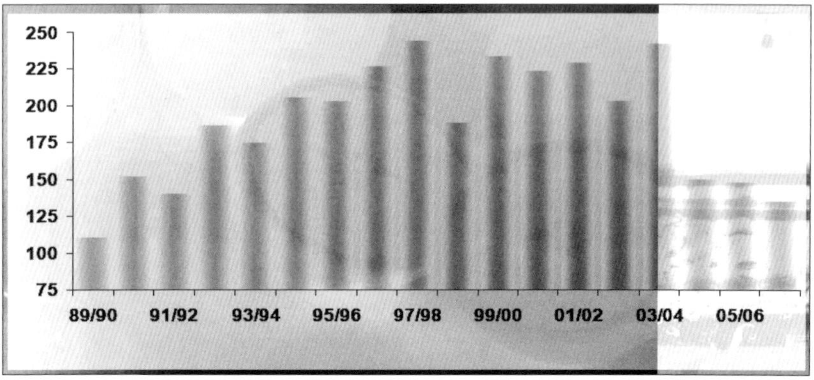

In Millionen Kisten je 90 lb

Quelle: New York Board of Trade (NYBOT)

Abbildung 68: Gefrorenes Orangensaftkonzentrat

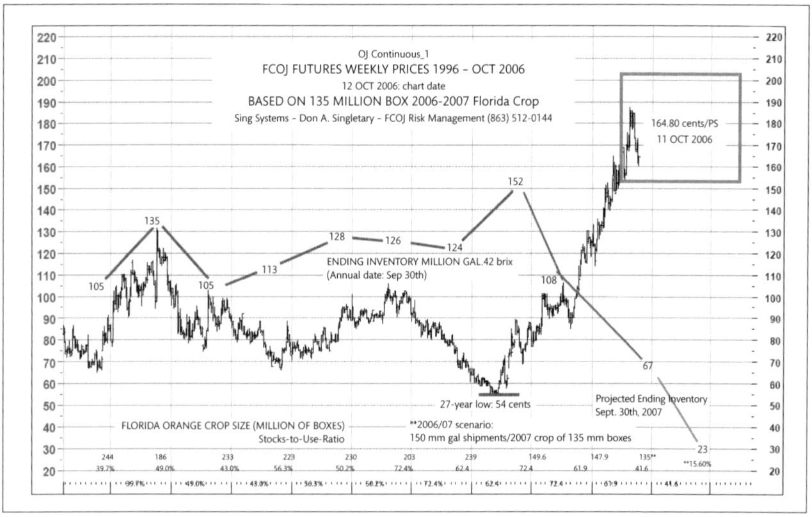

Preise im Wochendurchschnitt zwischen 1996 und 2006

Quelle: Sing Systems - Don. A. Singletary - FCOJ Risk Management

Wenn ein Rohstoff mit Fug und Recht als »wetterabhängig« bezeichnet werden kann, dann gilt dies für Orangen, Orangensaft und Orangensaftkonzentrat. Hier wirken (wie gerade in den vergangenen vier Jahren) Wirbelstürme, Überschwemmungen, Frost- und Hitzeperioden sehr stark auf die Ernteerträge und damit auf den Preis ein, wie aus Abb. 67 deutlich zu ersehen ist. In Florida hatten mehrere Hur-

Tabelle 70: Die größten Orangenimporteure der Welt

	Land	Menge in Millionen Tonnen	Wert in 1.000 US-Dollar
1	Frankreich	498.470	398.081
2	Deutschland	591.513	378.057
3	Niederlande	320.524	226.419
4	Großbritannien	357.990	218.815
5	Russland	398.678	154.541
6	Belgien	180.678	144.281
7	Südkorea	154.444	136.744
8	Kanada	214.783	127.928
9	Spanien	164.506	108.567
10	Japan	112.937	101.438
11	Italien	133.938	97.128
12	USA	65.668	69.916
13	Polen	102.201	67.000
14	Schweden	84.379	63.241
15	Schweiz	63.883	57.805
16	Österreich	62.459	45.149
17	China	51.603	36.977

Quelle: FAO

rikans in den vergangenen Jahren erhebliche Schäden auf den Orangenplantagen des südlichsten US-Bundesstaates angerichtet.

Brasilien ist mit einem Anteil von rund 37 Prozent der weltgrößte Produzent von Orangensaft. Auf Rang zwei folgen mit 24 Prozent die USA, deren Orangenplantagen vor allem in Florida zu finden sind. Auf Rang drei der globalen Rangliste ist Mexiko mit einem Anteil von rund acht Prozent der weltweiten Erzeugung zu finden. Europa bringt es bei der globalen Orangenernte auf einen Anteil von etwa zehn Prozent, wobei Spanien, Italien, die Türkei und Griechenland die größten Hersteller auf dem hiesigen Kontinent sind.

Die aktuelle Lage am US-Orangenmarkt

In den USA wird die Orangenproduktion in der Saison 2006/2007 auf rund 8,115 Millionen Tonnen beziehungsweise 188 Millionen Kisten geschätzt. Gegenüber dem Ergebnis der vorherigen Saison von 8,9 Millionen Tonnen und 207 Millionen Kisten entspricht dies beim reinen Gewicht einem Rückgang um neun Prozent. Florida, die bei weitem bedeutendste Region der US-Orangenernte, wird es nach Schätzungen des USDA auf 140 Millionen Kisten – also rund 6,3 Millionen Tonnen – bringen, was im Vergleich zum Vorjahr einem Rückgang um fünf Prozent entsprechen würde (vgl. Abb. 67).

Vergleicht man diese Zahlen mit der Rekordernte der Saison 1997/98 in Höhe von 244 Millionen Kisten, so wird deutlich, welchen enormen Einfluss das Wetter auf die Ernte agrarischer Rohstoffe nehmen kann. Denn im Vergleich zu 1997/98 wird die laufende Saison aller Voraussicht nach eine um 43 Prozent geringere Orangenernte bringen. Doch nicht nur allein die Erntemenge, sondern auch die Qualität der Früchte ist für die Hersteller von Orangensaft eine entscheidende Größe.

Beim verarbeiteten Produkt – gefrorenem Orangensaftkonzentrat FCOJ oder Orangensaft – ist für die Saison 2006/07 in Florida ein Ertrag in Höhe von 1,58 Gallonen je Kiste zu erwarten. Dies entspricht nach Angaben der Florida Citrus Processors Association im Vergleich zur Vorsaison einer Verschlechterung; denn in 2005/2006 wurde ein durchschnittlicher Ertrag von 1,63 Gallonen je Kiste erwirtschaftet.

Düngemittel

Nicht alle Düngemittel können als Rohstoffe nach der herkömmlichen Definition dieses Begriffs klassifiziert werden. Grundsätzlich wird der Begriff »Düngemittel« als Bezeichnung für Stoffe und Stoffgemische gewählt, die in der Pflanzenwelt nicht nur zu schnellerem Wachstum, sondern bei Nutz- und Kulturpflanzen auch zu höheren Erträgen führen. Als die eindeutig wichtigsten Bestandteile von Düngemitteln gelten die Hauptnährelemente Stickstoff, Phosphor und Kalium.

Deren Bezeichnung als NPK-Düngemittel hat weltweit Geltung. Diese Bezeichnungen leiten sich aus den Symbolen der einzelnen

Düngemittelkategorien ab, die diese wiederum als chemische Elemente im Periodensystem der Elemente einnehmen – nämlich N für Stickstoff, P für Phosphor und K für Kalium. Im Englischen wird Stickstoff als Nitrogen, Phosphor als Phosphorous und Kalium als Potassium bezeichnet. Stickstoff ist der wichtigste Bestandteil der Luft. Rund 78 Prozent der Luft bestehen aus Stickstoff.

In den meisten Düngemitteln sind darüber hinaus Schwefel, Kalzium und Magnesium sowie verschiedene Spurenelemente enthalten, die das Wachstum von Kulturpflanzen fördern. Grundsätzlich kann die Wirkung der Düngemittelbestandteile wie folgt beschrieben werden:

- Stickstoff dient vor allem zur Steigerung der Blattmasse einer Pflanze.
- Phosphor fördert die Bildung der Blüten und Frucht.
- Kalium stärkt nicht nur die Holzbildung, sondern auch die Pflanzenstatik.
- Magnesium fördert die Nährstoffaufnahme der Pflanze.

Ein Exkurs in die Geschichte der Düngemittel zeigt, dass Agrarflächen bereits in der minoischen Zeit mit tierischen und menschlichen Fäkalien versehen wurden, um auf diese Weise die Ernteerträge zu steigern. Im 19. Jahrhundert wurden Asche, Kalk und Mergel sozusagen als Kunstdünger verwendet. Der Chemiker Justus von Liebig wies gegen 1840 die wachstumsfördernde Wirkung von Stickstoff, Phosphaten und Kalium nach. Stickstoff wurde in Form von Nitraten zunächst durch Guano, eine aus den Exkrementen von Seevögeln gewonnene Substanz, erzeugt. In der Folge wurden Nitrate dann immer stärker synthetisch hergestellt.

Anfang des vergangenen Jahrhunderts entdeckte Fritz Haber die Möglichkeiten der katalytischen Ammoniaksynthese. Der Industrielle Carl Bosch entwickelte das Haber-Bosch-Verfahren, das die Massenproduktion von Ammoniak ermöglichte. In den vergangenen 50 Jahren brachte die boomende Düngemittelindustrie dann immer wirksamere chemische Düngemittel auf den Markt.

Mit der stärker werdenden Ökologiebewegung in den Industrieländern gerieten synthetische Dünger jedoch zunehmend in die Schlagzeilen. Die zu starke Verwendung von Kunstdüngern, so die Kritik, führe zu erheblichen ökologischen Schäden, zur Ermüdung von Nutzflächen, zu Sauerstoffmangel und zu Fischsterben. In den vergangenen Jahren ist der Einsatz von mineralischen Düngemitteln in Deutschland, einem der führenden Länder der internationalen Ökologiebewegung, vor diesem Hintergrund stark zurückgegangen.

Viele agrarisch genutzte Flächen und Böden weisen einen mehr oder minder starken Mangel an diesen Nährstoffen auf mit der Folge, dass die Pflanzen das in ihnen steckende Potenzial nicht vollständig abrufen können. Dabei können folgende Faktoren für einen zu geringen Pflanzenwuchs verantwortlich sein: Wassermangel, zu geringe Sonneneinstrahlung, zu wenig Nährstoffe in der Erde, zu niedrige Temperaturen, zu geringer Sauerstoffgehalt, Konkurrenz zu anderen Pflanzen und Unkraut, Pflanzenkrankheiten, Insektenbefall etc.

Durch den Einsatz von Düngemitteln können zahlreiche dieser Mängel abgestellt werden. Düngemittel steigern die zur Ernährung des Menschen notwendigen Erträge der Agrarwirtschaft. Durch organische Düngung werden die im Boden befindlichen Lebewesen und Mikroorganismen gefüttert. Diese mineralisieren im Boden befindliche organische Materie und bereiten sie so für die Nutzung durch die Pflanzenwelt auf. Mineralische Dünger sind meist direkt für Pflanzen verfügbar oder werden durch chemische Umwandlung zu Nitrat.

Die bereits genannten Hauptbestandteile von Düngemitteln – also N, P und K – werden am Markt entweder gesondert und eigenständig als sogenannte Einnährstoffdünger oder aber gemeinsam in Verbindungen – auf die Anforderungen der jeweiligen Nutzpflanzen abgestimmt – als Mehrnährstoffdünger angeboten. Düngemittel, in denen Stickstoff, Phosphor und Kalium enthalten sind, werden in der Fachsprache als NPK-Dünger oder Volldünger bezeichnet.

Grundsätzlich wird in der Fachliteratur eine Unterscheidung in organische und mineralische (anorganische) Düngemittel vorgenommen. Diese Unterscheidung erfolgt nach der Art und Weise, wie der düngende Stoff letztlich gebunden ist. Darüber hinaus wird in feste und flüssige Düngemittel sowie in Dünger mit Schnell- und Langzeitwirkung unterschieden.

Organische Düngemittel

Bei organischen Düngemitteln, die in der Regel einen tierischen oder pflanzlichen Ursprung haben, sind die düngenden Elemente an Kohlenstoff gebunden. Allerdings können solche organischen Düngemittel wie Harnstoff aber auch synthetisiert werden. Festzustellen ist, dass diese Düngemittel eine bessere Langzeitwirkung aufweisen und in der Regel weniger schnell ausgewaschen werden als mineralische Düngemittel. Bei dieser Düngemittelgattung handelt es sich meist um recycelbare Abfallstoffe der Landwirtschaft, weshalb sie auch als Wirtschaftsdünger bezeichnet werden. Als Beispiele gelten Jauche, Gülle, Mist, Kompost, Tiermehl, Hornspäne und Harnstoff.

Mineralische Düngemittel

Besser in die Kategorie Rohstoffe passen mineralische (also anorganische) Düngemittel. Bei Mineraldüngern sind die düngenden Elemente meist Salze. Eine Ausnahme bilden lediglich flüssige Ammoniakdünger. Mineraldünger, als deren Erfinder Justus von Liebig gilt, werden am Markt vor allem als Granulat oder in flüssiger Form angeboten. Sie haben der Welt-Agrarwirtschaft in den vergangenen Jahrzehnten auf der einen Seite riesige Produktivitätsfortschritte ermöglicht, auf der anderen Seite jedoch auch zu erheblichen Belastungen der landwirtschaftlich genutzten Flächen geführt. Solche mineralischen Dünger werden durch den Abbau von Mineralien oder fossilen Energien gewonnen. Die Mineralien werden vor ihrem endgültigen Einsatz in der Regel chemisch verändert.

Als mineralische Dünger gelangen auch im Bergbau gewonnene Produkte mit geringem Veredelungsgrad – wie Kali und Kalk

– zum Einsatz. Veredelte, also synthetisch hergestellte Mineraldünger erfordern in der Regel einen hohen Energieaufwand. Kritisch ist darüber hinaus zu sehen, dass die Düngung mit mineralischen Phosphaten zu einer Anreicherung des Bodens mit dem giftigen und radioaktiven Schwermetall Uran und damit in die Nahrungskette führt. Grund: Phosphat und Uran sind chemisch eng aneinander gebunden. Darüber hinaus kann es bei der mineralischen Düngung auch zu einer Anreicherung von Pflanzen mit dem Schwermetall Cadmium kommen, das auf diese Art und Weise dann auch in die menschliche Nahrungskette gelangt. Aus diesem Grunde ist die Düngemittelbranche bei ihren Explorationen immer wieder auf der Suche nach schwermetallarmen Rohphosphaten.

Phospate gelangen meist als Rohphosphate oder aufgeschlossene Phosphate zum Einsatz. Da Rohphosphate schwer löslich sind, werden sie mit Schwefelsäure und Phosphorsäure aufgeschlossen, wodurch Kalziumdihydrogenphosphat und Kalziumsulfat entsteht. Mit Schwefelsäure aufgeschlossenes Rohphosphat wird in der Fachwelt als »Superphosphat« bezeichnet. Tripelsuperphosphat wird aus Rohphosphat und Phosphorsäure hergestellt und weist einen höheren Gehalt an Phosphor auf.

Stickstoffhaltige Phosphatdünger wie Diammoniumphosphate (DAP) oder aber Monoammoniumphosphat werden aus Ammoniak und Phosphorsäure hergestellt.

Stickstoffdünger sind meist Ammoniumnitrat, Ammoniumsulfat und Kaliumnitrat und werden aus Ammoniak und Salpetersäure hergestellt. Die im Bergbau – nicht zuletzt auch in Deutschland – gewonnenen Kalisalze werden zu Kaliumchloriddüngemitteln oder zu Kaliumsulfat aufbereitet.

Die enorme wirtschaftliche Bedeutung von Düngemitteln für die globale Agrarwirtschaft lässt sich daran erkennen, dass an der führenden Agrarterminbörse der Welt, der Chicago Mercantile Exchange CME), seit einigen Jahren bereits Futures auf die drei fol-

Abbildung 69: Preisentwicklung DAP-Future an der CME

Dunkle Linie = Tagespreis, helle Linie = 200-Tage-Durchschnitt – alle Angaben in Dollar je Tonne

genden Düngemittel (mit einem Kontraktvolumen von je 100 Tonnen) gehandelt werden:

- Diammoniumphosphate (DAP) – DAP ist das nach Angaben der CME beliebteste anorganische Düngemittel am US-Markt. Es wird für die US-Abnehmer vor allem in Zentralflorida hergestellt. DAP enthält 18 Prozent Nitrogen und 46 Prozent Phosphat. DAP kann sowohl als Düngemittel in der Landwirtschaft als auch als Hilfsmittel im Fermentationsprozess durch die Nutzung von Hefe in der Brauereiwirtschaft eingesetzt werden (vgl. Abb. 69).
- Urea Ammonium Nitrate (UAN) – UAN ist ein weitgehend farbloser Dünger, der in flüssiger Form vor allem zur Steigerung der Ernteerträge auf Gemüse- und Salatplantagen sowie auf Obstplantagen und Blumenfeldern eingesetzt wird. In den USA wird UAN mit einem 32-prozentigen Anteil an Nitrogen

vor allem in großen Produktionsanlagen in der Nähe von New Orleans hergestellt. Einer der großen Vorteile von UAN liegt darin, dass der Dünger direkt auf die Agrarflächen gesprüht werden kann.

- Urea – Urea (also Harnstoff) enthält rund 46 Prozent Nitrogen und wird in der internationalen Landwirtschaft nicht nur als Düngemittel, sondern häufig auch als Futtermittelzusatz eingesetzt. Große Wirkung erreicht Urea als Düngemittel vor allem bei Kartoffeln, Weizen und Sojabohnen. In Kombination mit Sulfur wird Urea auch als Düngemittel für Rasenflächen auf Golfplätzen und in Parks verwendet.

Die an der Chicago Mercantile Exchange (CME) gelisteten Futures-Kontrakte auf diese Düngemittel sind sowohl für die Bauern und Farmer in aller Welt als auch für die globale Düngemittelbranche ein interessantes modernes Finanzinstrumentarium zur Steuerung der Chancen und Risiken, die im Zusammenhang mit dem Einsatz und der Produktion von Düngemitteln existieren. Diese Düngemittel werden in modernen Volkswirtschaften zur Steigerung der Erträge vor allem von Mais, Weizen und Sojabohnen eingesetzt. Eine Analyse der Situation in den USA zeigt, dass die dortige Düngemittelindustrie einen Jahresumsatz von über zehn Milliarden Dollar generiert und rund 35.000 Menschen beschäftigt. Die Bedeutung der Branche für ein bedeutendes Agrarland wie die USA wird an diesen Zahlen deutlich.

Nach der VR China sind die USA sowohl bei der Produktion als auch beim Verbrauch von Düngemitteln derzeit die Nummer zwei in der Welt. Der Anteil der VR China am globalen Verbrauch von Düngemitteln liegt bei knapp 37 Prozent, die USA bringen es auf etwa 20 Prozent und die im internationalen Vergleich eine führende Rolle einnehmende Agrarwirtschaft in Indien auf knapp 19 Prozent. Nach Brasilien und Frankreich folgt Deutschland mit einem Anteil von etwa drei Prozent auf Rang sechs. In der Rangliste der Produzenten liegt China an vorderer Stelle vor den USA und Indien. Deutschland ist in dieser Liste – vornehmlich auf Grund der Aktivitäten des Unternehmens Kali & Salz – auf Rang 13 zu finden.

Die Zukunft der Düngemittel

Es gehört wahrlich nicht viel Mut dazu, für die nächsten Jahrzehnte einen Boom der Düngemittelbranche vorauszusagen. Basis für diese Prognose ist das zu erwartenden Wachstum der Weltbevölkerung. Dabei muss die Frage gestellt werden, ob und wie der Hunger der wachsenden Menschheit zu stillen ist. Denn nach vier Milliarden im Jahr 1975 und sechs Milliarden im Jahr 2000 werden Mitte dieses Jahrhunderts nach Schätzungen von Experten mehr als neun Milliarden Menschen die Erde bevölkern. Dann leben nach einer Studie der FAO rund zwei von drei Menschen in Städten. Möglicherweise unterschätzen die FAO-Experten allerdings die Magnetwirkung, die von der Landwirtschaft als einem künftig lukrativen Wirtschaftszweig ausgeht. Wenn die Menschen Chancen darin sehen, in der Agrarwirtschaft eine finanziell gute Zukunft zu haben, dürften viele von ihnen das Leben auf dem Lande vorziehen.

Es ist zu erwarten, dass die Nachfrage nach Nahrungsmitteln – auch wegen des zunehmenden wirtschaftlichen Wohlstands in den bevölkerungsreichen Ländern China und Indien – weltweit stark steigen wird. Dies wiederum wird in den nächsten drei Dekaden eine um 60 bis 70 Prozent höhere Nahrungsmittelproduktion erfordern. Der größte Teil dieses zunehmenden Angebots wird durch eine höhere Produktion in den Entwicklungsländern gedeckt werden müssen. Hierfür ist der effiziente Einsatz aller Ressourcen notwendig.

Ungeachtet dessen ist aber festzustellen, dass das zu erwartende Bevölkerungswachstum gerade im Hinblick auf die Ernährung der Menschheit zahlreiche Fragen aufwirft. Sind die Ökosysteme der Erde überhaupt in der Lage, einer solchen Menge Menschen eine lebenswürdige Existenz zu ermöglichen? Können all diese Menschen überhaupt ernährt werden? Wie sind die sich nicht zuletzt wohl deshalb verstärkenden Umweltprobleme in den Griff zu bekommen? Fragen über Fragen – berechtigte Fragen allerdings. Denn schließlich sind die wichtigen Ressourcen auf der Erde – allein die Fläche und darüber hinaus Luft und Wasser – stark begrenzt. Im Hinblick auf die Ernährungsfrage gilt daher eindeutig: Die Flächenerträge müssen gesteigert werden Und dazu müssen Weizen, Mais, Sojabohnen, Reis und die anderen Agrarprodukte eine optimale Düngung erhalten.

Richtig ist zwar, dass die Bevölkerung in Europa und Nordamerika eher stagniert. Dennoch wird die Weltbevölkerung auch in den kommenden Jahren kräftig wachsen. Derzeit liegt das Bevölkerungswachstum bei rund 1,2 Prozent pro Jahr. Nun kann diese Zahl zwar auf den ersten Blick keine Ängste auslösen. Bei genauem Hinsehen jedoch gibt sie Anlass zur Sorge. Denn jeden Tag kommen etwa 200.000 neue Menschen auf die Erde. Geht man davon aus, dass in Zukunft keine weiteren Wüsten bewässert oder Wälder für die Nahrungsproduktion gerodet werden sollen und können, schrumpft die verfügbare Fläche für die Ernährung eines einzelnen Menschen immer weiter. Waren beispielsweise in Afrika im Jahr 2000 noch über 2.400 Quadratmeter landwirtschaftlicher Nutzfläche pro Kopf vorhanden, so werden es im Jahr 2050 nach Berechnungen der Fachleute von Kali & Salz in Kassel gerade einmal 1.100 Quadratmeter sein.

Doch die steigende Zahl der Menschen allein stellt nur einen Teil der gesamten Problematik dar. Es ist zu erwarten, dass sich die Ernährungsgewohnheiten der Menschen ändern und dadurch die Nachfrage nach landwirtschaftlichen Erzeugnissen beeinflusst wird. Je mehr tierische oder »veredelte« Produkte künftig auf dem Speisezettel stehen werden, desto mehr Energie in Form von Kulturpflanzen muss in diesen Speisezettel hineingesteckt werden. Die nackten Zahlen sprechen für sich: So muss der Leser wissen, dass ein Schwein drei Kilogramm Getreide frisst, um nur ein einziges Kilogramm Fleisch anzusetzen. Das heißt konkret: Wenn jeder der 1,3 Milliarden Chinesen pro Woche ein Schnitzel mehr essen würde, hätte das gravierende Folgen für die Welt-Agrarmärkte.

Nach Erhebungen der OECD (Organisation for Economic Cooperation and Development) können steigende Erträge derzeit noch den höheren Verbrauch ausgleichen. Voraussetzung dafür, dass das auch in Zukunft so sein wird, ist zum einen die Züchtung ertragreicherer

Tabelle 71: Düngemittelverbrauch in der Welt

	2003/04	2002/03	2001/02	2000/01	1999/00	1994/95
	Nitrogen					
Ammonium-sulfat	2.679,1	2.465,5	2.500,1	2.576,2	2.443,5	2.432,5
Harnstoff	44.559,0	43.638,0	41.430,6	40.539,1	41.122,5	30.856,2
Ammonnitrat	5.448,2	5.877,6	5.857,6	5.884,0	6.081,0	6.771,8
Kalkammonsalpeter	3.003,0	2.963,5	2.998,3	3.103,0	3.478,1	3.718,5
Ammonia Direkt-anwendung	3.778,8	3.654,2	3.728,7	3.615,8	4.263,5	4.122,7
Stickstofflösungen	4.350,0	4.179,5	3.914,6	3.822,2	4.098,6	3.794,2
Andere	7.277,1	7.036,6	6.878,3	7.034,1	8.723,7	9.031,7
Ammonium-phosphate N	5.212,1	4.909,1	4.874,2	4.605,5	4.868,8	3.960,8
Andere NP N	1.440,5	1.477,6	1.560,5	1.635,1	1.677,5	1.578,0
NPK N	7.730,3	7.825,3	7.674,6	7.795,7	6.725,0	6.093,8
Total N	86.958,1	85.484,5	82.868,6	82.071,5	84.924,1	72.407,8
	Phosphate					
Thomasmehl	2,7	2,7	2,0	2,0	2,0	20,5
Rohphosphat	136,8	232,7	252,7	279,0	251,3	203,1
Superphosphat	6.290,1	6.104,2	6.108,5	6.204,7	5.940,6	6.118,3
Triple-Super-phosphat	2.165,1	1.872,1	1.853,0	2.042,5	2.134,7	2.372,7
Andere	917,1	1.089,0	1.209,0	1.061,2	1.089,7	1.200,2
Ammonium-phosphate P	15.721,8	14.483,1	14.145,1	13.853,9	14.180,5	11.306,1
Andere NP P	1.275,8	1.446,5	1.448,5	1.590,9	1.639,1	1.572,6
NPK P	7.884,7	7.823,8	7.619,2	7.042,6	7.226,8	6.241,2
Total P2O5	35.037,5	33.769,5	33.344,1	32.812,3	33.287,1	29.557,3
	Potash/Kali					
Kaliumchlorid	17.300,1	14.929,5	14.219,1	13.503,3	13.656,1	11.774,1
Kaliumsulfat	767,1	826,1	680,1	611,6	670,3	685,6
Andere K	149,3	134,7	147,0	146,6	143,6	123,1
PK K	438,0	439,3	504,2	524,3	613,5	748,1
NPK K	6.538,5	6.392,2	6.563,7	6.634,3	6.777,5	6.587,5
Total K2O	25.921,1	23.436,3	22.782,3	22.094,6	21.980,2	20.038,1
Gesamt N + P2O5 + K2O	147.916,7	142.690,5	138.995,2	136.978,5	140.191,5	122.003,5

Fortsetzung auf Seite 318

Düngemittelverbrauch in der Welt

	1989/ 90	1984/ 85	1979/ 80	1974/ 75	1961/ 62
	Nitrogen				
Ammoniumsulfat	2.938,3	3.112,3	3.119,2	2.686,1	2.507,0
Harnstoff	29.912,5	22.724,5	15.813,0	8.341,2	918,3
Ammonnitrat	8.870,5	9.994,5	9.516,1	7.513,8	1.849,2
Kalkammonsalpeter	4.247,1	4.460,2	4.019,5	3.676,1	1.449,2
Ammonia Direktanwen-dung	4.934,5	5.648,3	4.902,1	3.545,1	756,2
Stickstofflösungen	4.692,2	4.079,0	3.171,0	2.132,2	347,5
Andere	9.465,2	8.235,6	6.273,6	2.835,6	1.781,2
Ammoniumphosphate N	3.605,2	2.979,1	1.939,6	1.210,6	32,1
Andere NP N	3.157,2	2.236,3	1.057,7	454,3	7,6
NPK N	6.850,8	6.927,8	6.818,5	5.306,6	331,8
Total N	78.885,1	70.868,8	57.410,5	38.567,7	11.824,5
	Phosphate				
Thomasmehl	166,7	213,5	482,1	762,7	1.265,3
Rohphosphat	1.168,0	1.371,5	1.518,6	1.412,2	552,5
Superphosphat	6.750,8	5.979,5	6.226,5	5.900,5	4.516,3
Triple-Superphosphat	3.962,1	4.386,5	4.027,3	3.278,1	741,0
Andere	1.169,1	1.077,5	1.058,1	924,7	609,1
Ammoniumphosphate P	11.152,8	8.833,1	6.633,0	3.504,3	618,2
Andere NP P	4.677,8	2.734,6	1.412,8	728,7	118,5
NPK P	7.652,0	8.824,2	9.472,2	6.804,0	2.311,7
Total P2O5	37.557,6	34.486,5	31.577,6	24.204,8	11.037,3
	Potash/Kali				
Kaliumchlorid	16.090,1	14.523,0	12.316,1	9.505,3	3.240,5
Kaliumsulfat	605,7	542,2	449,1	387,1	333,8
Andere K	996,3	1.116,8	993,5	1.370,6	2.249,5
PK K	1.063,3	1.187,1	1.361,5	1.147,8	305,5
NPK K	7.798,1	8.512,3	8.679,3	6.814,0	2.425,0
Total K2O	26.688,1	25.963,2	24.031,7	19.426,6	9.068,3
Gesamt N + P2O5 + K2O	143.131,1	131.318,6	113.020,0	82.199,3	31.930,2

*alle Angaben in 1.000 Tonnen Nährstoffe — Quelle: Fertilizer Institute

Bearbeitet von Franziska Blum - tkMedia AG

Abbildung 70: Düngemittelverbrauch weltweit

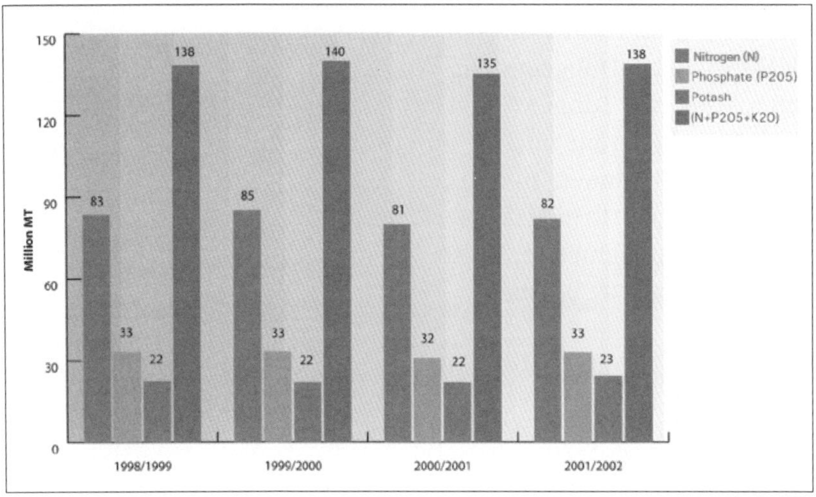

Quelle: FAO

Sorten und zum anderen der gezielte Einsatz moderner Pflanzenschutzmethoden und nicht zuletzt die optimale Versorgung der Kulturpflanzen mit mehr Nährstoffen. Nur eine gut ernährte Pflanze kann Leistung – sprich Ertrag – erbringen. Diese Leistung kann sie nicht erbringen, wenn Hauptnährstoffe wie Stickstoff, Kali oder Phosphor fehlen. Ertragseinbußen von 30 bis 50 Prozent können dann die Folge sein.

Nicht zuletzt die Steigerung der Ernteerträge ist ein Teil der Problemlösung. Vor rund 50 Jahren hat die Landwirtschaft in der Welt rund 17 Millionen Tonnen an mineralischen Düngemitteln eingesetzt. Heute ist diese Zahl um das Achtfache gestiegen. In Nordeuropa haben die Bauern im Jahr 1950 rund 45 Kilogramm Düngemittel pro Hektar auf ihr Land verstreut; heute sind es mehr als 260 Kilogramm pro Hektar. Im gleichen Zeitraum konnten unter anderem durch den erhöhten Düngereinsatz die Ernteerträge von Weizen zum Beispiel in Frankreich von 1,8 Tonnen je Hektar auf mehr als 7,0 Tonnen je Hektar gesteigert werden.

Und heute stellt sich nicht die Frage, ob es künftig zu einem höheren Düngemitteleinsatz kommen wird, sondern wie stark die Nutzung von Düngemitteln erhöht werden muss. Fachleute der Agrarwirtschaft rechnen vor diesem Hintergrund mit einer anhaltend hohen Nachfrage nach Düngemitteln. Wurden im Jahr 2003 weltweit rund 148,2 Millionen Tonnen Stickstoff, Kali und Phosphat abgesetzt, so wird die Zahl bereits im Jahr 2009 voraussichtlich bei 164,5 Millionen liegen. Besonders in den bevölkerungsreichen und über Nachholbedarf in der Ernährung verfügenden Regionen der Erde – also in Asien, Lateinamerika, Asien, Afrika und Ozeanien – dürfte der Düngemittelabsatz boomen.

Doch diese simple Feststellung allein sagt noch nichts über das gigantische Wachstumspotenzial der Düngemittelindustrie aus. Denn effizient zu düngen, mit einem bedarfsgerechten Aufwand also optimale Erträge zu erzielen, wird mehr denn je zu einer riesigen Herausforderung für die Landwirtschaft. Es kommt in diesen Zeiten des Umbruchs schon längst nicht mehr nur darauf an, Pflanzen einzelne Nährstoffe in richtigen Mengen zum richtigen Zeitpunkt zu verabreichen.

Auch das Verhältnis der Nährstoffe zueinander muss besser ausbalanciert sein, sollen die abgesteckten Ziele erreicht werden. Fehlt nur ein einziger Nährstoff, hilft auch die gute und ausreichende Versorgung mit allen anderen Nährstoffen so gut wie nichts. Es ist damit auch für den Landwirt bei der Planung seiner Düngemaßnahmen eine wichtige Entscheidungshilfe, um den Nährstoffeinsatz zu optimieren. Um diesen Prozess finanziell richtig und optimal zu steuern, hat die Landwirtschaft die Möglichkeit des Risikomanagements durch den Einsatz von Futures-Kontrakten an der CME in Chicago.

Kartoffeln

Die gemeine Kartoffel kommt zu kaum erwarteten Ehren. Die Generalversammlung der Vereinten Nationen hat das Jahr 2008 zum International Year of the Potato (IYP) erklärt und damit die große Bedeutung dieser Nutzpflanzenart aus der Gattung der Nachtschattengewächse unterstrichen. Kartoffeln spielen eine große Rolle bei der Bekämpfung des Hungers und der Armut auf der Welt. Die

Tabelle 72: Entwicklung der globalen Kartoffelproduktion, 1995 bis 2005

Land	Menge 2005 in Mio. t	Menge 2003 in Mio. t	Menge 2002 in Mio. t	Menge 1995 in Mio. t
China	73	67	67	43
Russland	36	36	33	34
Indien	25	24	24	18
Ukraine	19	18	16	16
USA	19	21	21	20
Deutschland	11	10	11	10
Polen	11	14	16	23

Quelle: FAO – recherchiert und bearbeitet von Franziska Blum, tk Media AG

Idee, Kartoffeln in den Mittelpunkt im Kampf um eine sozialere und gerechtere Welt zu stellen, stammt vom Repräsentanten Perus bei der Nahrungsmittel- und Landwirtschaftsorganisation der Vereinten Nationen (FAO). Die Unterstützung Perus ist damit zu begründen, dass die Kartoffel – »Solanum tuberosum« – vor rund 8.000 Jahren zum ersten Mal in den tropischen Hochgebirgen dieses lateinamerikanischen Landes entdeckt wurde und diese Nation später eine bedeutende Rolle bei der Verbreitung der Kartoffeln spielte.

Nicht nur für die Agrarwirtschaft, sondern auch für die Menschheit in weiten Teilen der Welt ist die in vielfältigen Arten rund um die Welt zur Verfügung stehende Kartoffel ein wichtiger Bestandteil des täglichen Lebens. Weltweit werden von diesem agrarischen Rohstoff jährlich etwa 300 Millionen Tonnen verzehrt. Nach Angaben der Food and Agriculture Organization der Vereinten Nationen ist die weltweite Produktion von Kartoffeln in den vergangenen Jahren ständig gestiegen. Im Jahr 2005 betrug die globale Erzeugung dieses wichtigen Grundnahrungsmittels rund 323 Millionen Tonnen.

Die auch unter den Begriffen »Erdapfel«, »Tartuffel«, »Grundbirne« oder »Grumbeer« bekannte Nutzpflanze verbreitet sich durch ihre unterirdischen Knollen. Diese Knollen sind der einzige vom Menschen genießbare Teil der Pflanze. Die an der Erdoberfläche wach-

Tabelle 73: Die größten Kartoffelproduzenten 2005

Platz	Land	Produktionswert in 1.000 Dollar	Produktion in Mio. Tonnen
1	China	10.588.650	73.036
2	Russland	5.279.820	36.400
3	Indien	3.626.250	25.000
4	Ukraine	2.825.574	19.480
5	USA	2.772.055	19.111
6	Deutschland	1.618.395	11.157
7	Polen	1.596.912	11.009
8	Weißrussland	1.187.234	8.185
9	Niederlande	991.560	6.835
10	Frankreich	920.632	6.347
11	Großbritannien	913.815	6.300
12	Kanada	703.493	4.850
13	Iran	609.210	4.200
14	Türkei	604.858	4.170
15	Rumänien	578.024	3.985
16	Bangladesch	566.855	3.908
17	Peru	464.160	3.200
18	Brasilien	428.041	2.951
19	Japan	420.645	2.900
20	Belgien	384.955	2.654

Quelle: FAO – bearbeitet von Franziska Blum tkMedia AG

sende Pflanze enthält nämlich für den Menschen giftige Alkaloide wie Solanin und Solanidin. Der Verzehr des oberirdischen Teils der Kartoffelpflanze führt bei Menschen zu Vergiftungserscheinungen. Dies gilt auch für die aus den Knollen wachsenden Triebe.

Einige Worte zur Historie der Kartoffel: Die ältesten Spuren der Wildkartoffel wurden von Forschern auf der patagonischen Insel Chiloe gefunden. Fachleute schätzen das Alter dieser Kartoffeln auf die Zeit um 13000 vor Christi Geburt. In der lateinamerikanischen Anden-Region lernten die dort eingefallenen Spanier in der ersten Hälfte des 16. Jahrhunderts von den Ureinwohnern – den Inka – das »Papa« genannte Gemüse kennen. Die spanischen Eroberer brachten die Kartoffeln dann in ihre Heimat und pflanzten sie zunächst in Andalusien und auf den Kanarischen Inseln an. 1555 gilt als jenes Jahr, in dem die Kartoffel aus den Anden nach Spanien gelangte. Dort wurde ihr der Name Patata gegeben. Daraus wurden dann der englische Name »potatoes« und die französische Bezeichnung »patate« abgeleitet. Auch die alte deutsche Bezeichnung für Süßkartoffeln – nämlich »Batate« – hat dort ihren Ursprung.

Der heute im deutschsprachigen Raum gebräuchlich Name »Kartoffel« erinnert dagegen an den italienischen Begriff »tartufolo« – also Trüffel –, mit denen dieses Nachtschattengewächs anfangs verglichen wurden. Der in Franreich heute gebräuchliche Ausdruck »pomme de terre« bedeutet Erdapfel. So wird die Kartoffel auch in Teilen Süddeutschlands, in Österreich und in der Schweiz genannt.

In Europa hatte man die Bedeutung der Kartoffel als Nahrungsmittel zunächst unterschätzt, denn sie wurde zunächst wegen ihrer schön anzuschauenden Blüte und ihres üppigen Laubes als Zierpflanze importiert. In so manchem botanischen Garten wurde sie zunächst unter der Rubrik »Seltene Pflanze« geführt. Während der Regierungszeit Karls V. wurde die Kartoffel in Deutschland eingeführt. Die erste Kartoffel in Deutschland wurde im Berliner Lustgarten gepflanzt. Andere Quellen deuten darauf hin, dass Kartoffeln in Deutschland in größerem Stil zunächst in Bayern gepflanzt wurden. Inzwischen wird die Kartoffel mehr oder minder weltweit angebaut. Die Anbaugebiete reichen von Chinas Yunnan-Plateau über die subtropischen Niederungen in Indien und Javas subtropische Hochebenen bis in die weiten Steppen der Ukraine.

Im Hinblick auf die reine Mengenangabe ist die Kartoffel nach Mais, Weizen und Reis die Nummer vier der weltweit meistangebauten Nahrungsmittel. In den zehn führenden Produktionsländern der obigen Liste werden rund zwei Drittel der globalen Kartoffelernte eingebracht (vgl. Tabelle 73). Der Wert der auf einer Fläche von rund 180.000 Quadratkilometern in der Welt eingebrachten Kartoffelernte des Jahres 2005 wird von der FAO auf rund 40 Milliarden US-Dollar veranschlagt. Kartoffeln sind für die Nahrungsmittel-Versorgungssicherheit der Menschen in aller Welt von großer

Bedeutung, wie nicht zuletzt die steigenden Verzehrzahlen zeigen. In den Industrieländern ist der Kartoffelverbrauch pro Einwohner von neun Kilogramm pro Jahr im Jahr 1960 auf rund 15 Kilogramm pro Einwohner per annum im Jahr 2005 gestiegen.

In den vergangenen 20 Jahren hat sich die globale Kartoffelproduktion nach Angaben der FAO vor allem deshalb verdoppelt, weil die VR China und Indien ihre Anbauflächen vergrößert haben (vgl. Tabelle 72 und 73). Viele Anzeichen sprechen dafür, dass der Aufwärtstrend seine Dynamik beibehalten wird. Bis zum Jahr 2020 rechnen die Fachleute der FAO damit, dass sich die Nachfrage nach diesem Agrarrohstoff gegenüber dem Jahr 1993 in etwa verdoppeln wird. »Für in ländlichen Regionen lebende Menschen mit geringem Einkommen ist die Kartoffel ein vergrabener Schatz«, begründet Eric Kueneman von der FAO die Popularität dieser Pflanze.

Unter subtropischen Bedingungen erreichen die Ernteerträge der über 120 Tage wachsenden Kartoffel 25 bis 35 Tonnen je Hektar. Farmer in den tropischen Regionen können bei einer Wuchszeit von 90 Tagen immerhin noch mit Ernteerträgen von 15 bis 25 Tonnen je Hektar rechnen. Die »Energiequelle Kartoffel« gilt allgemein zwar als nährstoffarm, doch gleichzeitig als reich an Kohlenhydraten und Vitamin C.

Die aktuelle Situation in Deutschland

Nach Angaben des Bundesernährungsministerium lag die Kartoffelernte im Jahr 2006 mit insgesamt 9,83 Millionen Tonnen um mehr als 15 Prozent unter dem Wert des Vorjahres, in dem 11,62 Millionen Tonnen eingebracht wurden. Ursachen für diese Entwicklung sind in erster Linie die deutlich geringeren Hektarerträge; der Rückgang bei den Anbauflächen war dagegen nur geringfügig. Da nicht nur in Deutschland, sondern auch in den europäischen Nachbarländern kleinere Erntemengen erwartet werden, liegen die Erzeugerpreise für Speisekartoffeln erheblich über dem Vorjahresniveau. Aufgrund des knappen Angebots mussten sich die Verbraucher entsprechend auch auf anziehende Preise einstellen.

In den fünf Jahren zuvor – also von 2000 bis 2005 – wurde in Deutschland eine durchschnittliche Kartoffelernte in Höhe von 11,73 Millionen Tonnen eingebracht. Die 2006er-Ernte blieb also um 16,2 Prozent unter diesem Mittelwert. Im Einzelnen wurden 2006 rund 439.000 Tonnen Frühkartoffeln geerntet, etwa acht Prozent weniger als 2005. Bei den mittelfrühen und späten Sorten ging die Erzeugung gegenüber dem Vorjahr um rund 16 Prozent auf 9,39 Millionen Tonnen zurück.

Am deutschen Kartoffelmarkt wurde im Jahr 2006 der Einfluss des Wetters auf die Produktion agrarischer Rohstoffe erneut deutlich. Denn zu den Ursachen der ungünstigen Ertragsentwicklung zählen der lange Winter und eine erst späte Auspflanzung der Kartoffeln sowie die darauf folgende Hitze und Trockenheit in den Monaten Juni und Juli. Die Niederschläge im Monat August kamen für früh reifende Sorten häufig zu spät, während sich die später reifenden Sorten bei zumeist freundlicher September-Witterung noch erholen konnten.

Der Kartoffelanbau wurde 2006 nach Angaben des Ministeriums nur um 1,0 Prozent auf insgesamt 274.100 Hektar eingeschränkt. Auf Frühkartoffeln entfielen 14.800 Hektar, ein Rückgang um 3,6 Prozent. Die Anbaufläche der mittelfrühen und späten Sorten lag mit 259.300 Hektar lediglich um 0,9 Prozent unter der Vorjahresfläche. Dabei konzentrierte sich die Einschränkung auf den Anbau von Industriekartoffeln (1,7 Prozent); die Speisekartoffelfläche wurde noch um 0,8 Prozent ausgedehnt. Für deutsche Kartoffeln lag der durchschnittliche Hektarertrag in 2006 mit 359 Dezitonnen um 14,6 Prozent unter dem Vorjahresniveau von 420 Dezitonnen. Der langjährige Mittelwert von 407 Dezitonnen pro Hektar wurde 2006 um 11,9 Prozent verfehlt. Von der Gesamterzeugung entfielen die größten Anteile auf Niedersachsen mit 4,49 Millionen Tonnen, Bayern mit 1,87 Millionen Tonnen und Nordrhein-Westfalen mit 1,16 Millionen Tonnen.

Der Kartoffelhandel an der Börse

Kartoffeln werden als Futures an mehreren Terminbörsen in der Welt gehandelt, unter anderem auch an der ehemaligen

Warenterminbörse – der heutigen Risk Management Exchange (RMX) – in Hannover. An dieser Mini-Börse spielen die Kartoffelkontrakte eine bedeutende Rolle. Die Börse bietet drei unterschiedliche Kartoffelkontrakte, nämlich auf Speisekartoffeln, auf London Potatoes und auf European Processing Potatoes (Veredelungskartoffeln).

Im Jahr 2006 machte der Future für Veredelungskartoffeln mit knapp 40.000 gehandelten Kontrakten gut zwei Drittel des Gesamtumsatzes der im internationalen Vergleich unbedeutenden Terminbörse aus. Die Kontraktspezifikationen des RMX European Processing Potato Futures sehen bei Fälligkeit eine Erfüllung durch Barausgleich (Cash Settlement) vor. Für dieses Erfüllungsverfahren wird ein Referenzpreis (ein sogenannter Cash Settlement Index) benötigt. Dieser repräsentiert den Wert der physisch gehandelten Ware am Kassamarkt. Positionen, die nach dem letzten Handelstag noch offen sind, werden gegen diesen Referenzpreis – den RMX Potato Index – abgerechnet.

RMX Potato Index (POTX)

Der Index setzt sich wie folgt zusammen: Grundlage des Index sind die Kassamarktnotierungen für Veredelungskartoffeln mit den festgelegten Qualitätskriterien und den preisbildenden Faktoren. Der Index wird einmal wöchentlich, jeweils am Donnerstag, veröffentlicht. Der Preis bezieht sich dabei auf die vorhergehende Woche (und zwar für die Handelstage Freitag bis einschließlich Donnerstag). Die Ermittlung des Index erfolgt auf Basis der verfügbaren Preismeldungen und/oder amtlichen Notierungen für die nachfolgend aufgeführten Anbaugebiete.

Der RMX Potato Index repräsentiert den ungewichteten Durchschnittspreis für eine Dezitonne (100 Kilogramm) Veredelungskartoffeln bestimmter Anbaugebiete in Deutschland, den Niederlanden, Belgien und nördlichen Teilen Frankreichs ab Produktionsstätte, lose verladen auf dem Transportmittel des Käufers, ohne Ausweis von Umsatzsteuer oder sonstigen Abgaben.

Im Einzelnen fließen als Grundlage des RMX Potato Index die nachfolgend aufgeführten Notierungen in die Berechnung des Index ein:

Frankreich

In Frankreich wird die Notierung durch das Ministerium für Landwirtschaft und Fischerei erhoben. In die Erhebung fließen die Preismeldungen von etwa 20 Meldern aus Handel und Verarbeitung ein. Die Notierung wird sowohl von der produzierenden als auch von der verarbeitenden Seite als marktkonform anerkannt. Die Notierung wird am Freitag veröffentlicht. Preisbasis ist die Sorte Bintje, 40 mm+, lose, ohne Mehrwertsteuer für Ware, die in den nächsten zwei Wochen verladen wird.

Niederlande

Die Rotterdamer Notierung hat in den Niederlanden die größte Marktbedeutung. Gleichzeitig findet sie in den angrenzenden Ländern Beachtung. Die Preise werden montags im Rahmen einer Versammlung festgestellt. Preisbasis ist die Sorte Bintje, 40 mm+, lose, frei Waggon, Schiff oder Lkw, ohne Mehrwertsteuer.

Deutschland

In Deutschland wird eine Preisnotierung für die Sorten Bintje 40 mm+, Agria 40 mm+, Asterix 40 mm+ und Maritima 40 mm+ erhoben. Preisinformationen werden von der Industrie, dem Handel und den Erzeugergemeinschaften in Nordwestdeutschland eingeholt und zu einer Preisnotierung für Deutschland zusammengefasst.

Belgien

Für Belgien wird eine Notierung, bestehend aus den Sorten Belgapom und Fiwap, ermittelt. Beide Notierungen fließen gleichgewichtig als belgische Notierung in den RMX Potato Index ein. Die Belgapom-Notierung wird jeweils am Montag veröffentlicht. Der Preis spiegelt den Tagespreis für Bintje, feldsortiert, für einen Anteil der Ware 35 mm+, lose auf den Lkw geladen und ohne Mehrwertsteuer wider. Die Preisnotierung wird durch eine Kommission, bestehend aus zwei Verarbeitern, zwei Exporteuren und zwei Binnenmarkthändlern, fixiert. Der wallonische Kartoffelverband gibt einmal wöchentlich den Fiwap-Preis heraus. Die zugrunde liegende Qualität entspricht der Güteklasse der Belgapom. Unternehmen aus Handel, Produktion und Verarbeitung melden dienstags und donnerstags ihre Preise. Für die jeweiligen Tage wird daraus eine Preisnotierung erstellt. Die Meldungen der Referenzwoche werden zur Berechnung des RMX Potato-Index gemittelt. Da die belgische Notierung in ihren Qualitätskriterien von den übrigen Notierungen abweicht, muss diese Notierung um einen Korrekturfaktor bereinigt werden (Sortierlohn, Übergrößenanteil nur 55 Prozent und Notierung 35 mm+). Der sich ergebende Korrekturfaktor beträgt in der Ernte 2005/2006 einen Euro je Dezitonne.

Die einzelnen Notierungen weisen untereinander eine hohe Korrelation auf. Die Berechnung des RMX Potato Index mittelt – wie bereits dargestellt – diese Notierungen. Die resultierende Basis zwischen dem berechneten Index und den jeweiligen Landesnotierungen liegt zwischen 94 und 98 Prozent. Basierend auf diesem Ergebnis können Hedger und Anleger das Basisrisiko kalkulieren.

IV

Sonstige Rohstoffe

Diamanten

Diamonds are
a girl's best friend
Marilyn Monroe

»Diamonds are a girl's best friend.« Wohl keine Frau hätte die Wahl der Überbringerin einer solchen Botschaft besser treffen können als »die Monroe.« Marilyn Monroe, die ihren eigentlichen Geburtsnamen Norma Jeane Mortenson später in Norma Jean Baker änderte und danach ihren Künstlernamen Marilyn Monroe annahm, galt nicht nur zu ihren Lebzeiten als eine der erotischsten Frauen der Welt überhaupt. Auch heute noch genießt sie weltweit so etwas wie Kultstatus. Mit diesem Lied aus dem Film »Gentlemen Prefer Blondes« hat Marilyn Monroe seit dem Jahr 1953 dem globalen Diamantenimperium der Oppenheimers den besten aller möglichen Werbespot geliefert. Lediglich der viele Jahre später die Werbeplakate der Glitzerbranche prägende Text »Diamonds are forever« war in Grundzügen mit der eindeutigen Werbebotschaft der Monroe vergleichbar.

Diamonds are a girl's fest friend
The French are glad to die for love
They delight in fighting duels
But I prefer a man who lives
And gives expensive jewels

A kiss on the hand may be quite continental
But diamonds are a girl‘s best friend
A kiss may be grand but won‘t pay the rental
On your humble flat, or help you at the automat
Men grow cold as girls grow old
And we all lose our charms in the end
But square-cut or pear-shaped
These rocks don‘t lose their shape
Diamonds are a girl‘s best friend
Tiffany‘s! ....Cartier!.......Black Star, Frost, Gorham
Talk to me Harry Winston,tell me all about it!
There may come a time when a lass needs a lawyer
But diamonds are a girl‘s best friend

There may come a time when a hard-boiled employer
Thinks you‘re awful nice
But get that ice or else no dice
He‘s your guy when stocks are high
But beware when they start to descend
It‘s then that those louses go back to their spouses
Diamonds are a girl‘s best friend

Aus »Gentlemen Prefer Blondes« – Manche mögen‘s heiß

Der Edelstein Diamant fasziniert die Menschheit heute wohl noch wesentlich stärker als das Edelmetall Gold. Diamanten sind seit jeher nicht nur Auslöser lyrischer und schöngeistiger Werke und daraus abgeleiteter Träume, Phantasien, Hoffnungen und Wünsche. Diamanten nehmen auch als Wertmittel, als Inflationsschutz bei Kapitalanlegern einen hohen Rang ein. Und dies, obwohl Versuche zur Schaffung eines liquiden und transparenten Marktes für den Handel mit den härtesten Edelsteinen der Welt bislang immer wieder gescheitert sind.

Marilyn Monroe hat während ihrer Zeit als Schauspielerin der Welt musikalisch erklärt, was die meisten zu dieser Zeit ohnehin bereits wussten: Kein Edelstein der Welt ist begehrter oder kostbarer als

Abbildung 71: Nachfrage nach Schmuckdiamanten – nach Regionen

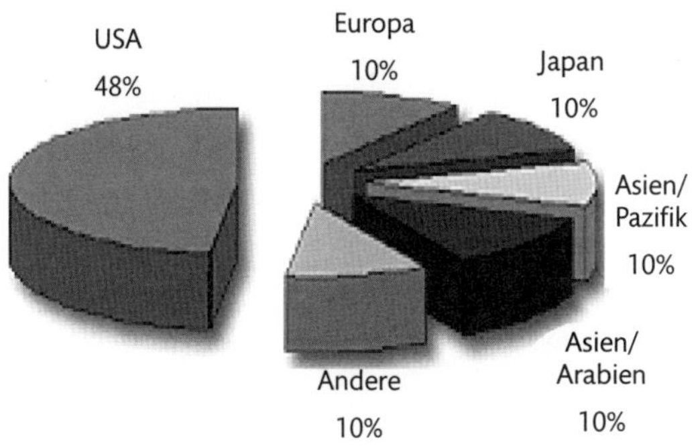

Quelle und Grafik: DeBeers

der Diamant, keiner hat seit Jahrhunderten mehr Phantasien bei den Menschen freigesetzt. Die alten Griechen sahen Diamanten als Tränen der Götter. Bei den Römern bildete sich der Glaube heraus, Diamanten seien Splitter von auf die Erde gefallenen Sternen.

Glitzernd, kostbar und einzigartig, waren sie über Jahrhunderte als Symbol für Reichtum und Macht einzig Königen vorbehalten. Und auch die geologische Entstehungsgeschichte dieser uralten Steine ist beeindruckend: Diamanten entstehen durch gewaltige unterirdische Kräfte tief im Kern der Erde. Das Tageslicht erreichen die »Hochkaräter aus dem Bauch der Erde«, die als das härteste Material der Erde gelten und das Zeichen für Unvergänglichkeit sowie das Symbol für Schönheit, Reichtum und Macht sind, wenn nach oben steigendes flüssiges Gestein sie in Richtung Erdoberfläche transportiert. Und es ist bis heute völlig offen, wie viele dieser Kleinode, die die Menschheit seit nunmehr über 4.000 Jahren in ihren Bann ziehen, noch im Inneren der Erde zu finden sind.

Gerade heute, im »neuen Rohstoffzeitalter«, gelten die unvergleichlichen Kunstwerke aus dem Inneren der Erde als die kostbarsten aller edlen Stücke. Nicht nur wegen der Schönheit der Diamanten, sondern vor allem auch wegen ihrer geringen Verfügbarkeit hat sich die Diamantenindustrie zu einem wichtigen globalen Wirtschaftzweig entwickelt, der im Jahr weltweit mehr als zehn Milliarden Dollar umsetzt.

Tabelle 74: Größe und Gewicht von Brillanten

Durchmesser	Karat
1,3 mm	0,01 ct
2,0 mm	0,03 ct
3,0 mm	0,10 ct
5,1 mm	0,50 ct
6,3 mm	1,00 ct
8,3 mm	2,00 ct
11,2 mm	5,00 ct

Quelle: Eigene Recherchen

Die Gewichtseinheit Karat – international gebräuchliche Abkürzungen sind sowohl kt als auch ct – beruht auf einem natürlichen Maß, nämlich dem Samen des Johannisbrotbaumes, gegen den Diamanten in früheren Zeiten aufgewogen wurden. Das »metrische Karat« ist in Deutschland eine gesetzlich genormte Einheit im Messwesen bei der Angabe der Masse von Edelsteinen. Dabei entspricht ein metrisches Karat umgerechnet rund 0,2 Gramm.

Abbildung 72: Nachfrage nach Schmuckdiamanten - nach Regionen

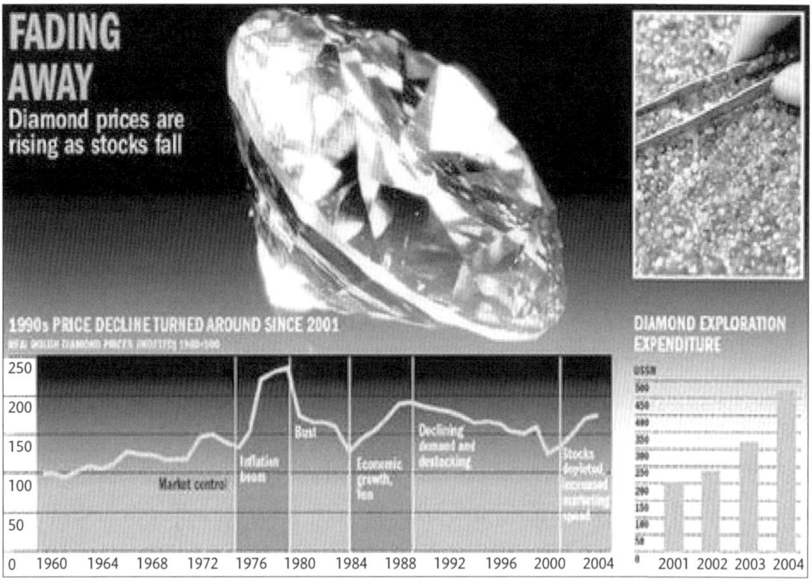

Quelle und Grafik: DeBeers

Aufgrund der weitgehend feststehenden Größen und Proportionen von Brillanten kann anhand des Durchmessers das ungefähre Karat-Gewicht eines Brillianten ermittelt werden. Dabei kann Tabelle 74 als Orientierung dienen.

Die Entstehung der Diamanten

Eigentlich stammt die Bezeichnung der Diamanten aus dem Griechischen. Forscher haben herausgefunden, dass das Wort Diamant sowohl vom griechischen Begriff »diaphainein« (also »durchscheinen«) als auch von »adamantos« (das »Unbezwingbare«) abzuleiten ist. Das härteste Material der Welt ist in der Tat kaum bezwingbar. Der 1773 im Harz geborene deutsche Geologe Carl Friedrich Christian Mohs hat um 1812 die nach ihm benannte Mohs-Härteskala für Mineralien entwickelt. Mit dieser Klassifikation der Mineralien auf Basis von deren physikalischen Eigenschaften Härte, Form, Sprödigkeit und spezifisches Gewicht schuf er die Basis für die Erkenntnis, dass Diamanten das härteste Mineral auf der Welt sind.

Mohs hatte erkannt, dass man mit Diamanten andere Minerale behandeln (zum Beispiel ritzen und schneiden) konnte. Auf der Mohs-Härteskala steht der Diamant ganz weit oben. Die Wissenschaft hat herausgefunden, dass er nur durch Feuer mit Temperaturen von mehr als 800 Grad Celsius zerstört werden kann, wenn bei diesem Feuer zugleich reichlich Sauerstoff vorhanden ist. Der Leser mag sich die Frage stellen, wie man einen Diamanten überhaupt schleifen kann, wenn er das härteste Mineral auf der Welt ist. Der Grund für die Schleifbarkeit von Diamanten liegt darin, dass er auf seinen einzelnen Kristallflächen unterschiedlich hart ist. Daher ist es möglich, einen Diamanten mit einem Diamanten zu schleifen; denn in dem während dieses Prozesses verwendeten Diamantpulver kommt jeder Härtegrad vor.

Diamanten können in ihrem Ursprung mit dem »verwandten« Material Graphit verglichen werden. Doch die beiden Elemente – also der harte Diamant und das eher weiche Graphit, wie es zu früheren Zeiten in Bleistiften vorzufinden waren – könnten unterschiedlicher wohl kaum sein. Tatsache ist jedoch, dass sie chemisch gesehen gleich sind, denn sie bestehen beide aus reinem Kohlenstoff. Neben Diamanten und Graphit sind Fullerene eine der drei Modifikationen des Kohlenstoffs. Die unterschiedlichen Eigenschaften von Graphit, Fullerenen und Diamanten sind mit der Kristallstruktur dieser beiden Materialien zu erklären.

Vor Milliarden Jahren herrschten tief im Inneren der Erde, im Erdmantel, optimale Bedingungen für das Entstehen von Diamanten. Dort, wo es in 130 bis 700 Kilometern Tiefe unter der Erdoberfläche größere Mengen reinen Kohlenstoffs gab, verbanden sich die Kohlenstoffatome miteinander und kristallisierten mit der Zeit zu Diamanten. Ausgelöst wurde die Synthese durch die tief im Erdinneren herrschende Temperaturen von über 1.000 Grad Celsius und durch den gleichzeitig bestehenden enormen Druck von 40.000 Bar. Dort, wo Temperatur und Druck niedriger waren, entstand Graphit anstelle von Diamanten.

Aus dem Inneren der Erde gelangten Diamanten an die Erdoberfläche, indem sie sich an geschmolzenes Gestein oder Magma bei deren Aufstieg quasi »anhängten«. Durch die sogenannten Konvektionsströme im Erdmantel, die auch als Motor der Plattentektonik gelten, stiegen Diamanten gemeinsam mit Magma im Laufe der Jahrmillionen durch Ausbrüche von Vulkanen immer weiter vom Erdinneren nach oben. Dabei entstanden relativ kleine Vulkankegel mit extrem langen Trichtern, den sogenannten »pipes«. Diese möhrenartigen Trichter füllten sich mit einer Gesteinsmischung, die heute als Kimberlit – bestehend aus vulkanischem Gestein, Fragmenten des Erdmantels und Diamanten – bezeichnet werden. Wegen ihrer bläulichen Farbe werden Kimberlits auch als »blue ground« bezeichnet.

Alle bislang auf der Erde entdeckten Diamanten haben einer Studie des Carnegie Institute in Washington zufolge schon eine sehr lange Geschichte. Ob in den Tiefen des Erdmantels noch Diamantenreserven eingelagert sind, die lediglich auf vulkanische Aktivitäten warten, um so an die Erdoberfläche »gepustet« zu werden, wissen Geologen nicht. Zum letzten Mal, so die Ergebnisse der Wissenschaftler, kam es vor 70 und 150 Millionen Jahren dazu, dass Rohdiamanten auf diese Weise an der Oberfläche von Mutter Erde ausgespuckt wurden.

Beim Versuch der Erstellung einer Diamanten-Weltkarte haben die Geologen dieses Instituts schließlich drei Phasen entdeckt, in denen sich besonders viele Diamanten gebildet haben: vor 3,3, vor 2,9 und letztmals vor 1,2 Milliarden Jahren. Die Bildung von Diamanten sei eine Laune der Natur im Teenageralter des Blauen Planeten gewesen, heißt es in der Studie. Die Forscher glauben, dass es in absehbarer Zeit keinen Nachschub an Diamanten mehr geben wird, weil heute auf und in der Erde die Bedingungen für die Diamantengenese nicht mehr vorhanden sind.

Die Historie der Diamanten

Für kaum ein anderes Material haben sich die Menschen in all den Jahrtausenden so begeistert wie für Diamanten. Dies kommt auch in den unterschiedlichen Bezeichnungen zum Ausdruck, die zwischen normaler Begeisterung und blühender Phantasie und Verehrung reichen. Ob »Tränen der Götter«, »Sternensplitter, die vom Himmel fallen«, »Blitzendes Feuerwerk aus den Tiefen der Erde« oder »Nonplusultra der Schönheit« – während der rund 4.000 Jahre andauernden Geschichte der Diamanten haben die Menschen immer neue Superlative erfunden, um ihrer Faszination für die seltenen und damit wertvollen Edelsteine Ausdruck zu verleihen.

Dabei begann der Siegeszug der Diamanten in der Golconda-Region im Südosten Indiens eher zufällig. Dort stießen Bewohner in Flussbetten zu einer Zeit um 2.000 vor Christi erstmals auf die schimmernden Steine, die aus oft weit entfernten Lagerstätten durch die Bodenerosion in die Flüsse gespült und dann bis nach Golconda getrieben wurden. Die hohen indischen Herren der damaligen Zeit erhoben bereits Steuern und Zölle auf Diamanten. Die als äußerst rar geltenden schönen klaren Kristalle blieben seinerzeit allein indischen Herrschern vorbehalten. Die weißen Oktaeder widmete man dem Gott Indra, die »schwarzen« Diamanten dagegen dem Totengott Yama.

Der Diamant galt also bereits in der Frühzeit als das wertvollste Kleinod überhaupt, das dem Träger als Talisman Gesundheit, Tatkraft, Mut und Macht verlieh. Die optische Schönheit spielte keine Rolle, sie wurde erst viel später mit der Möglichkeit, die Steine schleifen zu können, ins Spiel gebracht. Der Diamant dient im Buddhismus als Sinnbild, als Symbol, für das Höchste, was für einen Menschen je erreichbar sei, was immer das auch sein möge. Die Geschichte zeigt, dass in diesem Gebiet auch der angeblich älteste bekannte Diamant gefunden wurde: der Koh-i-Noor (»Berg des Lichts«).

Den Überlieferungen zufolge hatte dieser ein Gewicht von 37,2 Gramm. Er wurde als Schmuck für den Thron eines indischen Fürsten verwendet. Als Rohdiamanten werden in der Fachsprache alle aus natürlichen Lagerstätten gewonnenen Diamanten bezeichnet, die in keiner Weise bearbeitet oder durch Behandlung farblich verändert wurden. Man kann sich vorstellen, dass der Rohdiamant, der seinerzeit noch nicht geschliffen werden konnte, nur einen Bruchteil jenes Feuers und jener Faszination versprühte, die moderne Diamanten heute bieten. Nach einigen Nachbearbeitungen gehört der Koh-i-Noor heute dem britischen Könighaus, wo er zu den legendären britischen Kronjuwelen zählt.

Indien blieb lange Zeit die einzige Quelle für Rohdiamanten, bevor im 18. Jahrhundert auch in Brasilien größere Vorkommen entdeckt wurden. Für einen Hype sorgten schließlich im Jahr 1866 die sensationellen Diamantenfunde in Südafrika. Zu dieser Zeit wurden in der Republik Südafrika die ersten Pipes entdeckt. Hier schlug dann auch die Geburtsstunde des späteren »Quasi-Diamanten-Monopolisten« De Beers.

Untrennbar verbunden ist der Aufstieg Südafrikas insgesamt und Kimberleys als »Mekka der Diamanten« mit den beiden Namen

Cecil Rhodes und Barney Banato. Diese ließen eine detaillierte geologische Untersuchung der Flächen rund um Kimberley vornehmen, die schließlich zu einem positiven Ergebnis kamen – vorausgesetzt, man bliebe bei der Suche nicht an der Oberfläche, sondern suche in der Tiefe der Erde nach Diamanten. Rhodes und Banato kauften alle möglichen Claims auf und gründeten 1880 und 1881 zum einen De Beers Mining und zum anderen die Kimberley Central Diamond Mining Company. Im Jahr 1888 fusionierten beiden Firmen unter dem Namen De Beers und gründeten zugleich ein Syndikat, mit dem es ihnen – praktisch bis heute – gelingt, die Preise auf dem Weltmarkt zu kontrollieren, zu stabilisieren und auch zu steuern.

Doch nicht nur in Kimberley wurde man zu jener Zeit in Sachen Diamanten fündig, sondern auch in anderen Teilen des Landes. Und so überzog schon recht bald ein ganzes Netz an Diamantenminen die heutige Republik Südafrika. Im Jahr 1905 entdeckten Diamantensucher rund 40 Kilometer von Pretoria entfernt den bisher größten Einzeldiamanten aller Zeiten: den »Cullinan« mit einem Gewicht von mehr als 3.100 Karat. Dieser wurde dem englischen König Edward zum 66. Geburtstag übergeben, danach in 105 Einzelsteine zerschnitten und prachtvoll geschliffen. Er befindet sich auch heute noch im Besitz des britischen Königshauses.

Abbildung 73: Entwicklung der Diamantenpreise

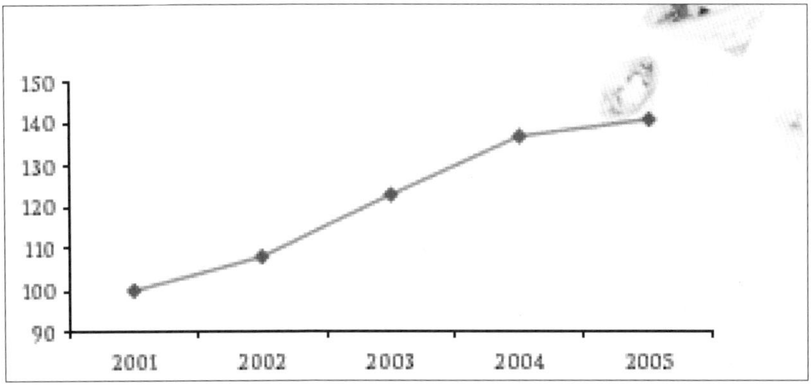

Realpreis-Index (2000 = 100) Quelle: Rio Tinto Diamonds

Einsatzmöglichkeiten von Diamanten

»Diamonds are a girl's best friend.« Auch wenn dieses Motto aus dem Kult-Song der Monroe noch immer gilt, zieren Diamanten längst nicht mehr nur die Finger oder das Dekolleté von VIPs und Superreichen. Ob als Schneidewerkzeug für moderne Hochpräzisionsskalpelle oder als Bauteil von Bohrgeräten, die sich durch ultrahartes Gestein fräsen: Diamanten werden mittlerweile auch in vielen Bereichen der Industrie eingesetzt.

Große ökonomische Bedeutung haben Diamanten in der industriellen Verwendung bei der Herstellung von Schleif-, Bohr-, Schneide- und Polierwerkzeugen. Dabei macht sich die Wirtschaft die enorme Härte, die hohe Verschleißfestigkeit und das exzellente Wärmeleitvermögen zunutze. In zahlreichen Sektoren ist es ökonomisch sinnvoll, solche Diamantwerkzeuge einzusetzen, weil Ausfallkosten und Umrüstzeiten minimiert werden. Eine vom Kunden bei einem speziellen Produkt geforderte bestimmte Oberflächenqualität lässt sich oftmals mit Hilfe von Diamantwerkzeugen ohne zusätzliche Bearbeitung in einem einzigen Arbeitsschritt erreichen.

In der Medizintechnik kommen zum Beispiel diamantbesetzte Skalpelle zum Einsatz. So auch bei der im US-Bundesstaat Kalifornien tätigen Firma Clinicon, die mit einem Laser-Diamant-Skalpell in den vergangenen Jahren gute chirurgische Ergebnisse erzielt hat. Darüber hinaus können mit elektrisch leitfähiger Diamantbeschichtung auch Elektroden für den Einsatz in chemischen Reaktionen hergestellt werden, die sehr reaktiven Radikalen standhalten müssen. In diesem Kontext ist auch auf die Möglichkeiten zu verweisen, die sich im Hinblick auf die an Bedeutung gewinnende Behandlung und Reinigung von Abwässern mit diesen Methoden bieten.

Doch damit sind die industriellen Einsatzmöglichkeiten von Diamanten noch längst nicht ausreichend skizziert. Durch den Zusatz von Bor, Phosphor oder Stickstoff können Diamanten auch leitfähig gemacht und so als Halbleiter oder Supraleiter eingesetzt werden. Ein Einsatz in elektronischen Schaltungen könnte wegen der

Tabelle 75: Welt-Diamantenproduktion

	2005	2004	2003	2002	2001
Botswana	3,3	2,9	2,2	1,8	2,3
Russland	2,1	2,0	1,6	1,5	1,8
Republik Südafrika	1,6	1,3	1,0	0,8	0,9
Kanada	1,5	1,4	1,0	0,6	0,6
Angola	1,5	1,2	1,1	0,9	0,9
Kongo	1,1	0,7	0,7	0,4	0,4
Namibia	0,8	0,7	0,5	0,5	0,5
Australien	0,5	0,3	0,4	0,4	0,3
Sonstige Länder	0,8	0,7	0,7	0,4	0,4
Gesamt*	13,0	11,2	9,0	7,3	8,2

*Die Zahlen sind in der Summe gerundet
Angaben in Mrd. US-Dollar — Mehrere Quellen - recherchiert von Franziska Blum - tkMedia AG

hohen Beweglichkeit der Ladungsträger im Diamant-Einkristall und der guten Temperaturverträglichkeit zu höheren Schaltgeschwindigkeiten führen. Bereits verwirklicht wurde die Beschichtung von Silizium-Wafern mit künstlichen Diamanten, die von der Halbleiterindustrie eingesetzt werden können, um eine bessere Kühlung elektronischer Schaltungen zu erreichen. Als ein weiteres Anwendungsgebiet gilt die Spektroskopie mit infrarotem Licht, da der Diamant Infrarotstrahlung nur in geringem Umfang absorbiert.

Und dies alles, obwohl die Diamantengewinnung ein beinhartes Geschäft ist; denn nicht selten wird in fünf bis sechs Tonnen Gestein gerade mal ein einziger Karat Diamant gefunden. Seit Beginn des Diamanten-Booms wurden insgesamt rund 300 Tonnen Diamanten aus dem Boden geholt. Obwohl der afrikanische Kontinent bei der Diamantenproduktion nach wie vor führend ist, haben sich die Gewichte innerhalb der Region verschoben, wie aus Tabelle 70 zu ersehen ist.

Zum weitaus wichtigsten Lieferanten für Rohdiamanten hat sich in den vergangenen Jahren das bevölkerungsarme Land Botswana entwickelt. Der Diamantenreichtum dieses Landes hat dazu geführt, dass Botswana in der Liste der Länder mit dem höchsten Pro-Kopf-Einkommen weltweit eine führende Stellung einnimmt (vgl. Tabelle 75). Während Diamanten in der Republik Südafrika und in Botswana in primären Lagerstätten – im Kimberlit der Vulkanschlote – zu finden ist, sind sie in Namibia im Wüstensand und in den Sedimenten der Küstengewässer zu finden. Diese Rohdiamanten stammen jedoch ebenfalls aus den reichlich mit Edelsteinen gesegneten Regionen der Republik Südafrikas und Botswanas, doch wurden sie über Jahrmillionen hinweg durch Erosionen und Verwitterung durch die Flüsse in die Wüsten und Meere getragen.

Naturdiamanten haben inzwischen ihre Exklusivität verloren; denn Forschern des US-Konzerns General Electric gelang es 1955 als erstem Unternehmen, synthetische Diamanten herzustellen. Seit dieser Zeit ist es durch das Hochdruck-Hochtemperatur-Verfahren (high-pressure high-temperature) möglich, künstliche Diamanten herzustellen. Bei diesem Verfahren wird Graphit in einer hydraulischen Presse bei einem Druck von bis zu sechs Giga-Pascal und Temperaturen von über 1.500 Grad Celsius zusammengepresst.

Exakt unter diesen Bedingungen ist Diamant die thermodynamisch stabilere Form von Kohlenstoff, sodass sich der Graphit zu Diamant umwandelt. Dieser Umwandlungsprozess kann unter Beigabe eines Katalysators noch zusätzlich beschleunigt werden. Auch in China wurden neue Verfahren für die Produktion künstlicher Diamanten entwickelt, die wegen der hohen Herstellungskosten und der oft unzureichenden Qualität allerdings nicht als eine wirkliche Konkurrenz für die »echten Steine« gelten. Wegen der geringen Größe werden synthetische Diamanten nicht in der Juwelierbranche, sondern in der Industrie eingesetzt.

Vom Rohdiamant zum Klunker – Die vier »C«

Bis aus einem recht unscheinbaren Mineral ein feuriger Diamant geworden ist, dauert es oftmals sehr lange. In Indien werden rund 80 Prozent der Weltproduktion geschliffen, bevor die Steine dann in den Schleiferzentren in Israel, Antwerpen oder in New York den »letzten Schliff« erhalten. Schon ein einziger Fehler beim Schleifen kann verheerende Folgen haben und den Wert eines Diamanten deutlich mindern. Je besser die Verarbeitung, desto perfekter wird das Licht durch den Stein gebrochen, und der Diamant erhält Brillanz und Feuer. Entscheidend für den Wert eines Diamanten sind die sogenannten »vier großen C«.

Die USA sind eindeutig der dominierende Diamantenabsatzmarkt in der Welt, wobei New York eine führende Rolle einnimmt. Andere Einkaufsmetropolen in verschiedenen Ländern haben zuletzt im Zuge der stärkeren Verteilung des Wohlstands auf der Welt jedoch deutlich aufgeholt. Wenn sich die Schönen und Reichen auf den Einkaufsmeilen dieser Welt in New York, Los Angeles, Paris, London, Tokio oder Dubai mit Diamanten eindecken, dann achten sie vor allem auf die »vier großen C«. Dabei steht

- das erste C für **Carat**, also für das Gewicht des Steins,
- das zweite C für die Qualität des **Cut**, also des Schliffs eines Diamanten,
- das dritte C für **Color**, also die Farbe des Steins, und
- das vierte C für **Clarity,** also die Reinheit des Diamanten.

Obwohl farbige Diamanten in den vergangenen Jahren am Markt deutlich an Beliebtheit und damit an Bedeutung gewonnen haben, sind farblose Steine, die lupenrein – also frei von sichtbaren Kohlenstoffeinschlüssen – sind und so das Licht geradezu perfekt reflektieren, äußerst gefragt.

Die Reinheit des Diamanten

Die Reinheit eines Diamanten wird mit folgenden Fachbegriffen beschrieben:

- if internally flawless – lupenrein
- vvs very, very small inclusions – sehr, sehr kleine Einschlüsse
- vs very small inclusions – sehr kleine Einschlüsse
- si small inclusions – kleine Einschlüsse

- p1 Piqué 1 – Einschlüsse mindern die Brillanz nicht
- p2 Piqué 2 – Einschlüsse mindern die Brillanz nur schwach
- p3 Piqué 3 – Einschlüsse mindern die Brillanz deutlich

Die Farbe von Diamanten

Diamanten, die für das ungeübte Auge des Betrachters als farblos erscheinen, werden in der Fachwelt in verschiedene Farbklassen eingeteilt werden:

- D – Hochfeines Weiß+ (River)
- E – Hochfeines Weiß (River)
- F – Feines Weiß+ (Top Wesselton)
- G – Feines Weiß (Top Wesselton)
- H – Weiß (Wesselton)
- I – Leicht getöntes Weiß+ (Top Crystal)
- J – Leicht getöntes Weiß (Top Crystal)
- K – Getöntes Weiß+ (Crystal)
- L – Getöntes Weiß (Crystal)
- M und N – m Getönt 1 (Top Cape)
- O – Getönt 2 (Cape)

Farbe, Reinheit und Preis

Tabelle 76 bietet für den Betrachter die Chance, das prozentuale Preisverhältnis für Brillanten von 1,00 Karat Gewicht bei variabler Farbe und Reinheit abzulesen. Der Wert von 100 Prozent entspricht dabei einem Brillanten der Qualität E vvs1.

Was sind eigentlich »Fancy Diamonds«?

Die Kurzform »Fancys« (im Deutschen »schick«) beschreibt farbige Diamanten. Am Markt werden die seltenen reinen und intensiven Farben bei Diamanten als wertvoller betrachtet. Hierfür werden nicht selten sogar Preise bezahlt, die über dem Standard farbloser Diamanten liegen. Statistisch gesehen ist bei 100.000 Diamanten durchschnittlich ein »Fancy«-Diamant dabei. Gelbe und braune Diamanten, die mehr als 80 Prozent aller farbigen Diamanten ausmachen, gelten bei Fachleuten nicht als »Fancys«. Die erste bedeu-

Tabelle 76: Preis eines 1,00-Karat-Diamanten bei variabler Farbe und Reinheit

Farbe \ Reinheit	IF	WS1	WS2	VS1	VS2	SI1	SI2	SI3	I1	I2	I3
D	167	110	100	83	75	67	60	48	41	28	16
E	110	100	83	77	72	65	58	47	39	27	15
F	98	83	77	74	69	63	55	45	37	26	14
G	82	76	72	69	65	59	52	43	36	25	13
H	72	69	66	63	60	55	49	41	34	24	13
I	61	59	56	54	51	48	43	39	32	22	12
J	50	49	48	47	46	43	40	35	29	20	12
K	46	45	44	43	42	40	36	32	27	18	11
L	41	40	39	38	37	36	32	29	24	16	10
M	34	33	32	31	30	29	26	23	20	15	10

Quellen: Verschiedenen Quellen, eigene Recherchen

tende Quelle für solche farbigen Diamanten wurde im Jahr 1867 in Südafrika entdeckt. Anfangs wurden diese Diamanten als minderwertig betrachtet. Das änderte sich jedoch im Verlauf der Zeit. Für Aufsehen sorgten später in den 80er-Jahren des vorigen Jahrhunderts Funde von roten und pinkfarbenen Diamanten in der australischen Argyle Mine.

So beliebt Diamanten als Schmuckstücke und industriell eingesetzter Werkstoff sowie als Kapitalanlage auch sein mögen, die lange Zeit so strahlend weiße Weste der hochkarätigen Glitzersteine hat mittlerweile doch einige Flecken bekommen. Kinderarbeit und die bei den Diamantenschleifern auftretenden Gesundheitsschäden durch das Einatmen von Diamantenstaub und chemischen Mitteln kratzen heute am einst so makellosen Image der Branche.

Und daher darf an dieser Stelle nicht nur positiv über den Diamantenmarkt geschrieben werden, denn die negativen Begleiterscheinungen sind nicht zu übersehen. Regelrechte Diamantenkriege, vor allem in Afrika, gehören schon seit Jahrzehnten zum Alltag. So hat sich das Wort von »Blutdiamanten« an den Rohstoffmärkten bereits tief eingegraben. Darüber hinaus blüht weltweit der Diamanten-

Abbildung 74: Preisentwicklung geschliffener Diamanten – Idex-Index

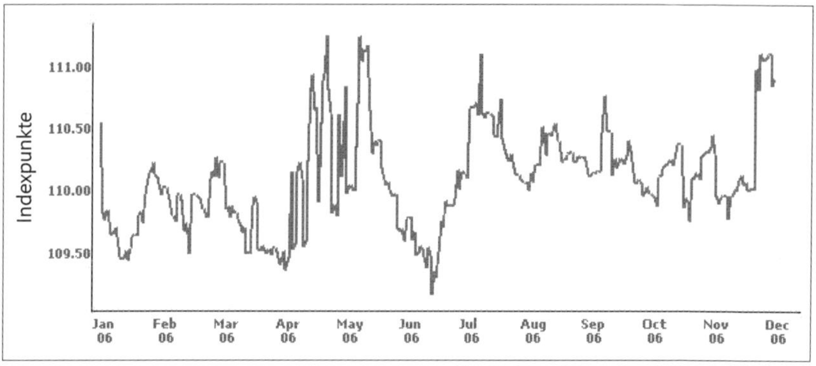

Quelle: Idex – International Diamond Exchange

schmuggel. Negativ ist auch zu werten, dass, wie bereits erwähnt, in einigen Ländern Kinder bei der Suche und Förderung nach Diamanten eingesetzt werden.

Dies sind Auswüchse, die das Image der einst so glänzenden Branche beschädigen. So überrascht es nicht, dass sich die führenden Unternehmen bemühen, diese Fehlentwicklungen abzustellen. Doch dort, wo Gier und Macht das Handeln von Menschen bestimmen, verhallen wohlgemeinte Worte oftmals. Die UNO hat zum Beispiel eine Resolution verabschiedet, die den Export von »Kriegsdiamanten« aus Krisengebieten wie Angola oder Sierra Leone verbietet. Doch dies reicht bei weitem nicht aus, um den Schmuggel zu kontrollieren und den Handel mit Blutdiamanten abzustellen. Eine Möglichkeit zur Lösung des Problems besteht in der Erstellung unabhängiger Zertifikate, die Herkunft und Handelsweg jedes einzelnen Diamanten bis zurück zur Mine belegen.

Die US-Regierung erklärte im Anschluss an die Premiere des Films »Blood Diamond«, mit dem populären Hollywood-Star Leonardo DiCaprio in der Hauptrolle, dass der illegale Handel von Diamanten aus Kriegsgebieten in den vergangenen Jahren deutlich zurückgegangen ist. Damit jedoch geben sich die Kritiker nicht zufrieden. Die Experten von »World Vision« sagen es unverblümt: »Selbst wenn Blutdiamanten nur ein Prozent des Diamanten-Einzelhandelsmarktes von jährlich rund 60 Milliarden US-Dollar ausmachen sollten, ist das zu viel.« Durch solche Blutdiamanten würden Kriege finanziert, in denen jährlich mehrere tausend Menschen sterben müssten – was nicht hinzunehmen sei.

Die Zukunft der Diamantenbranche

Diamanten setzen bei Menschen immer neue Phantasien frei. So zum Weihnachtsfest 2007 auch in Japan. Kunden, welche die Kaufhauskette Takashimaya in Osaka besuchten, staunten dort über eine 35 Zentimeter hohe Schokoladentorte, die mit exakt 100 Diamanten verziert war. Dieses Kleinod lockte Tausende von Besuchern und Kunden zusätzlich in die Verkaufsräume des Unternehmens. Das Ganze war mit einem Preisschild von 100 Millionen Yen – rund

Abbildung 75: Die Zukunft des Welt-Diamantenmarkts – Versuch einer Prognose

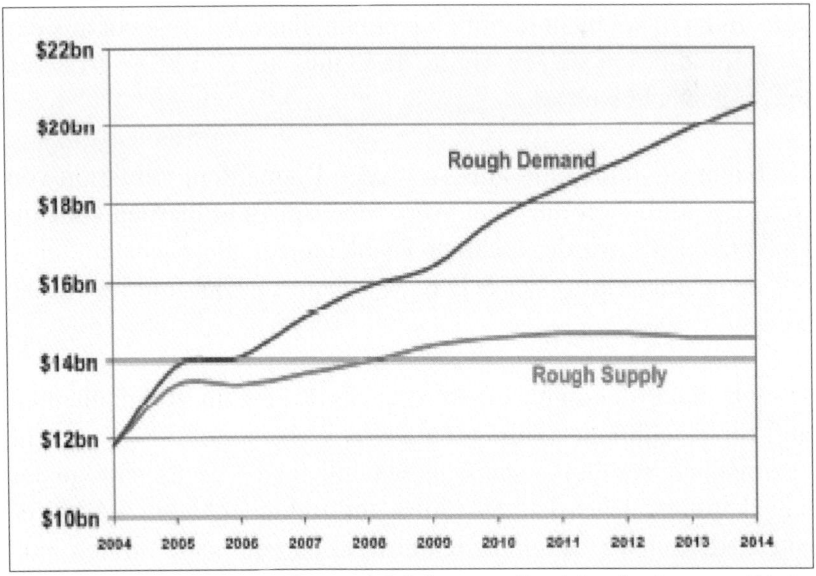

Rough Demand = Erwartete Nachfrage nach Rohdiamanten, Rough Supply = Erwartetes Primärangebot (aus der Minenproduktion) von Rohdiamanten

Quelle: tkMedia AG – Die Grafik beruht auf Aussagen weltweit führender Diamantenproduzenten und Diamantenhändler.

850.000 US-Dollar – versehen. Und dies, obwohl der »innere Wert« der 100 Diamanten mit je einem halben Karat nach Angaben der Kaufhauskette angeblich höher war.

Hieran zeigt sich, dass die Zukunft der Diamanten auf der Abnehmerseite nicht mehr nur in den USA, sondern auch im Fernen Osten liegt. Top-Manager der schillernden globalen Diamantenszene sind optimistisch, dass die härtesten Mineralien der Welt auch in Zukunft in ihrer Ursprungsform nicht nur gefragte Rohstoffe, sondern in verarbeiteter Form als Brillanten die begehrtesten Edelsteine überhaupt bleiben werden und die Preise im Trend weiter kontinuierlich nach oben klettern.

Für Philip Kenny, Vorstandschef des an der Börse London gelisteten kleinen Diamantenproduzenten Firestone Diamonds plc, steht jedenfalls fest, dass das weltweite Angebot aus der Primärproduktion (also aus den Minen) im Jahr 2007 unter die globale Nachfrage fallen dürfte. Zum einen seien die Diamantenbestände beim ehemaligen Monopolisten De Beers zuletzt deutlich geschrumpft, und zum anderen sei nicht damit zu rechnen, dass das Angebot aus der Minenproduktion steigen werde, da in jüngster Zeit keine größeren Funde gemacht wurden.

Nachdem im Jahr 2005 eine weltweite Diamantenproduktion von rund 170 Millionen Karat im Wert von etwa 13 Milliarden US-Dollar verzeichnet wurde, rechnen Fachleute für die nächsten Jahre mit einer Ausweitung der Schere zwischen Angebot und Nachfrage (siehe Abb. 75).

Treffen die Prognosen ein, werden die Preise für Rohdiamanten und für geschliffene Diamanten weiter steigen. Sollte – was nicht nur möglich, sondern sogar wahrscheinlich ist – die Nachfrage der bevölkerungsreichen Länder China und Indien anhalten, könnte es zu ernsthaften Verknappungen am Diamantenmarkt kommen, was dann wieder die Spekulanten auf den Plan rufen könnte. Die Marktführer De Beers und Rio Tinto werden also keine Mühe haben, ihre Verkaufspreise in den nächsten Jahren weiter anzuheben. Zahlen von De Beers und Aber Diamond zeigen, dass die Verkaufspreise in den vergangenen fünf Jahren um mehr als 40 Prozent gestiegen sind. So gelang es De Beers, allein im Jahr 2003 die Preise um zehn Prozent, im Jahr 2004 um 14 Prozent und im Jahr 2005 um 9,5 Prozent zu erhöhen.

Aus Sicht der Anleger stellt sich der Diamantenmarkt problematisch dar. Bislang ist es trotz zahlreicher Versuche nicht gelungen, bei Diamanten eine Standardisierung zu erreichen, die die Schaffung eines Futures-Kontrakts an einer Börse zulassen würde. Zudem hatte und hat De Beers kein wirkliches Interesse an einem liquiden und transparenten Diamantenmarkt. Weiterhin ist aus Sicht der Anleger die Zahl der börsengehandelten Diamantenproduzenten – nicht jedoch der Diamanten-Explorationsunternehmen – gering. Nachdem die De-Beers-Aktie nicht mehr an den Börsen der Welt gelistet ist und Diamanten bei den großen Minenhäusern nur einen kleinen Teil des Gesamtgeschäfts ausmachen, haben die Anleger lediglich Zugang zu Diamantenproduzenten aus der zweiten Reihe.

Die Rohstoffquelle Wald – Vom Holz zum Zellstoff und zum Papier

Unser täglicher Rohstoff

Holz ist der im Alltagsleben der heutigen Menschheit am häufigsten genutzte Rohstoff. Während Holz in der Frühzeit vor allem als Bau- und als Heizmaterial diente, fanden sich gerade im Industriezeitalter weitere interessante Anwendungsmöglichkeiten. Holz erlebt unter dem Begriff »Biomasse« derzeit eine Renaissance als Träger erneuerbarer Energie. Heute wird Holz zudem in verschiedenen Formen standardisierter Finanzverträge an Terminbörsen gehandelt. Das gilt auch für das aus dem Rohstoff Holz hergestellte Produkt Zellstoff. Darüber hinaus ist Papier – zu dessen Produktion Holz eingesetzt wird – einer der begehrtesten Einsatzstoffe in der modernen Industriegesellschaft überhaupt.

Abbildung 76: Produktion von Industrieholz

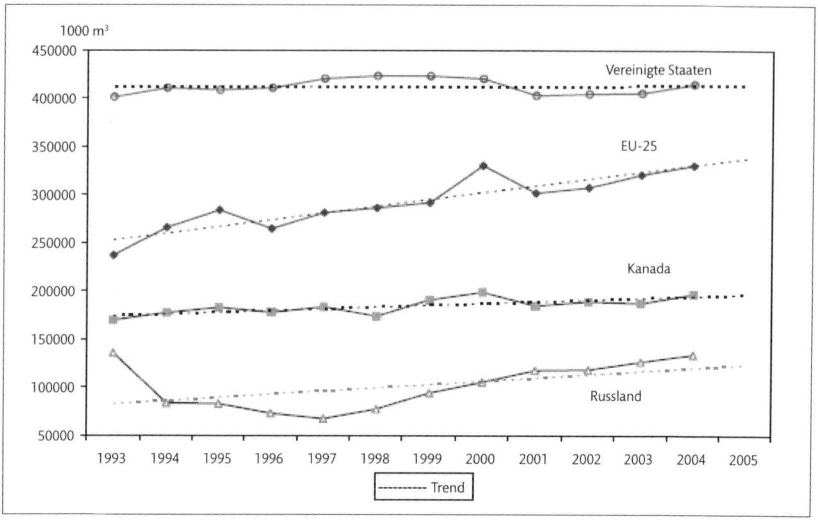

Quellen: Verschiedene Quellen, eigene Recherchen

In den Statistiken der FAO sowie von Eurostat – dem Statistikamt der EU-Staaten – wird im Hinblick auf den Rohstoff Holz zunächst einmal grundsätzlich unterschieden in:

- **Nadelholz** – Darunter ist Holz von Bäumen zu verstehen, die in der Botanik unter der Bezeichnung »Gymnospermen« geführt werden.
- **Laubholz** – Dieser Begriff wird als Holz solcher Bäume definiert, die in der Botanik unter der Bezeichnung »Angiospermen« geführt werden.
- **Rundholz** – Als Rundholz werden sämtliche geschlagenen oder auf andere Art und Weise gewonnenen Hölzer in runder Form (also in Stämmen) bezeichnet. Es handelt sich dabei um ein Aggregat, das Brennholz beinhaltet, einschließlich Holz zur Verkohlung sowie Industrierundholz (auch als Rohholz bezeichnet). Das Volumen von Rundholz wird im Allgemeinen in Kubikmetern des tatsächlichen Volumens (also ohne Rinde) angegeben.
- **Brennholz (einschließlich Holz zur Verkohlung)** – Dieses Holz wird in amtlichen Statistiken als Rundholz geführt, das als Brennstoff für Küche, Heizung und Energieerzeugung bestimmt

Abbildung 77: Weltweite Rundholzproduktion (Durchschnitt 2000-2004) - Wichtigste Erzeuger

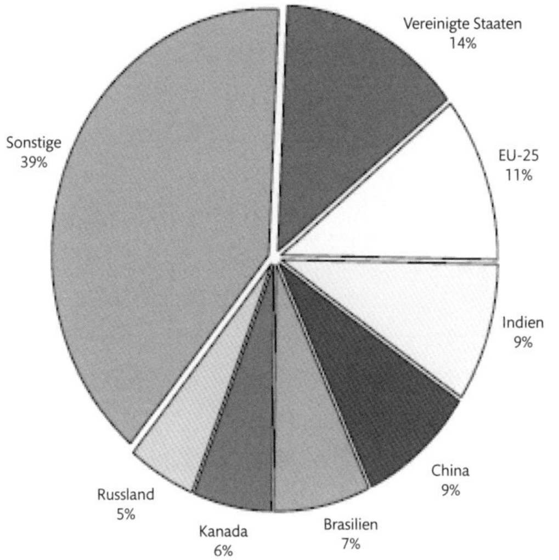

Quellen: FAO und Eurostat

ist. Hierunter fällt indes keine Holzkohle. Auch Brennholz wird in Kubikmetern des tatsächlichen Volumens ohne Rinde angegeben.

- **Industrierundholz (Rohholz)** – Diese Größe umfasst sämtliches Rundholz mit Ausnahme von Brennholz. Das Volumen wird in Kubikmetern des tatsächlichen Volumens ohne Rinde angegeben.

Der Rohstoff Holz wird mehr oder weniger in allen Ländern der Erde produziert, verarbeitet und auf unterschiedliche Art und Weise genutzt. Nach Angaben von FAO und Eurostat entfielen von der weltweiten Produktion von Rundholz im Jahr 2004 auf die Länder der EU mit 376 Millionen Kubikmetern rund elf Prozent der weltweiten Produktion von Rundholz. Damit rangiert die EU an zweiter Stelle hinter den USA, die es auf einen Weltmarktanteil von insgesamt 14 Prozent bringen. Auf den weiteren Plätzen folgen mit einem Anteil von jeweils rund neun Prozent China und Indien sowie Brasilien mit sieben Prozent, Kanada mit sechs Prozent und Russland mit fünf Prozent. Die Produktion von Rundholz auf der Welt setzt sich zu zwei Dritteln aus Laubholz zusammen.

Abbildung 78: Rundholzproduktion in der EU-25 insgesamt (Durchschnitt 2000–2004)

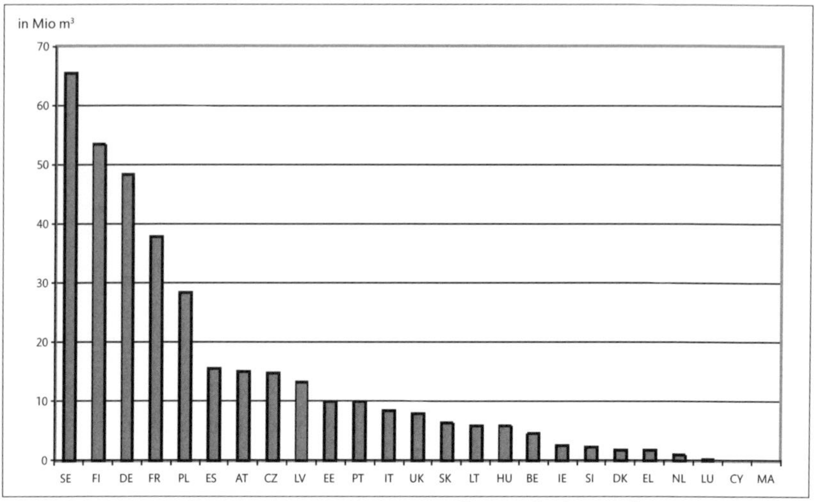

Quellen: Verschiedene Quellen, eigene Recherchen

Die wichtigsten Erzeuger von Rundholz in der EU – und zwar vor allem von Industrierundholz – sind in abnehmender Größenordnung Schweden, Finnland, Deutschland, Frankreich und Polen (vgl. Abb. 78). In diesen Ländern geht die Holzproduktion seit dem Jahr 1992 deutlich nach oben. Ein Blick auf die in der EU produzierten und geschlagenen Holzarten zeigt, dass Nadelholz mit einem Anteil von 75 Prozent den größten Anteil stellt.

Ein großer Teil des weltweit geschlagenen Rundholzes wird zu Bauholz verarbeitet. Als Bauholz wird Holz bezeichnet, das als Baustoff zur Errichtung von Gebäuden verwendet wird. In Deutschland wird je nach geplantem Einsatz in verschiedene Bauhölzer (zum Beispiel in Vollholz, Konstruktionsholz oder Brettschichtholz) unterschieden. Zu Bauholz zählen unter anderem Balken, Kanthölzer, Bohlen, Bretter und Latten.

An der Chicago Mercantile Exchange (CME), der weltweit dynamischsten Terminbörse, werden seit rund 30 Jahren Futures und Futures-Optionen auf die spezielle Bauholzart »Random Length Lumber« gehandelt, mit denen sich die Bauwirtschaft gegen größere Preisschwankungen absichern kann (vgl. Abb. 79).

Abbildung 79: Preisentwicklung von Bauholz-Futures an der CME

Quelle: Eurostat

Heute werden aus dem Rohstoff Holz in einem meist chemischen Verarbeitungsprozess auch Zellstoff und in der Folge als Endprodukte dann Papier, Karton und Pappe hergestellt. Gerade im Zusammenhang mit der Nutzung von Papier gab es in den vergangenen Jahrzehnten bei den Expertenprognosen eine der größten Fehleinschätzungen überhaupt. Die Fachleute hatten nämlich prognostiziert, dass Papier im Zeitalter der Elektronik und der modernen Informationstechnologien immer stärker an Bedeutung verlieren und durch elektronische Anwendungen ersetzt werde. Die Wahrheit sieht bekanntlich anders aus.

Bei der Produktion von Papier gelangen neben Holz als Rohmaterial auch verschiedene Pflanzenfasern zur Anwendung. Zellstoff wird neben Holz auch aus Einjahrespflanzen wie Stroh, Zuckerrohr und Alfagras hergestellt. Der weitaus größte Anteil entfällt jedoch auf Holz. Durch chemischen Aufschluss entsteht aus den verschiedenen Pflanzenfasern Zellstoff, der wiederum vorwiegend aus Zellulose und aus verschiedenen weiteren organischen Stoffen besteht.

Abbildung 80: Herstellung von Holzstoff

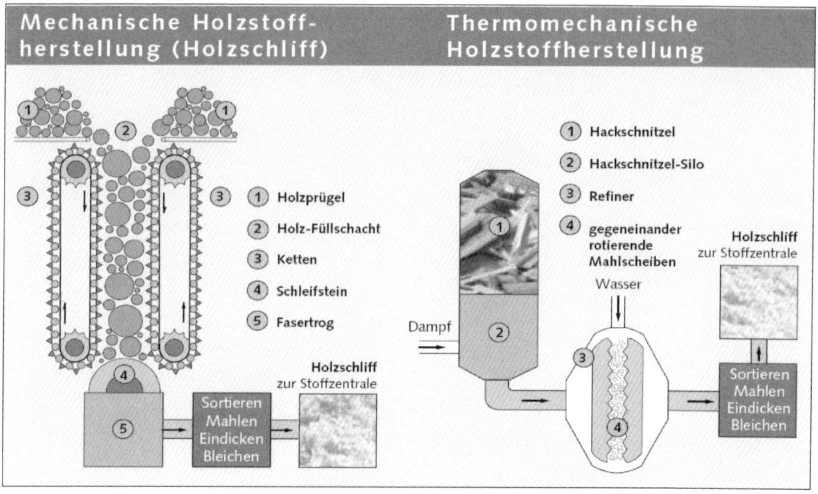

Quelle: Chicago Mercantile Exchange - CME

Zellstoff wird bei den Experten nicht selten auch als »Pulpe« oder im englischen Sprachgebrauch als »pulp« bezeichnet. Vereinfacht dargestellt ist Zellstoff die Grundlage für die Herstellung von holzfreiem Papier, das die von den Verbrauchern geschätzte Eigenschaft besitzt, nicht zu vergilben.

Wenn Holz auf mechanische Weise zerfasert wird – zum Beispiel durch das Schleifen des Holzkörpers an einem Schleifstein oder aber durch neuere Verfahren durch Kochen und Zermahlen mittels eines Refiners –, entsteht der sogenannte Holzstoff. Wendet man ein chemisches Verfahren an, erhält man dagegen Zellstoff. Beim Holzstoff werden aus 100 Kilogramm trockener Holzsubstanz 95 bis 98 Kilogramm Holzstoff gewonnen (vgl. Abb. 80).

Zellstoff zeichnet sich durch lange, feste Fasern aus. Die größten Produzenten von Zellstoff sind Skandinavien und Kanada. Die langen und festen Fasern des Zellstoffs sorgen dafür, dass das Papier vergleichsweise stabil und damit reißfest wird. Zur Herstellung von Zellstoff wird Holz – meist in der Form von Hackschnitzeln – in einem Kocher chemisch aufgeschlossen. Durch Druck und Erhitzen lösen sich im weiteren Produktionsprozess nicht gewollte Stoffe wie Harze und Lignine von den Holzfasern. Aus 100 Kilogramm trockener Holzsubstanz gewinnt man in der Regel bis zu 50 Kilogramm Zellstoff.

Etwa die Hälfte des in der Zellstoff- und Papierindustrie eingesetzten Holzes stammt aus Durchforstungen existierender Waldbestände. Darüber hinaus werden auch Sägenebenprodukte – wie in der Sägebranche anfallende Holzschnitzel – zur Herstellung von Zellstoff und Holzstoff verwendet. Für die Herstellung von Papier, Karton und Pappe werden Faserstoffe, Hilfsstoffe und Wasser benötigt. Faserstoffe entstehen in dem Moment, in dem Holz in seine Fasern zerlegt wird. Zell- und Holzstoffe werden in der Fachsprache auch als Frischfasern oder Primärfasern bezeichnet.

Der mengenmäßig bedeutendste Rohstoff für die Papierindustrie ist die Sekundärfaser als Altpapier, die über das Recycling wiederum für die Herstellung von Papier und insbesondere von Karton und Pappe nutzbar gemacht wird. Bevor Altpapier für die Produktion von neuem Papier eingesetzt werden kann, ist eine Reihe von Aufbereitungsschritten notwendig. Das Altpapier wird zunächst in Wasser aufgelöst und zerfasert. Dazu dient der Stofflöser – als »Pulper« bezeichnet –, dessen Wirkungsweise einem Küchenmixer ähnelt. In verschiedenen Schritten werden die Fasern von papierfremden Teilen (Büroklammern, Klebern und Kunststoffe) gesäubert und im Rahmen des De-Inking-Verfahrens auch von Druckfarbe befreit.

Die Herstellung von Papier beruht auf einem Rezept, das auch heute – rund 2.000 Jahre nach seiner Entdeckung – noch Gültigkeit besitzt. In Wasser aufgelöste, pflanzliche Faserstoffe (diese bestehen in der Regel, wie beschrieben, aus Holz) verbinden sich bei der Entwässerung in einem Sieb zu einem zusammenhängenden Faservlies – eben dem Papier. Bei der Verarbeitung des Rohstoffs Holz zu Holzstoff und Zellstoff werden Laub- und Nadelhölzer mechanisch in Hackschnitzel zerkleinert, mit einer bestimmten Flüssigkeit imprägniert und unter starkem Druck und hoher Temperatur über mehrere Stunden hinweg in verschiedenen Prozessen gekocht. Am

Markt sind vor allem zwei wesentliche Methoden zur Produktion von Zellstoff bekannt, nämlich

- das saure Sulfit-Verfahren und
- das alkalische Sulfat-Verfahren.

Bei diesen Herstellungsverfahren werden nicht-faserige Teile des Holzes – wie Lignin, das als Verursacher des bei der Papierproduktion unerwünschten Gilb-Prozesses gilt – mit chemischen Prozessen durch das unter hohen Temperaturen stattfindende Kochen fast vollständig (in der Regel zu mehr als 90 Prozent) beseitigt. Nach dem anschließenden Bleichen des Zellstoffs wird dieser getrocknet und zu Platten gepresst oder direkt zur Weiterverarbeitung an Papierfabriken geliefert. Altpapier und in der Regel auch Zellstoff erreichen die Papierfabrik in trockener Form, während Holzstoff normalerweise im gleichen Werk erzeugt und als Faser-Wasser-Mischung in die Stoffaufbereitung gepumpt wird.

Die größten Papiermaschinen der Welt haben eine Breite von über zehn Metern und eine Länge von bis zu 120 Metern; sie produzieren in der Minute rund 1.400 Meter Papier. Es dauert vom ersten Auftreffen der Faserstoff-Wasser-Suspension auf dem Sieb bis zur Produktion des fertigen Papiers nur wenige Sekunden. Im Verhältnis 1:100 mit Wasser verdünnt, werden die Faserstoffe zusammen mit Hilfsstoffen auf die Papiermaschine aufgebraucht. Die Fasern lagern sich auf dem Sieb neben- und untereinander ab. Das Wasser läuft ab oder wird abgesaugt. So entsteht ein gleichmäßiger Faserverbund, der durch mechanischen Druck und mit Hilfe von Dampfwärme weiter entwässert wird. Am Ende wird die Papierbahn auf einem Stahlkern aufgerollt. Die fertige Papierbahn enthält in diesem Moment des Produktionsablaufs noch fünf bis acht Prozent Restfeuchtigkeit. Je nach Papiersorte kann ein Stahlkern eine Bahn von etwa 60 Kilometern Länge mit bis zu 25 Tonnen Gewicht aufnehmen.

Papiermaschinen besitzen ein Glättwerk, das im Anschluss an die Trocknung genutzt wird. Dieses Glättwerk besteht aus mehreren, übereinander angeordneten Walzen, die der Papierbahn eine glatte Oberfläche und gleichmäßige Blattdicke geben. Mit hochsensiblen Messgeräten und Sensoren werden in modernen Papierfabriken die wichtigsten Qualitätswerte des produzierten Materials online erfasst.

Zellstoff wird neben der Produktion von Papier, Karton und Pappe auch zur Herstellung von Konsumgütern für private Haushalte wie Taschentüchern, Watte und Verbandsstoffen sowie als Textilrohstoff (Rayon, Kupferseide) eingesetzt und darüber hinaus auch zahlreichen anderen industriellen Verwendungen zugeführt. Bei der Produktion von Karton und Pappe wird dem Zellstoff ein beachtlicher Anteil von Altpapier beigemengt.

Die unterschiedlichen Ansprüche, die von der das Rohpapier weiterverarbeitenden Industrie sowie vom Endverbraucher an Papier, Karton und Pappe gestellt werden, erfordern in der Regel eine Veredelung des Rohmaterials. Ein wichtiges Verfahren zur Veredelung ist das Streichen des Rohpapiers. Hierbei wird eine aus Pigmenten und Bindemitteln bestehende Streichfarbe auf das Rohpapier aufgetragen, das durch den Strich eine geschlossene und gut bedruckbare Oberflächenqualität erlangt. Eine nachträgliche Glättung der Papieroberfläche ist durch das Satinieren der Papierbahn zu erreichen. Dabei läuft das Papier unter Druck durch mehrere beheizte Walzen, was dem Papier Glätte und Glanz verleiht und es zugleich noch besser bedruckbar macht.

Die Situation am Welt-Papiermarkt

Tabelle 77 zeigt, dass die Auslastung der globalen Kapazitäten in der Papierbranche seit dem Jahr 2004 wieder über die – insgesamt als unbefriedigend geltende – Marke von 90 Prozent gestiegen ist. Sie liegt damit merklich über dem historischen Durchschnitt von 88,8 Prozent. Eine wesentliche Ursache für die bessere Kapazitätsauslastung ist in der starken Nachfrage der VR China nach Papier, Karton und Pappe – und nicht zuletzt nach Altpapier – zu sehen.

Tabelle 77: Weltweite Produktion von Papier und Pappe

Jahr	Produktion in Millionen Tonnen	Veränderung der Produktion in Prozent	Kapazität in Millionen Tonnen	Veränderung der Kapazität in Prozent	Auslastung der Kapazität in Prozent
1988	228,074		246,777		92,4
1989	234,260	2,7	257,045	4,2	91,1
1990	240,170	2,5	267,689	4,1	89,7
1991	243,315	1,3	277,404	3,6	87,7
1992	249,132	2,4	287,777	3,7	86,6
1993	254,124	2,0	292,694	1,7	86,8
1994	270,519	6,5	300,726	2,7	90,0
1995	279,572	3,3	311,024	3,4	89,9
1996	284,291	1,7	323,439	4,0	87,9
1997	301,014	5,9	336,158	3,9	89,5
1998	302,862	0,6	345,969	2,9	87,5
1999	315,816	4,3	354,185	2,4	89,2
2000	328,307	4,0	364,949	3,0	90,0
2001	320,435	-2,4	371,300	1,7	86,3
2002	330,649	3,2	376,600	1,4	87,8
2003	339,028	2,5	383,676	1,9	88,4
2004	354,315	4,5	390,291	1,7	90,8
2005 g	362,605	2,3	400,094	2,5	90,6
2006 g	372,053	2,6	408,960	2,2	91,0
2007 g	380,711	2,3	417,421	2,1	91,2

g = Schätzungen

Quellen: RISI, PPPC, AF&PA, CEPI, Paperloop, UBS, tk Media AG

Eine kritische Betrachtung des Weltmarktes für Holz, Zellstoff und Papier macht deutlich, dass dieser Bereich nicht mit der Methodik und den Ansätzen anderer Rohstoffe analysiert werden kann. Grund: Die Papierproduzenten sind wegen der reichlich verfügbaren Kapazitätsreserven in der Lage, auf eine steigende Nachfrage mit der Zuschaltung von Kapazitäten zu reagieren. Bei den meisten anderen Industrierohstoffen ist dies wegen der längeren Vorlaufzeiten beim Aufbau von Kapazitäten anders. Die Zellstoff- und Papierbranche ist ein sehr wettbewerbsintensiver Industriezweig. Wegen der ausreichenden Kapazitäten und der mangelnden Disziplin der Produzenten konnten sich hier in den vergangenen Jahren – im Gegensatz zu anderen Rohstoffmärkten – weder Verknappungstendenzen noch größere Preissteigerungen durchsetzen.

Experten gehen davon aus, dass die globalen Produktionskapazitäten für Papier und Pappe (»Paperboard«) in den nächsten fünf Jahren weiterhin um je 2,3 Prozent per annum ausgeweitet werden. Dies würde bedeuten, dass die Papierhersteller ihr eigenes Interesse stärker im Auge behalten würden, denn damit würde der Kapazitätsaufbau hinter dem langfristigen durchschnittlichen 2,9-prozentigen jährlichen Anstieg zurückbleiben. Eine geringere Ausweitung der Kapazitäten durch die Papierindustrie ist notwendig, da Fachleute erwarten, dass die weltweite Nachfrage nach Papier und Pappe in den kommenden fünf Jahren um durchschnittlich 2,5 Prozent jährlich – und damit schwächer als der langfristige Durchschnitt von 2,8 Prozent – zunehmen wird. Bei einem solchen Szenario hätte die Papierbranche die Chance, leichte Preiserhöhungen am Markt durchzusetzen und ihre durch den harten Wettbewerb arg in Mitleidenschaft gezogene Ertragslage zu verbessern.

Als ein Teil der Rohstoffindustrie hat es die Papierbranche in den vergangenen Jahren nicht wirklich geschafft, von der durch das Auftreten Chinas als wichtigstem Verbraucher von Rohstoffen global veränderten Angebot-Nachfrage-Situation zu profitieren. Zum Glück für die Papierbranche kam es für die Papierhersteller allerdings auch nicht so knüppeldick, wie es manche Experten noch vor rund zehn Jahren prognostiziert hatten. An dieser Stelle sei daran erinnert, dass die Fachleute in den vergangenen Jahren bei ihrer auf der Internet-Ökonomie beruhenden Prognose dem »papierlosen Büro« eine rosige Zukunft prophezeiten. Bekanntlich erwies sich diese Prognose als völlige Fehleinschätzung. Heute wird weltweit in den Büros mehr Papier verbraucht als jemals zuvor.

Auf absehbare Zeit ist sogar damit zu rechnen, dass die Kapazitätsauslastung der Branche wieder deutlich zunehmen wird. Denn es kann damit gerechnet werden, dass der Papierverbrauch Chinas in den nächsten beiden Jahrzehnten stärker steigen wird als von den Fachleuten derzeit noch angenommen. Bei allen bekannten Papiersorten dürfte die Nachfrage Chinas – und auch Indiens – überdurchschnittlich stark in die Höhe schießen, und das auf viele Jahre.

Statistiken zeigen, dass der Pro-Kopf-Verbrauch an Papier und Pappe in den vergangenen Jahren kräftig gestiegen ist. Weltweit wurden im Jahr 1990 noch rund 45 Kilogramm Papier und Pappe pro Einwohner verbraucht; diese Zahl ist im Jahr 2004 auf fast 55 Kilogramm pro Einwohner gestiegen. In der VR China lag der Verbrauch pro Einwohner im Jahr 1990 noch unter zehn Kilogramm – bis zum Jahr 2004 ist diese Zahl auf mehr als 20 Kilogramm je Einwohner gestiegen. Zum Vergleich: In den USA werden beinahe 300 Kilogramm je Einwohner, in Europa rund 200 Kilogramm je Einwohner an Papier und Pappe verbraucht. Wenn Chinas Wohlstand in den nächsten Jahren weiter wächst und die Chinesen immer stärker die Lebensgewohnheiten des Westens annehmen – und es gibt nur wenig, was dagegen spricht –, dürfte sich der Papier- und Pappeverbrauch pro Einwohner innerhalb von fünf Jahren mehr als verdoppeln.

Kautschuk

Kautschuk ist ein in zahlreichen Industriezweigen heute vielfältig eingesetzter Rohstoff, der aus dem Milchsaft verschiedener tropischer Pflanzen gewonnen wird. Am populärsten ist Kautschuk in der Branche der Autozulieferer, wo er als Grundstoff für die Produktion von Fahrzeugreifen dient. Doch auch in der Medizin und im Gesundheitswesen findet dieser Rohstoff immer stärker Anwendung. Das Wort Kautschuk wurde aus der Sprache von Indio-Ureinwohnern übernommen. Die Bezeichnung Kautschuk setzt sich aus den beiden Begriffen »cao« (»Baum«) und »ochu« (»Träne«) zusammen. Einige Indianerstämme nannten den Baum »Caucho«, andere wie der Indio-Stamm der Quetschua bezeichneten ihn als »Cahuchu«. Beide Begriffe lassen sich am ehesten mit »weinender Baum« übersetzen.

Daten und Fakten rund um Naturkautschuk

- Thailand, Indonesien, Indien, China, Malaysia und Vietnam sind die führenden Produzenten in der Welt (vgl. Tabelle 78).
- Die weltweite Produktion von Naturkautschuk schwankte in den vergangenen Jahren zwischen sechs und acht Millionen Tonnen.

Von der im Jahr 2003 produzierten Menge in Höhe von 7,9 Millionen Tonnen entfielen 6,76 Millionen Tonnen auf die asiatischen Länder.

- Die weltweite Nachfrage von Naturkautschuk schwankte in den vergangenen Jahren ebenfalls zwischen sechs und acht Millionen Tonnen. Von den im Jahr 2003 produzierten 7,89 Millionen Tonnen wurden allein 1,9 Millionen Tonnen in der VR China und in Indien verbraucht. Zum Vergleich: Der weltweite Verbrauch von Synthesekautschuk belief sich im Jahr 2003 auf 1,13 Millionen Tonnen.
- Rund 60 Prozent der weltweiten Kautschukproduktion werden im Transportsektor verbraucht. Hier werden Naturkautschuk und Synthesekautschuk als Mischung eingesetzt.
- Der aktivste Handel in Naturkautschuk-Futures – Futures sind standardisierte Terminkontrakte – findet an der Tokyo Commodity Exchange, der Singapore Commodity Exchange und der Osaka Mercantile Exchange statt. Als die wichtigsten Handelsplätze für den physischen Handel mit Kautschuk gelten Kuala Lumpur, London und New York.

In der Fachwelt wird die Bezeichnung Kautschuk als Sammelbegriff für alle möglichen elastischen Polymere verwendet. Aus diesen Polymeren wird Gummi hergestellt. Denn neben dem Naturkautschuk wurden in den vergangenen hundert Jahren verschiedene künstliche Arten von Kautschuk – also Synthesekautschuk – entwickelt. Naturkautschuk besteht aus polymerisiertem Isopren von extrem einheitlicher Struktur; sein mittleres Molekulargewicht ist mit etwa zwei Millionen außerordentlich hoch.

Rohstoff für Naturkautschuk ist der milchige Saft verschiedener tropischer Pflanzen, vor allem der ursprünglich aus der Amazonas-Region stammende Kautschukbaum mit der Bezeichnung »Hevea Brasiliensis«. In Aufzeichnungen eines die Kambeba-Indianer am Rio Negro betreuenden Jesuitenpaters in einer Missionsstation am Rio Negro wurde zum ersten Mal um das Jahr 1700 herum ein weißer Saft erwähnt, den Ureinwohner aus Bäumen zapften und durch einen Räuchervorgang zu einer dehnbaren elastischen gummiähn-

Tabelle 78: Die größten Kautschukproduzenten der Welt

Rang	Produktionsland	Produktion in Mio. Tonnen	Rang	Produktionsland	Produktion in Mio. Tonnen
1	Thailand	3,030	10	Brasilien	0,096
2	Indonesien	1,792	11	Sri Lanka	0,092
3	Malaysia	1,000	12	Philippinen	0,088
4	Indien	0,694	13	Guatemala	0,050
5	China	0,550	14	Kambodscha	0,046
6	Vietnam	0,391	15	Kamerun	0,046
7	Elfenbeinküste	0,123	16	Myanmar	0,036
8	Nigeria	0,112	17	Mexiko	0,023
9	Liberia	0,109			

Quelle: INRO

lichen Masse verarbeiteten. Die Indianer und der sie betreuende Jesuitenpater weckten in der Folgezeit das Interesse von Kaufleuten an diesem, bis dahin weitgehend unentdeckten Material und brachten so eine Lawine ins Rollen, die nicht nur für die dortige wirtschaftlich unterentwickelte Region von ganz entscheidender Bedeutung war.

So ist bekannt, dass Kinder der Maya-Ureinwohner bereits damals mit fußballgroßen Kautschukbällen spielten. Bis der erste Europäer die elastische Masse in die Hand bekam, dauerte es allerdings noch einige Jahrhunderte. Historiker vermuten, dass es Christopher Kolumbus gewesen ist, der auf seiner zweiten Amerika-Reise, die er von 1493 bis 1496 unternahm, zum ersten Mal mit dem Rohstoff Kautschuk in Kontakt kam.

Der große Entdecker Kolumbus beobachtete auf der Insel »Hispaniola« – dem heutigen Haiti – junge Indios, deren Spielbälle sich als sehr dehnbar und elastisch erwiesen und deshalb auch deutlich höher sprangen als die in Europa zu dieser Zeit bekannten gleichartigen Spielgeräte. Die Geschichte und Namensentwicklung der Insel »Hispaniola« verdient an dieser Stelle eine kurze Würdigung. Während Kolumbus die Insel als »La Isla Espanola« (also als »die spanische Insel« bezeichnete), nannten die dort lebenden Indianer ihre

Insel »Aytí«, woraus dann in der Moderne die heutige Bezeichnung »Haiti« entstand. Literaten schreiben den Briten eine Verballhornung des Namens in »Hispaniola« zu.

Auf Haiti nutzten die unterschiedlichen Indianerkulturen den aus dem Kautschukbaum und anderen Pflanzen gewonnenen Milchsaft, um daraus Bälle, Gefäße und auch wasserdichte Schuhe für ihre langen Reisen durch wenig zugängliche Feuchtgebiete herzustellen. Außerdem verwendeten sie den als »Latex« bezeichneten Milchsaft, um andere Stoffe und Materialien des täglichen Lebens für den täglichen Gebrauch wasserdicht zu machen.

Mit größerer Aufmerksamkeit betrachtete jedoch erst Juan de Torquemada im Jahr 1615 das Material. Er berichtete zu dieser Zeit, dass die Mexikaner aus dem Milchsaft eines Baumes ein als »Ulli« bezeichnetes Produkt gewannen. Sie fertigten daraus Gefäße, Schläuche und auch Kleidungsstücke. Portugals König bekam 1759 die erste große Ladung Kautschuk aus Parà – damit nahm der Kautschukhandel seinen Anfang.

Die natürlichen Kautschukvorkommen in der Amazonas-Region und die stark wachsende globale Nachfrage führten im Amazonas-Gebiet Anfang des 17. Jahrhunderts zu einem wahren Kautschuk-Fieber. Zur damaligen Zeit zählten die brasilianischen Städte Manaus und Belém zu den reichsten Städten nicht nur in Brasilien, sondern in Gesamt-Lateinamerika. Diese Segnungen der Natur bescherten Brasilien zu dieser Zeit einen kleinen Wirtschafts-Boom. Auf diese Weise war der »Hevea Brasiliensis« zu einem aus Sicht der Wirtschaft begehrten Baum geworden. Es stellte sich heraus, dass er lediglich in Brasilien wuchs.

Aus diesem Grunde strömten von 1870 an Tausende der seinerzeit unter großer Armut leidenden Bauern aus allen Landesteilen herbei, um für die aufsteigenden Kautschuk-Barone bei der Latexgewinnung zu arbeiten. Die Erfindung des Luftreifens in den Jahren um 1880 verzehnfachte die Nachfrage nach Kautschuk. Eines gilt bei Experten als sicher: Ohne den Rohstoff Kautschuk wären die Industrialisierung und der weltweite Siegeszug des Automobils in der bekannten Form nicht möglich gewesen. Der Rohstoff Kautschuk revolutionierte im 19. und 20. Jahrhundert die gesamte Weltwirtschaft und trug maßgeblich zur globalen Industrialisierung bei.

Die Übertreibungen und Überhitzungen beim Rohstoff Kautschuk hatten jedoch auch ihre Schattenseite. Denn auf der einen Seite häufte Brasilien hierdurch enorme Reichtümer an. Auf der anderen Seite kam es zu menschlichen Katastrophen. So starben zahlreiche Arbeitskräfte, die sich der harten – oftmals unmenschlichen – Arbeit im Dschungel aussetzten, bereits sehr früh. Die »Seringueiros«, so die Bezeichnung für die Gummizapfer und Gummischneider im brasilianischen Urwald, erkrankten und starben früh an Malaria, an Parasiten oder aber an den schier unerträglichen klimatischen Bedingungen, die in dieser Region herrschen und gegen die man sich früher nur unzureichend zu schützen vermochte.

Nicht selten hatten die Seringueiros auf ihrem Weg zur Arbeit täglich etwa 50 Kilometer und mehr zu bewältigen, um dann in einem aufwendigen Prozess Rillen in Bäume zu schneiden und den herausrinnenden Saft aufzufangen. Die Waldläufer lieferten den geräucherten Kautschuk bei ihren Abnehmern – den reichen Land-Lords – in Ballen ab. Die abgelieferte Rohstoffmenge wurde als Entlohnung in Lebensmitteln ausbezahlt. Dies rechnete sich jedoch meist nicht, da die Lebensmittel oftmals so teuer waren, dass sich die Gummischneider immer stärker verschuldeten. Die Kautschukhändler und die Land-Lords in Manaus und Belém erzielten indes gigantische Gewinne.

Wenn die Bäume Tränen vergießen

Wenn Brasilien heute als Kautschukproduzent schon längst nicht mehr die Rolle der vergangenen Jahrtausende spielt und die Pionierleistung der Seringueiros nur noch in den Geschichtsbüchern zu finden ist, so hat dies vor allem zwei Ursachen. Zum einen wurden die brasilianischen Kautschuk-Anbaugebiete später von einem Pilz befallen, der große Schäden in den Wäldern anrichtete. Zum anderen sorgten die Briten dafür, dass Kautschuk auch in anderen Regionen der Welt angebaut werden konnte. Dem Engländer Henry Wickham gelang es nämlich im Jahr 1876, sich heimlich, still und leise auf illegale Art und Weise mehrere zehntausend Samenkörner – es wird von 70.000 Samen gesprochen – anzueignen und diese in der Haut zweier ausgestopfter Krokodile nach England zu »entführen«.

Kaum 2.000 dieser Samenkörner überlebten die anstrengende Reise. Doch damit hatte die weltweite Verbreitung – und damit, wenn man so will, auch der weltweite Siegeszug – des Rohstoffs Kautschuk begonnen. In den königlichen Gewächshäusern und botanischen Gärten in London gediehen jene Samen bestens, die die damals Monate dauernde Reise von Brasilien nach Großbritannien unbeschadet überstanden hatten. Wegen der globalen Vorherrschaft des britischen Empire war eine weltweite Verbreitung des Kautschuks nun möglich.

So legten die Experten der botanischen Gärten die Basis für die ersten Anpflanzungen in Malaysia und auf Ceylon. Ähnlich günstige oder noch bessere Witterungsbedingungen als in Brasilien vorfindend, entwickelten sich die Kautschukbäume auf den in Südostasien eigens dafür geschaffenen, gepflegten und kultivierten Plantagen in der Folgezeit überaus prächtig. Die asiatischen Kautschukplantagen erreichten wegen der gezielten Anbau- und Pflegemethoden innerhalb weniger Jahre doppelt so hohe Erträge wie die brasilianische Produktion.

Als Brasiliens Kautschuk-Barone erkannten, dass ihnen die Felle davonschwammen, weil man anderenorts auf effiziente Art und Weise Kautschukpflanzen anbaute und mit wesentlich höheren Erträgen den Milchsaft gewann, versuchten auch sie, den Anbau in eigenem Lande systematisch in Form von Plantagen zu organisieren und den Wildwuchs in den Griff zu bekommen. Dieser Versuch war jedoch nicht von Erfolg gekrönt. Als Asiens Kautschukplantagen gegen 1910 das Produktionsniveau der Amazonas-Region erreichten, fielen nicht nur die Aktienkurse von Kautschukproduzenten an den Aktienbörsen weltweit, sondern auch die Preise des Rohstoffs Naturkautschuk. Damit einher ging auch der Niedergang der Stadt Manaus. Die Erfindung synthetischen Kautschuks in den 40er-Jahren des 20. Jahrhunderts brachte für die Stadt dann das endgültige wirtschaftliche Aus.

Unzählige Versuche, Kautschukbäume in der Folgezeit in der Amazonas-Region wieder stärker anzubauen und sich dabei der Anbaumethoden Malaysias und Ceylons – des heutigen Sri Lanka – zu bedienen, blieben erfolglos. Grund: Die Bäume wurden von einem Pilz – den »Microcyclus ulei« – befallen und gingen in der Folgezeit ein. Auch heute kann in Brasilien Naturkautschuk lediglich in einem aufwendigen Prozess durch das Einsammeln der im Urwald in wilder Form zu findenden Kautschukbäume gewonnen werden. Die ökologisch einwandfreie – also nachhaltige – Bewirtschaftung bietet einigen Einheimischen in Brasilien bis heute noch eine selbstständige, auskömmliche Existenz.

Heute produzieren insgesamt acht Staaten mehr als 88 Prozent der weltweiten Erzeugung von Naturkautschuk. Die fünf wichtigsten Produzentenländer von Naturkautschuk sind Thailand, Indonesien, Malaysia, Indien und die Volksrepublik China. Daneben haben sich die größten afrikanischen Produzenten Elfenbeinküste, Nigeria und Liberia als Anbieter profiliert. Hauptabnehmer von Naturkautschuk sind die großen Industrieländer der Welt, allen voran die USA, Japan, Deutschland und Frankreich sowie in zunehmendem Maße die VR China.

Die späte Entdeckung der Baum-Tränen

Interessant ist, dass die Welt erst spät die wirtschaftlichen Möglichkeiten erkannte, die der Rohstoff Kautschuk bietet. Der Grund für die späte Entdeckung ist darin zu sehen, dass Rohkautschuk unter bestimmten klimatischen Verhältnissen mehrere ungünstige Eigenarten aufweist. So wird er unter Sonneneinstrahlung klebrig und bei Kälte spröde. Deshalb fand man in den Frühzeiten der Entdeckung des Kautschuks zunächst keine sinnvoll erscheinende Verwendung für dieses neue Naturprodukt. Kautschuk wurde in der Folgezeit dann von Lateinamerika in das bereits weiter entwickelte Europa gebracht. Doch auch hier wurde der Rohstoff lange Zeit lediglich als eine Kuriosität angesehen.

Das änderte sich indes, als der englische Chemiker Joseph Priestly im Jahr 1770 – quasi durch Zufall – feststellte, dass Kautschuk die Fähigkeit hat, Bleistiftmarkierungen auszuradieren. So begannen findige Unternehmer in England bereits kurze Zeit nach der Entdeckung Priestlys damit, Kautschukwürfel so zuzuschneiden, dass sie als Radiergummi verkauft werden konnten.

Im Jahr 1736 sandte La Condamine kleine Stücke Kautschuk an die Akademie der Wissenschaft in Paris und fügte für die dortigen Gelehrten auch eine Beschreibung über die Herstellung des Rohstoffs hinzu. Kautschuk gewinne man, indem die Rinde des Baumes eingeritzt wird und die austretende klebrige Kautschukmilch in kleinen Behältern aufgefangen werde, ließ La Condamine die Wissenschaftler wissen.

Nach und nach wurden im Zuge der Frühindustrialisierung weitere Möglichkeiten der Nutzung von Kautschuk entdeckt. So verwendeten zum Beispiel die mit Heißluftballons zu dieser Zeit für sehr viel Furore sorgenden Brüder Montgolfier als Hülle für ihr Fluggerät ein Segeltuch, das mit in Terpentin gelöstem Kautschuk beschichtet war. Im Jahre 1823 wurden die ersten Regenmäntel von Charles MacIntosh hergestellt, der textile Grundstoffe mit in Naphta gelöstem Gummi beschichtete. Als Problem erwies sich, dass die ersten Regenmäntel unter Wärmeeinfluss sehr klebrig wurden, was die zuvor beschriebenen negativen Eigenarten von Rohkautschuk bestätigt.

Der Mensch zeigte jedoch auch hier wieder seine Fähigkeit, Probleme zu lösen. Mit der Entdeckung der Vulkanisation wurden diese Schwierigkeiten überwunden. Als Erfinder der Vulkanisation gilt kein Geringerer als Charles Goodyear. Der Name Goodyear hat in der Welt der Autoreifen bis heute Weltruf. Goodyear entdeckte im

Jahr 1839 den Vulkanisierungsprozess, als er Kautschuk auf einen heißen und mit Schwefelresten verschmutzten Ofen liegen ließ. Bei diesem chemischen Prozess wird Kautschuk mit Schwefel zusammen erhitzt und formbar gemacht. Durch die Vulkanisation bleibt Kautschuk bei allen Temperaturen elastisch. Seit dieser Erfindung erlebte Kautschuk einen großen weltweiten Siegeszug als Industrierohstoff, der bis heute andauert.

Die Geschichte des mit Luft gefüllten Gummireifens geht im Jahr 1845 auf Robert William Thomson zurück. Dessen Idee setzte sich jedoch nicht durch. Im Jahr 1888 beschäftigte sich dann aber der irische Tierarzt John Boyd Dunlop mit der Entwicklung von Luftreifen. Enorme Auswirkungen auf Kautschuk und auf die Produzentenländer dieses Rohstoffs hatten mit Luft gefüllte Gummireifen für Automobile, die es erstmals im Jahr 1894 gab. Spätestens im Ersten Weltkrieg stand die Neuanpflanzung von Kautschukplantagen in direktem Zusammenhang mit der Automobilproduktion. Bis zum Jahr 1930 stieg der Anteil der Reifenproduktion am globalen Kautschukverbrauch auf 75 Prozent.

In Amerika ging man so weit, dass sogar zwei Automobil- beziehungsweise Reifenkonzerne eigene Kautschukplantagen errichteten. Ford versuchte es in Brasilien mit zwei großen Plantagen und Firestone in Sumatra und Liberia. Eine Quasi-Monopolstellung in der Kautschukproduktion hatten England und die Niederlande inne, was auf ihre Kolonien zurückzuführen ist.

Von der Massenproduktion der mit Luft zu füllenden Gummireifen ging ein enormer Impuls aus. Wenngleich der Löwenanteil der Gummiprodukte heute mit synthetisiertem Kautschuk hergestellt wird, ist Naturkautschuk auf zahlreichen Anwendungsgebieten nicht wirklich zu ersetzen. Produkte wie Kondome oder Luftballons benötigen eine derart hohe Konsistenz und Flexibilität, wie sie eben nur Naturkautschuk bietet. Und so gelten die hohe Elastizität, die enorme Kälteflexibilität und nicht zuletzt die bestehende Zugfestigkeit als die wichtigsten Eigenschaften von Naturkautschuk. Daher findet man Naturkautschuk in der industriellen Nutzung

Tabelle 79: Kautschukverbrauch in der Welt

Jahr 2003	Jahr 2004	Jahr 2005	Jahr 2006 e	Jahr 2007 e
7,966 Mio. Tonnen	8,332 Mio. Tonnen	8,870 Mio. Tonnen	9,400 Mio. Tonnen	9,920 Mio. Tonnen

e = Schätzung

Quellen: International Rubber Study Group, EIU und tkMedia AG

heute vor allem bei der Produktion von Automobilreifen, in Motorlagern, diversen Gummi/Metall-Verbindungen sowie bei im Alltag genutzten Latexartikeln (wie Handschuhen, Kondomen oder PET-Flaschen).

Allerdings werden bei Autoreifen Synthesekautschuk und Naturkautschuk gemischt. Dabei werden nicht selten mehr als zehn Kunst- und Naturkautschuksorten verwendet. Rein synthetisch erzeugte Kautschukarten wie Polybutadien (BR) und Styrol-Butadien-Rubber (SBR) werden nach den Wünschen der Reifenbauer hergestellt. In mehreren großen Tanks mit Rührwerken werden die Ausgangsmaterialien des Industriekautschuks mit Emulgatoren versetzt und durchlaufen dann eine Polymerisationskette. Vollautomatisch werden bis zu mehr als zehn Gummimischungen pro Reifen zusammen gemixt. Wenn im Anschluss an mehrfache Mischvorgänge eine homogene Masse entstanden ist, wird das Material zu einem Band ausgewalzt. Danach kommt der Stoff in einen Extruder – also in eine Spritzmaschine –, in dem dem Reifen sein künftiges Profil gegeben wird.

Von Mutter Natur zur Synthese

Was waren die Triebfedern für die Entwicklung von künstlichem Kautschuk? Jene Länder, die keine eigenen Kautschukplantagen besaßen, träumten bereits vor vielen Jahrhunderten davon, ein dem Kautschuk möglichst ähnliches Produkt auf chemischem Weg zu gewinnen. Die ersten Versuche der Herstellung synthetischen Materials scheiterten. So ist bekannt, dass der englische Forscher Sir William Tiden seine Experimente im Jahr 1882 erfolglos abbrach. Dem für den Chemie-Giganten Bayer arbeitenden deutschen Wissenschaftler Fritz Hofmann (1866-1956) gelang dann schließlich die Synthese des Kautschuks. Im Jahr 1909 wurde ein Patent erteilt, das die Erzeugung von synthetischem Kautschuk mit technischen Verfahren erlaubte.

Als wichtigste Methode der Herstellung von Kautschuk gilt die Polymerisation, eine Reaktion zur Herstellung von Makromolekülen durch Zusammenschluss ungesättigter Monomeren oder von Monomeren instabiler Ringsysteme. Zur ersten Massenproduktion von Synthesekautschuk kam es dann in Leverkusen im Jahr 1915. Nicht zuletzt wegen des Ersten Weltkriegs wurde die Forschung zum synthetischen Kautschuk forciert, da Deutschland vom globalen Rohstoffmarkt – und damit auch vom Markt für Naturkautschuk – abgeschnitten war.

Bei Kriegsende wurden die Forschungsanstrengungen reduziert, weil wegen boomender Naturkautschukplantagen auf der gesamten Welt genügend Material zur Verfügung stand. Im Jahr 1926 nahm man die Forschung wieder auf. Zur Entwicklung des heute weltberühmten »Buna« waren langjährige chemische Versuche nötig. Es wurde erkannt, dass statt Isopren auch Butadien als Ausgangsstoff für Kautschuk verwendet werden konnte. Ab 1926 konnte in Deutschland künstlicher Kautschuk produziert werden, der eine ähnlich hohe Qualität wie Naturkautschuk aufwies.

V

Investieren in Rohstoffe

»Rohstoffe erleben eine Renaissance.« Diese auf mehreren Titelseiten deutscher Wirtschaftszeitungen zu findende Überschrift verrät, dass Rohstoffe beileibe keine neue Anlageklasse sind, auch wenn diese These in so mancher Studie von Investmentbanken zuletzt so dargestellt wurde. Zahlreiche Banken vor allem in Europa wollten mit einer solchen Aussage ganz offensichtlich die Tatsache verdrängen, dass sie den in den Jahren 1999/2000 einsetzenden Aufschwung der Rohstoffmärkte verpasst haben. Doch in Wirklichkeit sind Investments in Rohstoffe wesentlich älter als die moderne Kapitalanlage an den Finanzmärkten. So wurde eine Menge Kapital nicht nur bereits während der Ära des Agrarzeitalters, sondern auch im folgenden Zeitalter der industriellen Entwicklung in Rohstoffe investiert.

Dass die Geschichte moderner Terminbörsen am Chicago Board of Trade bereits vor fast 160 Jahren begann, ist ein weiterer Beweis für die These, dass Rohstoffe eine seit langem etablierte Anlageklasse sind. Und wer sich an die Studie *Grenzen des Wachstums* erinnert, mit der der Club of Rome im Jahr 1972 die Weltöffentlichkeit über die »Erschöpflichkeit« der Welt-Rohstoffreserven aufschreckte, der wird möglicherweise wieder an die darauf bis Anfang der 80er-Jahre folgende Rohstoff-Hausse denken.

Richtig ist, dass Rohstoffe aus Sicht der Börsen und der Kapitalanleger in den vergangenen fünf Jahren einen, in dieser Dynamik nur selten erlebten, Aufschwung erfahren und einen neuen Hausse-Zyklus eingeleitet haben. Richtig ist auch, dass Rohstoffe unter dem Aspekt der modernen Portfoliotheorie erst seit rund fünf Jahren näher betrachtet und analysiert werden. Vor allem institutionelle Investoren haben die Bedeutung der Anlageklasse Rohstoffe in einem modernen Portfolio erkannt; denn Rohstoffe weisen zum einen eine geringe Korrelation zu den herkömmlichen Anlageklassen Aktien und Anleihen auf und reduzieren dadurch zum anderen das Risiko des Gesamtportefeuilles.

Anleger müssen berücksichtigen, dass die Anlageklasse Rohstoffe erhebliche Unterschiede zu den traditionellen Investmentformen Aktien und Anleihen aufweist. Rohstoffe sind zwar investierbare Vermögenswerte, jedoch keine Kapital-Vermögenswerte. Rohstoffe liefern (von Ausnahmen wie Gold und Silber abgesehen) keine Erträge in Form von Dividenden und Zinsen. Die Bewertung von Rohstoffen erfolgt auf Grund der Überlegung, dass diese Vermögenswerte deshalb einen Wert verdienen, weil sie entweder direkt von den Menschen verbraucht oder aber in Verbrauchsgüter umgewandelt werden. Der Wert von Rohstoffen zu einem bestimmten Zeitpunkt entspricht den Basisüberlegungen von Angebot und Nachfrage.

Aus dieser Überlegung ist die Entstehen von Futures-Kontrakten abzuleiten. In die Bewertung von Futures-Kontrakten fließt das in der Zukunft liegende Verhältnis von Angebot und Nachfrage ein. Hieraus (und aus anderen Faktoren wie etwa der Zinsentwicklung, Witterungseinflüssen oder politischen Überlegungen) leiten sich die Preise von Rohstoff-Futures-Kontrakten ab. Dass Rohstoffe darüber hinaus für die Weltbevölkerung sehr wichtig sind, lässt sich allein dadurch begründen, dass wir alle ohne Energie, Metalle und Agrarprodukte sowie ohne die Urstoffe Erde, Luft und Wasser keine Überlebenschance hätten. Allein die zuvor genannten Faktoren rechtfertigen es, Rohstoffe als eigene Anlageklasse zu sehen.

Vor diesem Hintergrund müssten Anleger zu der Erkenntnis gelangen, dass sie sich unbedingt einen Vorrat an Rohstoffen anschaffen sollten. Zum einen erscheint eine solche Überlegung in der Praxis kaum umsetzbar, weil der private Anleger kaum die Möglichkeit hat, in einem eigenen Lagerhaus eine breite Palette von Rohstoffen zu horten. Zum anderen ist nüchtern festzustellen, dass die Preisentwicklung von Rohstoffen seit dem Zweiten Weltkrieg nicht mit der Inflation Schritt gehalten hat. Mit anderen Worten: Wer seit dem Jahr 1950 in Rohstoffe investierte, hat eine miserable Rendite erzielt. Mit anderen Worten: Rohstoffe weisen bestimmte Zyklen auf, wie auch an anderer Stelle dieses Buches beschrieben wird.

Mit der politischen und ökonomischen Revolution in der VR China und dem Erwachen des indischen Subkontinents ist ein solch neuer Zyklus eingeleitet worden, der, sowohl von der Zeitdauer als möglicherweise auch von der Dynamik her, alle anderen Zyklen der vergangenen Jahrhunderte in den Schatten stellen wird. Der einfache Grund ist, dass rund 2,4 Milliarden Menschen verstärkt als Rohstoffnachfrager auftreten.

Am simpelsten sind für Anleger Investments in Rohstoffindizes. Darüber hinaus haben an Rohstoffen interessierte Kapitalanleger grundsätzlich noch andere Möglichkeiten für die Umsetzung ihrer Commodity-Investment-Strategien, nämlich

- Direktinvestments in einzelne Rohstoffe, vorzugsweise in die »edlen Rohstoffe« Gold, Silber, Platin, Palladium, Diamanten, Edelsteine und Halbedelsteine;
- Investments in Rohstoff-Aktien;
- Investments in auf Rohstoff-Aktien fokussierte Investmentfonds;
- Investments in Exchange Traded Funds (ETF) auf Rohstoffindizes;
- Investments in Exchange Traded Funds beziehungsweise Exchange Traded Commodities (ETC) auf einzelne Rohstoffe;
- Investments in CFDs (Contracts for Difference);
- Investments in Futures auf einzelne Rohstoffe;
- Investments in Futures auf Rohstoffindizes wie den Goldman Sachs Commodities Index (GSCI), den DJ AIG Commodity Index, den Deutsche Bank Liquid Commodity Index (DBLCI), den Rogers International Commodities Index (RICI) oder den

Reuters/Jeffries CRB Index;
- Investments in Optionen auf Rohstoff-Futures und Rohstoffindex-Futures;
- Investments in ISA (Individual Savings Accounts), die in Großbritannien durch den Finanzdienstleister Dawnay Day Quantum populär gemacht wurden;
- Investments in strukturierte Produkte (etwa Zertifikate, Mini-Futures, Anleihen oder Optionsscheine) auf Rohstoffe;
- Investments in auf Rohstoffe spezialisierte Hedge Funds.

Direktinvestments in Rohstoffe

Für private Anleger bieten sich direkte Investments in physische Rohstoffe in der Regel nicht an. Ausgenommen sind die sogenannten »precious commodities« wie Gold, Silber, Platin, Palladium (mit Abstrichen auch die anderen zur Platingruppe gehörenden Edelmetalle), Diamanten, Edelsteine und Halbedelsteine. Die Edelmetalle stehen den Anlegern dabei in der Regel in Münzen, Barren und in Form von Schmuck (als Kette, Ring, Armreif oder Ohrhänger) zur Verfügung, wobei der eindeutig größte Teil auf Gold entfällt.

Diamanten stehen als Rohdiamanten und in geschliffener Form als Brillanten – oft gemeinsam mit aus Edelmetallen gefertigten Schmuckstücken – zur Verfügung. Sie eignen sich einzeln sowohl als Rohdiamanten als auch in geschliffener Form sowie als Schmuckstück verarbeitet vorzüglich zur direkten physischen Rohstoffkapitalanlage. Die Geschichte hat gezeigt, dass Diamanten gerade in Krisenzeiten ein sehr begehrtes Zahlungsmittel waren. Wegen ihres geringen Umfangs können die schillernden Steine sowohl gut aufbewahrt als auch problemlos transportiert werden. Schon kleinere Mengen hochwertiger Diamanten können ein Vermögen darstellen.

Dass Diamanten und Diamantenschmuck ein solides Direktinvestment sind, lässt sich auch daran erkennen, dass die Diamantenpreise in den vergangenen Jahren kontinuierlich gestiegen sind, was an anderer Stelle dieses Buches ausführlich dargestellt wird. Für Diamantschmuck werden am Weltmarkt Preise gezahlt, die meist weit über den reinen Wert des Diamanten hinausgehen, da sich in diesen Preisen sowohl die Arbeitskosten für die Erstellung des Schmucks als auch eine in der Regel nicht unerhebliche Gewinnmarge des Juweliers wiederfinden. Die hier für die Kapitalanlage in Diamanten aufgestellten Thesen treffen im Prinzip auch auf Edelsteine zu.

Direktinvestments in andere Rohstoffe bieten sich für einen Kapitalanleger in der Regel nicht an. Denn welcher Anleger möchte schon gern zum Beispiel beim Auslaufen eines Futures-Kontrakts an den Terminbörsen die physische Ware beziehen und zum Beispiel eine Wagenladung Schweinebäuche oder eine Lieferung Rohöl auf seinem Hof oder in seinem Vorgarten vorfinden?

Populäre Anlageformen bei Edelmetallen

Exchange Traded Funds (ETFs) – Exchange Traded Commodities (ETCs)

Vorteile:
Investoren, die sich direkt in Edelmetallen engagieren wollen, gleichzeitig jedoch nicht daran interessiert sind, die Metalle wirklich physisch zu besitzen und Versicherungsprämien für die Verwahrung und Kosten für die Lagerung zu bezahlen, haben derzeit bei Gold und Silber mit ETFs beziehungsweise ETCs eine ideale Möglichkeit. Seit geraumer Zeit wird darüber spekuliert, dass ETFs in absehbarer Zeit in Platin und möglicherweise auch in Palladium emittiert werden könnten. Ein Vorteil von ETFs ist die hohe Liquidität, da diese von speziellen Firmen (Trusts) ausgegebenen Instrumente wie Aktien an den führenden Börsen in der Welt in New York, London, Frankfurt und Zürich gelistet sind. Die Instrumente bilden jeweils eine oder mehrere Feinunzen des jeweiligen Edelmetalls ab.

Nachteile:
ETF reflektieren den Preis des jeweiligen Edelmetalls, sodass auch diese Instrumente die normalen in Edelmetallen bestehenden Preis-

und Marktrisiken aufweisen. Darüber hinaus geht der Anleger mit ETFs auch ein – allerdings als gering zu bewertendes – Emittentenrisiko ein.

Edelmetallbarren anerkannter Raffinerien

Vorteile:
Dies ist normalerweise die günstigste Art, direkt in physische Edelmetalle wie Gold, Silber, Platin und auch Palladium zu investieren. Die in unterschiedlicher Größe verfügbaren Barren sind jederzeit in Bargeld umtauschbar – und das auf internationaler Basis. Die Preise von Edelmetallbarren (vornehmlich aus Gold und Silber) werden weltweit in den führenden Finanzzentren veröffentlicht.

Nachteile:
Die Barren müssen sicher verwahrt werden – hierfür können Kosten anfallen. Edelmetallbarren werfen keine Erträge wie Zinsen ab.

Edelmetall-Aktien

Vorteile:
Aktien von Edelmetallproduzenten bieten dem Anleger die Möglichkeit von Kursgewinnen. Die Entwicklung des Aktienkurses hängt indes sowohl von der Entwicklung der Edelmetallpreise als auch von den Leistungen des Top-Managements der Minengesellschaften ab. Die Aktien führender Edelmetallproduzenten werfen in der Regel Dividenden ab – anders sieht es allerdings bei Explorationsunternehmen aus. Siehe hierzu auch das detaillierte Kapitel über »Gold-Aktien« ab Seite 381.

Nachteile:
Der Kauf von Edelmetall-Aktien erfordert in der Regel einen höheren Kapitaleinsatz als der Erwerb kleinerer Edelmetallbarren. Darüber hinaus sollten Anleger Kenntnisse von der Funktionsweise der Aktienmärkte haben. Wichtig ist auch, dass der Anleger die Spreu vom Weizen trennt; denn gerade zu Beginn des neuen Jahrtausends sind zum Beispiel in Kanada und Australien zahlreiche

kleinere Edelmetallexplorationsgesellschaften entstanden, deren Aktienkurse oftmals nur den »Faktor Hoffnung« reflektieren.

Edelmetallinvestmentfonds

Vorteile:
Investmentfonds sind im Vergleich zu Edelmetall-Aktien das weniger riskante Investment, da die Fondsmanager das Kapital ihrer Anteilseigner in zahlreiche Aktien von Edelmetallproduzenten investieren und der Anleger so nicht vom Kursverlauf einer einzelnen Aktie abhängig ist.

Nachteile:
Auch Edelmetallinvestmentfonds erfordern – wie Edelmetall-Aktien – in der Regel einen größeren Kapitaleinsatz als der Erwerb kleinerer Edelmetallbarren. Bei Kapitalanlagen in Investmentfonds sind auch Kenntnisse über die Aktienmärkte erforderlich.

Edelmetall-Münzen

Vorteile:
Edelmetallmünzen sind etwas für den Anleger mit »kleinem Geldbeutel«, denn einige Münzen sind schon für weniger als zehn Euro zu haben. Edelmetallmünzen sind vergleichsweise leicht zu verstauen, zu lagern und zu transportieren. Edelmetallmünzen können relativ leicht zu Bargeld gemacht werden, da Banken in aller Welt diese Münzen als Zahlungsmittel akzeptieren. Für die meisten Goldmünzen wie für den südafrikanischen Krügerrand oder die Schweizer Goldmünze »Vreneli« gibt es täglich in fast allen Ländern der Welt Preisfeststellungen. Die Preise der Goldmünzen orientieren sich am aktuellen Goldpreis.

Nachteile:
Der Anleger sollte Edelmetallmünzen sicher lagern – vorzugsweise im Safe seiner Bank. Edelmetallmünzen werfen keine Erträge (also keine Zinsen) ab. Nicht selten weisen solche Münzen eine Prämie zu ihrem eigentlichen Münzwert auf.

Edelmetallmedaillen

Vorteile:
Gold-, Silber- und Platinmedaillen sind vom Anleger im internationalen Münz- und Medaillenhandel bereits für wenig Geld zu erwerben. Sie lassen sich leicht lagern und transportieren.

Nachteile:
Der Anleger sollte solche Medaillen sicher lagern, vor allem wenn sie einen hohen Edelmetallgehalt aufweisen. Ein großer Nachteil ist darin zu sehen, dass diese Medaillen nicht so leicht in Bargeld umzutauschen sind wie Edelmetallmünzen. Anleger sollten darauf achten, dass die Medaillen von einer im Edelmetallhandel anerkannten Raffinerie stammen.

Edelmetallverwahrungszertifikate

Vorteile:
Edelmetallverwahrungszertifikate reflektieren den Wert einer bestimmten Menge an Gold, Silber, Platin oder Palladium. Diese Instrumente fanden Mitte der 80er-Jahre im europäischen Goldhandel großen Anklang, als Anleger die Besteuerung des Goldbesitzes in Deutschland durch den Erwerb steuerfreier Zertifikate in Luxemburg umgingen. Diese Finanzinstrumente sind sehr liquide und leicht in Bargeld zu tauschen.

Nachteile:
Anleger, die eine physische Auslieferung des verwahrten Edelmetalls wünschen, müssen sich darauf einrichten, dass die Lieferung einige Tage in Anspruch nehmen kann. Beim Erwerb der Zertifikate befindet sich das Edelmetall also nicht im Besitz des Käufers, daher besteht bei dieser Art des Edelmetallinvestments ein gewisses Emittentenrisiko.

Edelmetallsparpläne

Vorteile:
Der Anleger kann seinen Sparplan bereits mit Kleinstbeträgen von 50 Euro starten. Sparpläne bieten dem Anleger die Möglichkeit des so genannten »cost averages« – er kann sich also über die Zeit hinweg zu unterschiedlichen Preisen eine größere Position Edelmetalle aufbauen. Lagergebühren entstehen für den Anleger nicht.

Nachteile:
Beim Sparplan kann der Anleger nicht über das physische Edelmetall verfügen. Je nachdem, welches Finanzinstitut den Sparplan umsetzt, besteht für den Anleger ein Emittentenrisiko.

Edelmetall-Futures

Vorteile:
Dies ist eine der spekulativsten Formen der Anlage in Edelmetallen. Der Anleger hat die Möglichkeit, den Hebeleffekt von Futures zu nutzen und bereits mit geringem Einsatz auf einen bestimmten Preistrend von Gold, Silber, Platin und Palladium – auf diese vier Edelmetalle werden an der NYMEX in New York Futures-Kontrakte gehandelt – zu setzen. Die Kontrakte gelten – unter Führung von Gold – als sehr liquide. Der Anleger hat kein Lagerrisiko.

Nachteile:
Der Handel mit Futures ist nicht für jeden Anleger geeignet. An den Börsen bestehen für private Anleger zahlreiche Beschränkungen. Entwickelt sich der Preis nicht in die vom Anleger erwartete Richtung, sieht er sich hohen Risiken ausgesetzt, da er von seiner Bank (seinem Broker) zur Erbringung von finanziellen Nachschüssen aufgefordert wird. Theoretisch besteht im Futures-Handel ein unbegrenztes Verlustrisiko. So kann die Bank im Extremfall (also bei hohen Verlusten) den Futures-Kontrakt des Anlegers von sich aus schließen. Der Handel mit Edelmetall-Futures erfordert exzellente Marktkenntnisse.

Edelmetalloptionen

Vorteile:
Optionen sind neben Futures eine der spekulativsten Formen der Anlage in Edelmetallen. Anleger haben mit Optionen die Chance, mit geringem Kapitaleinsatz (von rund zehn bis 20 Prozent des eigentlichen Edelmetallwerts) auf einen bestimmten Preistrend zu setzen und überdurchschnittliche Erträge zu erzielen. Im Gegensatz zu Futures ist das Risiko bei Optionen auf den vom Anleger erbrachten Einsatz (den Kaufpreis der Option also) beschränkt.

Nachteile:
Der Handel mit Edelmetalloptionen ist nur für geschulte Anleger geeignet. Optionen weisen ein hohes Risiko auf, das jedoch auf den erbrachten Einsatz beschränkt ist.

Strukturierte Produkte auf Edelmetalle

Vorteile:
Mit strukturierten Produkten (Zertifikaten aller Art, Optionsscheinen, Anleihen etc.) können Anleger vielfältige Anlagestrategien umsetzen. Dabei kommt es maßgeblich auf die Risikobereitschaft eines jeden einzelnen Anlegers an. Diese Produkte werden in der Regel an speziellen Derivatesegmenten von Wertpapierbörsen gehandelt. Am populärsten in Europa ist die Euwax in Stuttgart.

Nachteile:
Die Vielzahl der strukturierten Produkte auf Edelmetalle ist inzwischen als ein Nachteil zu sehen, da es diesem Marktsegment zum Teil an Transparenz und an Liquidität mangelt. Der Handel mit strukturierten Produkten erfordert exzellente Marktkenntnisse des Anlegers.

Minen-Aktien

Seit Beginn des neuen Jahrtausends haben Rohstoff-Aktien bei privaten und institutionellen Kapitalanlegern merklich an Popularität gewonnen. Das zunehmende Interesse kann indes noch immer nicht darüber hinwegtäuschen, dass das Kapital, das in die Branche investiert wurde, bei weitem nicht die Bedeutung reflektiert, die Rohstoffe und die hieraus hergestellten Endprodukte im Alltagsleben haben.

Ein ganz entscheidender Grund für die Zurückhaltung der Anleger ist vor allem darin zu sehen, dass die Aktien der unterschiedlichen Unternehmen in der langen Wertschöpfungskette der Rohstoffbranche – von der Exploration über die Förderung, den Transport, die Verarbeitung und Veredelung der Rohwaren bis hin zum Endprodukt – allgemein als zyklische Werte gelten. Und zyklischen Aktien wird an der Börse immer wieder ein hohes Risiko beigemessen.

Das besondere Augenmerk der Anleger gilt den Aktien von Gesellschaften, die Edelmetalle und Buntmetalle produzieren. Diese gelten nicht erst seit dem weltweit für Negativschlagzeilen sorgenden Betrugsfall von BreX allgemein als hochriskant. Das ehemalige kanadische Minenunternehmen hatte seinerzeit durch gefälschte Unterlagen die Entdeckung riesiger Rohstoffvorkommen in Fernost vorgegaukelt. Anleger in aller Welt waren damals auf hohen Kursverlusten sitzen geblieben. Aktuelle Untersuchungen zeigen allerdings, dass Minen-Aktien kein größeres Risiko aufweisen als zum Beispiel Aktien von Gesellschaften, die auf den zukunftsträchtigen Gebieten der Biotechnologie, der Nanotechnologie oder moderner Energietechnologie forschen.

Was bestimmt die Kursentwicklung von Rohstoff- und Minen-Aktien?

Der Erfolg von Rohstoffgesellschaften ist eng verbunden mit der Preisentwicklung der entsprechenden Rohstoffe. Einen Überblick über die Preisentwicklung der wichtigsten Metalle bietet Tabelle 80. Mitentscheidend für die Kursentwicklung von Minen-Aktien sind darüber hinaus die Fähigkeiten des Managements. Im Top-Management von Unternehmen der Minenbranche ist eine Personalkombination von Finanzfachleuten und Geologen nicht nur sinnvoll. Sol-

Tabelle 80: Preisentwicklung bei wichtigen Metallen – Trends 2006

	Schluss-kurs	Range 2006		Veränderung seit	
		höchst	niedrigst	3. Januar	Jahres-hoch 2006
Nickel $/t	34.595	13.505	35.450	156	-2
Zink $/t	4.310	1.912	4.620	125	-7
Zinn $/t	11.775	6.595	11.345	79	0
Blei $/t	1.709	915	1.808	55	-5
Silber $/oz	12,82	8,83	14,94	42	-14
Kupfer $/t	6.340	4.537	8.788	40	-28
Aluminium $/t	2.857	2.267	3.275	26	-13
Palladium $/oz	323	265	404	22	-20
Gold $/oz	634	525	725	20	-13
Platin $/oz	1.112	982	1.355	13	-18
Öl $/bbl	60,53	55,9	77,05	-4	-21

Quelle: tkMedia AG

che sich ergänzenden Managementfähigkeiten stellen wegen der Unwägbarkeiten des Geschäfts beinahe eine Notwendigkeit dar.

Die größten Fragezeichen für die Kursentwicklung von Minen-Aktien werden durch die Geologie vorgegeben. Weltweit existieren unzählige Rohstoffprojekte mit ermutigenden mineralischen Vorkommen, die eine Exploration durchaus als sinnvoll erscheinen lassen. Am Ende des Tages gibt es jedoch nur vergleichsweise wenige Vorkommen, deren Erschließung sich als ökonomisch sinnvoll erweist. Zum einen können sich die nachgewiesenen Metallgrade als zu niedrig erweisen, und zum anderen verhindern hohe Produktionskosten die Errichtung einer Mine.

Wichtig zu wissen ist jedoch, dass die Kurse von Minen-Aktien in den unterschiedlichen Phasen des Lebens- und Entwicklungszyklus der Gesellschaft durchaus einen positiven Trend aufweisen können, obwohl sich der Abbau des gefundenen Vorkommens letztlich doch als ökonomisch nicht vertretbar herausstellt. Das hängt vor allem vom jeweils geltenden Sentiment (der Stimmung also) ab, das zu diesem Zeitpunkt herrscht. So kann an den Märkten bei stark gestiegenen Preisen einzelner Rohstoffe (wie zuletzt zum Beispiel bei Uran) ein Run auf all jene Aktien von Unternehmen einsetzen, die in der Uranexploration tätig sind.

Berichtet eine Junior-Minengesellschaft zum Beispiel über gute Explorationsresultate, so können sich Anleger hierdurch in Erwartung weiterer guter Nachrichten zu Käufen hinreißen lassen. Der Aktienkurs solcher Unternehmen kann in einem solchen Fall also durchaus stark steigen, obwohl das Explorationsunternehmen selbst viele Jahre davon entfernt sein kann, in die exklusive Riege der produzierenden Metallminengesellschaften aufzusteigen.

Auf der anderen Seite kann der Angstfaktor bei Junior-Minengesellschaften dafür sorgen, dass Aktien solcher Firmen unter starken Abgabedruck geraten, weil Anleger bei schlechten Explorationsmeldungen zu der Meinung gelangen, dass die von dem Unternehmen forcierten Projekte wenig Potenzial haben. Die meisten dieser Aktien von Junior-Minengesellschaften werden an der TSX Venture Exchange gehandelt. Diese ehemals unter dem Namen Vancouver Stock Exchange (VSE) firmierende Börse galt über viele Jahrzehnte hinweg als »Wildwest-Börse«, an der die Broker, bildlich gesprochen, zuerst schossen und dann erst nach den Gründen fragten.

Am Ende entscheidet jedoch auch bei Minen-Aktien der unternehmerische Erfolg, sprich: die aus dem Boden zu möglichst geringen Kosten aus dem Erdreich geholte Menge an Metallen. Am folgenden Beispiel der Gold-Aktien werden die Schwierigkeiten hinsichtlich einer verlässlichen Bewertung von Rohstoffunternehmen auf ihren verschiedenen Entwicklungsstufen deutlich.

Die Bewertung von Gold-Aktien

Die wichtigste – aber keinesfalls alleinige – Determinante für die Analyse von Gold-Aktien ist zweifelsfrei der Preis des Goldes. Es kann nicht bestritten werden, dass sich die Kurse der Gold-Aktien bei langfristiger Betrachtung im Gleichklang mit dem Preis des gelben Metalls bewegen. Keinen Anleger wird es überraschen, dass zwischen dem Goldpreis und den führenden Gold-Aktien-Indizes eine sehr starke Korrelation zu sehen ist.

Denn der Preis des verkauften Produktes entscheidet auch (oder gerade) bei Goldminen – ähnlich wie in anderen Wirtschaftszweigen – über die Gewinnentwicklung der Unternehmen. Ist ein weltweit tätiges Unternehmen wie Coca-Cola zum Beispiel in der Lage, die Preise seiner Getränke zu erhöhen, so wird sich dies bei gleich bleibenden Kosten positiv in der Bilanz niederschlagen. Ähnliches gilt für die Produzenten von Gold und anderen Rohstoffen.

Wenn Gold und Gold-Aktien bei längerfristiger Betrachtung im Gleichlauf in eine bestimmte Richtung marschieren, so zeigt eine kurz- und mittelfristige Analyse sehr wohl zeitliche Unterschiede auf. Nicht selten ist festzustellen, dass die Kurse der Gold-Aktien eine zu einem späteren Zeitpunkt einsetzende Entwicklung des Goldpreises vorwegnehmen. Doch dies ist kein allgemeingültiger Trend; denn es gab in der Vergangenheit auch einige wenige Phasen, in denen zunächst der Goldpreis stieg oder fiel und die Aktien der Minengesellschaften diesen Preistrend erst zu einem späteren Zeitpunkt nachvollzogen.

Eine auf solider Fachinformation beruhende und damit als zuverlässig geltende Analyse von Minengesellschaften erfordert ein spezifisches Know-how. Für so manchen Anleger erweist sich der Bergbau nach dem Motto »Nichts Genaues weiß man nicht« als ein Buch mit sieben Siegeln. Allein die Tatsache, dass Geologen den Anlegern erklären, irgendwo in mehreren hundert oder tausend Metern Tiefe befinde sich ein Goldvorkommen, dessen Qualität und Quantität nicht genau definiert werden könne, zeigt das Dilemma, in dem sowohl die Bergbauunternehmen als auch die Anleger stecken.

Sowohl die Goldminengesellschaften als auch die Analysten haben mit ihrer geheimnisvoll anmutenden geologischen Terminologie so etwas wie einen Mythos geschaffen. Da wird zum Beispiel von »high grade projects« und »low grade projects« oder aber von »probable mineral reserves« und »proven mineral reserves« gesprochen. Bei der Vorlage von Bohrergebnissen werden eine Menge Einzelheiten mit für Laien nur schwer verständlichem Zahlenmaterial geliefert.

Anleger, die allein die Terminologie der Geologen und Analysten verstehen wollen, sind daher gezwungen, sich eingehend mit Fachbegriffen auseinanderzusetzen. Als eine gute Grundlage dient dabei die Erklärung der Entstehung von Gold. Gold ist eines der wenigen Metalle, die in der Natur als Element vorkommen. Die besten geologischen Bedingungen zur Bildung von Goldlagerstätten bestanden zur Erdurzeit (dem Archaikum) vor mehr als 2,5 Milliarden Jahren. Damals brodelte es im Erdinneren. Heißes Magma erhitzte das in der Erdkruste eingelagerte Wasser. Man spricht von »hydrothermalen Lösungen«. Der hierdurch erzeugte Wasserdampf stieg auf und löste dabei die überall in der Erdkruste zu findenden Goldatome aus dem Gestein. In den oberen Erdschichten kühlte der Wasserdampf dann ab, sodass das nach oben getriebene Gold kristallisierte und sich in Lagerstätten sammelte.

In der Natur kommt Gold in zwei Formen vor. Zum einen in fester Verbindung mit Gesteinen und Mineralien (Berggold, Primärlagerstätten). Zum anderen ist Gold als Resultat der Erosion von Primärlagerstätten in Form von Goldklumpen in Flussbetten, im Sand oder im Kies zu finden. Hierbei spricht man von Waschgold oder alluvialem Gold.

Die größten Edelmetalllagerstätten sind auf »Kratonen« – in Australien auf dem Yilgarn Kraton oder in Südafrika auf dem Kaapvaal Kraton – zu finden. Der geologische Fachausdruck Kraton bezieht sich auf die stabilen inneren Teile eines Kontinents. Kratone bestehen aus kristallinem Krustenmaterial und unterscheiden sich dadurch von weniger stabilen Teilen eines Kontinents.

Drilling entscheidet über Erfolg oder Misserfolg

Bohrungen ins Erdinnere sind der wohl wichtigste Bestandteil bei der Exploration einer erzhaltigen Lagerstätte. Die Ergebnisse aus solchen Bohrungen – »drilling results« – sind der bedeutendste Indikator für die Definition von »Ressourcen« und »Reserven«. Anleger müssen allerdings wissen, dass Bohrung nicht gleich Bohrung ist und dass sich bei der Auswertung der Bohrergebnisse selbst die Geister von Experten scheiden.

Die Interpretation von Bohrergebnissen ist vergleichsweise kompliziert und bedarf eines hohen geologischen Fachwissens. Zur wirklichen Evaluierung von Bohrresultaten sind zahlreiche statistische und lagerstättenkundliche Analysen notwendig. Je nach Tiefe der Bohrung, nach dem Typ des jeweiligen Gesteins oder dem Ziel der Exploration werden Bohrungen auf unterschiedliche Weise und mit unterschiedlicher Methodik vorgenommen. Geologen sprechen zum Beispiel von »reverse circulation drilling« oder von »diamond drilling«.

Was sind Reserven – und was sind Ressourcen?

Allgemein wird in der Fachwelt bei der Bestimmung der Reserven und bei der Bewertung eines Vorkommens unterschieden in die Begriffe »proven mineral reserves« und »probable mineral reserves«. Die Reserven einer Lagerstätte definieren den Teil eines Erzkörpers, der unter bestimmten wirtschaftlichen und technischen Voraussetzungen abgebaut werden kann. Reserven sind ein Teil der Ressourcen einer Lagerstätte. Die Bestimmung von Ressourcen und Reserven erfolgt in der Regel durch einen unabhängigen Gutachter, der kein direktes Interesse an dem zur Bewertung anstehenden Projekt hat. Auf diese Art und Weise sollen Interessenkonflikte vermieden werden.

Die Ressourcen einer Erzlagerstätte definieren jenen in der Gewichtseinheit Tonnen ausgedrückten Teil einer Gesteinsmenge mit einem bestimmten Erzgehalt, einer definierten Abgrenzung und anderen lagerstättenkundlichen Parametern, die mit einer bestimmten Gewissheit definiert werden können. Der Begriff Ressourcen umfasst also alle als möglich erachteten Reserven eines abgesteckten Claims, also auch jene Teile einer Fläche, auf der von der Explorationsgesellschaft noch keine ausgiebigen Bohrungen und noch keine eingehenden geologischen Evaluierungen vorgenommen wurden. Ressourcen enthalten also auch jenen Teil der möglichen Erzvorkommen, der nicht unbedingt wirtschaftlich abbaubar ist.

Der Begriff »measured mineral resources« – also gemessene Ressourcen – ist der Teil der Gesamtressourcen, für den das Volumen durch Bohrresultate bestimmt worden ist. Wichtig für eine Einordnung von Ressourcen in diese bestimmte Kategorie ist, dass durch die Bohrresultate und Ausschlüsse eine hohe Sicherheit im Hinblick auf die Form der Lagerstätte, auf den Erzgehalt und auf die Qualität der Vererzung gegeben werden kann.

Die »indicated mineral resources« – angezeigte Ressourcen – umfassen den Teil einer Gesamtressource, für den eine nur geringe Sicherheit über die Charakteristika dieses Teils der Lagerstätte und über den Grad der Vererzung besteht. Dies ist zum Beispiel dann der Fall, wenn die Entfernung zwischen den einzelnen geologischen Aufschlüssen oder Bohrlöchern zu weit voneinander entfernt sind, um eine kontinuierliche Verteilung gewährleisten zu können.

Bewertung von Reserven

Feststellung und Bewertung von Reserven erfolgen nach bestimmten geostatistischen Methoden. Geologen und Wertpapieranalysten nutzen für die Evaluierung von Ressourcen und Reserven bestimmte universell anwendbare und weltweit auf Akzeptanz stoßende Definitionen. In der Republik Südafrika wurde zum Beispiel der sogenannte SAMREC-Code entwickelt; die Minenbranche Australiens nutzt beispielsweise den JORC-Code. Je nach Tiefe und Qualität der Evaluierung der Reserven wird unterschieden in nachgewiesene Reserven (proven mineral reserves) und in wahrscheinliche Reserven (probable mineral reserves). Addiert man die beiden Begriffe – also die nachgewiesenen und wahrscheinlichen Reserven –, so lassen sich hieraus Schlussfolgerungen über die mögliche Lebensdauer einer Mine anstellen. Dabei werden zuvor Annahmen über die Abbaumenge und die Abbaugeschwindigkeit der Reserven gebildet.

Um einen Teil der Ressourcen in die Kategorie Reserven übergehen zu lassen, ist ein Anstieg der Gold- und/oder Buntmetallpreise notwendig. Denn mit sich ändernden wirtschaftlichen Parametern – wie eben höheren Preisen – wird der Abbau von in der Vergangenheit als unwirtschaftlich betrachteten Reserven möglich. Die Höhe der Metallpreise ist ein ganz wichtiger Einflussfaktor für Aktien bestimmter Unternehmen. Aktien von Goldminengesellschaften mit niedrigen Produktionskosten werden zum Beispiel immer dann von den Anlegern bevorzugt, wenn der Preis des gelben Metalls verhältnismäßig niedrig ist. In diesen Zeiten fristen Aktien von Goldminen mit hohen Produktionskosten an der Börse ein stiefmütterliches Dasein. Grund: Ihre Gewinnspanne, also der Unterschied zwischen Produktionskosten und Verkaufspreis des Goldes, ist gering.

Steigt der Preis des Goldes, so erhöht sich zwar die Gewinnmarge aller Goldminen, doch geschieht dies bei den Erzeugern mit höheren Produktionskosten überproportional. Dies ist der Grund, weshalb die Aktien von Low-Cost-Producern bei steigenden Goldpreisen in der Regel eine unterdurchschnittliche Kursentwicklung im Vergleich zu den High-Cost-Producern aufweisen.

Die verschiedenen Entwicklungsstufen

Die zuvor geschilderten Faktoren lassen erkennen, dass die Suche nach sowie die Exploration und Erschließung von Gold und anderen Metallen ein vergleichsweise schwieriges Unterfangen darstellen kann, das verschiedene unternehmerische Eigenschaften und Fähigkeiten erfordert. Von der Suche und Entdeckung eines Vorkommens bis hin zum Aufbau einer Mine und zur Förderung des ersten Metalls können bis zu acht Jahren vergehen. Dabei ist zu den unterschiedlichen Entwicklungsphasen einer Rohstoffgesellschaft auch differenziertes Fachwissen erforderlich. In den ersten Jahren sind vor allem die Geologen gefragt. Geht es später um die Beschaffung von Kapital, gehört das Feld den Finanzfachleuten. Nach dem Aufbau einer Mine kommt die Zeit der Verkaufs- und Marketingexperten.

Grundsätzlich kann bei Goldminen – wie bei allen anderen Minengesellschaften im Buntmetallsektor auch – unterschieden werden in

- die »Grassroot Explorer«, also in Explorationsunternehmen. Das sind Minengesellschaften, die in den Weiten Australiens, Kanadas, Afrikas, Lateinamerikas oder anderen wenig besiedelten Regionen in der Welt nach Rohstoffvorkommen suchen.
- Gesellschaften, die ein Vorkommen gefunden haben und das Ausmaß der Erzvorkommen sowie dessen Qualität definieren.
- Gesellschaften, die bei der Suche nach einem Rohstoffvorkommen erfolgreich waren und daraufhin eine Machbarkeitsstudie erstellen, um die Realisierbarkeit – sprich: die Ausbeutung – des Vorkommens unter ökonomischen Aspekten zu ergründen.
- Gesellschaften, die bereits Metalle aus dem Boden fördern. Bei dieser vierten und bei weitem als solidesten geltenden Kategorie von Minengesellschaften handelt es sich um Firmen, die nach erfolgreichem Durchlaufen der drei erstgenannten Phasen bereits Gold oder andere Metalle produzieren, verarbeiten und verkaufen.

Die einzigen Unternehmen, die wie Firmen anderer Branchen nach traditionellen Bewertungsmethoden wie etwa Kurs-Gewinn-Verhältnis, Kurs-Umsatz-Verhältnis oder Dividendenrendite unter die Lupe genommen werden können, sind in der letzten Kategorie zu finden. Hier geht es letztlich darum festzustellen, welche Produktionsmengen das Unternehmen zu welchen Preisen an die Oberfläche bringen, verarbeiten und verkaufen kann.

Bei Goldproduzenten stellt sich am Ende die Frage nach der produzierten Menge, nach dem aus dem Verkauf erzielten Cashflow, nach dem Wert der vorhandenen Reserven auf Basis des aktuell geltenden Preises. Darüber hinaus können Überlegungen hinsichtlich des künftigen Cashflows auf Basis der in den kommenden Jahren zu erwartenden Rohstoffpreise angestellt werden. Aus all diesen Fakten und Annahmen lassen sich dann Schlussfolgerungen ziehen, innerhalb welchen Zeitraums das in ein Projekt investierte Kapital zurückgeflossen sein wird.

Für die Vergleichbarkeit von Gold- oder Metallvorkommen und die Bewertung der Aktien an den Börsen sind bestimmte Bewertungskennziffern heranzuziehen. So unter anderem der Buchwert je Aktie. In den Lehrbüchern von Rohstoffanalysten wird der Buchwert als die Summe des Nettovermögens auf Basis der in der Bilanz ausgewiesenen Werte bezeichnet. Dividiert man also die gesamten Vermögenswerte (Assets) eines Unternehmens durch das Aktienkapital, erhält man eine Kennziffer, die als das bestehende Wachstumspotenzial der Gesellschaft bezeichnet werden kann.

Beispiel: Das den Besitzern einer Gesellschaft zuzuordnende Aktienkapital (also der Buchwert) wird in deren Jahresbericht mit 127 Millionen US-Dollar ausgewiesen. Wird diese Zahl mit der Marktkapitalisierung von rund 456,18 Millionen US-Dollar – errechnet durch die Zahl der ausstehenden Aktien von 77,98 Millionen US-Dollar multipliziert mit dem aktuellen Aktienkurs von 5,85 US-Dollar – verglichen, so ergibt sich ein interessantes Verhältnis von rund 3,6. Aus dieser Zahl lässt sich ein enormes Wachstumspotenzial für das Unternehmen ableiten. Würde dieser Wert bei 1,0 liegen, wäre das Unternehmen als voll bewertet anzusehen.

Grassroot-Investments – hohes Risiko, hohe Chance

Das größte Risiko gehen Anleger bei Investments in Explorationsunternehmen ein. Aber: Die Vergangenheit hat auch hundertfach und öfter Beweise dafür geliefert, dass hier auch das größte Kurspotenzial liegt – zumindest vorübergehend. Erinnern wir uns an dieser Stelle an den großen »Rush« in der kanadischen Region rund um Voisey Bay, einem Landstrich, in dem Minengesellschaften vor einigen Jahren riesige Nickelvorkommen entdeckten. Hier genügte nicht selten allein die Tatsache, dass Explorationsunternehmen sich hier einen Claim absteckten, um die Aktienkurse der Unternehmen exorbitant in die Höhe schießen zu lassen. Einige an der TSX-Venture Exchange in Vancouver notierte Aktiengesellschaften sahen ihre Kurse allein auf Grund der geschilderten Tatsache von

0,08 kanadischen Dollar auf 8,00 kanadische Dollar in die Höhe schießen. Wenn die Explorationsergebnisse dann negativ ausfielen, sahen nicht gerade wenige Aktien schon bald ihr Ausgangsniveau wieder.

Investoren, die sich für Aktien von Explorationsgesellschaften interessieren, müssen sich über die Risiken im Klaren sein. Es gibt einige wichtige Punkte, die vor dem Engagement in diesem Marktsegment zu beachten sind. Die Chancen für ein erfolgreiches Investment steigen, wenn die Explorationsfirma von erfolgreichen Geologen und Managern geführt wird, die mit einer hohen Erfolgsquote bei der Entdeckung von Rohstoffvorkommen aufwarten können.

Gewarnt werden muss in diesem Kontext allerdings vor »müden« und »satten« Managern. Nicht selten berufen Explorationsgesellschaften weltweit populäre und einstmals sehr erfolgreiche Top-Manager von großen Minenkonzernen in ihren Verwaltungsrat. In ihrer Rolle als »Frühstücksdirektoren« können solche ehemalige Top-Leute jedoch nicht selten erheblichen Schaden anrichten, wenn sie in ihrer neuen Aufgabe nicht mehr die große Herausforderung sehen und nicht mehr entsprechend motiviert sind. Doch wer als Anleger in dieser Hinsicht seine Hausaufgaben macht, kann ziemlich sicher sein, dass solche Unternehmensleitungen bestimmte geologische Theorien entwickelt haben und in der Lage sind, Explorationsergebnisse zu bewerten.

Zwei bis drei gute Bohrresultate machen noch keine Mine aus!

Bei Aktien von Rohstoffunternehmen, die ein Vorkommen entdeckt haben, stellt sich unter anderem die Frage nach der Größe und Ergiebigkeit. Es sollte dem Anleger nicht genügen, wenn ein Unternehmen einige wenige hochgradige Funde meldet. Dies sagt bestenfalls etwas darüber aus, dass der abgesteckte Claim eine mineralisierte Zone aufweist. Wichtig: Ermutigende Ergebnisse von zwei oder drei Bohrlöchern ergeben noch lange keine Mine. Nicht selten bedarf es Hunderter von Bohrungen, um ein ergiebiges

Vorkommen nachzuweisen, das die Eröffnung einer Mine rechtfertigt.

Bei der nächsten Stufe auf der Leiter vom Explorationsunternehmen zum Rohstoffproduzenten geht es dann darum, für das Vorkommen eine »pre-feasibility study« beziehungsweise eine endgültige »feasibility study« zu erstellen. In diesen Machbarkeitsstudien werden wichtige geologische, politische und infrastrukturelle sowie umweltpolitische Fragen aufgeworfen. So wird unter anderem die Frage nach dem problemlosen Zugang zu Wasser, Strom und Arbeitskräften beantwortet.

Bei diesen Überlegungen spielen neben der Tiefe des Vorkommens im Erdinneren auch regionale Betrachtungen eine wesentliche Rolle. Der Goldabbau in arktischen Regionen ist wesentlich teurer als in wärmeren und leichter zugänglichen Regionen der Welt. Das Ganze endet dann schließlich bei der Analyse über die Finanzierbarkeit des Vorkommens. Kann das Gold nicht zu ökonomisch sinnvoll erscheinenden Kosten aus der Erzstruktur gelöst werden, wird es in der Regel keine Mine geben.

Wann ist unter ökonomischen Aspekten die Ausbeutung eines Goldvorkommens sinnvoll? Analysten haben hier Durchschnittswerte errechnet, die den Aufbau einer Mine bei Preisen von 450 US-Dollar je Tonne rechtfertigen. Bei einer »open pit mine« – Abbau des Vorkommens an der Erdoberfläche im Tagebau – sollte der Goldgehalt im Durchschnitt bei 0,8 Gramm je Tonne (also bei rund 0,023 Feinunzen je Tonne) liegen, während eine »underground mine« – der Abbau des Vorkommens durch Errichtung von Schächten im Erdinneren, also »unter Tage« – einen Goldgehalt von 3,5 Gramm je Tonne (0,102 Feinunzen je Tonne) verlangt.

Rohstoff-Aktien-Investmentfonds

Investmentfonds gelten nach deutschem Recht als Sondervermögen. Dieses Sondervermögen wird durch eine Kapitalanlagegesell-

Tabelle 81: Wertentwicklung von Rohstoff-Aktienfonds

ISIN	Name des Fonds	Invest-ment-Ge-sellschaft	Perfor-mance 1 Jahr	Perfor-mance 3 Jahre p.a.	Perfor-mance 5 Jahre p.a.
DE0009779884	Activest-Aktien-Rohstoffe	Pioneer	20,1	24,2	16,5
DE000A0JDPS3	Activest-Aktien-Rohstoffe L	Pioneer			
DE0008471160	ADIG Fondiro	cominvest	30,8	26,9	16,4
LU0118358195	ALTIS Fund Global Resources	Warburg Lux	18,3		
IE0002088486	Deka-Global Resources CF	Deka Ireland	9,5	24,2	10,4
IE0002080863	Deka-Global Resources TF	Deka Ireland	8,7	23,2	9,6
DE0008475096	dit-Rohstoffonds - A - EUR	dit	36,2	29	16,9
DE0006344724	Dow Jones STOXX SM 600 Basic Resources EX	Indexchange	43,6	33,5	
DE0006344765	Dow Jones STOXX SM 600 Oil & Gas EX	Indexchange	4,8	20,4	
DE000A0D8Q72	Dow Jones STOXX-SM 600 Basic Resources SwapEX	Indexchange			
DE000A0F5T77	Dow Jones STOXXSM 600 Oil & Gas SwapEX	Indexchange			
LU0145651674	DWS Invest Energy FC	DWS S.A.	4,1	25,5	
LU0145649421	DWS Invest Energy LC	DWS S.A.	3,2	24,1	
LU0145650866	DWS Invest Energy LD	DWS S.A.	3,2	24,2	
LU0145651245	DWS Invest Energy NC	DWS S.A.	2,4	23,1	
DE0008474131	DWS-Ener-giefonds	DWS	2,8	22,7	7,5
DE0008474123	DWS-Roh-stoffonds	DWS	16,6	13,8	7,9
DE000A0J3UF6	Tiberius Explora-tion Fund UI	Universal-In-vestment			
LU0101442050	UniSector: Basic-Industries	UIL S.A.	18,7	22,4	12,5

Stand: 30.11.2006 Quelle: BVI

schaft verwaltet und von einer von ihr unabhängigen Depotbank verwahrt. Der Begriff Sondervermögen besagt unter anderem, dass das von den Fondsanteilseignern zur Verfügung gestellte Vermögen der einzelnen Fonds streng getrennt vom eigenen Vermögen der Investmentgesellschaft gehalten wird.

Bei Rohstoff-Aktien-Investmentfonds wird das mit einem einzelnen Wertpapier verbundene Risiko dadurch vermindert, dass viele verschiedene Wertpapiere von sich mit Rohstoffen beschäftigenden Aktiengesellschaften gekauft werden. Wenn sich zum Beispiel von 100 Aktien der Rohstoffunternehmen eine einzige Aktie weniger gut entwickelt als die anderen, wird hierdurch die Performance – also die Wertentwicklung – des Fonds geringer belastet, als wenn diese Aktie die einzige Kapitalanlage des Anlegers wäre.

Rohstoff-Aktien sind erst seit Anfang des neuen Jahrtausends wieder ein wenig stärker in den Fokus der Anlageszene gerückt. Die Kapitalanlagegesellschaften in Deutschland haben den Preisaufschwung der Rohstoffe und die darauf basierende gute Performance von Aktien der Rohstoffunternehmen ganz offensichtlich unterschätzt. Das in Rohstoff-Aktien investierte Volumen der Deutschen ist im Vergleich zum Gesamt-Fondsvermögen noch immer ausgesprochen gering. Dies mag auch daran liegen, dass die Zahl der Rohstoff-Aktien-Investmentfonds in Deutschland sehr niedrig ist.

Als Interessenvertretung der Kapitalanlagegesellschaften in Deutschland meldet der BVI (Bundesverband Investment und Asset Management e.V.) für Ende des dritten Quartals 2006 insgesamt 267 Branchenfonds mit einem verwalteten Fondsvermögen von 15,3 Milliarden Euro. In der Gruppe »Anlageschwerpunkt Rohstoffe und Energiewerte« werden insgesamt nur 22 Fonds mit einem Fondsvermögen von 1,9987 Milliarden Euro geführt. Zum Vergleich: Der Bereich Biotechnologie/Pharma umfasst insgesamt 47 Investmentfonds mit einem Fondsvermögen von 4,475 Milliarden Euro. Hier wird deutlich: Die Themen Energie und Rohstoffe werden in Deutschland stark unterschätzt, obwohl die Menschheit ohne beides nicht existieren kann.

Rohstoff-Futures

Rohstoff-Futures stellen neben Rohstoff-Optionen und -Warrants die wohl spekulativste und damit riskanteste Anlageform an den Rohstoffmärkten dar. Der Anleger kann über Futures sowohl auf steigende als auch auf sinkende Preise einzelner Rohstoffe oder Rohstoffindizes setzen. Futures werden an internationalen Terminbörsen etwa in Chicago, New York, London, Paris, Tokio, Rio de Janeiro, Shanghai, Sydney oder Johannesburg gehandelt.

Rohstoffterminbörsen haben eine lange Tradition. Die Geburtsstunde moderner Terminbörsen schlug im Jahr 1848, als das heutige Chicago Board of Trade (CBOT) gegründet wurde. Unter dem Namen Chicago Butter and Egg Board wurde die heutige Chicago Mercantile Exchange (CME) im Jahr 1898 ins Leben gerufen. Europas industrielle Revolution hatte zuvor bereits dazu geführt, dass hier im Jahr 1877 die London Metal Exchange (LME) – die heute noch wichtigste Metallterminbörse – gegründet worden war.

Vieles spricht dafür, dass sich die Schwergewichte der Terminbörsen in Zukunft stärker in Richtung Asien verschieben werden. Offizielle Stellen in China haben bereits vor langem die Bedeutung von Terminbörsen erkannt und die Gründung solcher Derivatebörsen nachhaltig vorangetrieben. Anfang der 90er-Jahre waren in China mehr als 40 Terminbörsen bekannt. Nach einigen an diesen Märkten auftretenden Ungereimtheiten und Skandalen kam es zu einer Konsolidierung, sodass Mitte 2006 nur noch drei auf Rohstoffe fokussierte Terminbörsen in der VR China um Marktanteile rangen, bevor am 8. September 2006 eine weitere Finanztitelterminbörse in Shanghai ihren Betrieb aufnahm.

Bei Redaktionsschluss dieses Buches Ende 2006 boten im Reich der Mitte also insgesamt vier Terminbörsen ihre Dienstleistungen an, nämlich die

- Dalian Commodity Exchange (Sojabohnen, Mais)
- Shanghai Futures Exchange (Kupfer, Aluminium, Kautschuk, Gasöl)

- Zhengzhou Commodity Exchange (Weizen, Baumwolle)
- China Financial Futures Exchange (Financial Futures)

Welche Bedeutung das Geschäft mit Derivaten in der VR China bereits wenige Jahre nach der dortigen industriellen und politischen Revolution hat, ist nicht zuletzt daran zu erkennen, dass der Umsatz an diesen Börsen von rund 27 Millionen Kontrakten im Jahr 2000 auf über 200 Millionen Kontrakte im Jahr 2006 gestiegen ist.

Unterstützung erhält die Idee von Investments in Rohstoffe durch eine Studie der Universität Yale. Die Autoren Gary Gorton und K. Geert Rouwenhorst machen darin deutlich, dass sich Direktinvestments in Rohstoffen durchaus lohnen. Im Zeitraum der Untersuchung von Juli 1959 bis März 2004 hätten Anleger in einem ausgewählten Korb von Rohstoffterminkontrakten – sogenannten Commodity-Futures – ein Ergebnis erzielt, das um mehr als fünf Prozent pro Jahr über der Rendite von kurzfristigen Geldmarktanlagen liegt. Über diesen Zeitraum hinweg lag das theoretische Resultat von Rohstoffinvestments auch deutlich über der Rendite von lang laufenden Dollar-Staatsanleihen.

Das überraschende Ergebnis der Studie von Gorton und Rouwenhorst war, dass Kapitalanlagen in dem erwähnten Korb von Rohstoffterminkontrakten über diesen langen Zeitraum von 45 Jahren hinweg mit geringerem Risiko behaftet waren als Aktien. Was nach Ansicht der Wissenschaftler darüber hinaus zusätzlich zählt: Rohstoffinvestments wiesen während des untersuchten Zeitabschnitts eine negative Korrelation zu Aktien und Anleihen auf. Eine andere wichtige Erkenntnis der Studie: Rohstoffe entwickeln sich vor allem in Zeiten unerwarteter Inflationstrends besonders positiv. Fazit der Autoren: Rohstoffe sind eine attraktive Anlageklasse zur Diversifizierung und zur Risikoreduzierung von Investments in Aktien und Anleihen.

Ein Future ist als standardisierter Terminkontrakt eine gegenseitig bindende Vereinbarung zweier Vertragsparteien. Futures-Kontrakte sind standardisierte Vereinbarungen,

- einen qualitativ genau bestimmten Vertragsgegenstand, den sogenannten Basiswert (»underlying«), wie zum Beispiel Rohstoffe, Waren, Devisen, Aktienindizes, Zinstitel oder sonstige Verfügungsrechte,
- in einer ganz bestimmten Quantität (konstante Menge an Gütern beziehungsweise Wert des Kontraktumfangs, Terminkontraktbetrag, Kontrakteinheit, »Kontraktvolumen«)
- zu einem fixierten künftigen Zeitpunkt (dem »Termin«)
- zu einem konkreten, bereits bei Vertragsabschluss festgelegten Preis (dem Futures-Kurs, Futures-Preis, Abschlusspreis)
- zu liefern (Verkauf des Futures = Short-Futures-Position) oder zu kaufen und zu bezahlen (Kauf des Futures = Long-Futures-Position).

Bei den meisten Rohstoff-Futures erfolgt in der Regel allerdings keine Lieferung des Kontraktgegenstandes. Vielmehr kommt es zum »cash settlement«, also dem sogenannten Barausgleich. Dabei wird die Differenz zwischen dem bei Vertragsabschluss und dem bei Fälligkeit geltenden Preis in bar ausgeglichen.

Futures sind daher rechtlich gesehen keine Wertpapiere, sondern normierte Verträge (Finanzkontrakte oder »Verfügungsrechte«), die an spezialisierten Terminbörsen notiert werden. Im Gegensatz zu individuell ausgestalteten Termingeschäften (Zeitgeschäften wie Forwards oder Forward Rate Agreements) sind Futures standardisiert. Diese Standardisierung ist Voraussetzung für einen liquiden Handel an den Börsen, da die Marktteilnehmer exakt wissen, welche Leistungen sie dem Kontraktpartner erbringen müssen oder von diesem erwarten können. Charakteristisch für Futures ist, dass aus der Veränderung von Kursen zwischenzeitlich angefallene Gewinne oder Verluste an der Börse über das Clearinghaus – eine Abrechnungs- und Abwicklungsorganisation – finanziell abgerechnet werden.

Beim Abschluss von Futures-Kontrakten werden Leistung und Gegenleistung demnach nicht – wie bei einem Direktgeschäft üblich – Zug-um-Zug ausgetauscht, sondern im Voraus für einen späteren Zeitpunkt rechtswirksam vereinbart. Handelseinig über das Tauschverhältnis werden sich beide Parteien – deren Gegenpartei umgehend nach Abschluss des Futures-Kontraktes das Clearinghaus der jeweiligen Terminbörse wird – sofort. Allerdings erfolgt die Abwicklung des Vertrags erst zu einem späteren Zeitpunkt bei Lieferung, Abnahme und Bezahlung des dem Geschäft zu Grunde liegenden Rohstoffs oder durch den erwähnten Barausgleich.

Ein Future ist also praktisch nichts anderes als eine vertraglich bindende und zeitlich genau befristete Wette auf den künftigen Preis eines Rohstoffs. Dabei werden aus künftigen Preisbewegungen erwirtschaftete Gewinne börsentäglich vergütet, oder auflaufende Verluste werden börsentäglich ausgeglichen. Je nach Rohstoffmarkt beinhalten nicht wenige Arten dieser Wetten ab einem ganz bestimmten Zeitpunkt gegen Ende der Laufzeit eine rechtlich durchsetzbare Verpflichtung zur Lieferung (beim Verkauf des Futures = Short-Future-Position) beziehungsweise zur Abnahme und Bezahlung (beim Kauf des Futures = Long-Future-Position) eines qualitativ und quantitativ genau bestimmten marktgängigen Rohstoffs.

Hier kommt jedoch ein besonderes Merkmal von Futures-Kontrakten ins Spiel: Der Marktteilnehmer kann während der Laufzeit des Kontrakts sein laufendes Geschäft jederzeit durch ein Gegengeschäft an der Terminbörse von sich aus wieder beenden. Mit diesem Gegengeschäft geht eine ergebnisabhängige letztmalige finanzielle Ausgleichszahlung als Gutschrift beziehungsweise Belastung des zugeordneten Verrechnungskontos einher.

Experten vergleichen Futures-Engagements insofern mit Wetten, als sich rein spekulative Futures-Geschäfte mit dem Abschluss einer »kohärenten« Wette – zum Beispiel einem entsprechenden Tippgeschäft bei einem Buchmacher – vergleichen lassen. Ein möglicher Verlust ist bei Futures jedoch prinzipiell nicht auf die Einschussforderung (»initial margin«) beschränkt. Richtet sich die Wette gegen den Anleger, wird er von seiner Bank aufgefordert, finanziellen Nachschuss zu leisten, um sein ins Minus geratenes Konto auszugleichen.

Beispiel:

Aus der Sicht eines Rinderzüchters (ABC), eines Fleischverarbeiters (DEF) und eines an einem Hausse-Investment interessierten Anlegers (GHI) soll die Wirkungsweise von Viehwirtschafts-Futures zum Verständnis des Lesers noch einmal kurz skizziert werden.

- Anleger GHI verfügt über Rohstoffpositionen in Lebendrindern, Rohöl und Weizen in einem Rohstoffindex.
- Der Fleischverarbeiter DEF ist eine Verpflichtung zur Lieferung einer bestimmten Menge an Rindfleischsteaks und Hamburgerfleisch an eine große Restaurantkette (JKL) eingegangen.

Alle drei Beteiligten gehen im Monat Februar 2007 davon aus, dass der Preis für Lebendrinder im Oktober 2007 bei 72 Cent/lb liegen wird. Allerdings können alle drei Akteure nicht mit Sicherheit wissen, dass die Preisentwicklung tatsächlich so verläuft, da es unzählige Imponderabilien (etwa Essgewohnheiten, Tierseuchen oder Futtergetreide-Preise) gibt. Sicher erscheint jedoch, dass Lebendrinder im Monat Oktober auf den Markt kommen, hier nachgefragt werden und hierfür dann auch ein bestimmter Preis verlangt beziehungsweise geboten wird.

ABC kennt die Kosten, die ihm für die Produktion von einem Pound Lebendrind entstehen – angenommen 65 Cent/lb. Will ABC als Rinderzüchter überleben, wird er seine Ware zu einem höheren Preis als 65 Cent/lb verkaufen müssen. Er tritt also bereits heute an GHI mit dem Angebot heran, die Lebendrinder zu 0,72 Cent/lb im Oktober zu liefern. GHI wird dieses Angebot möglicherweise nicht annehmen, weil er glaubt, die Tiere bis Oktober möglicherweise zu einem darunter liegenden Preis erwerben zu können. Er macht ABC also das Angebot, heute bereits den Vertrag für Lieferung zu 0,70 Cent/lb im Oktober abzuschließen. ABC wird diese Offerte eventuell annehmen, weil er durch die Differenz der Verhandlungsbasis von 0,70 und 0,72 Cent/lb sichergestellt hat, dass er als Rinderzüchter überleben kann.

Wie findet sich nun DEF als Fleischverarbeiter in diesem Spiel der Marktkräfte wieder? Im Prinzip gar nicht; denn dem Fleischverarbeiter kann der Preis im Prinzip egal sein, da er das zu Steak und Hamburger verarbeitete Fleisch im Monat Oktober an die besagte Restaurantkette JKL zum am Endverbrauchermarkt gültigen Preis liefern kann. Ist der Preis für Lebendrinder bis dahin zum Beispiel auf 0,80 Cent/lb gestiegen, wird er Steaks und Hamburger auf dieser Basis (plus Verarbeitungs- und Gewinnmarge) an die Restaurantkette liefern. Ist der Preis gefallen, so wird er auch das in seinen Verkaufspreis einfließen lassen.

Springen wir in unserem Beispiel in den Monat Oktober 2007. In aller Regel wird der von den Marktteilnehmern vorausgesehene Preis von 0,72 Cent/lb nicht eingetroffen sein, weil am Agrarmarkt zahlreiche unwägbare Dinge Realität geworden sind. Angenommen, DEF wird feststellen, dass im Oktober nicht so viele Lebendrinder auf den Markt gelangen wie angenommen (möglicherweise auf Grund einer Seuche). DEF wird in diesem Fall den Oktober-Future kaufen, sodass er – zumindest für einen bestimmten Lieferpunkt – die Chance hat, sich Lebendrinder anliefern zu lassen, um seinen Verpflichtungen gegenüber JKL nachkommen zu können. Auch hier spielt der Preis für DEF eine nur untergeordnete Rolle, da er gestiegene Preise im Endverkauf an JKL weiterreichen wird.

Exkurs: Contango und Backwardation

Vor der Nutzung von Rohstoff-Futures sollten sich Anleger über die beiden Begriffe Contango und Backwardation im Klaren sein. Von Contango spricht man in einer Marktsituation, in der Futures mit späterer Fälligkeit niedrigere Preise an den Terminbörsen aufweisen als Futures mit früherer Fälligkeit. Konkret bedeutet dass, dass die Futures-Notierungen auf Rohstoffe mit späterem Verfall auf höherem Niveau liegen als die Futures-Notierungen auf Rohstoffe zu einem früheren Lieferzeitpunkt. Eine solche – als »normal« geltende – Marktsituation ist damit zu begründen, dass in den Futures-

Kontrakten mit späterer Fälligkeit die Kosten für Lagerung und Versicherung der Rohstoffe – in der Fachsprache als »Costs of Carry« oder »Haltekosten« bezeichnet – einbezogen werden.

Das Gegenteil von Contango ist Backwardation. Bei dieser als »unnormal« zu bezeichnenden Marktsituation sind die Futures-Kontrakte mit längeren Laufzeiten billiger als die Futures-Kontrakte mit kurzen Fälligkeiten. Eine solche Situation tritt in der Regel dann ein, wenn die Wirtschaft aktuell einen hohen Bedarf an bestimmten Rohstoffen aufweist, die kurzfristig allerdings nicht zur Verfügung stehen. Daher sind die kürzeren Fälligkeiten der Futures höher bezahlt als die längeren Laufzeiten. Dies kann zwei Gründe haben. Der Markt hofft darauf, dass zum einen durch Investitionen der Rohstoffproduzenten zu einem späteren Zeitpunkt wieder mehr Material zur Verfügung steht und zum anderen die Preise daher wegen des höheren Angebots dann niedriger liegen.

Hypothetisches Beispiel für einen Roll-over bei Open-End-Zertifikaten

Futures-Kontrakt auf den WTI-Sweet-Crude-Rohöl	
November 2007	Preis 62,91 US-Dollar je Barrel
Dezember 2007	Preis 64,61 US-Dollar je Barrel
Differenz	0,70 US-Dollar je Barrel
Partizipationsrate vor Roll-over	100 %

Da der Preis des Dezember-Futures über dem Preis des November-Futures notiert, sinkt die Partizipationsrate. Die neue Partizipationsrate errechnet sich wie folgt:

$$\frac{\text{Alte Partizipationsrate} \times \text{Kurs des alten Kontrakts}}{\text{Preis des neuen Kontrakts}} = \text{Neue Partizipationsrate}$$

In diesem Beispiel muss der Anleger zur Errechnung der neuen Partizipationsrate des Open-End-Zertifikats also folgende Rechnung aufmachen:

$$\frac{100{,}00 \times 62{,}91 \text{ US-Dollar}}{63{,}61} = 98{,}90\ \% \text{ (neue Partizipationsrate)}$$

Der WTI-Future bezieht sich auf ein Barrel Rohöl. Ein Open-End-Zertifikat bezieht sich auf 98,90 Prozent eines Barrels Rohöl. Der Preis des Zertifikats beträgt kurz vor und nach dem Rollen in den neuen Kontrakt also 62,91 US-Dollar.

Steigt der Dezember-Future nach dem Rollen um zehn Prozent auf 69,97 US-Dollar, so erhöht sich der Preis des Open-End-Zertifikats auf 69,20 US-Dollar. Der Preisanstieg des Zertifikats beträgt damit zehn Prozent. Das heißt: Future-Preis und Zertifikatekurs sind prozentual gleich stark gestiegen.

Statistiken von Terminbörsen zeigen, dass die Situation der Backwardation im historischen Vergleich häufiger anzutreffen war als eine Contango-Marktlage. Der bekannte Ökonom John Maynard Keynes begründet das Entstehen einer Backwardation nicht zuletzt damit, dass Rohstoffunternehmen in bestimmten Marktphasen in der Regel dazu neigen, ihre Produktion zu den am Markt geltenden Preisen abzusichern. Das geschieht dadurch, dass diese Gesellschaften zur Risikoreduzierung ihre Produktion – in der Regel allerdings nur teilweise – am Terminmarkt verkaufen.

Eine solche Situation war vor allem zur Jahrtausendwende am Goldmarkt vorzufinden, wo sich zahlreiche Goldproduzenten völlig verspekulierten und einen Teil der noch im Boden befindlichen Goldmengen bereits am Terminmarkt (durch Forward- oder Futures-Verkäufe) zu den geltenden Preisen verkauften. Als der Goldpreis in der Folge allerdings stark in die Höhe schoss, gerieten einige Firmen auch deshalb arg in die Bredouille, weil sie ihren aus diesen Geschäften resultierenden Lieferverpflichtungen nicht nachkommen konnten.

Da die Laufzeit eines Futures-Kontrakts auf Rohstoffe begrenzt ist – sie endet stets zu einem in den Kontraktspezifikationen festgelegten Zeitpunkt –, zahlreiche Zertifikate jedoch eine längere Laufzeit haben als der Future (oder auch als »Open-End-Zertifikate, die ohne feste Endlaufzeit strukturiert sind), muss der Emittent des Zertifikats nach einer Lösung suchen.

Ein Open-End-Rohstoffzertifikat bezieht sich in der Regel auf den Futures-Kontrakt mit der kürzesten Laufzeit. Die Emissionsbank sieht sich also mit dem Problem konfrontiert, dass der Future, auf den sich das Zertifikat bezieht, fällig wird, das Zertifikat jedoch gleichzeitig keine Fälligkeit hat. Das Problem der unterschiedlichen Laufzeiten von zwei Finanzinstrumenten löst der Emittent ganz einfach dadurch, dass er den vor der Fälligkeit stehenden Future verkauft und mit diesem Geld den nächstfälligen Future erwirbt. Das Zertifikat wird also kurz vor dem Verfalltermin des zum Beispiel fälligen Mai-Futures in den nächstfälligen Juli-Future »gerollt«.

Für die Investmentresultate von Rohstoffanlegern ist es also von ganz erheblicher Bedeutung, ob am Markt eine Contango- oder eine Backwardation-Situation existiert. Generell ist in diesem Zusammenhang festzustellen, dass der Inhaber eines Open-End-Zertifikats bei einer Backwardation Rollerträge erzielt. In einer Contango-Situation entstehen für den Inhaber eines solchen Zertifikats aus dem Rollgeschäft dagegen Verluste. Im Übrigen ist das Rollgeschäft nicht nur für Zertifikate auf einzelne Rohstoffe von Bedeutung, sondern auch für Rohstoffindizes.

Ein Index gegen Rollverluste

Die Société Générale hat versucht, für das bei Anlegern bestehende Problem von Rollverlusten eine Lösung zu finden, und den »SG Rohstoff Plus Total Return Index« kreiert. Dieser Index besteht zu jeweils gleichen Teilen aus fünf Rohstoffen, die an vierteljährlichen Beobachtungstagen die größte Backwardation aufweisen. Die Zusammensetzung des Index wird vierteljährlich überprüft und gegebenenfalls angepasst. Ende 2006 bestand der Index aus Futures auf Magerschwein, Blei, Kaffee, Zucker und Nickel.

Auf diesen innovativen Index hat die französische Bank das »SG-Rohstoff-Plus-Total-Return-Index-Zertifikat« (ISIN: DE000SG0MPF3) emittiert. Sind keine oder nicht ausreichend – also keine fünf – Rohstoff-Futures in einer Backwardation-Situation, wird das nicht veranlagte Geld im Zertifikat zu einem Satz von US-Dollar-Libor minus 0,05 Prozent verzinst.

Exchange Traded Funds – ETFs

Exchange Traded Funds (ETFs), auch als Indexfonds bezeichnet, sind nichts anderes als Investmentfonds, die an Börsen gehandelt werden und in der Rechtsform von Fonds aufgestellt sind. ETFs sind mit Indexzertifikaten vergleichbar, haben allerdings den Vorteil, dass mögliche Dividenden selbst bei Kursindizes in das Fondsvermögen einfließen und somit die Anlageresultate des Anlegers verbessern. Der erste ETF auf einen Aktienindex wurde im Jahr 1990 an der Toronto Stock Exchange eingeführt.

Darüber hinaus gibt es in ähnlicher Form emittierte Exchange Traded Commodities (ETC) auf einzelne Rohstoffe. Diese beiden Produkte haben das Ziel, die Wertentwicklung bestimmter Indizes oder einzelner Rohstoffe vollständig abzubilden. Europas Wertpapierbörsen haben beim Listing von ETCs in den vergangenen Monaten eindeutig die Führungsrolle übernommen. Rechtlich handelt es sich bei ETCs um besicherte, unbefristete und in Bezug auf das Volumen unbegrenzte Schuldverschreibungen. Sie können wie Aktien kontinuierlich an Börsen gekauft und verkauft werden und bieten Investoren ein genaues und transparentes Rohstoff-Exposure.

Ein großer Vorteil dieser Investmentvehikel ist in den niedrigen Gebühren und in der durch den Börsenhandel in der Regel meist garantierten guten Liquidität zu sehen. Ein weiteres Plus besteht darin, dass Anleger mit zahlreichen dieser Instrumente auch short gehen, also auf sinkende Kurse und Preise setzen können. Da bei ETFs und ETCs auf ein aktives Management des investierten Kapitals verzichtet wird, kommen diese Indexfonds mit deutlich gerin-

Abbildung 81: Anzahl und verwaltetes Vermögen von ETFs weltweit

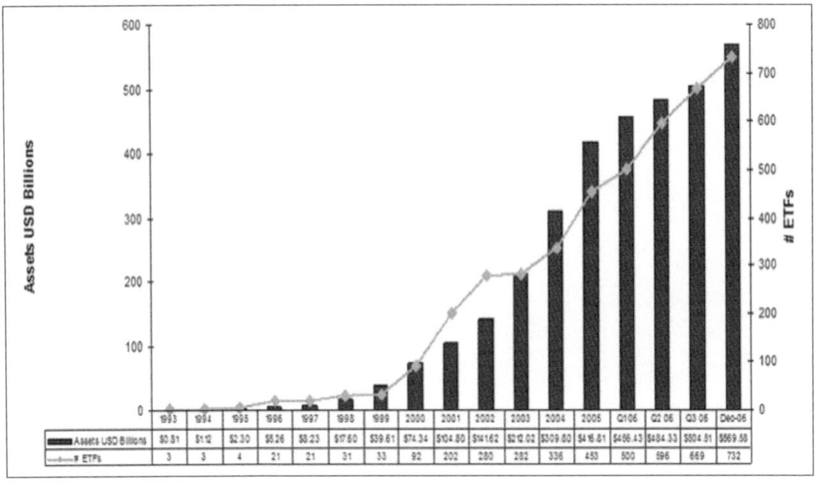

Anfang Dezember 2006 existierten weltweit 732 ETFs/ETCs (Exchange Traded Commodities), die von 67 Fondsmanagern betreut und an 37 Börsen der Welt notiert wurden. Das verwaltete Vermögen lag bei rund 570 Milliarden US-Dollar. Bis Ende Dezember 2006 waren Pläne zur Emission von 414 weiteren ETFs und ETCs in der Welt bekannt.

Quelle: Morgan Stanley

geren Verwaltungsgebühren aus als aktiv gemanagte traditionelle Investmentfonds.

Im Hinblick auf Rohstoffe ist bei dieser Form der Kapitalanlage zu unterscheiden in ETFs und ETCs auf einzelne Rohstoffe. Deborah A. Fuhr von Morgan Stanley in London, die als »die« ETF-Expertin in der Welt gilt, weist darauf hin, dass Exchange Traded Commodities »keine ETFs« seien. Bei ETC handele es sich um an Börsen gelistete Wertpapiere auf einzelne Rohstoffe, nicht jedoch um Indexfonds. Dies bedeute, dass sich die steuerliche und rechtliche Behandlung von ETCs und ETFs unterscheiden könne.

Von einem Rohstoff-ETF kann immer dann die Rede sein, wenn das dem Investmentvehikel zugrunde liegende Produkt ein Rohstoffindex ist, während ETCs Wertpapiere sind, die die Wertentwicklung eines bestimmten Rohstoffs abbilden. Als Rohstoff-ETF kann zum Beispiel der von Lyxor Asset Management an der Deutschen Börse in der zweiten Jahreshälfte 2006 gelistete Exchange Traded Fund auf den Reuters/Jeffries-CRB-Total-Return-Rohstoffindex eingestuft werden.

Abbildung 82: Europäische Märkte - Marktanteil/Umsatz europäischer ETF-Segmente

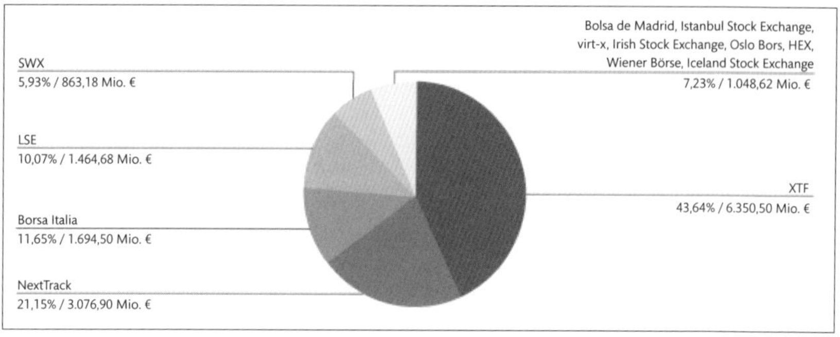

Quellen: Deutsche Börse, Bloomberg, virt-x, SWX

Der erste ETC auf den Rohstoff Gold wurde im Dezember des Jahres 2003 durch die Gold Bullion Securities in Großbritannien lanciert. In den USA ist diese Art des Goldinvestments durch den StreetTRACKS Gold Trust und den COMEX Gold Trust möglich. Seit Mitte 2006 bieten die »Erfinder« von Gold Bullion Securities den Anlegern auch eine Möglichkeit für ein Direktinvestment in Rohöl durch die Emission von Oil Securities auf an der Terminbörse ICE gehandeltes Brent Oil und auf an der Nymex gehandeltes WTI Crude Oil.

Große Popularität erlangte bei den Anlegern auch ein Silber-ETC, der ebenfalls im Jahr 2006 auf den Markt gebracht wurde. Das Prinzip solcher Rohstoff-ETCs ist simpel: Die Emittenten dieser Wertpapiere erwerben jedes Mal, wenn ein Anleger ein solches Wertpapier kauft, eine Feinunze Gold, eine Feinunze Silber oder aber ein Barrel Rohöl. Der Anleger hat also die Chance, mit einem solchen Investment die Preisentwicklung von Gold, Silber und Rohöl in seinem Portfolio eins zu eins nachzuvollziehen.

Dass ETCs nicht überall Anerkennung finden, mussten die Initiatoren des Silber-ETCs erfahren, die sich heftige Kritik der silberverarbeitenden Industrie gefallen lassen mussten. Deren Argumente sind auf der einen Seite einleuchtend, denn wenn mehr spekulative Gelder beziehungsweise Anlagegelder in Silber fließen, erhöht

Abbildung 83: Wachstum und Gebühren von Anlageklassen und Investmentprodukten

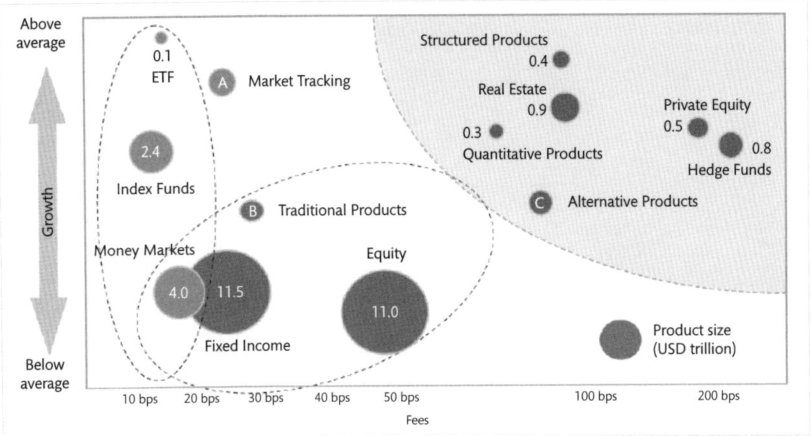

Die Grafik zeigt in eindrucksvoller Weise die Wachstumsdynamik von ETFs und ETCs, mit der nur noch der Markt für strukturierte Produkte mithalten kann. Anders sieht die Lage indes bei Betrachtung der Gebühren aus, wo ETFs und ETCs in etwa auf einer Linie mit Geldmarktfonds zu finden sind und strukturierte Produkte weit am oberen Ende der »Teuerungsskala« auftauchen.

Quelle: Morgan Stanley

sich der Einkaufspreis der Silberverarbeiter erheblich. Bekanntlich ist Silber im Vergleich zu Gold ein wesentlich stärker industriell genutzter Rohstoff.

Es scheint nicht nur wegen der niedrigen Kosten von ETFs/ETCs lediglich eine Frage der Zeit zu sein, bis auch auf andere populäre Rohstoffe solche ETFs oder ETCs emittiert werden. So wird bereits seit Mitte des Jahres 2006 an den Welt-Kapitalmärkten über die Auflegung eines Platin-ETFs spekuliert. Auch über die Emission von Palladium-ETFs wird an den Finanzmärkten seit geraumer Zeit diskutiert.

Contract for Differences – CFDs

Contracts for Differences gehören zur Gruppe der Finanzderivate. Der Vorteil dieser Instrumente gegenüber anderen Derivaten liegt darin, dass sie sich nicht nur auf den Preis des Basiswertes beziehen, sondern diesen eins zu eins widerspiegeln. Der Kurs von Rohstoff-CFDs notiert stets auf dem gleichen Niveau wie der Basiswert.

Tabelle 82: Liste der verfügbaren Rohstoff-CFDs

Instrument	Tickgröße	Margin-Anforderung
Gold	0,1	1%
Silber	0,01	1%
Palladium	0,1	3%
Platin	0,1	3%
Schweinebäuche	0,01	3%
Lebendrinder	0,01	3%
Hafer	0,1	3%
Mais	0,1	3%
Kaffee - Robusta	1	3%
Reis	0,01	3%
Sojabohnen	0,1	3%
Sojaschrot	0,1	3%
Sojaöl	0,01	3%
Kakao London	1	3%
Kaffee New York	0,1	3%
Kakao New York	1	3%
Zucker New York	0,01	3%
Zucker London	0,1	3%
Weizen	0,1	3%
Rohöl Brent	0,01	3%
Rohöl WTI	0,01	3%
Heizöl	1	3%
Erdgas	0,01	3%
Kupfer New York	0,1	3%

Quelle: CMC Markets - recherchiert und bearbeitet von Franziska Blum, tkMedia AG

Er vollzieht daher auch immer dessen Preisschwankung vollständig nach. Mit CFDs partizipieren Anleger also stets zu 100 Prozent an der Preisbewegung des zugrunde liegenden Rohstoffs, ohne diesen jedoch physisch wirklich zu besitzen. Beim Schließen der CFD-Position kommt es lediglich – ähnlich wie bei Futures – zu einem Barausgleich der Differenz zwischen Kauf- und Verkaufskurs.

Der Handel mit CFDs bietet im Vergleich zum Handel mit dem physischen Basiswert zahlreiche Vorteile:

- Mit CFDs kann der Anleger nicht nur long gehen, also auf steigende Kurse spekulieren, sondern auch short gehen, das heißt auf fallende Preise setzen.

- Mit CFDs hat der Anleger die Chance, auf Margin zu handeln; er kann also mit Vielfachen seines Eigenkapitals handeln und seine Gewinnchancen dadurch erheblich erhöhen.

CFDs gibt es bereits seit vielen Jahren. CMC Markets gilt allgemein als der größte CFD-Market-Maker der Welt.

Ob Gold, Rohöl oder Schweinebäuche – alles lässt sich über eine Trading-Plattform handeln (vgl. Tabelle 82). Doch im Gegensatz zu Futures sind die Kontraktgrößen im CFD-Trading in der Regel geringer, sodass auf den verschiedenen elektronischen Plattformen bereits kleinere Kontraktgrößen gehandelt werden können – und dies bei gleichzeitig geringeren Margin-Anforderungen.

Der Gewinn oder Verlust eines Kunden kann mit Hilfe des Tick-Werts eines Rohstoffs ermittelt werden. Dieser Tick-Wert ergibt sich aus der kleinstmöglichen Kursbewegung eines Rohstoffs und seiner Kontraktgröße.

Beispiel

1. Ein Anleger erwirbt 50 US-Rohöl-CFDs zu 60,00 US-Dollar pro Barrel in Erwartung eines steigenden Rohölpreises.

2. Der Anleger verkauft in der Folge nach einem Preisanstieg seine 50 US-Rohöl-CFDs zum Preis von 61,90 US-Dollar pro Barrel und schließt auf diese Weise seine Position.

Die minimale Tick-Bewegung für diesen Kontrakt beträgt 0,01. Die Kontraktgröße sind 100 Barrel. Ein Tick macht pro CFD insofern einen Dollar Gewinn oder einen Dollar Verlust aus. Dementsprechend ist ein Tick ein US-Dollar – 100 Ticks sind also 100 Dollar. In oben genannter Rechnung erzielt der Anleger also ein Plus von 190 Ticks, sodass sich sein Gewinn wie folgt errechnet:

$$190 \text{ Ticks} \times 1\ \$ = 190\ \$ \times 50 \text{ CFDs} = 9.500\ \$ \text{ Gewinn}$$

Hedge Funds und Rohstoffe

Hedge-Funds-Manager, die die Strategie »Managed Futures« verfolgen, konzentrieren sich auf möglichst erfolgreiche Investments an den globalen Terminbörsen. Experten sprechen davon, dass die Strategie Managed Futures die Königsdisziplin der Kapitalanlage sei. Die bestens geschulten Manager versuchen im Hinblick auf die Rohstoffmärkte durch Anlagen in Futures-Kontrakten Gewinne zu erzielen. In der Fachsprache der Märkte nennt man diese Fachleute auch Commodity Trading Advisors (CTAs). Nicht selten wenden sie für die Umsetzung ihrer Strategien auf ausgeklügelten Modellen beruhende systematische Handelsprogramme an (vgl. Abb. 84).

Diese basieren weitgehend auf historischen Kursdaten und Kursverhaltensmustern aus der Vergangenheit. Hieraus werden dann

Abbildung 84: CTAs sind besser als Aktien

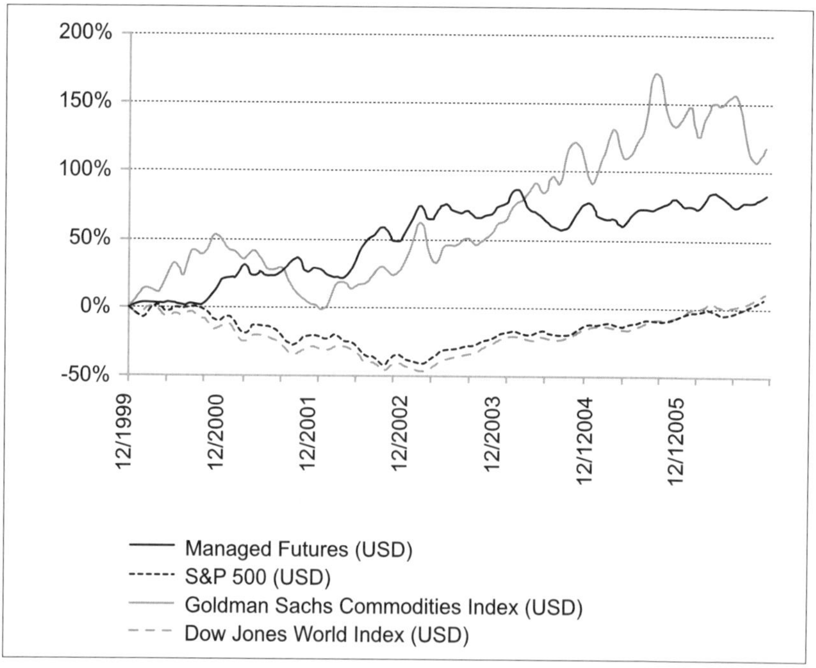

Quelle: CSFB Tremont

Schlussfolgerungen für die Zukunft abgeleitet. Am gebräuchlichsten sind Programme, die dem langfristigen Trend folgen und tendenziell auf in eine bestimmte Richtung deutende Trends investieren. Dabei wird das Risiko des Investments in der Regel mit Stop-Loss-Marken begrenzt. Hedge-Funds-Manager, die auf Basis dieser technischen Faktoren arbeiten, werden auch als »Trendfollowers« bezeichnet.

Strukturierte Produkte

Investments in strukturierte Produkte auf einzelne Rohstoffe oder auf Rohstoffindizes und simple Rohstoffkörbe (in der Fachsprache als Commodity Baskets bezeichnet) werden den Anlegern von den Emissionsbanken mit interessanten – und seit Jahren immer wieder neuen – Auszahlungsprofilen angeboten. Dabei haben die Emittenten dieser strukturierten Produkte unterschiedliche Wertpapierformen gewählt, die von Anleihen mit jährlichem Zinskupon über Anlage- und Hebelzertifikate bis hin zu Mini-Futures und Optionsscheinen reichen. Mit einem Teil dieser Produkte können Anleger aktive Handelsstrategien an den Rohstoffmärkten umsetzen und sowohl long als auch short in einzelnen Rohstoffen oder Rohstoffindizes gehen. Konkret bedeutet das, dass die Investoren also auf eine steigende oder sinkende Preistendenz am Rohstoffmarkt spekulieren können.

Zertifikate im Überblick

Ein Teil des Spektrums strukturierter Produkte sind Zertifikate. Dabei handelt es sich im Prinzip um nichts anderes als um Bescheinigungen über die Hinterlegung und den Besitz von Wertpapieren bei Banken. Rechtlich – und das sollte sich jeder Anleger immer wieder klar machen – sind Zertifikate also nichts anderes als nicht verzinste Anleihen mit einem variablen (also von der Geldsumme her nicht fixierten) Rückzahlungsanspruch. Man kann es auch anders ausdrücken und Zertifikate als Schuldverschreibungen von Emissionsbanken mit verbrieftem Zahlungsanspruch bezeichnen.

Tabelle 83: An der Euwax gelistete Rohstoffprodukte

Jahr 2004	Jahr 2005	Juni 2006
1.446	2.734	4.250

Quellen: Euwax und tkMedia AG

Zertifikate haben in Deutschland nicht zuletzt deshalb einen unglaublichen Siegeszug angetreten, weil Anleger schon mit kleinem Anlagekapital direkt an der Wertentwicklung von Rohstoffen, Aktien, Indizes oder Währungen partizipieren können. Käufer solcher Instrumente erwerben also das Recht, an der Wertentwicklung eines Rohstoffs oder eines Rohstoffindex teilzuhaben, ohne gleichzeitig den Rohstoff oder die im Index enthaltenen Rohstoffe selbst erwerben zu müssen. Dies wäre für private Anleger in der Regel auch nicht möglich.

Bei Rohstoffzertifikaten handelt es sich also um

- von Banken begebene Schuldverschreibungen (also Anleihen), deren Rückzahlung an die Entwicklung der Rohstoffmärkte gekoppelt ist und die
- frei an Börsen wie der Euwax in Stuttgart gehandelt werden und zudem
- in ihrer Laufzeit begrenzt oder unbegrenzt (Open-End-Zertifikate) sind und dabei
- keine laufenden Erträge abwerfen.

Aktuelle Zahlen der Euwax – des Terminmarktsegments der Baden-Württembergischen Börse zu Stuttgart – zeigen, dass sich die Zahl der dort gelisteten Rohstoffprodukte in den vergangenen drei Jahren von 2004 bis 2006 in etwa vervierfacht hat (vgl. Tabelle 83).

Im Anschluss an die von der Euwax bis Mitte 2006 genannten Zahlen setzte sich der Aufschwung des Marktes nicht nur fort; er beschleunigte sich sogar in geradezu dramatischer Form. Es kam im zweiten Halbjahr 2006 zu einer wahren Emissionsflut von strukturierten Produkten mit Rohstoffindizes und Rohstoffen als Underlying. Stefan Armbruster und Mathias Schölzel vom XMarkets-Team der Deutschen Bank in Frankfurt haben errechnet, dass es in Deutschland Ende des Jahres 2006 insgesamt mehr als 20.000 Retail-Derivate mit Rohstoffbezug gab, und zwar

- Hebelprodukte auf Rohstoffindizes = 122
- Anlageprodukte mit Rohstoffindizes = 1.362
- Hebelprodukte mit einzelnen Rohstoffen = 15.879
- Anlageprodukte mit einzelnen Rohstoffen = 3.666

Einen Überblick über die an der Euwax gelisteten Rohstoffprodukte findet der interessierte Leser im Tabellenanhang dieses Buches.

Bei den führenden Emissionshäusern von strukturierten Finanzprodukten in Deutschland werden Zertifikate je nach Art des dem Produkt anhaftenden Risikos sowie darauf abgestimmt nach den Anlegerzielen

- Ertragsoptimierung
- Teilschutz
- Kapitalgarantie

wie im Folgenden beschrieben eingeteilt und dann weiter in einzelne Zertifikateprodukte unterteilt.

Ertragsoptimierung

Discount-Zertifikate

Discount-Zertifikate bieten nicht zuletzt durch den vergünstigten Einstieg auch in Seitwärtsmärkte solide Ertragschancen für Anleger. Diese Chancen sind mit einer direkten Investition in den dem Zertifikat zu Grunde liegenden Basiswert/Rohstoff nicht gegeben. Darüber hinaus wirkt der verringerte Einstandspreis (also der Discount) als Risikopuffer, der Kurs- und Preisverluste abmildert.

Express-Zertifikate

Mit Express-Zertifikaten haben Anleger an mehreren Beobachtungstagen die Chance auf eine vorzeitige Rückzahlung des Nennbetrags zuzüglich einer attraktiven Rendite. Vor Kurseinbußen sind die Anleger bei diesen Produkten partiell durch ein Absicherungsniveau geschützt.

Höchststand-Zertifikate

Höchststand-Zertifikate sichern für den Anleger den Höchststand der monatlich festgestellten durchschnittlichen Performance-Werte eines Basiswerts für die Auszahlung am Ende der Laufzeit.

Open-End-Vola-Produkte

Für Anleger, die direkt an Volatilität partizipieren wollen, bieten Open-End-Volatilitätskurven-Produkte ein recht einfaches und durchaus transparentes Investitionsinstrument. Da die Laufzeit der Volatilitätskurven-Produkte nicht begrenzt ist, können Anleger den Einstiegs- und den Ausstiegszeitpunkt ihrer Investition selbst bestimmen.

Open-End-Zertifikate

Für Anleger, die Einstiegs- und Ausstiegszeitpunkt ihrer Investition selbst bestimmen möchten und zudem eine transparente Partizipation ohne strukturelle Schnörkel schätzen, stellen Open-End-Zertifikate ohne Laufzeitbegrenzung ein attraktives Investmentprodukt dar. Diese Instrumente eignen sich für Anleger, die langfristig an der Entwicklung eines Marktes oder eines Marktsegments direkt partizipieren möchten.

Outperformance-Zertifikate

Outperformance-Zertifikate bieten Anlegern die Möglichkeit, an steigenden Kursen und Preisen von Finanzwerten und Rohstoffen überproportional zu partizipieren.

Partizipations-Zertifikate

Die Wertentwicklung von Partizipations-Zertifikaten ist einfach nachvollziehbar: Sie ergibt sich linear aus der Wertentwicklung des

Basiswerts. Bei Basiswerten, die in Euro notieren, müssen Anleger lediglich den jeweiligen Kurs mit dem Ratio multiplizieren und können so jederzeit den Wert ihres Zertifikats ermitteln. Bei Basiswerten in Fremdwährung haben Anleger die Wahl zwischen nicht währungsgesicherten und währungsgesicherten Zertifikaten.

Rainbow-Zertifikate
Mit Rainbow-Zertifikaten investieren Anleger in verschiedene Basiswerte. Am Ende der Laufzeit des Zertifikats wird der Investor so gestellt, als habe er den Basiswert mit der besten Performance am stärksten gewichtet.

Vermögensbildungs-Zertifikate
Vermögensbildungs-Zertifikate wurden speziell für den langfristigen Vermögensaufbau entwickelt. Der Anleger investiert in die drei derzeit populären Anlageklassen Aktien, Anleihen und Rohstoffe. Diese verschiedenen Anlageklassen werden in einem jährlichen Rhythmus neu gewichtet.

Teilschutz

Airbag-Zertifikate
Airbag-Zertifikate bieten Investoren eine nach oben unbegrenzte Partizipation an Kursanstiegen des Basiswerts und schützen darüber hinaus vor Kursverlusten bis zum Absicherungsniveau. Sie federn Kursverluste und Preisrückgänge ab, wenn das Absicherungsniveau unterschritten wird. Dafür sorgt der als Airbag bezeichnete Risikopuffer. Airbag-Zertifikate sind für jene Anleger interessant, die zwar mit einem Anstieg der Kurse und Preise des zugrunde liegenden Basiswertes rechnen, gleichzeitig auf diese Entwicklung jedoch nur mit Risikoabsicherung setzen wollen.

Bonus-Zertifikate
Bonus-Zertifikate liefern dem Anleger in von der Kurs- und Preisentwicklung her seitwärts gerichteten Märkten attraktive Renditen. Sie verbinden die Chance auf einen Bonus mit einer partiellen Absicherung des eingesetzten Kapitals.

Bonus-Zertifikate mit Cap

Bonus-Zertifikate mit Cap sind ein geeignetes Mittel für Seitwärtsmärkte. Anleger nehmen bis zum Cap an den Kurssteigerungen des Basiswerts teil. Gleichzeitig bieten diese Zertifikate eine komfortablere Teilabsicherung und die Chance auf einen attraktiveren Bonus.

Express-Zertifikate

Mit Express-Zertifikaten haben Anleger an mehreren Beobachtungstagen die Chance auf eine vorzeitige Rückzahlung des Nennbetrags zuzüglich einer attraktiven Rendite. Vor Kurseinbußen sind sie partiell durch ein Absicherungsniveau geschützt.

Highscore-Zertifikate

Falls der Basiswert während der Laufzeit das Absicherungsniveau nie berührt oder unterschritten wird, erhält der Anleger am Ende der Laufzeit des Produkts den besten der an einem der Beobachtungstage festgestellten Performance-Werte ausgezahlt. Sollte der Basiswert das Absicherungsniveau während der Laufzeit berühren oder unterschreiten, erhält er die tatsächliche Basiswert-Performance.

Lock-in-Zertifikate

Mit Lock-in-Zertifikaten setzen Anleger auf steigende Kurse des dem Produkt zugrunde liegenden Basiswertes. Dabei werden erreichte Gewinnstufen schrittweise gesichert.

Power-Zertifikate

Solche Instrumente sind für jene Anleger geeignet, die Gewinnchancen maximieren und Risiken gering halten wollen. Denn Power-Zertifikate verbinden einen bedingten Kapitalschutz mit einer überproportionalen Partizipation an Kursgewinnen.

Rolling-Lock-in-Zertifikate

Mit Rolling-Lock-in-Zertifikaten nehmen die Anleger Monat für Monat bis zum Erreichen des Cap an den Kursgewinnen des dem Produkt zugrunde liegenden Basiswertes teil. Darüber hinaus werden die erreichten Gewinnstufen schrittweise gesichert.

Twin-Win-Zertifikate

Twin-Win-Zertifikate bieten sowohl bei steigenden als auch bei bis zum Absicherungsniveau fallenden Basiswertkursen die Chance auf eine attraktive Rendite.

Kapitalgarantie

Garantie-Zertifikate

Mit Garantie-Zertifikaten sind Anleger vor unerwünschten Kursentwicklungen geschützt. Ihnen entsteht kein Verlust, wenn der Basiswert eine negative Performance bei Fälligkeit aufweist, da die Zertifikate das Recht verbriefen, mindestens den Nominalwert als Rückzahlungsbetrag zu erhalten. An der positiven Performance des Basiswerts nimmt der Anleger mit der Partizipationsrate teil.

Rainbow-Zertifikate mit Kapitalgarantie

Mit Rainbow-Zertifikaten investieren Anleger in mehrere Basiswerte. Am Laufzeitende wird der Investor so gestellt, als hätte er den Basiswert mit der besten Performance am stärksten gewichtet.

Rolling-Lock-in-Zertifikate mit Kapitalgarantie

Mit Rolling-Lock-in-Zertifikaten nehmen Anleger Monat für Monat bis zum Erreichen des Cap an den Kursgewinnen des Basiswerts teil. Darüber hinaus werden die erreichten Gewinnstufen schrittweise gesichert.

Win-Win-Zertifikate

Diese Investmentinstrumente stellen für den Investor eine recht interessante Möglichkeit dar. Wenn in steigenden oder fallenden Märkten ungewiss ist, in welche Richtung es weitergeht, können Win-Win-Zertifikate die Antwort sein: Mit diesen Anlageprodukten können Investoren mit Kapitalgarantie sowohl von Kursgewinnen als auch von Kursverlusten eines Basiswerts profitieren.

Rohstoffindizes

Seit rund fünf Jahren haben sich Rohstoffe zu einem festen Bestandteil der Asset Allocation – also der Aufteilung des Vermögens – in diversifizierten Portfolios entwickelt. Die Nachfrage nach möglichst einfachen Anlageformen und entsprechenden Orientierungsgrößen – wie Rohstoffindizes – ist stark gestiegen. Bei der Entwicklung solcher Messlatten stehen unterschiedliche Ziele im Vordergrund. Ein entscheidendes Kriterium, um solche Indizes als Benchmark für eine aktiv gemanagte oder aber eine passive Geldanlage geeignet erscheinen zu lassen, ist die Investierbarkeit. Hierfür muss ein Index vor allem drei Anforderungen erfüllen: Transparenz, Liquidität und Nachbildbarkeit.

Bei der Transparenz von Rohstoffindizes liegt der Schwerpunkt auf der Kontinuität der Auswahlkriterien und der Gewichtungsmethoden, die sowohl für ein aussagefähiges sogenanntes Backtesting – also die Überprüfung von in der Vergangenheit liegenden Preisentwicklungen – als auch für die Einschätzung künftiger Preisentwicklungen an den Rohstoffmärkten von großer Bedeutung sind. Im Hinblick auf die Liquidität ist bei Rohstoffindizes in der Regel das Volumen der an den Terminbörsen gehandelten Futures auf die jeweiligen einzelnen Rohstoffe von entscheidender Bedeutung.

Für die Nachbildung von Rohstoffindizes ist die Liquidität einzelner Rohstoffe innerhalb des Index entscheidend. Nachbildbarkeit bedeutet also nichts anderes, als dass für einen Rohstoffindex eine Berechnungsmethode gewählt wurde, die prinzipiell auch durch das Kaufen und Verkaufen von Rohstoffen beziehungsweise Rohstoff-Futures nachvollzogen werden kann. Anleger, die ein Investment in einen Rohstoffindex einem Investment in einen einzelnen Rohstoff vorziehen, sind mit dem Problem konfrontiert, dass es in jüngster Zeit zu einer wahren »Rohstoffindex-Inflation« gekommen ist. Der Anleger sollte also die Eigenschaften der verschiedenen Indizes genau unter die Lupe nehmen (vgl. Tabelle 84).

Tabelle 84: Rohstoffindizes im Vergleich

	GSCI	DJ AIG	RICI	CRB
Index existiert seit	1991	1998	1998	2005 *
Anzahl Rohstoffe	24	19	35	19
Gewichtung	Nach weltweiter Produktion, hoher Energie-Anteil	Nach weltweiter Produktion - höchstens 15 %, mindestens 2 %	Entscheidung durch ein Index-Komitee	Gleiche Gewichtung für die Teilmärkte mit Ausnahme des Rohölanteils
Rollmechanismus	Naher Kontrakt wird in den nächstfälligen Kontrakt gerollt	Naher Kontrakt wird in den nächstfälligen Kontrakt gerollt	Zweiter Fälligkeitsmonat wird in den dritten Fälligkeitsmonat gerollt	Naher Kontrakt wird in den nächstfälligen Kontrakt gerollt
Indexanpassung	Jährliche Neugewichtung	Jährliche Neugewichtung	Monatliche Anpassung	Monatliche Anpassung
Performance in 2005	+ 25,6 %	+ 21,4 %	+ 18,6 %	+ 18,8 %
Performance in 2006	- 15,0 %	+ 2,1 %	+ 3,8 %	- 2,9 %

* Der bereits seit Jahrzehnten existierende Reuters/Jefferies CRB Index wurde im Mai des Jahres 2005 neu gestaltet.

Quelle: Angaben der Index-Provider - recherchiert und bearbeitet von Franziska Blum, tkMedia AG

Reuters/Jeffries CRB Futures Index

Der älteste Rohstoffindex, der auch heute weltweit noch eine große Verbreitung aufweist und darüber hinaus eine große Popularität genießt, ist der CRB Index. CRB steht für Commodity Research Bureau. Dieser Index wurde 1957 erstmals berechnet und im Laufe der Jahre mehrfach umgestaltet. Anfänglich enthielt er insgesamt 28 Rohstoffe, darunter auch Zwiebeln, Eier, Kartoffeln oder Schweinefett. Der CRB-Index diente den Ökonomen von Finanzhäusern und Notenbanken über Jahrzehnte hinweg als Orientierungsgröße für volkswirtschaftliche Studien, wobei Notenbanker ihn vor allem als Indikator für weltweit bestehende Inflationsentwicklungen einsetzten.

In die Berechnung des CRB-Index floss für jeden einzelnen Rohstoff jeweils der Durchschnitt der Futures-Preises mehrerer Fälligkeiten ein. Zu Beginn wurden in diese Messlatte alle Futures einbezogen, die innerhalb eines Jahres fällig wurden. Da in bestimmten, je nach Rohstoff unterschiedlichen Abständen der nahe Future aus dem CRB-Index ausschied und dann ein Future mit Fälligkeit in einem Jahr hinzukam, änderte sich die Zusammensetzung der im Index enthaltenen Futures.

Diese Art der Indexberechnung hatte allerdings einen entscheidenden Nachteil: Die Preisunterschiede der einzelnen Futures wurden nicht durch eine Anpassung der Gewichte der Kontrakte im Index ausgeglichen, sodass sich der Index nicht durch Handelsstrategien nachbilden ließ. Diese Schwierigkeiten wurden auch durch neun, zwischen 1961 und 1995 vorgenommene, Indexrevisionen beseitigt. Vielmehr beschränkte man sich bei diesen Veränderungen darauf, Zusammensetzung und Anzahl von in die Berechnung einfließenden Futures neu zu gestalten. Aus dem Stand des CRB-Index ließ sich also allenfalls eine Aussage über die allgemeine Inflation der Rohstoffmärkte ablesen.

Erst die zehnte Revision im Mai 2005 – mit der eine neue Namensgebung in Reuters/Jeffries CRB-Index einherging – löste das Problem. Seither bezieht sich der Index nicht mehr auf eine Reihe von Futures der nächsten sechs Monate, sondern lediglich auf einen nahen Futures-Kontrakt, der bei Fälligkeit regelmäßig in den nächstfälligen Future gerollt wird.

Dow Jones AIG Commodity Index – DJ/AIG

Als der jüngste unter den hier analysierten bekanntesten Rohstoffindizes gilt der Dow Jones AIG Index, der erstmals im Jahr 1999 einer breiten Öffentlichkeit zugänglich gemacht wurde. In ihm sind – wie im Reuters/ Jeffries CRB-Index – derzeit 19 Rohstoffe vertreten. Auch der DJ/AIG ist als handelbarer Rohstoffindex konstruiert und bezieht sich somit, ebenfalls rollierend, auf den jeweils nahen

Tabelle 85: Commodity Index Exposure nach Markt und Sektor

		GSCI	DJ-AIG	DBLCI	RICI	SPCI	RJ/CRB*
Metals	Aluminum	2.72%	7.06%	12.50%	4.00%		6.00%
	Copper	2.31%	5.89%		4.00%	3.50%	6.00%
	Gold	1.73%	5.98%	10.00%	3.00%		6.00%
	Lead	0.31%			2.00%		
	Nickel	0.89%	2.61%		1.00%		1.00%
	Palladium				0.30%		*
	Platinum				1.80%		
	Silver	0.21%	2.00%		2.00%	3.78%	1.00%
	Tin				1.00%		
	Zinc	0.55%	2.69%		2.00%		
Sector Total		8.72%	26.23%	22.50%	21.10%	7.28%	20.00%
Energy	Brent Crude Oil	14.27%					
	Gas Oil	4.74%					
	Heating Oil	8.40%	3.85%	20.00%	3.00%	11.49%	5.00%
	Natural Gas	9.00%	12.28%		3.00%	17.65%	6.00%
	Unleaded Gas	8.45%	4.05%		3.00%	10.32%	5.00%
	W.T.I.Crude Oil	28.98%	12.81%	35.00%	35.00%	9.74%	23.00%
Sector Total		73.84%	32.99%	55.00%	44.00%	49.20%	39.00%
Ags	Azuki Beans				1.00%		
	Barley				0.77%		
	Canola				0.67%		
	Corn	2.63%	5.94%	11.25%	4.00%	4.96%	6.00%
	Feeder Cattle	0.80%					
	Lean Hogs	2.04%	4.39%		1.00%	1.78%	1.00%
	Live Cattle	2.91%	6.15%		2.00%	5.03%	6.00%
	Oats				0.50%		
	Red Wheat	0.97%					
	Rice				2.00%		
	Soybean Meal				0.15%	3.81%	
	Soybean Oil		2.67%		2.00%	3.90%	
	Soybeans	1.96%	7.60%		3.00%	4.79%	6.00%
	Wheat	2.70%	4.87%	11.25%	7.00%	5.05%	1.00%
Sector Total		14.01%	31.62%	22.50%	24.09%	29.32%	20.00%
Softs	Orange Juice				0.66%		1.00%
	Cocoa	0.22%			1.00%	3.27%	5.00%
	Coffee	0.91%	3.02%		2.00%	3.36%	5.00%
	Cotton	1.05%	3.23%		3.00%	4.18%	5.00%
	Sugar	1.26%	2.93%		1.00%	3.39%	5.00%
Sector Total		3.44%	9.18%	0.00%	7.66%	14.20%	21.00%
Exotics	Lumber				1.00%		
	Rubber				1.00%		
	Silk				0.15%		
	Wool				1.00%		
Sector Total		0.00%	0.00%	0.00%	3.15%	0.00%	0.00%
TOTALS		100.0%	100.0%	100.0%	100.0%	100.0%	100.0%

Note: Weightings as of May 27, 2005

* The CRB index was significantly updated in May 2005 and renamed the Reuters Jefferies CRB Index. This table shows the weightings under the new version of the index.

Quelle: Cole Asset Management

Futures-Kontrakt. Bei der Gewichtung der einzelnen Rohstoffe zueinander geht der Index jedoch einen anderen Weg: Die Gewichtung erfolgt entsprechend der ins Verhältnis gesetzten Handelsaktivität in einem Rohstoff. Wenn also die Umsätze in einem Rohstoff hoch sind, wird dieser Rohstoff entsprechend stark gewichtet. Dabei sind die Gewichte allerdings in ein enges Korsett von Maximal- und Minimalgewichten eingebunden.

Rogers International Commodity Index – RICI

Seit Sommer 1998 wird mit dem Rogers International Commodity Index – dem »RICI« – ein weiterer Index berechnet. Dieser Index wurde von dem Investment-Guru Jim Rogers aufgelegt. Rogers hatte vor vielen Jahren gemeinsam mit der Hedge-Funds-Legende George Soros den Quantum Fund ins Leben gerufen. Jim Rogers gilt als einer der profundesten Kenner der Rohstoffszene. Er prognostiziert seit 1998 einen lang anhaltenden Aufschwung der Rohstoffpreise. Der RICI bezieht sich auf die nahen Futures-Kontrakte. Auch hier wird von einem in den nächsten Monat gerollt.

Goldman Sachs Commodity Index – GSCI

Dieser bereits seit dem Jahr 1991 berechnete Index hat den CRB-Index bereits vor längerem als den weltweit populärsten Rohstoffindex abgelöst. Es verwundert in diesem Zusammenhang nicht, dass die Experten von Goldman Sachs in den vergangenen fünf Jahren Meinungsmacher bei der Analyse der Rohstoffmärkte waren. In diesem führenden Finanzhaus hatte sich in New York und London in den Vorjahren eine Menge Fachwissen angesammelt, sodass man hier mit dem Wissen um die demografischen Veränderungen in der Welt und der absehbaren Verschiebung der globalen wirtschaftlichen Kräfteverhältnisse bereits frühzeitig zum Einstieg in die Anlageklasse Rohstoffe aufforderte.

Der Goldman Sachs Commodity Index ist – seit der Totalrevision des Reuters Jeffries CRB-Rohstoffindex – die älteste auf unveränderter Grundlage berechnete Messlatte für Commodities. Der Wunsch nach einem investierbaren Rohstoffindex war von großen Finanzinstitutionen an Goldman Sachs herangetragen worden. Bei der Konzeption des GSCI stand von Anfang an im Vordergrund, dass der Index die Möglichkeit zur Kapitalanlage in einen Rohstoffindex bieten sollte.

Dieses Ziel erklärt weitgehend auch die Mechanik, die für den Index ausgewählt wurde. Durch den Bezug auf den nahen Future und das

regelmäßige Rollen konnte der Index nachgebildet werden und war somit investierbar. Durch die Beschränkung auf liquide handelbare Rohstoff-Futures ist sichergestellt, dass auch große Vermögen angelegt werden können. Die Beschränkung auf Kontrakte, die in den OECD-Staaten in US-Dollar notieren, sichert ein Vermögen gegen unangenehme Entwicklungen ab.

Sonstige Rohstoffindizes

Bemerkenswert ist, dass die führenden Index-Provider der Welt in den vergangenen Monaten ihre bekannten Messlatten zuletzt immer stärker in unzählige Sub-Indizes aufgeteilt haben, mit denen nicht nur die verschiedenen Rohstoffproduktgruppen (Energie, Metalle, Agrarwirtschaft und Viehwirtschaft) abgebildet werden, sondern es auch innerhalb dieser Gruppen dann noch zu Unterteilungen kommt. Weltweit dürfte es inzwischen mehr als 500 Rohstoffindizes geben. Darüber hinaus erhalten die oben genannten vier führenden Rohstoffindizes der Welt seit geraumer Zeit immer stärkere Konkurrenz durch die Kreation neuer Benchmarks, die Investmentbanken und Börsen seit kurzem publizieren (vgl. Tabelle 85):

- Deutsche Bank Liquid Commodity Index (DBLCI) – Neben den vier genannten, weltweit populären Rohstoffindizes hat in den vergangenen Jahren auch die seit 17. Februar 2003 berechnete Messlatte der Deutschen Bank in der Finanzwelt eine große Bedeutung erlangt. Der Index wies im Jahr 2005 eine Steigerung um 17,5 Prozent und im Jahr 2006 von 8,1 Prozent auf.
- CX Commodity Index – Die Deutsche Börse hat in der zweiten November-Woche 2006 sowohl einen neuen Rohstoffindex unter der Bezeichnung CX Index als auch mehrere Subindizes auf den Markt gebracht. Der aus 20 Rohstoff-Futures bestehende CX ist in der Art gewichtet, dass hier die liquidesten Rohstoffe – gemessen am Umsatzvolumen der jeweiligen Futures-Kontrakte an den entsprechenden Terminbörsen – in die Berechnung einfließen. In diesem Kontext ist anzumerken, dass die Deutsche Börse und ihre Derivate-Tochter Eurex in den vergangenen Jahren den Aufschwung der Rohstoffmärkte und das seit dem Jahr 2000 daraus

entstandene gigantische Anlegerinteresse an der Anlageklasse Rohstoffe regelrecht verschlafen haben.

- Lehman Brothers Rohstoffindex – Das US-Investmenthaus veröffentlicht seit 27. Juni 2006 einen aus 20 Rohstoffen (Energie, Metalle, Agrarwirtschaft, Viehwirtschaft) bestehenden Index.
- Merrill Lynch Rohstoffindex – Die amerikanische Investmentbank berechnet seit 23. Juni 2006 einen aus 18 Produkten bestehenden Rohstoffindex.
- UBS Commodity Strategy Index – Die Schweizer Großbank kam erstmals am 19. Juni 2006 mit einem neuen Index an den Markt.
- UBS und Diapason Commodites Biofuels Index – Die beiden Finanzhäuser kamen im März 2006 mit einem neuen Biotreibstoffindex an den Markt, der die Preisentwicklung jener Rohstoffe abdeckt, die zur Produktion von Ethanol und Biodiesel verwendet werden.

Die unterschiedliche Wertentwicklung von Rohstoffindizes ist nicht zuletzt auf die stark unterschiedliche Gewichtung einzelner Rohstoffe zurückzuführen. Wie verschieden die Gewichtung von fünf führenden Rohstoffindizes – an einem zufällig ausgewählten Tag – ausfallen kann, ist aus Tabelle 85 zu ersehen.

Spezialitäten I

Investieren in Uran

In diesen letzten beiden Abschnitten werden ausgewählte Themen und einige oftmals nach dem Zufallsprinzip ausgewählte Produkte dargestellt, mit denen sich der Anleger im Bereich Rohstoffe und Urstoffe auch längerfristig positionieren kann.

Uran ist eines der spannendsten Anlagethemen dieser Zeit. Grund: Das unter der Überschrift »Peak Oil« stehende absehbare Ende des Ölzeitalters hat die Atomenergie zurück in den Fokus der Öffentlichkeit gebracht. Und dies, obwohl Atomkraftwerke nicht erst seit dem Reaktorunfall von Tschernobyl nicht unumstritten sind. So ist kaum vorstellbar, dass es eine Energiezukunft ohne Uran geben kann.

Abbildung 85: Entwicklung des Uranpreises

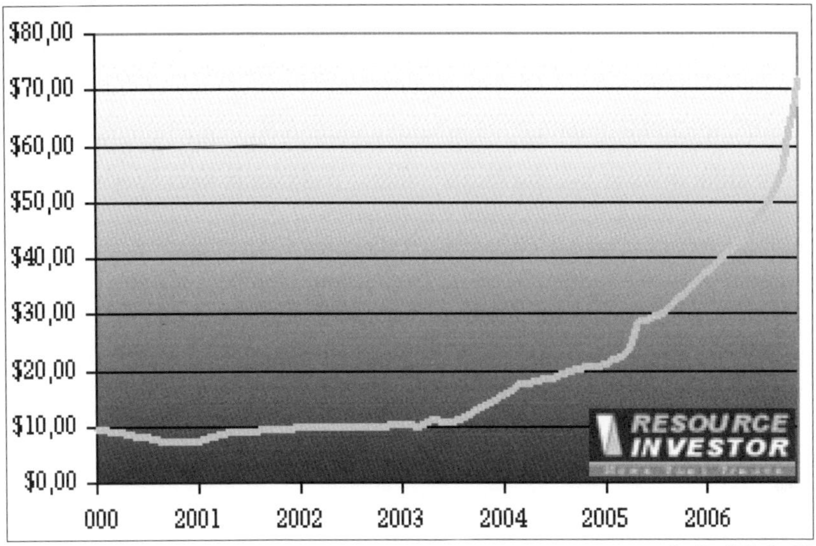

Quelle: tkMedia AG

Unter dem Aspekt Rohstoffe bedeutet das: Dem Rohstoff Uran steht eine große Zukunft bevor. Durch nichts wird diese Aussage so klar reflektiert wie durch den starken Anstieg des Uranpreises.

Der Preis des in Kernkraftwerken zur Energiegewinnung eingesetzten Rohstoffs Uran ist von rund acht Dollar/lb im Jahr 2000 im Jahr 2006 über die Marke von 70 Dollar/lb in die Höhe geschossen. Damit hat sich Uran noch stärker als Rohöl verteuert; denn die US-Richtqualität WTI hat sich von ihrem Tief bei zehn Dollar je Barrel in der Spitze auf 80 Dollar/Barrel in etwa verachtfacht (vgl. Abb. 85).

Zwei Zahlen sagen bei Uran mehr als tausend Worte: In den nach Angaben der World Nuclear Association (WNA) weltweit existierenden 442 Kernkraftwerken werden jährlich rund 180 Millionen Tonnen Uran ^{308}U verbraucht. Die globale Primärproduktion der Uranminen erreicht indes gerade einmal 100 Millionen Tonnen. Hier existiert also ein gigantisches Defizit, das nur von den weltweit existierenden Uranbeständen gedeckt wird. Sollten die Prognosen der WNA zutreffen, dass sich die Anzahl der Kernkraftwerke in den nächsten 20 Jahren verdoppeln wird, sind weitere erhebliche Anstrengungen zur Steigerung der Primärproduktion notwendig.

Ein weiterer Grund für den zuletzt an Dynamik gewinnenden Preisaufschwung ist darin zu sehen, dass sich der Produktionsbeginn der Cigar-Lake-Mine im Norden der kanadischen Provinz Saskatchewan, der ersten neuen Uranmine seit vielen Jahren, verzögert. Die Phantasie der Anleger entzündet sich indes weniger direkt am haussierenden Uranpreis. Der physische Uranmarkt ist für Kapitalanleger nämlich kaum zu erreichen, denn er wird von der Politik gewollt abgeschottet und kontrolliert. Im Gegensatz zu Gold, Kupfer oder Aluminium kann ein Anleger auf dem Weltmarkt nicht einfach Uran in physischer Form kaufen. Uran wird als politisch sensibles Metall angesehen, da es nicht nur in Atomkraftwerken zur Energieerzeugung genutzt wird, sondern auch zur Herstellung von Nuklearbomben eingesetzt werden kann. Daher unterliegt der internationale Handel mit diesem Rohstoff strengen Beschränkungen. Auch aus diesem Grund werden an den internationalen Rohstoffbörsen keine Derivate wie Futures und Optionen auf Uran gehandelt. Was Anleger in letzter Zeit begeistert hat, ist vielmehr die Übernahmephantasie, die es zuletzt bei den in der Suche, Exploration und Förderung von Uran tätigen Unternehmen weltweit gegeben hat.

Dass Investoren einen immer größer werdenden Anteil ihrer für Aktieninvestments vorgesehenen Gelder in den Rohstoff Uran stecken, ist auch daran zu erkennen, dass es weltweit immer neue Investmentformen gibt, die Zugang zum diffizilen Uranmarkt über Aktien von sich mit Uran beschäftigenden Gesellschaften bieten. Vor dem Hintergrund des starken Preisanstiegs von Uran überrascht die exzellente Performance jener Minenunternehmen nicht, die diesen Rohstoff in den Mittelpunkt ihres geschäftlichen Handelns gestellt haben (vgl. Tabelle 86).

Für Anleger gibt es zahlreiche Möglichkeiten für Investments in Uranfinanzinstrumente, die an den Börsen in Toronto und London

Tabelle 86: Top-Performer unter den Minenunternehmen 2006

Company	Symbol	52-Week Range	January	Current	% Gain
Energy Fuels	EFR.V	C$0.07 - C$5.20	C$0.09	C$3.90	4233.33%
Strateco	RSC.V	C$0.13 - C$3.12	C$0.13	C$2.67	1953.85%
Ditem	DIT.V	C$0.09 - C$0.83	$C0.09	$C0.69	666.67%
Uranium Res.	URRE.OB	US$0.63 - US$7.92	US$0.75	US$5.55	640.00%
Forsys Metals	FSY.TO	C$0.63 - C$4.55	C$0.82	C$4.96	504.88%
Pinetree Capital	PNP.TO	C$3.075 - C$18.60	C$6.50	C$17.09	425.85%*
Summit	SMM.AX	A$0.605 - A$2.970	A$0.56	A$2.75	391.07%
Paladin	PDN.TO	C$1.67 -C$7.44	C$1.83	C$7.64	317.49%
Crosshair	CXX.V	C$0.78 - C$4.20	C$0.91	C$3.55	290.11%
Tournigan Gold	TVC.V	C$0.77 - C$3.72	C$0.85	C$3.18	274.12%
Aurora Energy	AXU.TO	C$3.55 - C$14.90	C$3.60**	C$13.35	270.83%
Continental	CZQ.V	C$0.65 - C$4.74	C$0.67	C$2.29	241.79%
Uranerz Energy	URZ	US$0.93 - US$4.80	US$1.13	US$3.58	216.81%
Alberta Star	ASX.V	C$0.59 - C$2.85	C$0.64	C$1.94	203.13%
Ur-Energy	URE.TO	C$1.07 - C$4.70	C$1.34	C$3.64	171.64%
Fronteer	FRG.TO	C$3.35 - C$11.24	C$3.70	C$9.94	168.65%
Energy Metals	EMC.TO	C$3.27 - C$10.68	C$3.55	C$9.39	164.51%
SXR Uranium One	SXR.TO	C$5.80 - C$15.57	C$5.99	C$15.46	158.10%
JNR Resources	JNN.V	C$0.70 - C$2.84	C$1.01	C$2.60	157.43%
Pitchstone	PXP.V	C$0.85 - C$2.95	C$1.05	C$2.61	148.57%
Mega Uranium	MGA.TO	C$1.87 - C$6.20	C$2.40	C$5.90	145.83%
Uranium Power	UPC.V	C$0.31 - C$0.81	C$0.35	C$0.85	142.86%
Altius Minerals	ALS.V	C$4.25 - C$11.00	C$4.42	C$10.56	138.91%
Dejour Ent.	DJE.V	C$0.96 - C$2.90	C$1.05	C$2.49	137.14%
Triex	TXM.V	C$1.75 - C$5.00	C$2.20	C$4.79	117.73%
UrAsia Energy	UUU.V	C$1.92 - C$5.09	C$2.32	C$5.03	116.81%
Santoy	SAN.V	C$0.29 - C$0.90	C$0.47	C$0.97	106.38%
Denison Mines	DEN.TO	C$10.56 - C$31.25	C$15.30	C$31.25	104.25%
Triex Minerals	TXM.V	C1.75 - 5.00	C$2.50	C$4.90	96.00%
UNOR Inc	UNI.V	C$0.27 -C$0.77	C$0.30	C$0.54	80.00%
Titan Uranium	TUE.V	C$1.25 - C$3.27	C$1.45	C$2.50	72.41%
Uranium Part.	U.TO	C$7.16 - C$13.00	C$7.16	C$12.33	72.21%
Strathmore	STM.V	C$1.49 - C$3.50	C$1.91	C$3.06	60.21%
Purepoint	PTU.V	C$0.28 - C$1.14	$C0.73	$C1.09	49.32%
Canalaska Ven.	CVV.V	C$0.37 - C$0.77	C$0.45	C$0.66	46.67%
Laramide	LAM.V	C$4.06 - C$8.50	C$5.40	C$7.48	38.52%
Bayswater	BAY.V	C$0.78 - C$1.69	C$1.12	C$1.52	35.71%
Rampant Vent.	RPT.V	C$0.22 - C$0.58	C$0.24	C$0.31	29.17%
UEX Corp.	UEX.TO	C$2.92 - C$5.85	C$4.68	C$5.57	19.02%
Cameco	CCJ	US$30.00 - US$45.34	US$33.89	US$40.13	18.41%
US Energy	USEG	US$3.30 - US$7.36	US$4.62	US$5.02	8.66%
USEC	USU	US$9.19 - US$15.84	US$12.80	US$13.32	4.06%
Rodinia Minerals	RM.V	C$0.65 - C$1.75	C$1.39	C$1.27	-8.63%
Western Pros.	WNP.V	C$1.66 - C$6.25	C$5.30	C$4.80	-9.43%

* Pinetree hat am 5. Juli 2006 einen Aktien-Split im Verhältnis von zwei zu eins durchgeführt.

** Die Aktien von Aurora Energy wurden im März des Jahres 2006 an der Toronto Stock Exchange gelistet.

gelistet und im Prinzip mit Exchange Traded Funds (ETFs) zu vergleichen sind:

1. So können an diesem Rohstoff interessierte Börsianer ihr Geld in Anteilscheine der Uraninvestmentgesellschaft Uranium Participation Corporation (Ticker-Symbol: U.TO) – eines Unternehmens, dessen Anlagestrategie von Denison Mines Incorporated gemanagt wird – an der Börse Toronto investieren. Das Unternehmen hatte im Mai 2005 im Rahmen eines IPOs den Gang an die Börse in der kanadischen Hauptstadt gewagt und dabei 100 Millionen kanadische Dollar eingesammelt. Ende des Jahres 2006 hatte das Unternehmen das Kapital seiner Aktionäre in rund vier Millionen lb Uran ^{308}U und 300.000 Kilogramm Uran ^{F6}U investiert.

2. Dieses alles in allem sehr erfolgreiche Konzept fand Ende des Jahres 2006 in London jedoch einen Nachahmer, als Nufcor Uranium Ltd. seine Aktien im Rahmen eines IPOs am Alternative Investment Market (AIM), dem Zweitsegment der London Stock Exchange, listete. Deren Muttergesellschaft Nufcor International – in den Händen von Anglo Gold Ashanti und der First Rand Bank – hat die alleinigen Vermarktungsrechte für in der Republik Südafrika gefördertes Uran. Nufcor Uranium wird das über das IPO eingenommene Geld in das Urankonzentrat ^{308}U investieren.

Die in Deutschland angebotenen Zertifikate und strukturierten Produkte beziehen sich indes nicht auf den Rohstoff Uran, sondern auf Aktienkörbe von Uranproduzenten oder von Unternehmen des Minensektors, die in der Suche und Exploration nach Uran aktiv sind. Die Liste umfasst folgende Produkte:

- Uranium Garant I Anleihe (WKN: A0GZGW) von Lehman Brothers. Die am 17. November 2014 fällige Emission bietet Investoren Zugang zu einem aus fünf Uranunternehmen zusammengesetzten Aktienkorb.
- UBS-Zertifikat (WKN: UB1URA). Dieses Zertifikat bildet die Wertentwicklung eines Aktienkorbs von zehn bedeutenden Uranproduzenten ab.

- Open-End-Zertifikat von Société Générale auf den World Uranium Total Return Index – Urax (ISIN: DE000SG0URX5). Die zehn Unternehmen dieses Index werden von mindestens fünf bis 15 Prozent im Index gewichtet.

Spezialitäten II

Urstoffinvestments

Die Wirtschaft übernimmt Verantwortung – Verantwortung für die zu Beginn dieses Buches aufgezeigte Zerstörung der Ökosysteme. Das als Folge des Kyoto-Protokolls politisch initiierte System des CO_2-Emissionshandels in Europa ist ein wichtiger Schritt in eine ökologisch bessere Welt. Viel zu spät hat die Politik erkannt, dass es durchaus Sinn machen kann, den qualitativ stark in Mitleidenschaft gezogenen Urstoffen – Erde, Luft und Wasser – dadurch zu helfen, dass man den Mangel an gesunden Ökosystemen beschreibt und diesen Urstoffen dann gleichzeitig einen Preis gibt. Nur bei steigenden Preisen für diese bisher weitgehend zum Nulltarif zur Verfügung stehenden Elementen, so die Auffassung von Wissenschaftlern, werde in der Welt das Bewusstsein geschaffen, dass rasches Handeln notwendig ist.

So überrascht es nicht, dass sich auch immer mehr Banken in Urstoffen engagieren, und das auf mehreren Gebieten. So zum einen bei der Finanzierung von ökologischen Projekten auf der Welt und zum anderen bei der Entwicklung von Investmentprodukten, mit denen Anleger auf die Verteuerung der Urstoffe Erde, Luft und Wasser setzen können.

Die Akteure der Finanzwelt folgen dabei zwei Größen der Szene, nämlich Dr. Richard L. Sandor und Stanley Fink. Und Sandor und Fink sind nun beleibe keine Träumer und Phantasten, sondern Realisten in der nüchternen Welt der Finanzmärkte. Sandor ist geistiger Vater der Financial-Futures, ohne die modernes Risikomanagement heute nicht vorstellbar wäre, und Fink hat die Man Group plc zur größten bankenunabhängigen Hedge-Fonds-Gruppe der Welt gemacht. Für beide steht fest: Der noch junge Markt für Urstoffinvestments und Ökologiederivate wird zu einem der größten Finanzmärkte der Welt überhaupt werden.

Auf der Suche nach neuen Herausforderungen haben die in der Finanzwelt anerkannten Experten jene Gefahr erkannt, die aus dem Raubbau von Mutter Erde resultieren. Richard Sandor sah bereits vor Jahren die vielfältigen Chancen zur Lösung der Probleme. Für ihn ging es darum, nicht nur den Rohstoffen, sondern auch den Urstoffen von Mutter Erde einen Preis zu geben. Auf diese Art und Weise sollte bei den Erdenbürgern das Bewusstsein für einen pfleglicheren Umgang mit den seit Jahren sehr stark in Mitleidenschaft gezogenen Ökosystemen geschaffen werden.

Bekanntestes Beispiel für die Zuordnung von Preisen für Urstoffe ist das Thema »saubere Luft«. So gründete Richard Sandor in Chicago bereits vor vielen Jahren mit der CCX die erste Klimabörse und nach Ratifizierung des Kyoto-Protokolls durch zahlreiche Staaten in der Welt und des daraufhin in Europa eingeführten Handelssystems für CO_2-Emissionsrechte auch die European Climate Exchange in Amsterdam.

Auch die Banken haben die Chancen erkannt, die im schonenden Umgang mit Mutter Erde und der Natur liegen. Sowohl aus Finanzierungs- als auch aus Anlagesicht findet bei Banken inzwischen das Thema Rohstoffe große Aufmerksamkeit. Seit kurzem werden neben Rohstoffen auch Urstoffe wie Luft, Wasser und Erde (die land- und forstwirtschaftliche Nutzung von Grund und Boden) als spannende Thematik gesehen. Was in diesem Zusammenhang überrascht, ist die doch etwas fragwürdige Außendarstellung einiger Banken. Man habe in der langen Firmengeschichte schon immer Verantwortung übernommen und sei stets Motor des Fortschritts gewesen, heißt es in einigen Verkaufs- und Werbeprospekten für Urstoffinvestmentinstrumente. Dass man »grüne« Ideen in den vergangenen Jahren bei einigen Banken ins Reich der Phantasie abgeschoben hatte, wird dabei geflissentlich verschwiegen.

Mindestens ebenso besorgniserregend wie beim Urstoff Luft ist die Lage bei Wasser, das als der Rohstoff des 21. Jahrhunderts gilt. Fakt ist, dass die Erde zu rund 70 Prozent mit Wasser bedeckt ist, der Anteil an Trinkwasser allerdings nur rund ein Prozent beträgt. Bedenklich und alarmierend ist, dass Landwirtschaft und Industrie diesen Anteil an Trinkwasser bereits zu zwei Dritteln verschmutzt haben.

Die Experten der Vereinten Nationen rechnen damit, dass sich der Verbrauch an Süßwasser in der Welt wegen des weiterhin zu erwartenden rasanten Bevölkerungswachstums auf der einen und der gleichzeitigen Verbesserung des Wohlstand auf der anderen Seite in den kommenden 30 Jahren in etwa verdreifachen wird.

In jüngster Zeit sind immer mehr Wasser- und Holzanlageprodukte an die internationalen Kapitalmärkte gekommen.

- HSBC Trinkaus & Burkhardt hat Anlegern mit einem Open-End-Zertifikat auf internationale Aktien aus der Holzwirtschaft zum ersten Mal ein aktiv gemanagtes Basket-Zertifikat zur Verfügung gestellt. Das Zertifikat deckt elf Holzproduzenten aus den USA, Kanada, Brasilien, Australien und Schweden ab.
- ABN Amro hat ein Open-End-Zertifikat (ISIN NL0000023372) auf den Total-Return-Water-Index am Markt, der zehn Aktien der Wasserbranche abbildet.
- Der auf nachhaltige Investments spezialisierte Schweizer Anbieter SAM hat gemeinsam mit der eidgenössischen Bank Julius Bär im vierten Quartal 2006 das erste Klimazertifikat auf den JB SAM Climate Change Basket emittiert. Mit einer Investition in dieses neue Anlageprodukt partizipieren Anleger am künftigen Erfolg von 16 Unternehmen aus den Bereichen saubere Technologie, natürliche Ressourcen, Mobilität und Schadensbegrenzung.
- Weitere Beispiele für Urstoffinvestments sind vier Zertifikate auf Indizes, die das renommierte Schweizer Ethik-Haus Dr. Höller Vermögensverwaltung entwickelt hat. Das S-BOX Dr. Höller Cool Climate Index-Zertifikat (WKN SCL 3J2) basiert auf Aktien von Unternehmen, die Klimagase binden oder deren Freisetzung

verhindern und somit letztlich dazu beitragen, die zunehmende Erderwärmung zu stoppen.

- Das S-BOX Dr. Höller Clean Energy Index-Zertifikat (WKN SCL 3J1) fokussierte sich auf Unternehmen, die zur sauberen Energiegewinnung beitragen, etwa durch Erschließung oder Anwendung von Windenergie oder Wasserkraft.
- Im S-BOX Dr. Höller New Materials-Zertifikat (WKN SCL 3J3) sind Firmen abgebildet, die erfolgreiche Wege zum Ersatz nicht erneuerbarer Rohstoffe finden.
- Der S-BOX Dr. Höller Pure Water Index (WKN SCL 3J4) beinhaltet Werte, die Technologien, Produkte oder Dienstleistungen in den Bereichen Wasserreinigung und Wassermanagement entwickeln oder bereitstellen.

Tabellenanhang

Energie

Rohstoff	An einer Terminbörse gehandelt	Terminbörsen	Derivative Instrumente F = Futures O = Optionen Fo = Forwards	Zertifikate an der Euwax oder einer anderen Börse	Sonstige Instrumente an der Euwax, an anderen Börsen oder im Freiverkehr
Rohöl – WTI	Ja	Nymex IPE Tocom ICE	F – Fo F – Fo F Forwards	Ja	ETF Optionsscheine Mini-Futures
Rohöl – Brent	Ja	Nymex IPE ICE	F – Fo F – Fo Forwards	Ja	ETF Optionsscheine Mini-Futures
Rohöl – Middle East Crude	Ja	Tocom	F		
Rohöl – Middle East Dubai	Ja Geplant	ICE DME	F + Forwards F		
Rohöl – Malaysia Tapis	Ja	ICE	F + Forwards		
Rohöl – Ural Crude	Geplant Geplant	Nymex + BCE Russische Ölbörsse	F F		
Heizöl	Ja	Nymex SHFE ICE	F – Fo F F + Forwards	Ja	Optionsscheine Mini-Futures
Gasöl/Diesel	Ja	IPE Tocom ICE	F F F + Forwards	Ja	Optionsscheine Mini-Futures

weiter auf S. 432

Fortsetzung von S. 431

Rohstoff	An einer Terminbörse gehandelt	Termin-börsen	Derivative Instrumente F = Futures O = Optionen Fo = Forwards	Zertifikate an der Euwax oder einer anderen Börse	Sonstige Instru-mente an der Euwax, an anderen Börsen oder im Freiverkehr
Erdgas	Ja	Nymex ICE NGX	F – Fo F + Forwards Swaps	Ja	Mini-Futures
Benzin	Ja	Nymex Tocom	F – Fo F	Ja	Mini-Futures
Kerosin	Ja	Tocom	F		
Flugtreibstoff	Geplant	DME			
Diesel	Nein			Ja	
Kohle	Ja	Nymex ICE	F – F + Forwards		
Alkoholischer Treibstoff	Ja	BMF	F – Fo		
Strom	Ja – in verschie-denen Spezifika-tionen	Nymex Nordpool EEX Powernext EXAA ICE NGX Canada	F – Fo F F – Fo F F F + Forwards Swaps	Ja	
Ethanol	Ja	CME NYBOT CBOT	F F F		
Biodiesel	Geplant	CBOT geplant CME geplant	F F		

Agrarische Rohstoffe

Rohstoff	An einer Terminbörse gehandelt	Terminbörsen	Derivative Instrumente F = Futures O = Optionen Fo = Forwards	Zertifikate an der Euwax oder einer anderen Börse	Sonstige Instrumente an der Euwax, an anderen Börsen oder im Freiverkehr
Weizen	Ja	CBOT KCBOT MGE BCC – Buenos Aires BCE WTB WGT – Warschau ASX Liffe SAFEX ZC – Zhegnzhou MCI NCX CPM geplant	F – Fo F – Fo F – Fo F F – Fo F F F F F – Fo F F F F geplant	Ja	ETF Mini-Futures Optionsscheine
Futterweizen	Ja	WCE BCE	F F		
Hafer	Ja	CBOT Budapest Winnipeg Hannover Australien	F – Fo F – Fo	Ja	
Gerste	Ja	CBOT WCE	F – Fo F	Ja	
Futtergerste	Ja	BCE	F		
Roggen	Ja	CBOT	F – Fo	Ja	

weiter auf S. 434

Fortsetzung von S. 433

Rohstoff	An einer Terminbörse gehandelt	Terminbörsen	Derivative Instrumente F = Futures O = Optionen Fo = Forwards	Zertifikate an der Euwax oder einer anderen Börse	Sonstige Instrumente an der Euwax, an anderen Börsen oder im Freiverkehr
Mais	Ja	CBOT MGE BCC BCE	F - Fo F F F - Fo	Ja	Mini-Futures
Mais	Ja	BMF TGE - Tokio DCE Safex NCX CPM geplant	F - Fo F - Fo F - Fo F - Fo F F geplant	Ja	Mini-Futures
Reis	Ja	CBOT AFT MCI NCX NCEL geplant	F - Fo F F F F geplant		
Raps	Ja	BCE Liffe WTB WCE ASX	F F F F F	Ja	
Rapsöl	Ja	WTB			
Kaffee - Arabica	Ja	NYBOT BMF TGE	F - Fo F - Fo F	Ja	Mini-Futures
Kaffee - Robusta	Ja	Singapur Comm Ex Liffe Bangalore TGE BMF	F F F F F - Fo		

Kaffee – Index	Ja	KCE	F		
Kakao	Ja	NYBOT Liffe	F – Fo F	Ja	Mini-Futures
Zucker No. 11 – Rohrzucker	Ja	NYBOT	F – Fo	Ja	Mini-Futures
Zucker No. 14 – Rohrzucker	Ja	NYBOT	F		
Rohzucker (Rohrzucker)	Ja	BMF KEX TGE CPM geplant NCEL geplant	F F F – Fo F geplant F geplant		
Weißzucker (raffiniert)	Ja	KEX FFE TGE Liffe NYBOT NCX BMF	F F F F F F F – Fo		
Sojabohnen	Ja	CBOT BCC BMF FFE KEX TGE DCE SAFEX BCE	F – Fo F F F F F – Fo F F – Fo F F	Ja	Mini-Futures

weiter auf S. 436

Fortsetzung von S. 435

Rohstoff	An einer Terminbörse gehandelt	Terminbörsen	Derivative Instrumente F = Futures O = Optionen Fo = Forwards	Zertifikate an der Euwax oder einer anderen Börse	Sonstige Instrumente an der Euwax, an anderen Börsen oder im Freiverkehr
Sojabohnen (nicht genetisch verändert)	Ja	TGE	F		
Soja-Saatgut	Ja	MCI			
Sojaschrot	Ja	CBOT BCE TGE FFE NCX	 F – Fo F F – Fo 		
Sojaöl	Ja	CBOT NCX MCI	 F – Fo 		
Canola	Ja	WCE ASX	F F		
Palmöl	Ja	Singapur MDEX NCX NCEL geplant	F F F F geplant		
Palmkernöl	Ja	MDEX	F		
Rizinusöl	Ja	MCI	F		
Rizinussaat	Ja	MCI	F		
Sonnenblumen		BCC SAFEX BCE	F F – Fo F – Fo		
Senfsaatenöl	Ja	MCX	F		
Senföl	Ja	NCX	F		
Erdnussöl	Ja	MCI	F		

Kartoffeln	Ja	WTB Amsterdam London Yokohama NCDEX geplant	F F F F F		
Kurkuma – Gelbwurzel	Ja				
Chili	Ja	NCX	F		
Pfeffer	Ja	NCX MCX	F F		
Kreuzkümmel	Ja	NCX	F		
Hülsenfrüchte	Ja	MCX	F		
Erbsen – gelb	Ja	NCX MCX	F F		
Bohnen	Ja	KCE ZCE – Zhengzhou	F F		
Bohnen – Azuki	Ja	TGE	F		
Naturkaut-schuk	Ja	Malaysia Tocom OME SIC SHFE AFT – Thailand NCX	F F F F F F F		
Baumwolle	Ja	NYBOT BMF ZCE MCX NCX	F – Fo F F F F	Ja	Mini-Futures
Baumwollgarn	Ja	NCEL geplant	F geplant		
Wolle – breit	Ja	SFE	F		
Wolle – fein	Ja	SFE	F		
Schweißwolle	Ja	SFE	F – Fo		

weiter auf S. 438

Fortsetzung von S. 437

Rohstoff	An einer Terminbörse gehandelt	Terminbörsen	Derivative Instrumente F = Futures O = Optionen Fo = Forwards	Zertifikate an der Euwax oder einer anderen Börse	Sonstige Instrumente an der Euwax, an anderen Börsen oder im Freiverkehr
Seide	Ja	NCX KEX YSE	F F F		
Leinsamen	Ja	WCE	F		
Kokon	Ja	NCX	F		
Tapiokastärke	Ja	AFT	F		
Kardamom	Geplant	MCX	F		
Zwiebeln	Geplant	NCDEX	F		

Tier- und Fleischkomplex

Rohstoff	An einer Terminbörse gehandelt	Terminbörsen	Derivative Instrumente F = Futures O = Optionen Fo = Forwards	Zertifikate an der Euwax oder an einer anderen Börse	Sonstige Instrumente an der Euwax, an anderen Börsen oder im Freiverkehr
Lebende Rinder	Ja	CME SFE – MLA BMF	F – Fo F F – Fo	Ja	Mini-Futures
Mastrinder	Ja	CME BMF	F – Fo F – Fo	Ja	Mini-Futures
Kälber	Ja	BMF	F		

Lebende Schweine	Ja	CME WTB Warschau BCE	F – Fo F F F		Mini-Futures
Magere Schweine	Ja	CME	F – Fo	Ja	Mini-Futures
Schweinebäu-che	Ja	CME	F – Fo		Mini-Futures
Ferkel	Ja	WTB	F		
Milch (vier verschiedene Kontrakte)	Ja	CME	F – Fo		
Käse – Cheddar	Ja	CME	F – Fo		
Butter	Ja	CME	F – Fo		
Butter (Barausgleich)	Ja	CME	F		
Brathähnchen	Ja	FFE	F		
Shrimps – gefroren	Ja	KEX	F		
Eier	Ja	CCX	F		

Düngemittel

Rohstoff	An einer Terminbörse gehandelt	Terminbörsen	Derivative Instrumente F = Futures O = Optionen Fo = Forwards	Zertifikate an der Euwax oder an einer anderen Börse	Sonstige Instrumente an der Euwax, an anderen Börsen oder im Freiverkehr
Diammonium Phosphat	Ja	CME	F		
Ammonium Sulphate	Nein				
Urea – Harnstoff	Ja	CME NCX MCI	F F F		
Urea Ammonium Nitrat	Ja	CME BCE	F F		
Phosphate Rock	Nein				
Kali/Potash	Nein				

Metalle

Rohstoff	An einer Terminbörse gehandelt	Terminbörsen	Derivative Instrumente F = Futures O = Optionen Fo = Forwards	Zertifikate an der Euwax oder an einer anderen Börse	Sonstige Instrumente an der Euwax, an anderen Börsen oder im Freiverkehr
Kupfer	Ja	LME Nymex – Comex SHFE MCX	F – Fo F – Fo F – Fo	Ja	ETF Mini-Futures Optionsscheine
Aluminium	Ja	LME Nymex Tocom OME SHFE MCX	F – Fo F – Fo F F F F	Ja	ETF Mini-Futures Optionsscheine
Nickel	Ja	LME OME MCX	F – Fo F F	Ja	
Zink	Ja	LME	F	Ja	
Zinn	Ja	LME MCX	F – Fo F	Ja	
Blei	Ja	Nymex	F –	Ja	
Eisenerz	Nein	Nymex	F –		
Stahl	Ja	MCI NCX SSEE			

Edelmetalle

Rohstoff	An einer Terminbörse gehandelt	Terminbörsen	Derivative Instrumente F = Futures O = Optionen Fo = Forwards	Zertifikate an der Euwax oder einer anderen Börse	Sonstige Instrumente an der Euwax, an anderen Börsen oder im Freiverkehr
Gold	Ja	Nymex CBOT Kofex / KRX Tocom BMF MCI NCX ICE ICE ICE DGCX NCEL geplant	F – Fo F – Fo F F – Fo F – Fo F F Spotgold Fo + O auf Fo Goldzins-Swaps F – Fo F geplant	Ja	ETF Mini-Futures Optionsscheine Forwards an der BMF Wandelanleihe Garantie-Anleihen Reverse Convertibles Goldkonto bei Banken Gold-Trakrs
Silber	Ja	Nymex LME CBOT Tocom MCI NCX ICE ICE DGCX geplant	F – Fo F – Fo F – Fo F F F Spotsilber Fo + O auf Fo F – Fo geplant	Ja	ETF Mini-Futures Optionsscheine Silberkonto b. Banken
Platin	Ja	Nymex Tocom	F – Fo F – Fo	Ja	Mini-Futures Optionsscheine Zertifikate Platinkonto b Banken
Palladium	Ja	Nymex Tocom	F – Fo F	Ja	Mini-Futures Optionsscheine Zertifikate
Iridium	Nein				
Ruthenium	Nein				
Rhodium	Nein				

Sonstige Rohstoffe

Rohstoff	An einer Terminbörse gehandelt	Terminbörsen	Derivative Instrumente F = Futures O = Optionen Fo = Forwards	Zertifikate an der Euwax oder einer anderen Börse	Sonstige Instrumente an der Euwax, an anderen Börsen oder im Freiverkehr
Orangensaft-Konzentrat	Ja	NYBOT	F - Fo F - Fo	Ja	Mini-Futures
Baumwolle	Ja	NYBOT	F - Fo F - Fo	Ja	
Zellstoff/Pulpe	Ja	NYBOT	F - Fo	Ja	
Diamanten	Nein				
Holz - Bauholz	Ja	CME	F - Fo	Ja	
Holz - Holzpellets	Ja	ECX geplant	F		
Rohjute	Ja	NCX	F		
Jutesäcke	Ja	NCX	F		
Flachs	Ja	WCE	F		
Polypropylen	Ja	LME	F		Zertifikate
Polyäthylen	Ja	LME	F		Zertifikate
CO2-Emissionsrechte	Ja	ECX EEX EXAA Nordpool	F F F F	Ja	Zertifikate
Wein	Ja	CPM geplant	F		

Wetter-Derivate

An der Chicago Mercantile Exchange (CME) werden darüber hinaus 16 dem Bereich Wetterderivate zuzuordnende Kontrakte gehandelt. Dabei handelt es sich um Futures-Kontrakte, mit denen die Wirtschaft (nicht zuletzt auch die in der Rohstoffgewinnung und -verarbeitung tätigen Unternehmen) Risiken von Temperaturschwankungen in wichtigen Zentren Nordamerikas, Asiens und Europas absichern kann.

Indizes börsengehandelt

Name des Rohstoffindex	Name der Börse
Amex Gold Bugs	Euwax
Amex Natural Gas	Euwax
Amex Oil Index	Euwax
Cash Settled Feed	BCE
Cash Settled Grain	BCE
CRB Total Return	Euwax
DBCLI – Deutsche Bank	Euwax
DJ AIG-Rohstoffindex	CBOT – CME – Euwax
EEX Phelix-Stromindex	EEX
GSCI – Goldman Sachs	CME
GSCI Agriculture Excess Return	Euwax
GSCI Agriculture Total Return	Euwax
GSCI Crude Oil Excess Return	Euwax
GSCI Crude Oil Total Return	Euwax
GSCI Energy Excess Return	Euwax
GSCI Energy Total Return	Euwax
GSCI Gasoil Excess Return	Euwax
GSCI Gold Excess Return	Euwax
GSCI Industrial Metals Excess Return	Euwax
GSCI Industrial Metals Total Return	Euwax
GSCI Light Energy Excess Return	Euwax
GSCI Light Energy Total Return	Euwax
GSCI Livestock Excess Return	Euwax
GSCI Livestock Total Return	Euwax
GSCI Reduced Energy Total Return	Euwax
GSCI Silver Excess Return	Euwax
GSCI Sugar Excess Return	Euwax
GSCI Total Return Index	Euwax
GSCI Ultra-Light Energy Excess Return	Euwax
GSCI Ultra-Light Total Excess Return	Euwax
GSCI US Grain Excess Return	Euwax
GSCI US Grain Total Return	Euwax
Hard Red Spring Wheat Index	MGE
Kaffee-Index	KEX
LME-Metallindex	LME
Mais-Index	KEX
Merrill Lynch Commodity Excess Return	Euwax
National Corn Index	MGE
National Soybean Index	MGE
Naturkautschuk-Index	OME
Naturkautschuk-Index RSS3	SIC
Philadelphia Stock Exchange Gold and Silver	Euwax
Philadelphia Stock Exchange Oil Service Sector	Euwax
Reuters/Jefferies CRB-Index	NYBOT
Rogers International Agricultural Excess Return	Euwax
Rogers International Energy Excess Return	Euwax
Rogers International Excess Return Index	Euwax
Rogers International Metals Index	Euwax

Rogers International Metals Excess Return	Euwax
Rogers Commodity Index RICI	CME TRAKRS – Euwax
S&P Oil & Gas Drilling Index	Euwax
S&P Supercomposite Oil & Gas	Euwax
S&P Supercomposite Oil & Gas Refinery Marketing	Euwax
Soft Red Winter Wheat Index	MGE
Weizen-Index ITA	BCC

GSCI Non-Energy Excess Return	Euwax
GSCI Non-Energy Total Return	Euwax
GSCI Petroleum Excess Return	Euwax
GSCI Petroleum Total Return	Euwax
GSCI Precious Metals Excess Return	Euwax
GSCI Precious Metals Total Return	Euwax
GSCI Reduced Energy Excess Return	Euwax

Die populärsten Rohstoffindizes

Reuters/Jefferies CRB Index
Reuters/Jefferies Excess Return Index
Reuters/Jefferies Total Return
Reuters Commodity Index
Commodity Price Index of Australia
Goldman Sachs Commodity Indices
Dow Jones AIG Commodity Index
Deutsche Bank Liquid Commodity Index
Diapason Commodity Futures Index
Moodys Commodity Index
S&P Geometric Price Return Index
S&P Geometric Continous Contract Index
S&P Geometric Total Return Index
S&P Geometric Replication Index
DJ Power Index
HSBC Global Mining Index
IPE Natural Gas Index
IPE Crude Oil Index
MG Metalindex Cash
MG Metalindex 3MonthIndex
Polished Prices Diamond Indices

Die Rohstoffbörsen

BCE	Budapest Commodity Exchange
BMF	Bolsa de Mercadorias and Futures (BM&F)
CBOT	Chicago Board of Trade
CME	Chicago Mercantile Exchange
CPM	The Chilean Products Market
DGCX	The Dubai Gold and Commodities Exchange
DCE	Dalian Commodity Exchange
DME	Dubai Mercantile Exchange
EEX	European Energy Exchange
ECX	European Climate Exchange
FFE	Fukuoka Futures Exchange
ICE	Intercontinental Exchange
IPE	International Petroleum Exchange
KANEX	Kansai Agricultural Commodities Exchange
KCBOT	Kansas City Board of Trade
KOFEX	Korea Futures Exchange
KRE	Kobe Rubber Exchange
LIFFE	EuronextLiffe
LME	London Metal Exchange
MCX	Multi Commodity Exchange of India
MDEX	Bursa Malaysia Derivates Berhard
MGE	Minneapolis Grain Exchange
ME	Montreal Exchange
NTE	Nagoya Textile Exchange
NCEL	National Commodity Exchange Limited of Pakistan (Eröffnung geplant für Februar 2007)
NCX	National Commodity & Derivatives Exchange of India
NGX	Natural Gas Exchange Calgary
NYBOT	New York Board of Trade
NYMEX	New York Mercantile Exchange
NZFOE	New Zealand Futures & Options Exchange
OME	Osaka Mercantile Exchange
OTE	Osaka Textile Exchange
SAFEX	South African Futures Exchange
SICOM	Singapore Commodity Exchange Ltd
SFE	Sydney Futures Exchange
SHFE	Shanghai Futures Exchange
TFE	Taiwan Futures Exchange
TIFFE	Tokyo International Financial Futures Exchange
TOCOM	Tokyo Commodity Exchange
TGE	Tokyo Grain Exchange
TFE	Toronto Futures Exchange
WCE	Winnipeg Commodity Exchange

Umwandlungsfaktoren

Gewichte

1 short ton	2.000 pounds	0,907 metrische Tonnen		
1 long ton	2.240 pounds	1,016 metrische Tonnen		
1 metrische Tonne	2.205 pounds	0,984 long tons	1,102 short tons	32.150 Feinunzen
1 pound	0,454 Kilogramm			
1 Feinunze	1,09 Unzen	0,3215 Gramm		
1 Kilogramm	32,15 Feinunzen			

Umfang/Inhalt/Größe

1 Gallone (USA)	3,785 Liter		
1 Imperial Gallone	1.202 Gallonen (USA)	4.546 Liter	
1 Liter	0,264 Gallonen		
1 Kiloliter	6,29 Barrel		
1 Barrel (USA)	42 Gallonen (USA)	34,971 Imperial Gallonen	158.978 Liter
1 Kubikmeter	6,29 Barrel (USA)	999,97 Liter	

Entfernungen

1 Meile	1,609 Kilometer	5.280 Feet	0,868 nautische Meilen
1 Foot	0,305 Meter		
1 Inch	2,54 Zentimeter		
1 Kilometer	0,621 Meilen		
1 Meter	3,28 Feet	39,37 Inches	
1 Zentimeter	0,394 Inches		

Fläche

1 Quadratmeile	640 Acres	2,59 Quadratkilometer	259 Hektar
1 Acre	4.840 Quadratfuß	0,405 Hektar	
1 Quadratkilometer	100 Hektar	0,386 Quadratmeilen	247 Acre

Literaturverzeichnis

Bei Basisinformationen über Rohstoffe wurde unter anderem auf im Internet zu findende Webseiten von supranationalen Organisationen, Ministerien und Verbänden sowie auf den Mineralienatlas und Wikipedia zurückgegriffen.

Als reichhaltige Quelle für Daten und Fakten rund um Rohstoffe erwiesen sich bei metallischen Rohstoffen die Bundesanstalt für Geowissenschaften und Rohstoffe (BGR), das United States Geological Survey (USGS) sowie die Bergbauministerien in Kanada, Australien und Südafrika.

Bei Energie-Rohstoffen wurde auf wichtige statistische Daten der International Energy Agency (IEA) in Paris und der Energy Information Administration (EIA, einer Behörde des US-Energieministeriums, zurückgegriffen. Im Bereich landwirtschaftliche Rohstoffe erwiesen sich die OECD, die FAO, das US-Landwirtschaftsministerium (USDA) und das Bundesministerium für Ernährung, Landwirtschaft und Verbraucherschutz (BMELV) als ergiebige Quellen. Vom Bundesministerium für Umwelt, Naturschutz und Reaktorsicherheit (BMU) wurden Informationen für die beiden Bereiche agrarische und energetische Rohstoffe genutzt.

Einige Basisinformationen dieses Buches wurden zudem aus den unzähligen Artikeln übernommen, die der Autor in den vergangenen 26 Jahren im Rahmen seiner Tätigkeit als Journalist zum Thema Rohstoffe verfasst hat. Als wichtige Quellen dienten dem Autor darüber hinaus unter anderem die folgenden Publikationen:

Breaking the Biological Barriers to Cellulosic Ethanol – US DoE

ENI: O&G World Oil and Gas Review 2006

Mineralölwirtschaftsverband: Sicherheit der Energieversorgung – 2002

»Nature« – August-Ausgabe 2005: International Rice Genome Sequencing Project, The map-based sequence of the rice genome.

OECD Agricultural Outlook 2002 – 2007

OECD Factbook 2006

RWE: Weltenergiereport 2005 – 2006

The CPM Silver Yearbook 2006

The world's commodity exchanges – UN und SFOA

Auf Informationen folgender Autoren wurde für das Buch zurückgegriffen:

Walter Aufhammer: Rohstoff Getreide – 2003

Autorenkollektiv: Strategie 2030 Energierohstoffe, Berenberg Bank / HWWI – 2006

J. Berdegué und P. van de Kop: Regoverning Markets, FAO

Max O. Bruker: Zucker, Zucker – Krank durch Fabrikzucker – 1991

Bundesanstalt für Geowissenschaften und Rohstoffe BGR – Erdöl – Reserven, Ressourcen, Reichweiten – 2005

Colin J. Campbell: Ölwechsel – 2002

Elena Craft et al.: Depleted and natural Uranium – 2004

Gary W. Crawford/Chen Shen, The origins of rice agriculture – 1998

Franz J. Dahlkamp: Uranium Ore Deposits – 1993

Wolfgang Gründinger: Die Energiefalle. Ein Rückblick auf das Erdölzeitalter – 2006

Charles Higham: The transition to rice cultivation in Southeast Asia – 1995

Holtmeier – Kuhn – Rummlel – Zink, ein lebenswichtiges Mineral – 1976

Hermann Kutzer – Metalle zwischen Mangel und Überfluss – 1981

Robert H. Motzkuhn: Der Kampf um das Öl – 2005

F. William Engdahl: Mit der Ölwaffe zur Weltmacht. Der Weg zur neuen Weltordnung – 2005

Thomas Gold: Biosphäre der heißen Tiefe – 2000

Al Gore: Wege zum Gleichgewicht – 1992

Richard Heinberg: The Party's Over. Das Ende der Ölvorräte und die Zukunft der industrialisierten Welt – 2004

Henry Hobhouse: Sechs Pflanzen verändern die Welt. Chinarinde, Zuckerrohr, Tee, Baumwolle, Kartoffel, Kokastrauch – 2001

F. H. King: 4000 Jahre Landbau in China, Korea und Japan – 1984

Sidney W. Mintz: Die süße Macht. Kulturgeschichte des Zuckers. Campus – 1992

Lester R. Morss, Norman M. Edelstein, Jean Fuge: The Chemistry of the Actinide and Transactinide Elements – 2005

P. W. van der Poel, H. Schiweck, T. Schwartz: Zuckertechnologie, Rüben- und Rohrzuckerherstellung – 1998

Rudolf Rechsteiner: Grün gewinnt – 2003

Rudolf Saager: Metalle – Rohstoffe von Antimon bis Zirkonium – 1984

Wilfried Seibel: Warenkunde Getreide – 2005

Matthew R. Simmons: Wenn der Wüste das Öl ausgeht – 2005

Daniel Yergin: Der Preis. Die Jagd nach Öl, Geld und Macht – 1991

Mindtraps
Die Geburt des Wohlstandes
Ausserbörslicher Handel
Modern investieren mit Derivaten
Die besten Anlagestrategien der Welt
Erfolgreich handeln in einem Bärenmarkt
Die besten Aktienstrategien
Portfolio Selection
Depot-Optimierung mit Zertifikaten
Erfolgreich investieren in Nebenwerte
Der Kollaps des Dollars
mit Rohstoffen
Enzyklopädie der Chartmuster
Money Management
Larry Williams
Enzyklopädie der technischen Indikatoren

Der Trading Plan
Systematisch erfolgreich traden
Zschaber-Methode
Tools & Tactics for the Master Trader
Markt und Meinung
Gold
Trading Room
Wir schaffen das!
Jim Rogers
Rohstoffe
Zukunftsmarkt Asien
Optimal investieren mit geschlossenen Fonds
Tage der Abrechnung
Weltsichten Weitsichten
Essays von Warren Buffett
Exchange Traded Funds
Mentale Börsenkompetenz
Der große Crash 1929
Trump
Wie man reich wird
Donald J. Trump
Gewinnen beginnt innen
Behavioral Finance
Der ultimative Trading-Guide
Hedge Fonds
Steve Nison
Technische Analyse mit Candlesticks
Robert Prechter
Das Elliott-Wellen-Prinzip
Technische Kumulations Analyse

n-tv | Finanzakademie
DIE
222 WICHTIGSTEN
FRAGEN
ZU DERIVATEN
Rendite kalkulierbar machen
n-tv
Derivate Check
222
FinanzBuch Verlag
VOLKER U. MEINEL

Jim Rogers

Rohstoffe
Der attraktivste Markt der Welt

293 Seiten, Hardcover
Preis € 24,90 (D); € 25,60 (A); SFr 43,70
ISBN 978-3-89879-110-6

Alles, was Jim Rogers in seinem Leben anpackte, wurde zu einem durchschlagenden Erfolg. Bereits mit 37 Jahren beendete er offiziell sein Arbeitsleben, nachdem er mit seinem Quantum Fonds in nur zehn Jahren eine Rendite von mehr als 4000 Prozent eingefahren hatte. Sein Partner dabei war kein Geringerer als der legendäre George Soros. Jim Rogers hatte sich bewiesen, dass er gut war in seinem Geschäft, doch das genügte ihm nicht. Rogers fasst all seine Erfahrungen zusammen und zeigt dem Leser, worauf es bei Investments ankommt.